서恕, 인간의 징검다리

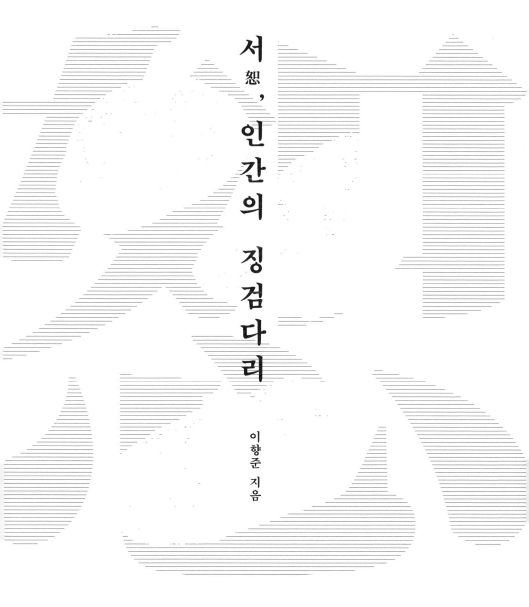

서恕, 인간의 징검다리

이향준 지음

차례

머리말

1

유학에 어느 정도 익숙한 이들이라면 이 전통을 대표하는 첫째 가르침이 무엇이냐는 물음에 쉽게 대답할 수 있다. 대부분 인간다움을 뜻하는 인仁이라고 할 것이다. 둘째로 중요한 가르침은 무엇인가라는 질문에는 약간 어려움을 겪는다. 대답들이 엇갈리는 것이다. 어떤 이는 인과 함께하는 개념으로 예禮를, 또 다른 이는 《논어》의 시작을 알리는 개념인 학學을 떠올린다. 한편으로는 맹자가 인과 함께 거론했던 의義를 떠올리는 이들도 있을 것이다. 다른 누군가는 서恕라고 대답할 텐데, 나도 그 가운데 한 사람이다. 이 책은 유학의 역사에서 길어 올린 한 낱말, 즉 서를 다루고 있다.

유학의 역사가 오래되었음에도 서는 인과 달리 잘 알려져 있지 않다. 간단한 증거가 있다. 인을 탐구의 주제로 다룬 책은 전문 연구서뿐만 아니라 일반인을 위한 교양서도 많다. 반면에 나는 서를 주제로 두 세 편의 논문을 발표한 연구자들은 본 적이 있지만, 같은 주제를 다룬 단행본은 본 적이 없다. 나는 이런 상반된 현상이 현대의 유학 연구자들이 서를 바라보는 관행적 태도를 보여준다고 생각한다. 인과 달리 서에는 깊은 탐구의 여지가 없다고 간주하는 것처럼 보인다. 나는 이 상식에 재론의 여지가 있다는 것을 보여주려고 한다. 서에는 인에 버금갈 정도로 많은 논의의 여지가 포함되어 있을 뿐만 아니라, 실제로 유학사가 이를 입증하고 있다는 사실을 보여주려고 한다.

따라서 나는 한가운데 인을 놓아둔 항성계를 공전하는 한 행성으로 서를 다루려는 것이 아니다. 오히려 서라는 이름의 항성 주위에 놓인 열한 가지 좌표를 확인하고 거기에 자리 잡은 행성들의 위치와 운동의 얼개를 묘사하려고 한다. 행성의 궤적을 통해 항성의 존재를 두드러지게 하고, 이를 통해 이 항성계의 전체 양상을 묘사해보려고 한다. 나는 이 개념의 지리학적 위상과 특징을 오늘날에도 여전히 확인하고 음미할 필요성이 있다고 주장할 것이다.

2

유학사에서 서가 처음 나타난 문헌은 《논어》〈위령공〉 편이다. "내가 원하시 않는 것을 남에게 베풀지 말라[己所不欲, 勿施於人]." 이 진술을 이끌어낸 이는 춘추시대 위衛나라 출신으로 학술과 외교뿐만 아니라 상업 능력도 탁월했던 공자의 제자 단목사端木賜, 즉 자공子貢이다. 그는 공자에게 사람이 평생토록 실천할 만한 행동 원칙을 단 한마디로 집약해달라고 요청했다. 공자는 간단하게 그것은 서라고 대답한

뒤, 곧바로 이 말의 의미를 위와 같이 부연 설명했던 것이다.

언뜻 보기에 공자의 말은 너무 평이하고, 뜻이 아주 자명해 보인다. 비난받기 싫으면 남을 비난하지 말고, 도난당하기 싫으면 도둑질하지 말 것이며, 남에게 죽기 싫다면 남을 죽이지 말라는 말은 누구나 이해할 수 있다. 깊은 사색이 필요하지도 않다. 게다가 시각을 조금 넓혀보면 여기저기에 비슷한 구절이 있음을 알 수 있다. 《마태복음》에서 예수는 "남에게 대접을 받고자 하는 대로 너희도 남을 대접하라"고 설파했다. 부처님의 초기 가르침을 담고 있는 《아함경》 가운데 하나인 〈비뉴다라경〉에서는 "누가 나를 죽이려 하면 나는 좋아하지 않는다. 내가 좋아하지 않는 것이면 남도 그럴 것이다. 그런데 어떻게 남을 죽이겠는가"라고 말했다. 고대 그리스의 초기 단편 또한 "이웃에 대하여 욕하지 마라. 욕을 한다면 네가 고통받게 될 얘기들을 듣게 될 것이다"라고 충고하고 있다. 이슬람 학자 이븐 아라비Ibn Arabi는 "너 자신이 싫어하는 것을 남에게 행하지 마라. 이것이 곧 율법의 전부이니, 나머지는 주석일 뿐이다"라고 말했다고 전해진다. 넓게 보아 공동체를 구성하고 있는 인간 사회 어디에서나 비슷한 가르침을 발견하게 된다. 서가 표명하는 원칙은 너무나 당연해서 우리가 의식하지도 못할 정도로 삶의 저변에 깔려 있는 것이다.

아리스토텔레스의 "인간은 사회적 동물"이라는 주장을 떠올리지 않더라도, 인간이 공동체를 이루는 생명체라는 사실을 우리는 경험으로 안다. 《로빈슨 크루소》는 무인도에 떨어진 한 사람의 이야기로 시작하지만, 중간에 흑인 프라이데이를 슬그머니 등장시킨다. 무인도에 고립된 인간의 이야기마저 어쩔 수 없이 최소한의 타인이 필요했던 것이다. 영화 〈캐스트 어웨이〉에서 비행기 사고로 무인도에서 살아가게 된 주인공(톰 행크스 분)은 자신의 배구공에 윌리라는 이름을 붙임으로써 —즉 하나의 사물을 타물他物이 아닌, 자신이 일상적으로 상호작용할 수밖에 없는 무의식적 대상의 원형으로서 타인他人이라고 의인화함으로써—로빈슨 크루소와 같은 구도를 재현한다. 예나 지금이나 이것이 문제이며, 앞으로도 문제일 것이다. 인간의 삶은 상호 주관성의 공간을 벗어날 경우 자신의 삶을 의미화하는 데 취약하기 짝이 없다. 반면에 인간 공동체에서 상호작용의 문제는 늘 해명하기 어려운 난제를 포함한다. 타인의 존재는 필요하지만, 또 한편 바로 그것이 내 삶에 문제를 일으킨다.

공동체를 이루며 살아가는 거의 모든 곳에서 서와 유사한 가르침이 발견된다면, 사실상 이들을 보편적으로 만드는 것은 무엇일까? 또한 이 진술들에는 아무런 문제가 없는가? 도대체 이 개념은 삶의 어떤 문제에 대응하기 위해서 발명 혹은 발견된 것인가?

내가 생물학적으로 나의 몸이라고 느낄 수 있는 것에는 분명한 경계가 존재한다. 신경 시스템의 연결이 그것을 말해준다. 현재 인간의 신경 시스템은 자신의 몸에 국한된다. 그래서 우리는 상대의 손을 잡아도 그 손의 이면에서 일어나는 신경 활동의 정보는 파악하지 못한다. 피부 접촉을 통해 어떤 정보는 알아낼 수 있지만, 상대의 신경 시스템에 접촉할 수는 없다. 이것은 우리가 타인의 내적 경험을 알아차릴 수단이 없다는 뜻이다. 우리는 타인의 얼굴 너머에서 벌어지는 '내면의 사건'—이것이 철학이 그토록 오랫동안 탐구해온 '다른 사람의 마음의 문제'라고 알려진 것이다—들은 알지 못하는 것이다. 그런데 우리가 타인과 상호작용을 할 때, 내면의 사건들을 그의 행동의 원인으로 간주하기 때문에, 우리는 원인을 명확히 알 수 없는 상대의 행동만을 마주해야 한다. 우리는 그의 외적 양상들을 내면세계의 기호들로 간주함으로써 보이지 않는 주체를 상대한다고 간주하지만, 해석의 불확실성에서 결코 벗어날 수 없다. 그래서 '남'인 것이다.

확실성에 근거를 두고 타인을 마주할 수 있는 인간은 아무도 없다. 그래서 이 심연을 메우려는 많은 말과 다양한 행동 양식이 나타났다. 이 모호함이 없었더라면 믿음(信)이란 낱말은 나타날 수 없었고, 또 그토록 오랜 시간 동안 인간의 미덕으로 자리 잡을 수 없었을 것이다. 나는 이렇게 인간과 인간의 관계를 정의하면서 보이지 않는 간극이 야기하는 긴장에 대처하려는 낱말군을 '인간의 징검다리들'이라고 부를 수 있다고 생각한다. 내가 보기에 서는 이들 가운데서도 특히 핵심이 되는 것이다.

불확실성이 하나의 낱말과 만날 경우 여러 의미가 출현할 수밖에 없다. 사람들은 언제나 문제가 되는 상황의 고유성과 예외성을 앞세워 기존의 낱말과 담론에 또 다른 의미와 해석을 덧붙이기 때문이다. 유학의 역사에서 서를 이해하는 방식 또한 마찬가지였다. 비트겐슈타인이 말했듯이 낡은 거리에 새로운 거리를 덧대어 도시의 전체 외양이 조금 변하는 것처럼, 크기와 모양, 색깔이 제각각인 천 조각들의 모음이 하나의 보자기가 되는 것처럼 나는 서라는 낱말도 똑같은 과정을 거쳤다는 사실을 발견했다. 이 과정의 모든 측면을 설명할 수는 없지만, 나는 이 낱말이 자신의 외양을 변화시킨 적은 없으나 자신의 내면은 계속해서 변화시켰다고 주장할 것이다. 학자들은 곳곳에서 기존 해석을 수정하거나 반박했고, 그래서 어떤 곳은 틈이 벌어졌으며, 결과적으로 의미의 층이 어수선하게 쌓인 채로 오늘의 우리에게 전해졌다고 주장할 것이다.

결국 이 낱말은 여러 지질학적 변화를 겪는 과정에서 다수의 지층을 간직한 채로 유학사의 흐름 속에서 자신의 길을 걸어왔다. 나의 작업은 서투른 괭이질로 이 땅의 여기저기를 파헤친 정도에 그친다. 여기에서 드러나는 불규칙한 토양의 특성들을 토대로 아직 드러나지 않은 전체적인 지질학적 특징을 더욱 섬세하게 추적하는 것은 숙련된 다른 이의 몫이다.

3

이 책은 어떻게 만들어졌는가? 운이 좋았더라면 처음부터 잘 계획되어 반듯한 길을 따라 정해진 시간 안에 일이 이뤄졌을 것이다. 실제 대부분의 일은 그렇게 되지 않는다. 이 책 또한 처음에는 자신이 무엇이 될지 모르고 태어났다. 2009년 무렵에 일어났던 일에 어울리는 구절을 나는 니체의 말에서 발견했다.

새로운 그 무엇을 먼저 보는 것이 아니라, 낡은 것, 이미 알고 있는 것, 그리고 누구나 보고 지나쳐온 것을 마치 새로운 것처럼 보는 것이 독창적 두뇌의 특징이다. 최초의 발견자는 대체로 저 아주 평범하고 재기도 없는 공상가, 즉 우연이다.[1]

---

1 프리드리히 니체, 《인간적인 너무나 인간적인 II》, 김미기 옮김(책세상, 2008), 127쪽.

말하자면 서는 〈위령공〉 23장에서 공자의 언급을 통해 등장했기 때문에, 유학을 조금이라도 아는 사람들에게 이 낱말은 아주 익숙하고 진부한 것이다. 물론 나도 잘 알고 있다고 생각했다. 지속적으로 연구할 여지는 별로 남아 있지 않은 말로 보았다는 뜻이다. 그런데 나는 우연히 이 생각을 바꾸게 되었다.

두 가지 요소가 교차해서 내 생각을 변화시켰다. 첫째, 나는 지속적으로 현대의 유학적 탐구가 자연주의적 방향을 지향해야 한다고 생각하고 있었다. 이것은 형이상학적 경향이 강한 전통적인 유학의 어휘들—이理와 기氣, 심心과 성性 등이 여기에 속한다—을 더 이상 사용하지 말자는 것이 아니었다. 이 낱말들이 표명하는 의미와 담론들을 무조건적으로 받아들이지 말고 경험적 증거들에 기반해 재탐구, 혹은 재구성하자는 것이었다. 간단하게 말해서 나는 현대의 다양한 경험과학적 탐구의 결과들과 공존할 수 있는 새로운 어휘들을 도입해서 전통적인 유학 담론을 비판적으로 재구성하는 것이 유학의 현대화를 위한 필요조건이라고 생각하고 있었다. 나는 2018년에야 이 탐구의 방향성을 인지유학認知儒學, Cognitive Confucianism이라고 명명할 수 있었지만, 2009년 무렵에는 이러한 가능성을 그저 막연히 머릿속에 구상하던 중이었다. 다만 이런 생각의 연장선에서 어떤 실증적 사례의 필요성을 떠올리고 있었다. 다시 말해 나 자신의 유학적 담론을 확립하기 위해서는 특정한 유학적 주제 혹은 주요 개념을 자연주의적 시각에서 비판적으로 분석한 사례를 학계에 제시해야 한다는 책임감 비슷한 것을 느끼고 있었다.

둘째, 같은 해에 나는 마크 존슨Mark Johnson의 저서 《도덕적 상상력》을 접하게 되었다. 이 책은 존슨의 제자인 전남대학교 철학과 노양진 교수가 번역했기 때문에, 나는 비교적 일찍 내용을 파악할 수 있었다. 이에 덧붙여 나는 의문스러운 부분을 번역자에게 직접 물어볼 수 있다는 이점을 함께 누릴 수 있었다. 이 책을 읽은 뒤 제일 먼저 떠오른 생각은 도덕적 상상력이라는 용어가 유학의 서에 대한 현대적 주석처럼 느껴진다는 것이었다. 지금 돌이켜보면 바로 그것이 이 책의 출간으로 귀결된 일련의 탐구를 낳은 최초의 발상이었다. 나는 존슨의 용어인 도덕적 상상력과 서의 근친성을 설명하는 논문의 집필이 서의 의의 혹은 가치를 현대적으로 서술하는 흥미로운 시도라고 생각했다. 나는 이 아이디어에 빠져들었고, 그것을 구체화한 최초의 논문을 쓸 수 있었다. 바로 〈서恕: 도덕적 상상력〉인데, 이것이 10여 년에 걸친 여정의 출발점이 되었다.

이 논문은 처음에 별다른 문제가 없어 보였다. 하지만 얼마 지나지 않아 서의 유학적 특징을 너무 일반적인 어투로 묘사하고 있다는 점에 불만을 느끼게 되었다. 개별 유학자의 목소리가 전혀 담겨 있지 않았던 것이다. 나는 서의 주창자로서 공자의 목소리가 담긴 별도의 글이 필요하다고 생각했다. 〈서恕: 잔인함에 맞서서〉는 그 결과물이다. 일단 이렇게 공자가 시야에 들어오자, 다음 순서는 자연스럽게 맹자와 순자로 이어졌다. 그렇게 〈맹자: 슬픔의 서恕〉와 〈순자: 날카로운 서恕의 차가움〉이 세상에 나왔다. 나아가 동일한 주제를 다룬 네 편의 논문을 쓰고 나자 이 연구들을 책으로 만들어야 하고, 그러기 위해서는 몇 편의 글이 더 필요하다는 결론에 이르렀다. 그때가 2013년 무렵이고, 당시 떠오른 생각이 쌓여 이 책에 담기게 되었다. 이들을 시간 순서에 따라 정렬하면 다음과 같다.

1. 〈서恕: 도덕적 상상력〉,《범한철학》 57집(범한철학회, 2010), 33~ 60쪽.

2. 〈서恕: 잔인함에 맞서서〉,《범한철학》 65집(범한철학회, 2012), 2 ~30쪽.

3. 〈맹자: 슬픔의 서恕〉,《율곡사상연구》 24집(율곡학회, 2012), 135~ 166쪽.

4. 〈순자: 날카로운 서恕의 차가움〉,《범한철학》 68집(범한철학회, 2013), 23~50쪽.

5. 〈서恕, 반서反恕, 그리고 거울뉴런mirror neuron〉,《동양철학》 40집(한국동양철학회, 2014), 145~170쪽.

6. 〈죄수의 밥그릇—서恕의 신체적 기원에 관한 한 유추—〉,《유교사상문화연구》 62집(한국유교학회, 2015), 223~249쪽.

7. 〈서恕: 성리학적 변형—주희朱熹를 중심으로—〉,《동양철학》 46집(한국동양철학회, 2016), 95~121쪽.

8. 〈왕부지王夫之: 욕망의 서恕〉,《공자학》 35집(한국공자학회, 2018), 239~274쪽.

9. 〈서恕, 황금률을 만나다—정약용丁若鏞의 경우—〉,《유교사상문화연구》 72집(한국유교학회, 2018), 87~115쪽.

10. 〈서恕의 용례들: 강서強恕에서 형서邢恕까지〉,《동양철학》 51집 (한국동양철학회, 2019), 173~206쪽.

11. 〈서恕, 환대歡待, 인정투쟁認定鬪爭—상호주관성의 은유적 형식

들—〉,《유학연구》48집(충남대학교 유학연구소, 2019), 221~252쪽.

　　이미 발표된 논문을 책으로 묶는 경우 단행본이라는 일관된 구조물로 편입되는 과정에서 원래 제목들이 약간씩 바뀌고 개별 논문의 시작과 끝 부분도 손을 보게 마련이다. 이 책은 여기에 한 가지 변화가 더 덧붙여졌다. 같은 주제에 대해 10년에 걸쳐 열한 편의 글이 쓰였기 때문에 다수의 인용들이 여기저기 흩어진 채로 중복되어 나타날 수밖에 없었다. 그래서 인용된 내용들을 점검하여 중복되는 경우 생략한 뒤에 앞뒤 문맥을 연결하는 표현들을 보충했다. 독자들의 너그러운 양해를 바랄 뿐이다.

4

　　열한 편의 글이 모였으니 이들을 분류하고 차례를 구성해야 했다. 두 가지 특징이 뚜렷하게 나타났기 때문에 이 작업은 그리 어렵지 않았다. 일단 개별 유학자의 이름과 연관된 글들이 여섯 편이다. 공자, 맹자, 순자, 주희, 왕부지, 정약용에 대한 글이다. 나머지 다섯 편은 특정 인물과는 상관없이 각기 다른 시각에서 서를 다룬 글이다. 나는 맨 앞에 서론에 해당하는 글 한 편을 배치하고 나머지 열 편의 글을 3부로 나누기로 결정했다.

　　맨 앞에 두어야 할 글은 고민의 여지 없이 고를 수 있었다. 무엇보다 이 책을 쓰는 계기가 되었던 글이 도덕적 상상력과 서의 상관성을 다룬 것이기 때문이다. 이 글은 존슨의 도덕적 상상력과 유학의 서를 비트겐슈타인의 관점에서 연결한 것이다. 나는 도덕적 상상력이라는 용어를 상상력을 도덕적으로 사용한다는 의미로 받아들였다. '도덕'이라고 불리는 경험 영역을 조준한 상상력의 사용이라는 발상은 인간에게 어떤 도덕적 본질을 가정하지 않고도 우리가 도덕적 삶을 향유할 수 있다는 점을 정당화한다는 이점이 있다. 이것은 도덕이 인간의 성질 문제가 아니라 우리 삶의 경험을 구성하는 특정한 방식에 관련된 문제라는 관점을 담고 있다. 나는 이런 바탕에서 서에 대한 자연주의적 해석의 한 방식으로서 도덕적 상상력이라는 개념을 도입할 수 있었다.

1부는 공자와 맹자, 순자를 다루었다. 선진先秦 시대에 생겨난 유학 용어인 서가 당시에 어떤 의미였는지를 들여다보기 위해서라도 이렇게 순서를 잡을 수밖에 없었다. 나는 공자의 서를 삶의 잔인한 양상들에 맞서는 유학의 전략적 태도라고 이해했다. 내가 보기에 잔인함이란 삶에서 낯선 것이 아니다. 타인의 고통에 무관심하거나, 더 나아가 의도적으로 고통을 확산시키려는 사고와 행동은 모두 잔인함이라는 말로 묶을 수 있다. 부나 권력, 지위와 같은 사회적 역할의 차이를 위계의 차이로 간주하는 사고방식에서 유래하는 갑질은 대표적인 사례다. 고문은 극단적인 사례이며, 인간의 사물화는 고통에 대한 무관심을 조장하려는 가장 전형적인 책략이다. 나치는 인간을 사물화함으로써 인간의 고통에 무감각해지라고 요구했으며 바로 이런 의도가 아이히만을 비롯한 나치가 유대인의 강제 이주와 학살을 지칭했던 '이주'와 '최종 해결책'이라는 중립적 어휘 속에 숨어 있었다. 오늘날 정리해고를 '경영합리화'로 부르는 것 또한 생존의 문제를 기업이라는 사물의 문제로 치환함으로써, 인간의 문제를 돈의 문제로 변형하려는 물신화의 극치를 보여준다. 나는 공자가 이런 잔인함이 사회에 만연해 있다고 간주하고 이에 맞서는 삶의 전략을 서라는 이름으로 제안했다고 해석했다.

또한 맹자의 서는 바로 이런 제안을 유학사에서 처음 정당화하려는 시도라고 주장했다. 이런 시각에서 보게 되자 맹자의 서에 깃든 의의가 분명해졌다. 서를 실천할 때 슬픔과 같은 감정과 정서를 경유하라는 권고인 것이다. 이런 측면에서 보자면 맹자의 측은지심이란 무엇보다 타인의 사물화에 저항하는 유학적 방법을 뜻하게 된다. 나아가 나는 순자의 서를, 맹자가 제안하는 감정과 정서가 과잉 혹은 과소의 함정에 빠지는 것을 경계하기 위해, 공리적이고 차가운 합리성을 경유해서 서를 실천하라는 가르침으로 이해했다.

나는 맹자의 서를 슬픔의 서로 명명했고, 그것이 감정의 도덕적 사용이라는 측면에서 상상력의 도덕적 사용이라는 나의 애초 주장과 맞아떨어진다는 점을 깨달았다. 합리성의 도덕적 사용이라는 측면에서 순자의 서가 맹자의 서에 대한 반론이며, 이런 반론이 날카롭고 차가운 인지적 계산을 경유한다는 점도 알게 되었다. 맹자와 순자를 분리해 바라볼 경우 서는 인간의 감정과 합리성이라는 변별되는 개념에 기대어 자신의 의미 구조와 실천을 정당화한다. 하지만 양자를 통합적으로 바라볼 경우 서는 감정과 합리성이 뒤얽힌 일반적인 인지 능력을 바탕으로 나다닌 행동 양식인 것이다.

2부는 주희와 왕부지, 그리고 정약용의 서를 다룬 글들이 포함되었다. 이들은 내가 의도적으로 찾아낸 인물들이다. 나는 1부의 내용을 바탕으로 해서 선진 시대에 확립된 서의 의미 체계를 인간 인지의 일반성을 바탕으로 이해해야 한다고 전제할 수 있었다. 우리는 삶의 다양한 측면들을 경험하고, 이를 드러내기 위한 언어 표현들을 많이 가지고 있거나 혹은 개발한다. 이것을 서의 의미 체계에 대입해보면, 철학적 사유의 변화 양상을 따라서 서의 의미 체계에 다양한 측면이 부가되거나 기존의 전제와 가정들이 수정될 터였다.

　그러므로 피할 수 없는 질문이 제기된다. 유학의 가장 급격한 변화상의 하나로서 성리학적 사유를 배경으로 했을 때 서의 의미가 어떻게 달라지는가? 또 이런 탐구에서 주희를 제외하면 달리 누구를 대표자로 내세울 수 있겠는가? 그래서 서의 성리학적 변화를 대변하는 인물로 주희를 선택했다. 나아가 성리학적 사유로부터 다시 한 번 변화를 겪은 유학적 사유에 기반한 서를 이해하기 위해 나는 또 다른 대표성을 띠는 인물들을 찾게 되었다. 그들은 최소한 두 가지 조건을 충족해야 했다. 서라는 낱말 자체가 《논어》를 중심으로 하고 있기 때문에 유학자로서 《논어》에 대한 경학적 저술을 집필한 인물이어야 했다. 또 서의 의미 체계를 변화시킬 만한 독자적 견해를 제시한 유학자여야 했다.

　나는 중국의 명말청초 시대 인물인 왕부지와 조선 후기 학자인 정약용을 찾아냈다. 한 사람은 기철학자라는 점에서 또 한 사람은 조선 후기 실학자로 불린다는 점에서 주희와 대비되었고, 《독사서대전설》과 《논어고금주》를 비롯한 다수의 경학 저술이 있으며, 서에 대한 주목할 만한 제안도 내놓은 바 있었다. 요컨대 성리학적 사유를 만나 서는 '당위의 서'로 변모되었고, 왕부지를 만나 '욕망의 서'로 파악되었으며, 정약용에 이르러 '사랑의 서'로 이해되었다. 서는 규범적 당위, 인간의 서로 다른 욕망, 보편적 인간애 등의 기초 위에서 정당화되었고, 이렇게 해서 이전과는 다른 의미들을 갖게 되었다.

3부에는 시대와 인물에 구애받지 않고 다양한 각도에서 서를 이해하려고 시도한 글 네 편이 남게 되었다. 이 네 편 사이에는 어떤 선형적 연결이 존재하지 않는다. 나는 그저 가능한 범위 안에서 서의 이런저런 측면들을 살펴보고 서술했을 뿐이다. 그들은 각각 18세기 중국 지성사에 기록된 서의 용례 마흔두 가지, 서의 신체적 기원인 따듯함이라는 감각 경험, 거울뉴런과 서의 연관성, 서와 환대, 인정투쟁을 둘러싼 담론의 은유적 형식들을 다룬 글이다.

첫째, 나는 18세기 초반에 중국에서 나타난 《패문운부》와 《패문운부습유》를 통해 중국 지성사가 요약한 서의 이자류 용례 마흔두 가지를 개괄하고 이 가운데 반서反恕, 용서容恕의 용례를 검토하는 한편, 정서情恕와 이서理恕를 서의 용례들을 분류할 수 있는 개념 틀로 사용해보았다.

둘째, 나는 신체화된 마음이라는 인지과학적 전제에서 바라볼 때 도대체 서의 신체적 기원이란 어떤 감각 경험이고, 그것이 어떻게 유학의 텍스트에서 서라는 의미 체계로 구성될 수 있는지에 관한 문제를 다루었다. 나는 《설문해자》로 거슬러 올라가서 현대의 개념 혼성 이론을 적용해 인간의 보편적 감각 경험인 따듯함이 타인과의 상호 관계 속에 구현되기를 희망하는 개념이 서라고 제안했다.

셋째, 나는 거울뉴런이라는 우리 뇌의 생물학적 시스템과 서의 상관관계를 검토해보았다. 거울뉴런의 존재에도 불구하고 우리가 여전히 서와 반서에 기반해 행동할 수 있다고 주장했고 이를 근거로 거울뉴런을 현대의 새로운 성선론으로 해석하려는 경향에 반대했다. 마지막으로 서와 환대, 인정투쟁을 '인간은 상인' '인간은 여행자' '인간은 전사'라는 개념적 은유를 전제하는 상호 주관성 담론이라고 해석하면서, '서의 수열數列'이라는 조어를 사용해서 첫째 서, 둘째 서(혹은 n째 서), 마지막 서, 그리고 무한의 서라는 계열체를 구성할 수 있다고 제안했다.

1부와 2부는 그냥 순서대로 읽는 것이 효과적이겠지만, 3부의 내용은 편집 순서와 상관없이 무작위로 읽어도 이해하는 데 지장이 없다. 더 많은 내용을 풍부하게 담을 수 있었으면 좋았겠지만, 이제는 일단 멈추고 독자들에게 원고를 넘길 때이다. 문을 들어선 이들이라면 내부의 모습을 독자적으로 판단할 수 있을 뿐만 아니라, 창밖의 풍경까지도 충분히 음미할 수 있을 것이다.

5

그렇다면 서란 무엇인가? 나는 처음에 서가 인간을 다른 인간에게 이어주는 다리라고 생각했다. 그러나 다리 은유는 나와 타인의 불가피한 분리라는 인간의 생물학적 조건을 놓치고 있었다. 연결을 뜻함과 동시에 분리의 조건을 함축하는 문화적 이미지가 필요했다. 이렇게 해서 나는 '인간의 징검다리'라는 표현에 도달하게 되었다.

이 길은 오늘날의 고속도로와 같은 것이 아니다. 타인의 마음과 욕구, 감정과 느낌에 대한 오해와 과잉 해석의 물결에 늘 위협을 당하면서도 이로 인한 팽팽한 긴장을 버티는 징검다리다. 다리이기에 나를 타인과 연결하지만, 드문드문 놓인 디딤돌들 사이의 간격은 개체로서 변치 않는 고립의 조건들을 가리키고 있다. 홀로이면서 또 한편 함께할 것을 요구하는 삶의 양행성兩行性에 비춰볼 때 서는 친밀한 유대와 공감으로 충만한 공동체의 이상과 타자로서 감수해야 할 영원한 고립 사이를 메우는 하나의 징검다리인 것이다. (본문 188쪽)

이 구절을 쓸 당시에는 그다지 강하게 의식하지 못했지만, 나는 이 진술 속에 데이비드 니비슨David S. Nivison의 확신이 비슷한 방식으로 재서술되고 있다고 생각한다. 니비슨은 서가 도덕의 기본 원리라는 주장에 반대하면서 "서는 이보다 더 기본적인 것이다. 그것은 바로 공동체의 기반이며, 그것이 없다면 어떠한 도덕도 전혀 생겨날 수 없을 것이다"[2]라고 단언했다.

이제 나 또한 분명한 확신을 갖고 이렇게 말할 수 있다. 서는 '나'와 '너'를 '우리'로 맺어주는 사유와 행위의 한 방식이다. 그리고 도덕은 자신의 창발을 위해 '우리'의 탄생을 요청한다. 나아가 서의 가치와 의의를 이렇게 도덕의 영역에만 국한하는 것 또한 상당히 편협한 시각이다. 우리의 탄생은 나와 너의 고립을 넘어선 새로운 사유와 실천, 그리고 다양한 의미의 영역을 동시에 창발시키기 때문이다. 도덕이 중요하기는 하겠지만, 의미 영역 전체에서 보자면 부분에 속할 뿐이다. 삶은 도덕보다 더 넓고 깊다.

서 또한 유학의 역사에서 길어 올린 인간의 징검다리 가운데 하나다. 이 징검다리에 발을 내딛는 순간 나는 개체라는 차원을 넘어 '우리'라는 삶의

---

2 데이비드 S. 니비슨, 《유학의 갈림길》, 김민철 옮김(철학과현실사, 2006), 159~160쪽.

양시을 경험하는, 수평적 초월horizontal transcendence의 세계에 한 발을 내디딘다. (본문 386쪽)

6

한 권의 책을 세상에 내놓는 과정에서 도움을 주었던 손과 눈들을 상상하는 데 관음보살의 상징인 천수천안千手千眼의 이미지보다 더 나은 것은 없다. 그 손과 눈의 주인들을 이루 다 거론할 수 없기에 특별한 감사를 전할 수밖에 없는 몇몇 이름으로 대신한다.

무엇보다 논문을 단초로 출간을 제안하고 원고가 완성될 때까지 오래 기다려준 '마농지'의 김미정 대표에게 특별한 감사를 전한다. 이 책은 내가 내놓는 세 번째 단행본인데, 글을 쓴 뒤에 출판사를 알아보던 지난 두 번의 경험과 비교해볼 때, 누군가가 기다릴 것이라는 기대 속에서 글을 쓰는 경험은 아주 특별했다. 이 기다림을 하나의 환대라고 한다면, 약속했던 시간에 늦지 않게 발송된 원고 또한 기다리는 이를 위한 작은 서의 실천이 아니라면 달리 무엇이겠는가!

둘째,《도덕적 상상력》의 번역자로서 이 책을 집필하는 계기가 된 논문을 쓰도록 이끌었던 노양진 선생의 노력에 감사드린다. 존슨의 책이 번역되지 않았더라면 나는 도덕적 상상력과 서의 연관을 떠올리지 못했을 것이고, 설령 비슷한 것을 생각했다고 하더라도 논문으로 제출하려는 용기를 내지 못했을 것이다. 그 다음에 이어진 사유의 사슬이야 더 말할 나위가 없을 것이다.

마지막으로 아내와 두 아들에게 변함없는 감사를 전한다. 에피크

레토스는 "모든 것에서 철학자인 것으로 만족하라"고 했지만, 누구의 삶에서나 그럴듯한 문자 몇 구절로 넘어서기 힘든 곤경은 흔히 겪는 일이다. 세 사람이 동반하는 삶의 기쁨과 지지가 없다면 막연한 신념은 좌절이 되고 엉성한 만족은 오래 묵은 불평의 하소연으로 변했을 것이다.

내가 여전히 철학자일 수 있는 것도 모두 이름 모를 천수천안들과 함께하는 이들 모두의 덕택이다.

2020년 2월

용봉동龍鳳洞 지경재持敬齋에서

서, 도덕, 상상력

조금은 새로운 관점에서

나는 먼저 《논어》에 나타난 서恕를 현대의 체험주의experientialism
라고 불리는 철학적 입장과 대면시키려고 한다. 체험주의는 인지과학
을 비롯한 경험과학의 성과를 수용하는, '경험적으로 책임 있는empiri-
cally responsible' 철학을 지향하는 열린 탐구의 한 방식이다. 이런 입장
에서 나는 서를 마크 존슨이 제시한 '도덕적 상상력moral imagination'이
란 개념의 유가적 사례로 제시하려고 한다. 즉 나는 공자가 제시한 서
의 의미를 체험주의의 도덕적 상상력이라는 개념을 중심으로 해석할
것이다.

이 관점에 따르면 추기급인推己及人 혹은 추기급물推己及物로 흔히
묘사되는 서는 사실상 윤리적 행위를 위해 어떤 상상적 추론推論을 활
용하라는 권고로 이해할 수 있다. 이러한 점에서 서는 사태의 인지, 동

인시를 포함하는 상상적 추론, 행위라는 세 단계로 구조화되어 있다. 특징은 이 세 단계 구조를 인정하기 위해 어떤 선험적, 혹은 초월적 전제를 도입할 필요가 없다는 점이다. 이것은 서가 인간의 경험적 조건들과 삶의 체험들로부터 유도될 수 있는 자연주의적 요소들로 구성된 개념이라는 점을 알려준다.

어떤 개념에 선험성과 초월성을 도입하는 것이 예외 없이 보편성을 정당화하려는 시도라는 점을 감안할 때, 자연주의적으로 이해된 서는 사실 보편성을 확보하지 못할 우려가 있다. 《장자》에 나오는 혼돈칠규混沌七竅의 우화는 대표적인 사례다. 그러나 《장자》의 우화는 서를 일회적이고 비가역적이며 예외적인 상황 속에 몰아넣음으로써 지속적 실천과 반성을 동반하는 교정 과정 자체가 서에 포함되어 있다는 점을 외면하고 있다.

결국 서를 도덕적 상상력으로 이해하는 문제와, 서에 대한 《장자》의 비판을 고려할 때 한 가지 점을 인정해야 한다는 것은 분명하다. 상상적 추론은 실패할 수 있다. 그것이 간단없는 실천과 반성을 통해 자신을 교정한다 해도 이런 자기 교정의 진리성을 보장하는 원리는 어디에도 없다. 오히려 지속적 자기 교정의 필요성이 커질 뿐이다.

서를 자연주의적으로 해석한 결과 우리는 서란 모든 상황에 대한 윤리적 해답을 제시하는 제일원리가 아니라는 평범한 사실을 다시 발견하게 된다. 그렇다고 서를 이론의 차원에서 평가절하해야 한다는 말은 아니다. 오히려 서는 자신의 정당성을 주장하기 위해 선험적이거나 초월적인 조건을 가정할 필요가 없는, 우리 일상에서 충분히 실천할 수 있도록 구성된, 유학이 여전히 권장할 만한 행위 원리임을 알려줄 뿐이다. 즉 우리는 서에서 절대적 타당성을 제거하는 대신에 일상에서 거듭 활용할 만한 행위 원칙 하나를 얻게 된다.

서의 상상적 성격

공자는 《논어》〈위령공〉 23장에서 이렇게 말했다. "내가 원하지 않는 것을 남에게 베풀지 말라." 이 문장은 유학에서 서라는 개념의 의미를 드러내는 대표적인 진술로 이해된다. 이와 유사한 가르침은 《성경》에서도 발견된다. 《마태복음》 7장에서 예수는 "남에게 대접을 받고자 하는 대로 너희도 남을 대접하라"고 말하기 때문이다. 흔히 《마태복음》의 가르침은 황금률이라고 불리고, 공자의 말은 황금률의 부정형이라고 알려져 있다.[1] 물론 다른 곳에서도 유사한 구절이 많이 발견된다.[2] 예를 들어 비트겐슈타인의 다음과 같은 진술 역시 서, 혹은 황금률이라

---

[1] 문병도는 〈위령공〉 23장의 표현과 《마태복음》의 구절을 직접 대비하여 서를 부정적 황금률의 사례로 다루면서 서는 내가 남에게 해서는 안 되는 행위를 '내가 바라지 않는 행위'이며, 양자는 긍정문과 부정문이라는 차이를 갖는다고 주장한다. 이에 반해 니비슨은 "(1) 《논어》에서 초기 작품에 속하는 장들만 놓고 보더라도 중국적인 형태의 황금률이 더 많이 존재하며, (……) 이들 중 몇몇은 긍정문의 형식을 취하고 있다. (2) 매우 초기에 속하는 기독교의 문헌에는 긍정적인 형식뿐만 아니라 부정적인 형식 또한 풍부하게 포함되어 있으며, 초기의 기독교 신학자들에게 이 둘의 차이는 결코 중요하지 않았음이 너무나도 분명하다"라고 주장하고 있다. 동시에 니비슨은 "실제로 부정적인 표현이 중국 문헌 속에서 훨씬 두드러지게 발견되며, 이는 중요한 의미를 가진 것일 수도 있다"고 막연하게 추정하고 있기도 하다. 문병도, 〈공맹孔孟의 서恕의 도덕 판단 방법론에 관한 소고小考〉, 《동양철학》 8집(한국동양철학회, 1997), 173쪽; 데이비드 S. 니비슨, 〈중국 도덕철학에서의 황금률 논변〉, 《유학의 갈림길》, 131~132쪽 참조.

[2] 이상순, 〈황금률 소고〉, 《논문집》(제주교육대학교, 1983), 61~84쪽; 데이비드 S. 니비슨, 《유학의 갈림길》, 125~129쪽 참조.

는 배경에서 이해할 수 있다.

> 신은 나에게 이렇게 말할 수 있다. "나는 네 자신의 입으로 너를 심판하노
> 라. 네가 네 자신의 행위들을 다른 사람들에게서 보았을 때, 너는 그 행위
> 들에 대해 구역질 나 몸을 떨었도다."[3]

《논어》와 《마태복음》의 사례들은 어떤 동일시에 근거한 판단을 담고 있다. 비트겐슈타인의 진술 역시 이러한 동일시를 포함하는데, 여기에는 오히려 나를 매개로 하는 이중의 동일시가 존재한다. 첫째, "네 자신의 행위들을 다른 사람들에게서 보았을 때"라는 말이 암시하는 것처럼 나의 행위와 다른 사람의 행위가 동일시된다. 둘째, 내가 남의 행위에 구역질이 나서 몸을 떠는 것과 마찬가지로 신도 나의 행위에 똑같은 반응을 보일 것이라고 선언된다. 즉 내가 타인의 행위를 판단하듯 신도 나의 행위를 판단한다는 것이다. 나의 행위와 타자의 행위의 동일시, 그리고 나의 판단과 신의 판단의 동일시라는 이중의 동일시 때문에 비트겐슈타인의 진술은 이중의 서, 혹은 이중의 황금률 구조를 갖는다. 결국 비트겐슈타인 역시 조금 다른 방식으로 서를 말하고 있는 것이다.

이런 다양성에 비춰볼 때 황갑연은 '유학이 기타 학파와 근본적으로 다를 수 있는 근거를 서에서 찾는다'고 단언하면서, '서는 유학의 본질'이라고까지 선언했지만,[4] 이 경우 서를 통해서 유가의 본질을 발견하

---

3 루트비히 비트겐슈타인, 《문화와 가치》, 이영철 옮김(책세상, 2008), 178쪽.
4 황갑연, 〈선진先秦 유가儒家 철학에서 '서恕'의 의미〉, 《공자학》 4집(한국공자학회, 1998), 153쪽.

기보다는 오히려 서를 역사와 문화가 서로 다른 공동체들에 결핍된 특수한 개념으로 변질시켜버릴 위험을 내포하고 있다. 금희경은 "서구의 중국학자들이 서를 황금률의 비판 틀에 맞춰 변호하려는 해석이 가지는 문제점은 선진 유가의 욕구와 자기 개념에 대한 이해의 부족에서 비롯된 것으로 보인다"고 말했는데 여기서도 똑같은 문제점이 발견된다.[5] 서가 정말로 유학만의 독특한 행동 원칙임과 동시에 보편성을 띤다고 주장하려면 서의 어떤 측면이 서구인들의 어떤 경험과 부합하는지를 해명해야 한다. 그래서 서가 동양인과 서구인의 역사와 문화를 관통하는 나름의 보편성을 띤다면, 처음부터 황금률과 거의 구별되지 않는다는 결론에 도달할 것이다. 즉 서에 대한 논의 자체의 활성화를 위해서도 서는 황금률과 분리돼 있지 않고 대부분 중첩되어 있다고 보아야 할 것이다. 그래야 서의 가치가 보다 풍성해질 가능성이 높다.

결국 니비슨이 제시하는 아프리카 바-콩고Ba-Congo의 속담과 앨런 도너건Alan Donagan의 《도덕 이론The Theory of Morality》에서 재인용하고 있는 《탈무드》의 기록 그리고 비트겐슈타인의 진술과 《논어》의 진술 등을 대조하면 서—또는 황금률—는 인간 사회에서 상당히 폭넓은 보편성에 기초한 행위 원칙이라고 볼 수 있다. 바로 이런 이유로 서는 공자의 진술 이후 유학의 역사에서 많은 학자들의 주목을 받았던 것

---

5 금희경은 서와 황금률을 구별하면서 정작 황금률의 문제는 네 가지에 걸쳐 섬세하게 지적하는 반면에, 이러한 지적이 동일하게 서에도 적용될 것인가 혹은 서는 이러한 황금률의 네 가지 문제점을 어떻게 피하고 있는가 하는 문제는 다루지 않는다. 이런 논의의 부재 때문에 그의 논의는 "유가적 욕구 개념을 전제로 한 서 원칙의 변호가 서구에서 '이성'이나 '도덕적 직관' 등 외부로부터의 도덕의 기준을 받아들임으로써 황금률을 도덕적 행동 원칙으로 살려내려는 시도와 어떻게 다를 것인가라는 질문이 제기된다"는 모호한 태도로 끝을 맺을 수밖에 없었다. 금희경, 〈유가 윤리적 실천 원칙으로서 서恕에 대한 변명〉, 《철학연구》 28집(서울대학교 철학과, 2000), 228~232쪽 참조.

이다. 만일 서가 정말로 유학에 한정된 행위 원칙이었다면, 이와 유사한 원칙이 여러 곳에서 발견된다는 사실을 설명하기 곤란했을 것이다.

아래에서는 신정근과 니비슨의 현대적 탐구를 살펴보면서 기존 연구를 비판적으로 검토해보겠다. 이 두 사람의 탐구를 검토하는 데는 최소한 두 가지 이유가 있다.

첫째, 니비슨은 서를 황금률의 유가적 진술로 가정하고, 보다 일반적인 황금률을 검토하는 차원에서 서의 문제를 다룬다. 반면에 신정근은 유학의 내부에서 서에 대한 전통적 이해가 어떻게 구성되었는지를 탐색한 후, 비판적 독해를 통해 서의 의미를 재정립하려고 시도한다. 즉 이 둘은 서를 유학 내부의 시선과 외부의 시선으로, 보다 특수한 형태와 보편적인 형태로 다루는데, 연구자들은 이러한 시선의 교차를 통해 서에 대한 입체적인 이해에 도달할 수 있게 된다. 다시 말해, 서로 다른 결론에 이른다 해도 이들의 논의는 어느 정도 일반화된 서에 대한 기존 관점들에 대한 정리로 손색이 없다. 이들을 따라갈 때 우리는 논의의 핵심에 재빠르게 접근할 수 있는 통로를 얻게 된다.

둘째로는, 이들의 논의에 담긴 진술들 가운데 일부가 이 글의 핵심 주장을 위해 중요하다는 사실이다. 이 글은 서를 도덕적 상상력의 활용이라는 의미로 해석하려고 한다. 이러한 주장은 다음과 같은 두 가지 중첩된 가정을 포함하고 있다. 즉 서는 도덕적 영역에서 상상력과 필수 관계를 맺고 있다. 그러나 기존 논의에서는 이러한 점을 주목하지 않았다. 하지만 진지한 연구자들은 서의 논의 과정에 상상력에 대한 논의가 필요하다는 주장을 이따금씩 제기하고 있다. 이 결과 기존의 서에 대한 논의가 전적으로 상상력을 배제하지 않으면서도, 논의의 핵심으로 간주하지 않는 애매한 위상을 부여하는 경향이 있음을 드러내고 있다. 즉 이러한 연구들은 서를 설명하는 과정에서 부분적으로 '상상'이라는 단어를 결부시키기는 하지만, 어째서 '상상'이라는 낱말이 서의 의미를 해명하는 데 필수인지는 질문하지 않는다. 이것이 내가 도덕적 상상력의 활용인 서를 다루기 위해 니비슨과 신정근의 연구를 살펴보는 참된 이유이자 핵심 논점이다.

어떤 상상력인가

니비슨의 논의는 "다른 사람에게 영향을 미치는 나의 행동이나 태도는 어떤 측면에서는 내가 그 사람이라 하더라도 허용 가능하다고 생각할 만한 것이어야 한다"는 황금률에 대한 정의에서 출발한다.[6] 그의 주장의 핵심은 개략적으로 이렇게 정리할 수 있다.

첫째, 이미 언급했던 것처럼 〈위령공〉 23장과 《마태복음》의 진술이 부정문과 긍정문의 형식을 띤다는 이유로 은백률과 황금률로 지칭될 만큼 중요한 위상 차이가 있다고 보는 것은 부당하다.

둘째, 금희경이 '선진 유가의 욕구와 자기 개념에 대한 이해 부족에서 비롯된 것으로 보인다'고 비판했던 것과는 반대로 니비슨은 중국 특유의 가족적·사회적·정치적 관계에 나타나는 선후의 권위라는 구도 속에서 서로 밀접하게 결합된 충서忠恕의 의미를 '뒤집어볼 수 있음'이

---

6 데이비드 S. 니비슨, 《유학의 갈림길》, 125쪽.

란 개념을 중심으로 해석한다.[7] 주희, 왕수인, 장학성章學誠, 대진戴震의
서에 대한 관점을 요약하면서 그는 "중국 지성사에서, 내가 감히 제시
하고자 했던 것은 '뒤집어볼 수 있음reversibility'의 이러한 두 가지 측면
이 번갈아 강조되고 있다는 사실이다. 송대의 유가 도덕가들은 서까지
도 반드시 자기 자신이 견지해야만 하는 것으로 여김으로써 자기 훈련
적인 측면을 강조하는 반면, 왕수인이나 청초의 사상가 같은 도덕가들
은 관대함이라는 측면을 강조한다"고 말하고 있다.[8]

　　셋째, 니비슨은 보편적으로 분포되어 있는 황금률들은 개인이 속
한 사회의 관습 속에 포함된 것이기 때문에, 문화가 다르면 황금률을
통해 요구되거나 금지되는 것들이 다를 수밖에 없고 이런 이유로 황금
률이 도덕의 제일원리일 수 없다는 도너건의 주장에 동의한다. 이것이
정말로 중요한 관점이다. 결국 서는 도덕 원리가 아니라, 사람들의 덕
을 묘사하는 개념이라는 것이다.[9] 이러한 생각에 따르면 서는 도덕 원
리보다는 기본적인 덕성으로 다루어야 한다. 이것이 그가 다음과 같이
말하는 이유다.

---

7 "서恕란 규칙을 넘어서야 할 때 혹은 규칙을 적용하면서 규칙을 변화시켜 더 인간적인 것을 만들
　고자 할 때, 동급자나 아랫사람에게 역할이 뒤바뀐다면 자기 자신이 원하게 될 만큼의 호의를 보
　여주는 것이다. 충忠이란 윗사람 혹은 동급자에 대한 자신의 의무에서 역할이 뒤바뀐다면 자신의
　지위에 있는 사람에게 대하게 될 만큼 자기 자신에게 엄격하게 하는 것이다." 데이비드 S. 니비슨,
　《유학의 갈림길》, 140쪽.

8 데이비드 S. 니비슨, 《유학의 갈림길》, 154쪽.

9 "내가 유가적 개념이 서에 해당하는 절반의 내용―결국 우리가 유가의 '황금률'로 인용하는 것은
　바로 이것이다―을 해석한 데서 볼 수 있듯이, 그것은 실제로는 결코 '규칙'이라고 할 수 없으며,
　오히려 인간적인 온화함이라는 이상적인 인격을 형성하고 배양하도록 우리를 인도해주는 격률이
　다. 다시 말해서 그것은 행위의 올바름이라는 성질보다는 사람들의 덕을 묘사하고 있는 것이다."
　데이비드 S. 니비슨, 《유학의 갈림길》, 158쪽.

34

우리는 아마도 황금률이 자신의 특정한 관습을 긍정하는 것도 아니고, "법칙을 요약해놓은 것"도 아니며, "전체적인 법률이나 선지자의 역할을 하는 것"도 아니라고 말해야 할 것이다. 그리고 또한 그것은 도덕의 기본적 "원리"도 아니다. 서는 이보다 더 기본적인 것이다. 그것은 바로 공동체의 기반이며, 그것이 없다면 어떠한 도덕도 전혀 생겨날 수 없을 것이다. [10]

니비슨의 해석은 상당한 설득력을 가진다. 그는 서를 보편적인 황금률의 중국적 사례로 다룸으로써 서의 보편성을 가정한다. 또 서를 덕의 윤리라는 차원에서 해석함으로써 경험적 사태에 앞서 사태에 대한 도덕적 해명을 가정하는 이론의 차원에서는 서를 제대로 해석할 수 없다는 점을 예리하게 지적함과 동시에 서에 대한 논의의 지평을 덕의 윤리 차원까지 확장한다.

그러나 그의 두 가지 핵심 주장은 섬세하게 탐구되지 않은 채로 남겨진다. 즉 '뒤집어볼 수 있음'은 어떻게 가능한가? 여기에는 어떤 구조적인 요인들이 개입되어 있는가? 가령 뤄양은 서의 초보적 형태를 거론하기 위해 《춘추좌전》 희공 15년의 기사에 나타난 '군자서君子恕'라는 구절을 예로 들어 이렇게 설명한다.

"君子恕"의 恕가 대체로 자신이 이해한 바의 상황에 근거하여 이성적으로 사고하여 사고의 결과를 추론한다는 뜻이라고 한다면 (……) 恕의 "所有往"의 主體는 心이다. 卽, 自己의 心으로부터 外界의 事物에 미치는 것이

---

10 데이비드 S. 니비슨, 《유학의 갈림길》, 159~160쪽.

며 (……) 이것은 大槪 恕의 最初含義이다.[11]

서의 기본 구조가 상황의 이해, 추론을 동반한 사고 과정, 그리고 행위, 이 세 가지라는 점은 뤄양의 평이한 진술에서도 드러난다. 하지만 뤄양은 추론을 동반한 사고 과정을 무비판적인 어조로 '이성적'이라고 단정하고 있다. 뤄양의 진술처럼 '뒤집어볼 수 있음'이 이성적 사고의 산물이라고 단정할 수 있을까? 니비슨 자신은 그렇게 생각하지 않는 것으로 보인다. 금성탄金聖歎의 《수호지》 비평을 언급하면서 니비슨은 지나치듯이 이렇게 진술한다. "비록 훌륭한 소설이긴 하지만, 소설 속의 등장인물들이 어떻게 그렇게 생생하고 개성 있게 그려질 수 있을까?" 그는 이렇게 물은 후에 결론을 내린다. "이런 일이 가능한 것은 작가가 서恕를 할 수 있었기 때문이다. 다시 말해서 상상을 통해 자기 자신을 가상의 등장인물의 위치에 놓는 것"이 가능했기 때문이라는 것이다.[12] 이러한 관점에서 다음과 같이 진술하는 문병도는 사실상 니비슨이 말한 '뒤집어볼 수 있음'과 '상상을 통한 위치 변경'과 동일한 진술을 하고 있다고 보아도 좋을 것이다.

서의 함의는 행위자로 하여금 역할 전환role reversal 테스트를 통과하는 행위를 할 것을 요구한다는 것은 분명하다. '역할 전환 테스트'는 자신을 남의 입장에 놓고, 남이 무엇을 자신에게 마땅히 해야 하는지를 스스로 물

---

11 뤄양, 〈공자의 충서 사상 논고〉, 《동서사상》 제6집(경북대학교 동서사상연구소, 2009), 102쪽.
12 데이비드 S. 니비슨, 《유학의 갈림길》, 149쪽.

어보는 것을 의미한다. 다시 말해, 나의 행위가 옳은지 아닌지를 결정하는 기준은 나의 행위에 영향을 받는 사람의 입장에 자신을 놓았을 때, 남이 자신에게 동일한 행위를 마땅히 해야 한다고 의욕할 수 있는지를 검사하는 것이다.[13]

이 때문에 문병도 역시 곧바로 이어지는 구절에서 '상상'이란 낱말과 밀접하게 연관지어 "서의 원칙은 자신의 이익의 관점에서 어떤 행위를 선택해서는 안 되며, 자신을 당하는 입장에 놓고 그에게 무엇이 마땅히 행해져야 하는가를 생각해보는 유비적 방법을 통해 행위를 선택해야 한다는 것을 지시하고 있다"고 서술하고 있는 것이다.

뤄양이 무비판적으로 사용하는 이성적이라는 용어가 아닌, '상상적' 혹은 '유비적'이라는 용어가 서에 포함된 사고의 성격을 규정하는 것이라면, 동시에 다른 연구에서도 이런 입장이 발견된다면, 이러한 공통점은 진지하게 검토되어야 할 것이다. 우리는 신정근의 연구를 개괄할 때 바로 이와 같은 주장에 이르게 된다.

신정근은 이정二程 형제, 범순인范純仁, 주희, 진순陳淳, 정약용, 옌푸嚴復 등의 서에 대한 해석을 개괄하면서, 다양한 해석 가능성이 있는 서를 용인, 당위, 배려, 불침해로 정리한 후 이를 두 가지 층차를 가정한 관용의 원칙으로 해석하자고 제안했다.[14] '도나 인을 가정한 관용의 원칙' 혹은 '진정성에 바탕을 둔 관용의 원칙'으로 해석하자는 것이다. 신

---

13 문병도, 〈공맹孔孟의 서恕의 도덕 판단 방법론에 관한 소고小考〉, 《동양철학》 8집, 184쪽.

14 신정근, 〈도덕원칙으로서 서恕 요청의 필연성〉, 《동양철학》 21집(한국동양철학회, 2004), 116쪽 참조.

정근이 이렇게 주장하는 이유는 어느 정도 니비슨과 같은 종류의 철학적 탐구를 염두에 두기 때문이다. 왜냐하면 신정근은 니비슨이 서를 덕 중심의 윤리로 해석하는 경향에 부분적으로 동의하지만, 부분적으로는 반대하기 때문이다. 그는 원칙 중심의 도덕과 덕 중심의 윤리가 구분되기는 하지만, 통약 불가능한 것은 아니라는 관점에서 서는 덕의 윤리로도 의무의 윤리로도 해석할 수 있다고 주장하고 있다.[15] 이런 맥락에서 신정근이 '관용의 원칙'으로서 서를 정당화하기 위해 두 가지 층차를 전제하는 이유를 알 수 있다. 즉 그의 표현에 따르면 이 두 가지 층차는 첫째, '공동체에서 합의되는 도덕적 지반 위에서 열린 방법으로 도덕적 품성을 계발할 수 있다'는 점과 둘째, '사람이 진정성에 의거해서 다르다는 이유로 배제하지 않은 채 합의 가능한 도덕적 관점을 만들어갈 수 있다'는 점을 의미한다.[16] 이 두 가지 진술 속에 포함된 '도덕적 품성의 계발'과 '합의 가능한 도덕적 관점'이라는 표현이 덕의 윤리와 의무의 윤리와 상관관계가 있다는 것은 명백하다. 즉 신정근은 니비슨을 넘어서 서가 덕 윤리와 의무의 윤리를 포괄한다는 폭넓은 해석 가능성을 제기하는 것이다.

하지만 니비슨과 문병도에게 해당하는 질문이 그에게도 마찬가지로 적용된다. 도대체 우리는 어떻게 해서 그럴 수 있는가라고 물을 때 신정근은 문병도보다는 니비슨에 훨씬 더 가까운 용어를 사용한다. 그는 서가 어떻게 발견되었는지를 설명하면서 이와 관련한 한 가지 계기

---

15 신정근, 〈도덕원칙으로서 서恕 요청의 필연성〉, 112쪽 참조.

16 신정근, 〈도덕원칙으로서 서恕 요청의 필연성〉, 116쪽 참조.

로 시적 상상력을 설정한다.

　　이런 점에서 보면 서의 핵심적 계기인 여如는 'A如B'의 형식에서 연계된
　　두 사태의 동일성을 말하는 것이 아니라 다양한 매개를 통해 여러 가지 조
　　합을 가능하게 하는 전이적 상상력을 나타낸다고 할 수 있다.[17]

　　이상의 논의를 통해서 내가 제시하려는 한 가지 논점이 충분히 도
출되었다고 생각한다. 니비슨, 신정근, 그리고 문병도는 서의 해명 과
정에서 '뒤집어볼 수 있음' '역할 전환 테스트' '입장 바꿔 생각하기'[18]라
는 과정을 가정한다. 이것들이 서의 해명에서 공통된 요소라면 당연히
이를 가능하게 만드는 기제 또한 해명해야 할 것이다. 이렇게 물을 때
우리가 뤄양의 '이성적 사고'라는 개념을 배제하고 대안적으로 선택할
수 있는 것은 선행 연구들이 공히 함축하거나 명시적으로 표명하고 있
는 '상상력'이란 개념일 수밖에 없다.

서의 구조

　　이렇게 서의 의미 구조를 해명하기 위해 상상력이란 개념을 탐구
의 핵심에 놓으려고 할 때 '도덕적 상상력'이란 개념에 대한 존슨의 최

---

17 신정근, 〈도덕원칙으로서 서恕 요청의 필연성〉, 107쪽.
18 신정근, 〈도덕원칙으로서 서恕 요청의 필연성〉, 112쪽.

근 주장은 중요한 실마리를 제공해준다.[19] 존슨은 체험주의가 전제하는 '상상적 이성'의 개념을 도덕 영역으로 확장해서 도덕적 상상력이란 개념을 제시하면서 관련 근거를 이렇게 설명한다.[20]

인지과학에서 최근의 경험적 탐구는 개념들과 그 개념들에 대한 우리의 사유가 신체적 경험의 본성에 근거하고 있으며, 다양한 종류의 상상적 과정에 의해 구조화되어 있다는 것을 보여준다. 결과적으로 도덕적 추론이 이러한 동일한 일반적 인지 능력을 사용하기 때문에 도덕적 추론 또한 의미의 신체화된 구조들에 근거하고 있으며, 따라서 일관되게 상상적이다. 이것은 도덕적 이해와 숙고의 질이 도덕적 상상력의 함양에 결정적으로 의존하고 있다는 것을 의미한다.[21]

이와 같은 주장에서 시각 전환을 발견할 수 있다. 이런 주장은 무

---

19 존슨의 상상력 개념이 윤리학의 범주에서 갖는 함축적 의미를 탐구한 선행 연구는 노양진의 〈상상력의 윤리학적 함의〉를 참조할 것. 동시에 상상력 사유를 전제하는 체험주의적 입장에 근거한 규범성의 탐구가 선험적이거나 초월적이 아닌 자연주의적 탐구의 한 양식이라는 점에 관해서 노양진의 〈규범성의 자연주의적 탐구〉를 참조할 것. 노양진, 〈규범성의 자연주의적 탐구〉, 《범한철학》 32집(범한철학회, 2004), 167~191쪽; 〈상상력의 윤리적 함의〉, 《범한철학》 41집(범한철학회, 2006), 5~27쪽 참조.

20 이성이 본성상 신체화되어 있고, 은유적이고 상상적인 기제를 통해 일반적인 사유가 행해진다는 점과 이 과정에서 상상력이 차지하는 위상에 대한 보다 섬세한 논의는 마크 존슨의 《마음 속의 몸》을 참조. 이 책에서 존슨은 확고하게 이렇게 주장한다. "상상력imagination이 없이는 이 세상의 아무것도 의미가 있을 수 없다. 상상력이 없이는 우리 경험에 어떤 의미도 부여할 수 없다. 상상력이 없이는 실재에 관한 지식을 이끌어낼 수 없다. 이 책은 이 세 개의 논란적인 주장에 대한 서술이며 옹호이다. 이 책은 따라서 모든 의미meaning와 이해understanding, 이성reason에 있어서 상상력의 주된 역할을 탐색하려고 한다." 마크 존슨, 《마음 속의 몸》, 노양진 옮김(철학과현실사, 2000), 19쪽.

21 마크 존슨, 《도덕적 상상력》, 노양진 옮김(서광사, 2008), 28쪽.

엇보다 힐러리 퍼트넘Hilary Putnam의 다음과 같은 진술에서 드러나는 것처럼 윤리학을 이론 체계로 호명하는 데 동의하지 않는다.

> 원리들(예컨대 황금률이나 그 세련된 계승자인 정언명법)이 확실히 윤리학의 일부이긴 하지만, 나는 "윤리학"을 그러한 원리들로 이루어진 한 체계의 이름이라고 이해하지 않겠다. 나는 차라리 윤리학을 상호 연관되어 있고 상호 지지할 뿐만 아니라, 부분적인 긴장 관계 속에 있는 것이라고 여기는 관심사들로 이루어진 한 체계라고 이해하겠다.[22]

윤리학이 원리들의 체계가 아니라, 상호 긴장 관계 속에 있는 관심사들이 충돌하고 갈등하는 체계라는 사실을 받아들이면, "윤리학의 핵심적 목표가 보편적 도덕 원리의 탐구가 아니라 '도덕적 이해moral understanding' 이론의 구성이 되어야 한다"는 주장에 동의할 수 있을 것이다.[23] 이렇게 도덕적 이해가 문제가 될 때, 우리는 '도덕적'이라고 불리는 영역이 특수할 뿐, '일반적 인지 능력'은 누구나 동일하다는 것을 기억할 필요가 있다. 즉 존슨이 말하는 도덕적 이해란, "만일 우리가 기호의 생명인 어떤 것의 이름을 말해야 한다면, 그것은 기호의 사용이라고 우리는 말해야 할 것이다"라는 비트겐슈타인의 충고를 따른다면, 일반적 인지 능력을 도덕 영역에서 사용하는 것을 의미할 뿐이다.[24] 다시 말해 도덕적 상상력이란 개념은 도덕적 영역만을 위한 특별한 상상 능력

---

22 힐러리 퍼트남, 《존재론 없는 윤리학》, 홍경남 옮김(철학과현실사, 2006), 45쪽.

23 마크 존슨, 《도덕적 상상력》, 7쪽.

24 루트비히 비트겐슈타인, 《청색 책·갈색 책》, 이영철 옮김(책세상, 2006), 21쪽.

을 의미하는 것이 아니다. 이런 의미에서의 상상적 능력이란 실제로는 존재하지 않는다. 존재하는 것은 상상적 사고 능력 일반이며, 우리는 이러한 상상적 사고 능력을 도덕 영역에 사용할 뿐이다. 이 때문에 존슨은 도덕적 이해의 이론은 다른 유형의 이론들과 별반 차이가 없다고 주장하는 것이다.

> 도덕성 이론은 도덕적 이해의 이론이 되어야 한다. 그것은 인간의 도덕적 이해의 본성에 대한 통찰을 제공해야 하며, 그렇게 함으로써 우리 자신의 도덕적 이해를 확장시켜야 한다. 이러한 관점에서 도덕 이론은 다른 유형의 이론들과 다르지 않다. 왜냐하면 특정한 경험 영역에 관해 더 많은 지식을 갖게 될수록 그 영역과 관련해서 지성적으로 행위할 가능성이 더 커지기 때문이다.[25]

존슨은 첫째, 체험주의가 가정하는 신체화된 마음의 중요한 인지적 기제들이 상상적이라는 기본 사실을 받아들인다. 둘째, 그러한 상상적 기제들을 통해 삶의 여타 영역들이 구조적으로 이해된다고 본다. 셋째, 도덕 영역 역시 둘째 방식과 마찬가지로 상상적 기제들을 통해 이해된다고 생각한다. 이러한 주장에 따르면 전통적인 객관주의적 관점, 즉 유일하게 옳은 어떤 도덕 원리가 있다는 사실이 강하게 부정된다. 이러한 사실은 존슨이 "내가 제시하는 종류의 '지침'은 '옳은 행위'를 규정해주는 종류의 것이 아니다. 오히려 그것은 하나의 옳은 행위가 있다

---

25 마크 존슨, 《도덕적 상상력》, 377쪽.

고 믿는 것이 왜 해로운 것일 수 있는지를 설명해준다"고 말할 때 분명하게 드러난다.[26] 나아가 이것은 객관주의에서 탈피하기 위해 상대주의적 관점을 옹호해야 한다는 것을 의미하지도 않는다. 존슨에 따르면 "절대 없이 살아가는 것은 절대적 도덕 법칙의 체계로서의 도덕적 지식이라는 불가능한 이상을 상상적인 도덕적 이해로서의 도덕적 지식이라는, 인간적으로 현실적인 개념으로 대체한다는 것을 의미한다".[27] 이 말이 의미하는 것을 노양진은 이렇게 요약한다.

> 존슨의 제안에 따르면 보편적 도덕 원리의 탐구라는 희망을 버리는 것이 도덕적인 것에 대한 탐구 자체의 포기를 뜻하는 것은 아니며, 도덕적 허무주의를 얘기하는 것은 더더욱 아니다. 절대주의/허무주의 이분법은 도덕적 이해에 대한 그릇된 해명에서 비롯된 가상의 이분법일 뿐이다. 도덕적 상상력의 구조에 대한 해명을 통해 존슨이 제안하는 '도덕적 이해의 이론'으로서의 도덕 이론은 절대주의도 허무주의도 아닌, 제3의 길을 택하고 있다.[28]

절대적인 도덕 원칙의 부정을 표방하면서, 상대주의의 극단적 귀결인 허무주의를 배격하는 완화된 상대주의modified relativism[29]라고 불릴 수 있는 이러한 노선이 추구하는 방향은 무엇인가? 존슨은 질문에

---

26 마크 존슨, 《도덕적 상상력》, 22쪽.

27 마크 존슨, 《도덕적 상상력》, 475쪽.

28 노양진, 〈상상력의 윤리적 함의〉, 《범한철학》 41집, 23쪽

29 노양진, 〈상상력의 윤리적 함의〉, 22쪽.

대한 답을 열어둔 채로 이렇게 말한다.

> 만약 절대적이고 최종적인 진리가 존재하지 않는다면, 또 진리에 도달하
> 는 단일한 방법이 존재하지 않는다면 그 대신에 우리는 무엇을 추구해야
> 하는 것일까? 그 답은 우리의 지속적인 대화 안에서 수많은 경쟁적인 방법
> 과 견해, 이상, 프로그램, 실천들을 기대해야 한다는 것이다. 우리는 이 경
> 쟁적 견해들이 상호적 대립을 통해, 또 다양한 제도, 공동체, 문화의 경험
> 을 통해 검증되기를 원한다.[30]

결국 우리는 절대적인 원칙이나 전적인 허무주의를 배제하고 지
속적인 자기 교정을 위해 노력해야 한다는 것이다. 그러므로 도덕적 상
상력을 강조하는 입장은 무엇보다 먼저 절대적인 제일원리로서의 도덕
법칙의 존재를 부정하는 것이다. 둘째, 도덕적 상상력은 도덕 영역에서
상상력의 중심적 기능을 받아들인다. 도덕적 상황의 이해와 구성, 그리
고 사유와 판단 및 행위에 이르는 일련의 과정에서 상상력의 핵심 역할
을 인정하는 것이다. 셋째, 도덕 영역에서 진리에 도달하는 단일한 방
법이 없기 때문에 도덕적 상상력은 지속적인 노력과 반복되는 검증을
요청한다. 즉 도덕적 상상력 자체가 사태와 부정합적이라는 측면에서
오류 가능성을 포함하고 있다. 이를 파악하고 오류를 회피하기 위해서
는 지속적으로 관심을 기울이고 실천해야 한다. 만일 서가 이러한 모든
요소들을 포함할 수 있다면, 서는 도덕적 상상력의 유가적 형태라는 주

---

30 마크 존슨, 《도덕적 상상력》, 452쪽.

장을 받아들일 수 있을 뿐만 아니라, 사실상 우리가 일컫는 서나 황금률은 도덕 영역에서 도덕적 상상력을 활용해 사태를 이해하고 구성하고, 사유하고, 판단하고 행위라는 충고로 받아들일 수 있을 것이다. 길버트 라일Gilbert Ryle이 '유효한 실천efficient practice은 이론에 선행한다'고 설파했던 것처럼 서에 관한 주장은 사실상 체험주의적 주장들과 일치하는 특징을 가졌다고 할 수 있는가?[31] 이에 답하기 위해서는 먼저 서의 내적 구도에 대한 형이상학적 해석을 비판할 필요가 있다.

형이상학적 해석의 문제점

서의 기본 구조는 앞에서 말한 것처럼 상황의 이해, 추론을 동반한 사고 과정, 그리고 행위로 구성되어 있다. 다시 공자와 《마태복음》으로 돌아가자면, 공자는 "내가 원하지 않는 것을 남에게 베풀지 말라"고 했고, 《마태복음》은 "남에게 대접을 받고자 하는 대로 너희도 남을 대접하라"고 말하고 있다. 이 두 진술은 기본적으로 생략된 논증의 형태로 제시되고 있다. 즉 《마태복음》의 말은 거칠게 풀이하자면 이렇게 된다. 첫째, 나는 다른 사람이 어떠어떠하게 해줄 것을 원한다. 둘째, 다른 사람도 나와 같은 것을 원할 것이다. 셋째, 그러므로 다른 사람에게 내가 원하는 대로 해주어라. 한편 공자의 말은 이렇게 된다. 첫째, 나는 어떠어떠한 것을 원하지 않는다. 둘째, 다른 사람도 이것을 원하지 않을 것

---

31 길버트 라일, 《마음의 개념》, 이한우 옮김(문예출판사, 1994), 37쪽.

이다. 셋째, 그러므로. 다른 사람에게 그것을 행하지 말라. 기본적으로 두 진술 모두 둘째 진술의 내용을 마치 당연한 것처럼 가정하고 있다.

그렇다면 서라는 개념의 핵심은 자명하다. '너희는 남에게서 바라는 대로 남에게 해주어라'라고 말하는 것과, '내가 원하지 않는 것을 남에게 베풀지 말라'는 말에는 공통된 가정이 포함되어 있다. 여기에서 문제가 되는 것은 '남'이 바라는 것, '남'이 바라지 않는 것이 무엇인지 안다고 가정할 때 그 근거를 해명하는 것이다. 우리는 타인이 무언가를 바란다는 사실을 어떻게 확인할 수 있는가? 사실상 공자는 추론을 통해서라고 답했다. 이것이 '서恕'를 해명하는 과정에서 늘 언급되는 '추기급인推己及人' '추기급물推己及物'이라는 표현에 '추推'라는 낱말이 포함되는 이유다. 서가 추론을 포함한다는 것은 분명하다. 그렇다면 이것은 어떤 종류의 추론인가?

이철승의 진술은 서에 대한 유가적 해석의 전형이다. "유가의 충서관은 '하고 싶어 하거나', 혹은 '하고 싶어 하지 않는' 마음이 본질적으로 누구나 동일하다는 전제에서 출발한다."[32] 하지만 이런 전제 자체는 서를 절대 원리로 만들어주는 것이 아니고 자명하지도 않다. 왜냐하면 타자와 완전하게 똑같이 사태를 경험할 길이 없기 때문이다. 게다가 "사적인 체험에서 본질적인 것은 실제로는, 모든 사람이 자신의 고유한 견본을 소유한다는 점이 아니라, 다른 사람도 역시 이것을 가지고 있는

---

32 물론 앞에서 언급한 것처럼 신정근은 서의 계기를 이렇게 편협한 동일시에 기반을 두는 것에 반대하고 '전이적 상상력'이란 표현으로 확대 해석하려고 하지만, 그의 해석이 과연 동일시를 부정하는 것인지에 대해서는 의문의 여지가 있다. 이철승, 〈유가철학에 나타난 충서忠恕관의 논리 구조와 현실적 의미〉, 《중국학보》 58집(한국중국학회, 2008), 436쪽.

지 또는 다른 어떤 것을 가지고 있는지 아무도 모른다는 점이다"라는 비트겐슈타인의 말이 암시하는 것처럼 우리는 타자의 사적 체험이 나의 체험과 같다는 사실을 확인할 방법이 없다.[33] 마음 일반에 대한 것이라면 '마음'이라는 낱말 자체의 모호성으로 인해 더욱 불확실해진다. 그러니까 이철승이 말하는 것은 기껏해야 느슨한 믿음이거나, 설령 옳다고 하더라도 어떤 확실성을 보장하는 전제가 아니다. 그저 암묵적으로 그렇게 가정한다는 뜻일 뿐이다.

게다가 이런 가정 자체가 전칭판단에 속하기 때문에 경험에 기반한 것이 아니다. 이 때문에 서에서 이런 느슨한 믿음과 불확실한 가정을 배제하려던 사람들은, 전통적으로 형이상학적인 정당화를 시도했다. 예를 들어 주희는 충과 서의 관계를 언급하면서 정호程顥의 말을 인용해 이렇게 말했다.[34]

> 충忠이란 천도天道요 서恕란 인도人道이며, 충이란 무망無妄이요 서란 충을 실천하는 것이다. 충은 본체體요 서는 작용用이니, (충은) 위대한 근본大本이요, (서는) 보편적인 도達道이다.[35]

이철승이 말하는 모든 사람의 마음의 동일성은 이러한 체용론적

---

33 루트비히 비트겐슈타인,《철학적 탐구》, 이영철 옮김(책세상, 2006), §.272.

34 니비슨은 아래의 인용문을《논어집주》에서 주자가 '정자왈程子曰'이라는 구절로 시작한 것 때문에 정이程頤의 말로 추정하고 있는데, 실제로는 정호程顥의 말이다. 데이비드 S. 니비슨,《유학의 갈림길》, 144쪽 참조.

35 朱熹,《朱子全書》vol.7,《論語精義》券二 下(上海: 上海古籍出版社; 合肥: 安徽教育出版社, 2002), 151쪽.

시가에 의해 충과 서를 분리하고 결합하는 가운데 충을 본체로 규정하고 서를 작용으로 규정하는 형이상학적 사고를 거쳐 절정에 도달한다. 이제 사람의 마음은 천도인 충과 천도의 외적 실천인 서로 규정된다. 천도의 형이상학적 속성은 모든 사람의 마음에 어떤 동질성의 기반을 만들어내는 것이다. 금희경이 주희의 의도를 다음과 같이 설명할 때도 똑같은 것이 발견된다.

> 그의 의도는 보편적 기준을 담지하는 주체, 즉 진실한 자기가 확립되는 것이 모든 도덕적 실천에 선행해야 한다는 것이며, 자신을 기준으로 남을 배려하는 서의 방법이 도덕적인 실천 준칙으로서 기능하기 위한 전제 조건을 확보하는 것이다. 즉 서의 기준 노릇을 하는 '자기'가 사악한 욕구가 아닌 선한 이치의 담지자여야 한다는 통찰이다.[36]

간단하게 말해서 주희의 해석은 서에 대한 형이상학적 정당화라고 규정할 수 있는데 특징은 서를 실천하는 주체의 구성 조건에 형이상학적 내용을 덧붙이는 것이다. 이것은 심지어 왕수인이 '만물일체지인'을 언급할 때도 마찬가지다. 왕수인의 진술 속에서도 우리는 모든 사람에게 공통된 선험적인 것과 마주치게 된다.

> 어린아이가 우물로 기어가는 것을 보면 반드시 깜짝 놀라 측은하게 여기는 마음이 생겨나니, 이것은 그 인한 마음과 어린아이가 한 몸이 되는 것

---

[36] 금희경, 〈유가 윤리적 실천 원칙으로서 서恕에 대한 변명〉, 《철학연구》 28집, 223쪽.

이다. (……) 기와나 돌이 부서지고 무너지는 것을 보면 반드시 안타까운 마음이 생겨나니, 이것은 그 인한 마음이 기와나 돌과 더불어 한 몸이 되는 것이다. 이러한 것들이 한 몸이 되는 인[一體之仁]이다. 이것은 하늘이 명한 본성에 뿌리박고 있는 것으로, 저절로 그러하면서 신령스럽게 밝고 어둡지 않은 것이다.[37]

사실 왕수인이 말하는 것은 맹자로까지 거슬러 올라갈 수 있을 것이다. 그러나 이철승이 당연한 듯이 언급하고, 주희나 왕수인이 천도나 '일체지인'을 개입시키며 정당화하려고 하는 개념인 동질성은 사실상 비트겐슈타인이 "논리학의 수정체 같은 순수성은 탐구의 결과로 주어진 것이 아니었다. 그것은 하나의 요구였다"고 말했던 것과 구별되지 않는 문제가 있다.[38] 즉 이철승과 주희, 왕수인의 전제는 탐구의 결과로 주어진 것이 아니라, 이상적인 서의 실행을 위한 논리적 조건으로 요구된 것이다. 여기에 내재된 약점을 드러내려면 이것을 거꾸로 뒤집어 보면 된다. 즉 그러한 동질성의 확실한 기반이 실제가 아닌 가상이라면 이제 서는 어떻게 이해해야 하는가? 한 가지는 분명하다. 이러한 논리적 조건을 제거하고 나면, 마음이 본질적으로 누구나 똑같다는 정의는 경험적인 검증의 대상이지 선험적으로 전제되어야 할 것이 아니다.

주희와 왕수인의 시도가 형이상학적 가정들을 끌어들인다는 이유로 잘못되었다고 비난하는 것은 사태의 본질과 무관하다. 오컴의 면

---

37 王守仁, 《王陽明全集》 下(上海: 上海古籍出版社, 1995), 968쪽.
38 루트비히 비트겐슈타인, 《철학적 탐구》, §.107.

도날을 유효한 충고로 받아들인다면, 주희가 가정하는 천도와 같은 개념을 도입하지 않고도 서를 설명할 수 있는 자연주의적 방법이 있다면, 철학적인 면에서 주희나 왕수인의 시도는 잘못이라기보다는 불필요한 시도이다. 이것이 자연주의적 관점에서 서를 해석하는 맥락이다. 그리고 이렇게 할 때 서에 전제된 인간 마음의 형이상학적 확실성은 경험적 불확실성으로 대체된다.

경험적 해석의 대가: 피할 수 없는 오류

대체의 양상은 예를 들어 설명할 수 있다. 사람들은 《논어》와 《마태복음》의 두 가지 진술을 긍정문과 부정문의 형태로 분리하는 데 익숙해져 있다. 하지만 두 가지 진술 형태를 뒤섞는 것만으로 어떤 곤란을 드러낼 수 있다. 《마태복음》의 첫째 진술과 《논어》의 둘째 진술을 합치거나, 《논어》의 첫째 진술과 《마태복음》의 둘째 진술을 합치는 경우를 가정해보면 사태가 분명해진다. 나는 다른 사람이 나에게 어떠어떠하게 해줄 것을 원한다. 그러나 다른 사람은 이것을 원하지 않는다. 자 이제 나는 어떤 행동을 해야 하는가? 거꾸로 나는 자신이 어떠어떠하게 행동하기를 바라지 않는다. 그러나 다른 사람은 어떠어떠하게 행동하기를 바란다. 이제 나는 그에게 어떤 행동을 해야 하는가? 혹은 해서는 안 되는가?

이 모호한 상황은 서의 오류 가능성이 어디에 놓여 있는지를 분명하게 보여준다. 즉 첫째와 둘째 진술을 내적으로 연결하는 감춰진 동일시의 오류 가능성이 서 전체의 오류 가능성의 핵심인 것이다. 나는 상대방이 나와 같은 바람을 품고 있다고 가정한다. 그러나 가정이 틀렸다면 어떻게 할 것인가? 이 오류 가능성의 극적인 형태를 살펴보자. 《장자》에는 '혼돈칠규'라는 우화가 실려 있다.

남해의 임금을 숙儵이라 하고 북해의 임금을 홀忽이라 하며, 중앙의 임금을 혼돈渾沌이라 한다. 숙과 홀이 때마침 혼돈의 땅에서 만났는데, 혼돈이 매우 융숭하게 그들을 대접했으므로, 숙과 홀은 혼돈의 은혜에 보답할 의논을 했다. "사람은 누구나 눈·귀·코·입의 일곱 구멍이 있어서 그것으로 보고 듣고 먹고 숨쉬는데 이 혼돈에게만 없다. 어디 시험 삼아 구멍을 뚫어주자." 그래서 날마다 한 구멍씩 뚫었는데, 7일이 지나자 혼돈은 그만 죽고 말았다.[39]

혼돈칠규의 우화는 잘못된 '동일시'에 근거한 추론이 초래하는 파국을 묘사한다. 이런 위험이 내포돼 있어 서는 절대적 타당성을 가지는 원리가 아니라는 니비슨의 주장은 상당한 타당성을 갖는다. 그렇다면 우리는 이런 약점을 이유로 서를 버려야 하는가? 아니면 '완전히 이해할 수 없는 타자'에 대한 철학이 필요한가? 애초에 서가 어디에서 출발했는지를 경험적으로 살펴보면 서는 사실상 타자에 대한 나의 인식의 한계로부터 출발했다는 것을 알 수 있다. 체험주의적 관점에서 말하자면 신체를 통한 나와 타자의 분리는 동일시에 대한 경험을 원천 봉쇄한

---

39 안동림 역주, 〈응제왕〉, 《장자》(현암사, 1993), 235~236쪽.

다. 반면에 타자와 내가 공유하는 물리적 공공성, 노양진이 말한 '좋으로서의 인간의 경험이 공유하는 경험의 공공성'을 통해 '나와 타자 사이의 도덕적 공감을 가능하게 해주는 경험적 지반'이 생겨난다.[40] 이 과정에서 우리가 도덕적 공감을 위해 사용할 수 있는 방법이라고는 주어진 자연적 능력뿐이다. 체험주의적 관점에 따르면 서는 우리들의 일반적인 상상적 능력을 도덕적 상황의 이해와 판단, 행위를 위해 사용하라는 권고일 뿐이다. 이것을 원리가 아니라 권고 내지는 충고로 간주하는 이유는 니비슨과는 약간 다르다. 체험주의는 자연적 능력의 일부인 추론을 포함하는 사유가 대부분 상상적 구조를 통해 실행된다고 주장함으로써, 상상적 사유 자체의 특성으로 말미암아 오류 가능성이 서의 구조에 내재한다고 천명하기 때문이다. 이렇게 오류 가능성이 포함된 어떤 것을 '원리', 나아가 행위의 '제일원리'로 부를 수는 없는 일이다.

바로 이 지점이 주희와 왕수인과 같은 이해 방식과 체험주의적 이해 방식이 갈리는 지점이지만, 동시에 장자의 우화가 어떤 점에서 과잉되어 있는지를 비판할 수 있는 근거이기도 하다. 다시 한 번 〈위령공〉 23장을 살펴보자. 공자가 서에 대해 말하기에 앞서 자공은 "죽을 때까지 실천할 만한 말 한마디가 있습니까?"라고 묻는다. 자공은 여기서 삶의 일시적인 문제를 해결하기 위한 답을 찾는 것이 아니다. 삶의 전 영역에 적용할 만한 어떤 것을 찾고 있다.

이에 반해 숙과 홀이 혼돈에게 했던 행위는 일회적이고 치명적인 방식으로 혼돈에게 작용한다. 어떤 면에서 장자는 동일시에 근거한 행

---

40 노양진, 〈규범성의 자연주의적 탐구〉, 184쪽.

위의 약점을 비판하기에 적절할 만큼 서의 구조를 제대로 이해했다고 말할 수 있다. 왜냐하면 서가 삶의 전 영역을 포괄한다면, 잘못된 일회적인 서는 다음 단계에서 교정될 수 있기 때문이다. 쉽게 말해 서는 바람직하지 못한 결과를 가져올 수도 있다. 숙과 홀은 '우리가 일곱 개의 구멍을 바라는 것처럼 혼돈 역시 바랄 것이기 때문에 그에게 우리가 바라는 대로 해주어야 한다'는 서의 원칙에 근거해서 판단하고 행동했다. 적어도 치명적이고 일회적인 예외적 경우만 아니라면—예를 들어 즉각적인 죽음에 이르는 경우—혼돈은 이의를 제기할 수 있고, 숙과 홀은 다시 자신들의 추론을 검토하게 될 것이다. 자공의 질문에서 드러나는 것처럼 서는 일회적인 추론과 이에 근거한 예외적 행위를 권장하는 것이 아니다.

더욱 중요한 것은 '이러한 잘못을 교정할 방법이 있는가'라고 물을 때, 우리는 또다시 인지-추론-행위라는 과정을 통해 이전의 잘못을 교정하는 것 말고는 다른 방법을 제시할 수 없다는 점이다. 이런 점에서 서는 어쩔 수 없이 떠밀려서 나타난 불완전한 윤리적 도구일 뿐이요, 여기에는 불완전성이 내포돼 있다. 이 불완전성은 '완전한 자아 동일시'와 '완전히 이해할 수 없는 타자'라는 개념적 극단 사이에서 사유하고 판단하는 불안정한 우리의 인지적 상황을 고스란히 드러낸다.

도덕적 상상력의 관점에서

인간의 자연적 능력에 근거를 두고 서를 이해하는 과정에서 불확실성은 회피할 수 없는 귀결이다. 우리에게 필요한 것은 불확실성의 종류를 파악하고 이를 어떻게 이해하고 대처할지를 결정하고 행위하는 것이다. 이때 핵심은 상상적 추론이다.

서가 요구되는 근본 이유는 간단히 얘기해서 사회적 삶 속에서 내가 남이 아니기 때문이다. 아니, 내가 남이 될 수 없다는 사실 때문이다. 이것은 무슨 자아 동일시니, 동일성으로 환원되지 않는 차이의 존재를 인정하느니 하는 철학적 문제와는 상관이 없다. 우리의 감각은 우리의 신체 너머로 직접 작용하지 않는다. 타인의 고통에 대한 나의 반응은 고통이 내 신체에 가해졌을 경우에 내가 느끼게 될 고통, 혹은 느꼈던 고통의 관점에서 이해되고 파악된다. 왜냐하면 나는 타인의 신체가 느끼는 고통을 직접 지각할 수단을 가지고 있지 않기 때문이다. 이러한 이해와 파악에 절대적인 확실성이 요구되는 것도 아니다. 그의 고통에 내가 반응할 수 있는 행위를 하기에 적절한 정도의 확실성—이런 것은 애초에 확실성이라고 불릴 필요도 없다—이면 충분하다. 타인의 고통을 목격하고 내가 반응할 정도면 충분하기 때문이다. 그와 나는 행위를 통해 상호작용한다. 나는 상대의 고통을 줄여주기 위해 더욱 노력하거나, 아니면 악의적으로 더욱 악화시키기 위해 애쓸 수도 있다.

여기에서 상상적 추론은 서로 다른 방향으로 진행되는 행위에 적용될 수 있다. 즉 서를 도덕적 상상력의 활용으로 설명할 수 있다. 이러한 활용이 비트겐슈타인적 의미에서 '사용'이라면 우리는 상상적 추론의 도덕적 사용과 비도덕적 사용을 둘 다 받아들일 수 있다. 노양진이 인간 경험의 공공성을 '도덕적 공감을 가능하게 해주는 경험적 지반'이라고 부를 때 그는 사실상 경험의 공공성 자체가 아니라 이를 기반으로 한 도덕적 추론과 행위가 도덕적이라는 점을 지적하는 것이다. 그리고 여기에 동원된 상상적 추론 능력은 도덕적 상상력이라는 이름을 얻게 되는 것이다. 따라서 서란 상상적 추론을 도덕적 목적을 위해 사용하는 방식을 가리키는 이름인 것이다. 하지만 이러한 도덕적 상상력을 인정한다고 해서 비도덕적 상상력을 원천 봉쇄하는 것은 아니다. 우리는 타자의 상태에 대한 이해, 그리고 상상적 추론을 통한 동일시를 근거로 타자를 배려하거나, 반대로 억압하는 방향으로 나아갈 수 있다.

　　동일시의 오류 가능성과 상상적 추론의 이러한 이중성에도 불구하고 황금률과 서에 대한 사람들의 신뢰에 근거가 있다고 한다면, 그것은 사실상 일종의 '균형 도식'에 근거한 등가성의 원칙이 내재되어 있기 때문이다.[41] 즉 서와 황금률은 나와 남이 원하는 것이 같다거나, 내가 원하지 않는 것을 남도 원하지 않을 것이라는 동일시 외에도, '내가 원하는 것을 타인도 나만큼 원할 것'이라는 양적 균형에 대한 요구 역시 포함하고 있다. 이 때문에 나는 타인이 원하는 정도에 걸맞은 행위를 요구받고 이런 행위야말로 타인의 원함에 대해 내가 어느 정도 행위하는 것이 적절한가라는 질문에 해답을 제공하는 것이다. 이러한 점은 신조차도 인간에 대해 "네가 타인을 평가한 기준뿐만 아니라 그 평가의 정도만큼 나도 너를 평가하겠다"고 말했을 것이라고 추정한 비트겐슈타인의 말에서도 확인된다. 적어도 비트겐슈타인의 관점에 의하면 신

---

41 문병도는 동일한 내용을 이렇게 묘사하고 있다. "서의 원칙의 함의는 또한 남에 대한 동등한 고려equal concern를 의미하는 형식적 정의formal justice를 포함한다." 문병도, 〈孔孟의 恕의 도덕 판단 방법론에 관한 小考〉, 187쪽. 한편 균형 도식의 체험주의적 의미에 대해서는 마크 존슨, 《마음 속의 몸》, 161~209쪽 참조.

마저도 이러한 종류의 등가성에 근거해서 인간에게 어떤 행위를 하는 것이 정당하다고 인정하는 것이다.

결국 도덕적 상상력이라는 측면에서 서는 두 가지 점에서 도덕적이다. 하나는 고려되고 있는 특정한 내용, 예를 들어 내가 목격한 타인의 고통을 나의 고통으로 경험하고, 나의 고통을 줄이려는 노력을 상대의 고통스런 상황에 적용하려는 노력 자체에 타인에 대한 배려가 포함되어 있다는 것이다. 둘째는 이와 밀접하게 연관되어 일종의 등가성의 원리에 따라 상대방의 원함의 정도를 나의 원함의 정도와 동등하게 고려하는 형식적인 면에서의 균형이 작동하고 있다는 것이다. 이런 조건을 벗어나서 상상력이 악의적으로 발휘될 경우, 사실상 이를 제약할 어떤 원리도 없다. 서를 주창한 이들도 이러한 위험성을 자각한 것으로 추정된다. 왜냐하면 서나 황금률에 긍정문과 부정문이 공존한다는 사실은 의미심장하게도 행위의 필요성과 비행위의 필요성 두 가지를 함께 제시한다는 뜻이기 때문이다. 도덕적 상상력이 비도덕적 상상력으로 전화될 위험이 있는 곳에서 공자의 서는 행위의 중지를 고려하라고 충고하고 있다고 해석할 수 있는 것이다.

따라서 우리는 그것들을 이렇게 변형하여 해석할 수 있다. '서는 도덕적 상상력을 배경으로 하는 추론을 통해 행위의 타당성을 마련하거나, 비행위의 타당성을 마련한다. 상상적 추론은 틀릴 수 있다. 상상적 추론이 옳다거나 혹은 타당하다고 판단될 때 당신은 그에 근거해서 행동해도 좋다. 반대의 경우에 당신은 행동을 멈추어야 한다. 당신이 행동하고 행동하지 않는 정도는 당신이 원하는 정도와 다른 사람이 원하는 정도가 균형을 이루게 하는 등가성의 척도에 의해 결정되어야 한다. 하지만 옳다고 판단된 행동의 결과가 바람직하지 않다는 것이 드러날 경우, 서의 과정은 반복되어야 한다. 우리는 가지고 있는 능력을 바탕으로 잘못된 것에 대해 대화하고, 지속적으로 문제를 해결하기 위해 노력하면서 서에 입각한 행위의 타당성을 검증할 뿐이다.'

지속적 실천을 통한 자기 교정

나는 먼저 서에 대한 기존 해석을 재검토함으로써 새로운 자연주의적 해석의 핵심으로 도덕적 상상력에 대한 탐구가 요청된다는 점을 부각시켰다. 그런 다음 도덕적 상상력이란 개념을 둘러싼 존슨의 도덕 이론의 개요를 제시하고, 서의 의미 구조가 사태의 인지, 상상적 추론에 기반한 동일시, 행위라는 구도로 짜여 있음을 드러냄으로써 이것의 핵심에 일종의 도덕적 상상력에 기반한 상상적 추론이 놓여 있다고 주장했다. 이어서《장자》의 '혼돈칠규'가 보여주는 서의 오류 가능성이 상상적 추론에 내재할 수밖에 없다는 점을 강조함으로써, 도덕적 상상력으로 이해된 서 역시 오류 가능성을 함축할 수밖에 없음을 인정했다. 나아가《장자》의 우화에 대한 비판적 검토를 통해 '혼돈칠규'의 우화가 서에 대한 일회적인 내러티브만을 허용한다는 점에서, 서의 지속적 실천을 통한 자기 교정 과정을 외면하고 있음을 드러냈다.

이러한 논의 과정을 통해 다음과 같은 잠정 결론을 얻을 수 있다. 첫째, 서가 도덕적 상상력을 포함할 수밖에 없는 근본 이유는 신체화된 존재로서 인간 조건의 필연적 한계 상황 때문이다. 둘째, 서에 따른 행위가 예외 없이 바람직한 결과를 가져온다는 객관적 타당성이란 존재하지 않는다. 결과적으로 우리 인간의 특징과 그에 따른 귀결인 서에 포함된 오류 가능성을 받아들이고, 이를 줄여가기 위한 노력의 핵심으로서 도덕적 상상력을 충분히 활용하려고 지속적으로 노력해야 할 것이다. 바로 이것이 형이상학적으로 서를 정당화하는 것보다 현대의 도덕적 상황에 대응하는 보다 현실적이고 권장할 만한 방식이다.

제1부

유학, 서를 만나다

제1장

공자, 잔인함에 맞서다

앞 장에서 서를 현대의 도덕철학 어휘 가운데 하나인 도덕적 상상력이라는 관점에서 살펴보았다. 이 장에서는 이 개념을 대표적인 유학자와 연결하려고 한다. 이 경우 서의 담론은 자신만의 특징을 보여줄 수 있을까? 이 질문에 답하려면 당연히 누구보다 먼저 공자를 다루어야 한다. 나는 공자의 서恕를 대상으로 아직까지 답해지지 않은 질문 하나에 대답하는 방식으로 접근하려고 한다. 니비슨이 제기한 질문은 간단하게 '서의 부정어법에 내재된 윤리적 함의는 무엇인가'라는 형태로 정식화할 수 있다.

이 질문을 다루기 위해 서로 다른 몇 가지 지적 전통을 참조할 것이다. 첫째는 존 스튜어트 밀과 리처드 로티Richard Rorty의 자유주의 윤리학 전통이 제안하는 잔인함에 대한 거부이다. 둘째는 존슨과 노양진의 주장 및 서장에서 서술한 도덕성과 상상력의 연관이다. 셋째는 송시열宋時烈, 권근權近, 주희를 통해 확인할 수 있는 어짊(仁)과 잔인함의 상관관계에 대한 논의이다. 이들의 논의에 함축된 철학적 의미를 따라가면서 나는 잔인함에 대처하는 삶의 양식으로서 서라는 개념에 도달하는 과정을 서술할 것이다. 이 과정에서 니비슨의 질문에 대한 대답이 드러날 것이다. 즉 유학자들은 나쁨의 대표적 사례로서 잔인함을 상기시키고, 이에 맞서라는 충고를 우리에게 남겨주기 위해서 서의 부정어법을 이용했던 것이다.

결국 나는 서를 나쁜 것의 윤리학이라는 관점에서 잔인함에 대한 거부로 이해할 뿐만 아니라, 서의 부정어법에 함축된 윤리적 의미를 해명함으로써 유가 규범 이론의 역사에서 규범성이 갖는 윤리적 의미가 무엇인지를 재검토할 필요가 있다고 주장할 것이다. 다시 말해 유가 규범 이론을 체계적으로 이해하기 위해 도덕성의 원천을 사변적으로 논하자는 것이 아니라, 도덕을 형성시킨 원형적인 삶의 사태가 갖는 성격과, 그것들이 삶과 도덕의 영역에서 차지하는 의미를 반성적으로 사유하자는 것이다.

니비슨의 질문

서에 대한 현대적 해석에는 아직 답변되지 않은 질문이 하나 포함되어 있다. 그것은 서와 《마태복음》 산상수훈의 유사성과 차이를 논할 때 나타나는 상투적인 견해와 연관되어 있다. 이 견해는 《마태복음》에서 말하는 "남에게 대접을 받고자 하는 대로 너희도 남을 대접하라"는 진술과 《논어》에 나오는 "내가 원하지 않는 것을 남에게 베풀지 말라"

는 진술이 긍정과 부정이라는 형식을 띤다는 점에 주목했다. 일부 학자들은 이 두 가지를 황금률Golden Rule과 은백률Silver rule로 나누어 위계를 부여했다. 니비슨은 《논어》나 《마태복음》과 유사한 진술들을 다양한 문화권에서 다양한 양식으로 발견할 수 있다는 점을 근거로 양자의 질적 차이를 주장하는 견해를 비판했지만 한 가지 사실을 부정할 수는 없었다. 중국 문헌들에서 서와 유사한 황금률에 해당하는 진술들을 살펴보았을 때, 부정형의 진술이 훨씬 더 많이 발견된다는 사실에 마주친 것이다. 이를 숙고하는 과정에서 자신은 명백한 대답을 제시할 수 없었던 철학적 질문 하나를 현대의 연구자들에게 남겨주었다.

실제로 부정적인 표현이 중국 문헌 속에서 훨씬 두드러지게 발견되며, 이는 중요한 의미를 가진 것일 수도 있다 ; 아직 발견되지 않은 어떤 다른 숨겨진 의도가 있을 수도 있다(나는 실제로 그렇다고 생각한다). 이 문제를 추적해보면, 중국의 도덕가들이 자신들 스스로가 무슨 말을 하고 있다고 생각했는지에 대해 더욱 정교하게 이해할 수 있게 될 것이다.[1]

니비슨이 제기하는 논점은 《논어》의 내적 맥락에서도 쉽게 재구성할 수 있다. 서에 대한 공자의 서술이 긍정문과 부정문, 두 가지 형식을 띠고 있기 때문이다. 다시 말해 〈위령공〉 23장은 부정문의 형식을 띠는 데 반해서, 〈옹야〉 28장에서는 《마태복음》과 같은 어투로 "내가 서고자 하면 남도 서게 해주고, 내가 통달하고자 하면 남도 통달하

---

1 데이비드 S. 니비슨, 〈중국 도덕철학에서의 황금률 논변〉, 《유학의 갈림길》, 132쪽.

게 하라"고 말하고 있다. 그동안 이 두 문장의 차이는 주목받지 못했다. 심지어 존슨의 '도덕적 상상력'이란 개념을 바탕으로 서를 자연주의적으로 해석하려고 시도했던 나 또한 니비슨이 '막연한 추정'을 하고 있다고 주장할 뿐 이렇다 할 철학적 해명을 제시하지 못했다.[2] 나의 앞선 연구가 이처럼 충분치 않았기에 니비슨의 질문을 진지하게 다룰 필요성이 있다. 다시 말해 서에 대한 진술의 차이는 그저 말하는 방식의 차이에 불과한가? 아니면 니비슨의 암시처럼 어떤 철학적 중요성을 함축하는가? 많은 중국 문헌들에서 황금률을 부정적 형식으로 표현하는데 윤리적 차원에서 이는 무엇을 의미하는가?

이 질문에 대한 해명은 우회로가 필요하다. 부정어법과 긍정어법을 가르는 기준을 설정해야 하고 여기에 얽힌 인간적인 사태를 이해해야만 하기 때문이다. 나는 이 질문이 '잔인함'이라는 평이한 용어와 '나쁜 것의 윤리학'이라는 현대적인 개념을 바탕으로 삼아야 비로소 해명될 수 있다고 주장하려고 한다. 먼저 노양진이 제시한 나쁜 것의 윤리학이라는 개념에서 출발해 이것이 어떻게 로티가 환기하고 송시열, 권근, 주희 등이 지속적인 관심을 기울여 진술하는 잔인함에 대한 서술과 연관되는지를 보일 것이다.

---

2 이향준, 〈서恕: 도덕적 상상력〉, 《범한철학》 57집(범한철학회, 2010), 35쪽 각주 1 참조.

첫째 실마리: 나쁜 것의 윤리학

윤리학에 대한 일련의 탐구를 통해 노양진은 체험주의라는 새로운 사조를 근간으로 독특한 시각을 표명해왔다. 그는 전통적인 객관주의와 상대주의의 이분법적 대립을 지양하는 동시에, 매우 강력한 자연주의적 입장을 유지하면서 규범성의 원천을 탐구해왔다.[3] 최근의 논의에서 주목을 끄는 것은 노양진이 도덕의 영역 구분을 이론화했다는 점이다.

> 도덕적 규범들은 그 본성에 따라 크게 '권고'와 '금지'로 구분될 수 있다. 권고의 도덕은 사람들이 추구할 수 있는 이상들을 제시하고 있는 반면, 금지의 도덕은 대부분 개인과 공동체를 보호하고 유지하기 위해 사람들이 하지 않아야 할 행위들(의무를 포함해서)을 규정한다. 이러한 의미에서 권고의 도덕을 '좋은 것의 도덕'이라고 부른다면 금지의 도덕을 '나쁜 것의 도덕'이라고 부를 수 있다.[4]

도덕의 영역을 권고의 영역과 금지의 영역으로 나눌 수 있으며 이는 '좋은 것의 도덕'과 '나쁜 것의 도덕'으로 귀결된다는 주장 사이에는 디딤돌이 하나 있다. 어째서 좋음의 대상들에 대해서는 권고가, 나쁨의

---

[3] 노양진, 〈규범성의 자연주의적 탐구〉, 《범한철학》 32집, 188쪽. "오늘날 주어진 경험적 지식을 토대로 우리가 추적할 수 있는 규범성의 원천은 '종으로서의 인간이 공유하는 경험의 공공성' 정도일 것이다. 우리는 이러한 공공성을 토대로 우리의 사고를 은유적으로 확장해가며, 그것이 규범성의 중요한 원천을 이룬다."

[4] 노양진, 〈도덕의 영역들〉, 《범한철학》 47집(범한철학회, 2007), 338~339쪽.

대상들에 대해서는 금지가 대응하는가? 이때 권고와 금지의 영역을 나누는 기준이 시금석인데, 핵심은 도덕적 진술들의 '규범적 강제성' 여부이다. 즉 어떤 도덕적 진술들이 규범적 강제성을 띨 수 있는가? 절대적 보편성을 목표로 하지 않기 때문에, 이 경우 강제성이란 결국 경험적인 강제성일 수밖에 없다.[5]

이런 사고의 특징을 이해하기 위해서는 규범성의 원천에 대한 유학의 전형적인 사고와 비교하는 것으로 충분하다. 즉 규범성의 원천을 성性으로 환원하고, 성의 선악을 통해 규범성의 뿌리를 사유하는 성선설, 혹은 성악설이라는 맥락에 비추어 노양진이 말하는 '인간 경험의 공공성', 혹은 규범성의 '경험적 강제성'이 의미하는 것은 분명하다. 선험적인 것이 아닌 자연적인 것을 주목하라는 주장이기 때문이다. 이는 성선이나 성악 같은 주장—혹은 이것의 형이상학적 변형인 이理와 기氣도 마찬가지다—으로 대변되는 전통적인 유가 규범성에 대한 사유와는 다른 노선을 가정한다. 이런 점에서 노양진은 전통적인 윤리학의 근원적 질문을 다시 제기할 필요가 있다고 제안한다. 그에 따르면 "우리가 다시 물어야 할 핵심적인 물음은 인간이 실제적으로 공유하고 있는 도덕성의 원천, 즉 내가 '도덕적이어야 한다'라는 믿음의 원천이다."[6] 이런 관점에서 노양진은 도덕의 특성을 일단 규범적 강제성으로 정의하고 규범적 강제성의 근거를 밀의 자유주의적 전통에서 강조하는 '타인에 대한 해악'의 금지에서 찾는다.

---

5 노양진, 〈도덕의 영역들〉, 333쪽. "우리에게 주어지는 핵심적 과제는 절대적 보편성 개념에 의존하지 않고 '도덕적인 것'의 본성을 규정해주는 '규범적 강제성'의 적절한 소재를 밝히는 일이다."

6 노양진, 〈도덕의 영역들〉, 335쪽.

밀이 제안했던 '타인에 대한 해악'이라는 기준은 오히려 규범적 강제성의 정당화에 관한 핵심적인 척도를 담고 있다. (……) 왜냐하면 타인에 대한 해악이 '도덕적인 것'의 본성을 규정해주는 규범적 강제성의 실질적 근거가 될 수 있으며, 금지의 도덕은 바로 이 규범적 강제성에 의해 특징지어질 수 있기 때문이다.[7]

이와 같은 주장을 도덕의 영역 구분과 대조할 때 윤리학적 의미가 드러난다. 다시 말해 도덕의 영역에서 사용되는 진술들의 근본 특징을 규범적 강제성으로 간주하고, 이것을 기준으로 기존의 도덕적 진술들을 구별하려고 시도한다면, 규범적 강제성이 통용되는 도덕적 주장의 영역과 강제성이 통용되지 않는 도덕적 주장의 영역이 '타인에 대한 해악'을 중심으로 구별된다는 것을 발견하게 된다. 단적으로 말하자면 앞의 전제에 의해서 강제성이 확보되지 않는 주장들은 도덕적 영역에서 배제해야 할 것이다. 나아가 금지와 권고가 나쁜 것과 좋은 것의 윤리학으로 구별되는 이유, 그리고 나쁜 것의 윤리학을 문제 삼아야 한다는 주장은 다음과 같은 표현에서 잘 드러난다.

"무엇이 좋은가?"라는 물음에 대한 답은 이론들의 가정에도 불구하고 결코 실현될 수 없는 시도로 보인다. 수많은 '좋음들' 중 유일한 하나의 '좋음'을 발견하는 일은 초월이나 선험이 아니고는 불가능할 것이기 때문이다. 대신에 우리는 밀을 따라 '타인에 대한 해악'을 규범적 강제성의 근거로 삼

---

7 노양진, 〈도덕의 영역들〉, 333~334쪽.

을 수 있다면, 도덕적 탐구의 핵심적인 물음은 "무엇이 좋은가"가 아니라 "무엇이 나쁜가"가 될 것이다.[8]

강고한 자연주의적 태도, 밀의 《자유론》에 나타나는 자유 개념을 전제하는 자유주의적 입장, 그리고 규범적 강제성을 근거로 도덕의 영역을 구분함으로써 결국 규범적 강제성이 금지하는 것이 무엇인지를 확정하게 된다. 그래서 노양진은 "우리에게 남은 핵심적인 윤리학적 과제는 '나쁜 것'이 무엇인지를 결정하는 방법과 원리에 관한 실질적 탐구라고 할 수 있다"고 주장하는 것이다.[9]

둘째 실마리: 우리는 무엇을 원하는가

노양진의 주장을 개괄하면서 바로 알 수 있는 것은 서에 대한 니비슨의 질문에 대한 해답의 실마리가 도덕의 영역 구분에 담겨 있다는 사실이다. 권고와 금지, 나쁜 것과 좋은 것의 구분과 서에 대한 부정어법과 긍정어법은 공히 이원론 구도를 형성하기 때문이다. 그러나 이원론이란 구도는 두 가지 어법의 상관성을 직접적으로 말해주지 않는다. 이것이 구체적으로 무엇을 의미하는지를 이해하기 위해서는 서의 진술 속에 포함된 두 가지 어법의 차이와 내용의 모호성을 검토한 다음

---

8 노양진, 〈도덕의 영역들〉, 342쪽.

9 노양진, 〈도덕의 영역들〉, 331쪽.

왜 로티가 말한 잔인함이라는 개념을 개입시켜야 하는지를 살펴보아야 한다.

부정형으로 묘사되는 공자의 서를 둘러싼 전통적 해석에도 어떤 모호함이 개입되어 있다. 사람들이 자명하다고 받아들였기 때문에 여태까지 불투명하게 남아 있는 어떤 것이다. 서에 대한 대표적 언급인 "내가 원하지 않는 것을 남에게 베풀지 말라"는 말에서 내가 '원하지 않는(不欲)' 것이란 무엇인가? 지금까지 이 진술의 의미는 자명하다고 보았기에 이를 구체적으로 설명한 사례는 거의 발견하기 힘들다. 공영달孔穎達의 해석은 전형적이다.

"자기에게 베풀어보아 원치 않는 것을 또한 남에게 베풀지 말라"는 말은 (……) 다른 사람에게 좋지 않은 한 가지 일이 있는데, 이것을 자기에게 베풀어보아 자기가 원하지 않는 것이거든 또한 남에게 베풀지 말라는 뜻이니, 다른 사람 또한 이것을 원하지 않기 때문이다.[10]

공영달의 진술은 다음과 같이 쉽게 이해된다. '우리는 남에게서 좋지 않은 일이 일어나는 것을 목격한다. 이어 그렇게 목격한 일이 자기에게 일어났을 경우를 가정해본다. 흔히 이런 과정을 성공적으로 수행했을 때 내 신체에 나타나는 결과에 대한 나의 반응은 감정이입이나 공감이라고 말해진다. 이런 감정이입을 통해 내가 느끼는 것이 부정적이

---

10 "施諸已而不願, 亦勿施於人者, 諸於也, 他人有一不善之事, 施之於已, 已所不願, 亦勿施於人, 人亦不願故也." 鄭玄 注, 孔穎達 疏, 《中庸》, 《禮記注疏》 卷52, 文淵閣 四庫全書 vol. 116(臺北: 商務印書館, 1988), 357쪽.

라고 판단될 경우, 나는 그런 결과를 가져오는 행위를 타인에게 해서는 안 된다. 왜냐하면 타인도 그것을 원하지 않을 것이기 때문이다.'

하지만 공영달은 도대체 '좋지 않은 일[不善之事]'이란 무엇인가라는 질문을 제기하지 않는다. 그의 해석에 따르면 사람들이 '원하지 않는' 것은 '좋지 않은 일'이고, '좋지 않는 일'은 사람들이 '원하지 않는' 것이다. 일종의 순환논법인데 같은 것이 서의 해석을 둘러싸고 계속 나타난다. 호안국胡安國이《춘추》를 풀이하면서 공자의 말과《대학》의 구절을 서로 이어붙일 때도 같은 것이 나타난다.

> '내가 원하지 않는 것을 남에게 베풀지 말라'는 말은 내가 아랫사람에게 싫어하는 것으로 윗사람을 섬기지 말고, 윗사람에게 싫어하는 것으로 아랫사람을 부리지 말라는 뜻이다.[11]

여기서도 공영달의 해석과 마찬가지 문제가 대두된다. 도대체 '싫어하는 것'이란 무엇인가? '원하지 않는 것' '좋지 않은 일' '싫어하는 것'이란 표현은 계속 한 자리에서 맴돈다. 비트겐슈타인이 말한 낱말의 언어적 정의라는 문제가 여기에서 드러난다. 말하자면, "언어적 정의는 우리를 한 언어 표현으로부터 다른 언어 표현으로 인도하므로, 어떤 뜻에서 우리를 더 이상 나아가게 하지 않는다."[12] 원하지 않는 것을 '싫어하는 것'으로 혹은 '좋지 않은 것'으로 바꾸는 것은 아무런 의미가 없다.

---

11 "己所不欲, 勿施於人. 所惡於下者無以事上也; 所惡於上者無以使下也." 汪克寬,《春秋胡傳附錄纂疏》卷25, 文淵閣 四庫全書 vol. 165, 631쪽.

12 루트비히 비트겐슈타인,《청색 책·갈색 책》, 16쪽.

정작 중요한 질문은 '이런 언어적 표현에 대응하는 객관적 사실이 무엇인가'이다.

문제를 복잡하게 만드는 것은 또 있다. 공자의 말에서 서의 어법이 긍정형의 조건절을 갖는 경우가 있기 때문이다. 내가 '원하지 않는 것'이라는 전제 조건과 달리 "내가 서고자 하면 남도 서게 해주고, 내가 통달하고자 하면 남도 통달하게 하라"는 진술이다. 이제 질문은 '원하지 않는 것'과 '내가 서고자 하는 것', 그리고 유사한 표현이지만 '내가 통달하고자 하는 것'의 구체적 내용이 무엇인가라는 두 가지로 나뉜다. 질문은 늘어나지만, 부닥치는 문제는 똑같다.

이 두 가지가 같은 문제일 뿐만 아니라, 전통적인 해석이 이 문제를 회피하기 위해 순환논증을 사용한다는 것을 보여주는 사례는 주희에게서 발견할 수 있다. 《중용장구》에는 두 가지 해석이 뒤섞여 진술되고 있기 때문이다. 《중용》 13장은 공자의 말을 인용해 "충서忠恕는 도道와 거리가 멀지 않으니, 자기에게 베풀어보아 원치 않는 것을 또한 남에게 베풀지 않는" 것이라고 서술하고 있다. 주희는 여기에 대해 '내가 원하지 않는 것'과 '내가 원하는 것'의 의미 차이를 고려하지 않는 듯한 해석을 하고 있다.

자기에게 베풀어보아 원치 않는 것을 또한 남에게 베풀지 않음은 충서忠恕의 일이다. 자기의 마음으로써 남의 마음을 헤아려봄에 일찍이 똑같지 않음이 없으니, 그렇다면, 도道가 사람에게서 멀리 있지 않음을 알 수 있다. 그러므로 내가 원하지 않는 것을 남에게 베풀지 말라는 것이니, 이 또한 사람을 멀리하지 않고 도道를 하는 일이다. 장자張子가 말한 '자기를 사랑

하는 마음으로써 남을 사랑하면 인仁을 다한 것이다'는 것이 이것이다.[13]

일단 주희는 '원하지 않는' 것의 관점에서 서를 서술하기 시작한다. 그러다 논지를 바꿔서 남과 나의 마음이 똑같다는 것을 근거로 '자기를 사랑하는 마음으로 남을 사랑하라'라는 장재張載의 진술을 인용한다. 그런데 주희가 인용하는 장재의 진술은 '내가 원하지 않는 것'이 아니라, '내가 원하는 것'을 말하고 있다는 것이 명백하다.[14] 간단히 말해 '사랑받기를 원한다면 사랑하라'는 것이다. 최소한 장재는 내가 '원하는 것'의 구체적 사례를 제시하고, 내가 원하는 것과 타인에게 해야 할 행위의 균형이 보장되는 산술적 회계를 도입한다는 점에서 명료한 견해를 표명하고 있다. 그러나 주희는 여전히 '내가 원하지 않는 것'이 구체적으로 무엇인지를 설명하지 않는다. 대신 어떤 사람이 원하지 않는 것이 사람들 사이에 공통될 뿐만 아니라, 원하는 것도 공통될 것이라는 암묵적 전제를 제시할 뿐이다. 주희에 의하면 서의 어법이 긍정어법이든 부정어법이든 양자는 보편적이고 인간적인 동질성을 가정한다는 점에서 공통된다.[15]

이런 해석은 주희에게서 시작된 것이 아니다. 이미 사량좌謝良佐

---

13 "施諸己而不願, 亦勿施於人, 忠恕之事也. 以己之心度人之心, 未嘗不同, 則道之不遠於人者可見. 故己之所不欲, 則勿以施於人, 亦不遠人以爲道之事. 張子所謂'以愛己之心愛人, 則盡仁'是也." 朱熹, 《中庸章句》, 朱子全書 vol.6, 39쪽.

14 전병욱의 현대적 진술에서도 같은 시각이 반복된다. "유교의 경전 속에 등장하는 恕의 일반적 의미는 대체로 내가 원하지 않는 것을 남에게도 시키지 말라는 것이다. 바꿔 말하면 내가 하고 싶은 것을 남에게도 할 수 있도록 배려하는 것이 서라고 하겠다." 전병욱, 〈仁과 恕: 욕망의 호혜적 공감 능력〉,《철학연구》vol.41(고려대학교 철학연구소, 2010), 29쪽.

15 문병도는 보다 세련된 어법으로 이렇게 묘사한다. "(서라는) 이 원리는 타인을 마치 나인 것처럼

가 이런 식으로 해석했다. 사량좌는 주희보다 훨씬 분명한 어조로 '서'를 나와 남을 가리지 않는 '같은 마음(如心)'으로 규정했다.

> 충과 서에 대해 묻자 이렇게 말했다. "형체와 그림자와 같다. 충忠이 없으면 서를 하려고 해도 나올 곳이 없다. 예를 들어 '내가 원하지 않는 것을 남에게 베풀지 말라'거나, '자기에게 베풀어보아 원치 않는 것을 또한 남에게 베풀지 말라'는 말은 그 자체로 분명하다. 서恕란 (나와 남이) 같은 마음이라는 뜻일 뿐이다. 서는 천도天道이다."[16]

사량좌에 의하면 나와 남의 마음이 같을 수 있는 이유는 이것이 결국 천도天道라고 불리는, 인간에 의해 자의적으로 좌우되지 않는 결정론적인 보편성의 영역에 속하기 때문이다. 이처럼 천도로 해석을 확장해도 '원하지 않는' 어떤 것은 '나와 남의 마음이 같기 때문에 보편적'이라는 논법 속에서 제자리를 맴돌고 있을 뿐, 구체적 내용이 드러나지 않는다. 사량좌는 '사람들이 똑같이 뭔가를 원하고, 원하지 않는다'고 주장할 뿐, 그것이 무엇인지를 언급하지 않는다. 앞에서 거론한 사량좌를 비롯한 학자들은 이것을 언급하거나 정당화해야 할 필요성을 거의

간주하여야 한나는 '동등 고려equal consideration'의 의미를 내보하고 있다. 즉 타인을 나와 똑같이 소중한 존재로 간주하라는 의미를 내포하고 있다. 나와 똑같이 소중하게 대우받아야 할 존재이기에, 내가 싫어하는 바를 타인에게 해서는 안 된다는 것이다. 당연히 자신이 원하는 바를 타인에게 베풀어야 할 것이다." 문병도, 〈동양에서 서양 바라보기〉, 《동서철학연구》 36집(한국동서철학회, 2005), 363쪽. 여기에서도 주희나 전병욱과 마찬가지의 입장, 즉 '원하지 않는 것'과 '원하는 것'이 나와 타인에게 동등한 것으로 가정된다는 점에는 변함이 없다.

16 "問忠恕. 曰猶形影也. 無忠做恕不出来, 如己所不欲, 勿施於人; 施諸己而不願, 亦勿施諸人. 說得自分明, 恕如心而已. 恕天道也." 謝良佐, 《上蔡語錄》卷2, 文淵閣 四庫全書 vol.698, 582쪽.

느끼지 못한 것처럼 보인다. 하지만, 두대체 우리는 무엇을 원하지 않는 것일까? 그것은 '우리가 원하는 것'과 같은 종류인가? 원하지 않는 것과 원하는 것이 다르다면 혹시 노양진이 언급한 금지와 권고의 영역 구분이 대안적인 기준이 될 수 있지 않을까? 유학의 내부에서 나타난 잔인함에 대한 진술과 로티의 진술을 병치함으로써 이 질문에 대한 대답을 찾아보기로 하자.

셋째 실마리: 잔인함은 인을 해친다

1658년 12월 17일 경연에 참석한 송시열은 《맹자》〈진심〉 상 19장을 강의하던 도중 효종孝宗에게서 다음과 같은 질문을 받았다. "(사람들이) 남에게 잔인하게 구는 것은 정말 이상하다. 포락의 형벌과 같은 것을 어떻게 (남에게) 할 수 있단 말인가?" 이에 대한 송시열의 대답은 현대인의 상식을 간단하게 뛰어넘는다. "사람이 이런 지경에 이르는 것은 어렵지 않습니다."[17] 효종이 언급한 포락의 형벌에 대해 《사기집해》는 《열녀전》을 인용해서 이렇게 묘사하고 있다.

기름칠한 구리 기둥을 옆으로 눕히고, 아래에서는 석탄으로 불을 땐 후, 죄인을 그 위로 걷게 만들어 불타는 석탄 속으로 떨어지도록 만들었다. 달기

---

17 "上曰: '殘忍人之事, 極異矣. 炮烙之刑之類, 何忍爲之也?' 對曰: '人到此處不難.'" 宋時烈,〈拾遺〉卷 9,《宋子大全》, 韓國文集叢刊 vol. 116, 178쪽.

는 이 광경을 보고 웃었는데, 이 형벌을 포락炮烙의 형벌이라고 불렀다.[18]

불에 달군 뜨거운 구리 기둥 위로 사람을 걸어가게 하고, 결국은 불길 속에 떨어져 죽게 만드는 이미지는 잔인함의 대표적 사례다. 효종은 휴머니즘의 관점에서 이러한 형벌에 포함된 잔인성을 이해하기 힘들다는 소박한 의사를 피력했다. 그러나 송시열의 대답은 효종의 휴머니즘적 태도와는 너무나도 달라 보인다. 효종에게 기이하게 보이는 것이 어떻게 송시열에게는 일상다반사처럼 이해될 수 있었을까? 이러한 송시열의 태도에는 듣는 이를 서늘하게 만드는 어떤 통찰이 숨어 있다. 우리의 현대사에서 이근안과 김근태의 에피소드를 떠올려보라. 민주주의 사회에서 타인의 신체와 정신에 대한 의도적이고 가차 없는 잔인성을 표출하는 고문의 그림자가 아직도 사라지지 않고 있다는 사실은 이 문제가 여전히 현재진행형임을 보여준다.

유가 사상의 역사에서 앞서 언급한 효종과 송시열의 대화는 잔인함에 대한 최초의 질문이 아니고 마지막 대화도 아니다.[19] 그래서 송시열의 대답에 효종이 '어떻게 잔인함에 이르기가 그처럼 손 쉬울 수 있단 말인가'라는 질문을 했다고 가정해보면, 이에 대한 대답은 송시열보

---

18 "膏銅柱, 下加之炭, 令有罪者行焉, 輒墮炭中, 妲己笑, 名曰炮格之刑". 司馬遷,《殷本紀》第3,《史記》卷3, 106쪽.

19 송시열과 비슷한 시기의 인물인 유몽인과 박지원의 글에서 "잔인한 마음이 본성을 해친다(殘心暴性)", "잔인한 마음과 부박한 행실(殘忍薄行)" 같은 표현을 발견할 수 있다. 이렇게 '잔인함'이라는 낱말이 되풀이되는 것은 우연의 일치인지, 아니면 당시의 시대상과 관련해서 탐구할 가치가 있는 철학적 질문인지를 검토할 필요성을 제기하는 것처럼 보인다. 이희숙,〈人과 物의 관계를 다룬 한국 철리 산문 고찰〉,《동양고전연구》vol. 35(동양고전학회, 2009), 61~69쪽 참조.

다는 한참 앞선 시대의 권근에게서 발견하기가 더 쉬울 터이다. 《입학
도설入學圖說》에 나오는 첫째 그림인 〈천인심성합일지도天人心性合一之
圖〉를 보자. 권근은 이 그림을 통해 인의예지라는 네 가지 덕이 어떻게
욕망(欲)에 의해 방해받는지를 묘사하는 과정에서 "잔인함이 어짊을 해
친다(殘忍害仁)"고 서술했다. 권근과 송시열의 답을 합치면 이렇게 정리
할 수 있을 것이다. 잔인함은 어짊을 손상시키고 그 결과는 다시 잔인
함을 부추긴다. 즉 잔인함은 반복된다. 그러나 이들의 대답 속에는 여
전히 한 가지 질문이 함축되어 있다. 즉 어째서 어짊(仁)의 파괴에 잔인
함이 결부되어야 하는가?

이 질문에 대답하기 위해서 권근의 진술 배경을 추적해가면 우리
는 주희를 만나게 된다. 이런 사실로부터 잔인함이 유학에서 뿌리 깊은
성찰 대상 가운데 하나였다는 것을 알 수 있다. 권근의 "잔인함이 인을
해친다"는 주장은 주희를 경유해서 공자의 어짊(仁)에 대한 주장으로 소
급되는 유학 내부의 이론적 연관을 잘 보여주기 때문이다. 다음과 같은
주희와 제자의 대화는 권근의 진술에 대한 배경처럼 보인다.

> "《집주》에서 '자로는 관중이 임금을 잊고 원수를 섬겼으니, 잔인한 마음으
> 로 이치를 해쳐서 인이 될 수 없다고 의심한 것이다'라고 했는데, 여기서
> '인심忍心(잔인한 마음)'의 '인忍'이란 잔인殘忍하다고 할 때의 '인忍'이 아닙니
> 까? 바야흐로 천리가 유행할 때 갑자기 그것이 유행하지 못하도록 가로막
> 는다면 이것이 바로 잔인한 마음으로 이치를 해치는 것입니다."

> "측은지심을 상하게 하는 것이 곧 인심忍心이다. 만약 이른바 '삶을 구하기

위해서 인仁을 해치지 않아야 한다'고 하면 인을 해치는 것이 바로 잔인한 마음이다. 그러므로 사씨가 말하기를 '삼인三仁'이라고 하였고, '세 사람의 행실은 지극히 정성스럽고 간절한 마음에서 나왔다'고 하였는데 이 설명이 매우 좋다."[20]

주희에 의하면 잔인함의 특징은 인의 뿌리가 되는 측은지심을 상하게 하는 것, 다시 말해 인을 해치는 것이다. 이러한 잔인함의 대척점에 '사랑하는 마음'이 있다. 그래서 주희는 '인을 해친다'는 말은 사랑하는 마음이 없이 잔인한 짓을 저지르는 것을 말한다고 했던 것이다.[21] 주희의 제자 왕력행王力行은 이 둘의 차이를 다음과 같이 강조했다.

나무를 베는 것에 비유하자면 인을 해침은 바로 그 뿌리를 베는 것이요, 의를 해치는 것은 단지 나무의 가지 하나, 이파리 하나만을 해치는 것이다. 사람이면서 인을 해친다면 본심을 해치는 것이다.[22]

왕력행은 비록 어짊이 근본이므로 어짊을 해치는 것은 인간의 근본을 파괴하는 것이라고 말하지만, 주희 자신의 언급에 따르면, 잔인함

---

20 "問: '集注說: '子路疑管仲忘君事讎, 忍心害理, 不得爲仁.' 此忍心之'忍', 是殘忍之'忍'否 ? 方天理流行時, 遽遏絶之使不得行, 便是忍心害理矣.' 曰: '傷其惻隱之心, 便是忍心, 如所謂'無求生以害仁', 害仁便是忍心也. 故謝子說'三仁'云: '三子之行, 同出於至誠惻怛之意,' 此說甚好.'" 朱熹, 《朱子語類》卷44, 朱子全書 vol.15, 1554쪽.

21 "'賊仁'者, 無愛心而殘忍之謂也. '賊義'者, 無羞惡之心之謂也." 朱熹, 《朱子語類》卷51, 朱子全書 vol.15, 1690쪽.

22 "譬之伐木, 賊仁乃是伐其本根, 賊義只是殘害其一枝一葉. 人而賊仁, 則害了本心." 朱熹, 《朱子語類》卷51, 朱子全書 vol.15, 1691쪽.

이란 단적으로 어짊의 반대말, 곧 '비인非仁'이다.

> 인의예지가 본성이다. 인의 측은지심, 의의 수오지심, 예의 사양지심, 지
> 의 시비지심이 곧 본성의 고故이다. 만약 사단이라면 순리가 아님이 없지
> 만 사단과 모두 상반되는 것이 있으니, 예컨대 잔인함이 인이 아니고, 부
> 끄러움이 없는 것은 의가 아니고, 공손하지 않은 것이 예가 아니고, 의혹
> 되는 것이 지가 아닌 것과 같은 경우 순리가 아닌 고故이다.[23]

그러므로 지금까지 살펴본 송시열과 권근, 주희의 몇몇 진술을 통
해 잔인은 인의 반대말로, 거꾸로 말해서 인은 곧 잔인의 반대말로 이
해하기에 충분한 유학적 맥락이 있음을 알 수 있다. 어짊이 잔인함과
상반되는 것이라면, 어질지 못한 사람들이 부지기수이고 그들의 행위
가 잔인함으로 귀결되리라는 송시열의 무덤덤한 반응은 유학사에서는
흔히 볼 수 있는 풍경인 것이다

넷째 실마리: 로티의 아이러니스트

로티는 자신이 '자유주의 아이러니스트'라고 이름 붙인 인물의 핵
심 특징 가운데 하나를 "잔인성이야말로 우리가 행하는 가장 나쁜 짓이

---

23 "仁義禮智, 是爲性也. 仁之惻隱, 義之羞惡, 禮之辭遜, 智之是非, 此卽性之故也. 若四端, 則無不順
利. 然四端皆有相反者, 如殘忍之非仁, 不恥之非義, 不遜之非禮, 昏惑之非智, 卽故之不利者也." 朱
熹,《朱子語類》卷57, 朱子全書 vol. 15, 1845~1846쪽.

라고 생각하는 사람"이라고 규정했다.²⁴ 로티의 잔인함에 대한 주목은
니체가 '신은 죽었다'라고 선언함으로써 이제 신성이 아닌 인간적인 규
범성의 근거를 마련해야 한다는, 근세로부터 이어지는 철학적 반성에
서 나온 것이다. 이 때문에 로티는 잔인함에 주목하는 입장의 의의를
이렇게 설명했다.

> 잔인성에 대한 혐오는 비교적 최근에 이루어진 상대적으로 깨어지기 쉬
> 운 하나의 성취, 바꿔 말해서 직관적이요 분명한 진리에 대한 호소보다는
> 오히려 잔인성의 결과들에 대한 상상력 있는 재서술에 더 의존하는 하나
> 의 성취이다.²⁵

로티는 서구적인 지적 전통을 전제하고 있기 때문에 잔인성에 대
한 혐오가 최근 서구 역사—특히 프랑스대혁명 이후—의 성취라고 말
하고 있지만, 이와 별개로 〈천인심성합일지도〉는 잔인함과 인의 상관
관계를 서술하고 있다. 이것은 잔인함에 대한 거부가 자유주의라는 특
정한 윤리학적 전통을 넘어서 이론의 영역을 가리지 않고 거의 보편성
을 띠는 입장이라는 것을 의미한다. 나아가 로티는 이 진술의 후반부
에서 '잔인성'을 '상상력'과 결부시키는 흥미로운 진술을 하고 있다. 잔
인함에 대처하는 수단으로서 상상력의 발휘라는 아이디어는 사실 로
티 자신이 인용하고 있는 것처럼 존 듀이John Dewey 역시 암시하고 있

---

24 리처드 로티, 《우연성, 아이러니, 연대성》, 김동식·이유선 옮김(민음사, 1996), 22쪽.
25 리처드 로티, 《우연성, 아이러니, 연대성》, 11~12쪽.

다.[26] 나아가 이것은 듀이만의 통찰도 아니다.

> 도덕성은 자기와 타자를 기본적으로 구별할 수 있는 능력에 달려 있다. 이 구별은 실로 명확해서 우리에게 주어지고 이용 가능한 것이라고 가정되지만, 사실은 만들어지는 것이다. 악을 회피하는 일은 이러한 차이를 어떻게 만들어내는가에 달려 있다. (……) 도덕성은 상상력을 필요로 하고, 도덕적 상상은 우리로 하여금 자신의 욕구와 무관한 실존과 고통을 지닌 타자들에게 관심을 보이도록 요구한다.[27]

앨퍼드Charles Fred Alford는 듀이의 진술보다 명확하게 도덕의 영역에서 상상력이 수행하는 역할이 무엇인지를 보여준다. 다시 말해 자아와 타자가 분리돼 있기 때문에 우리가 타자들에게 도덕적 관심을 갖기 위해서는 상상력의 도움을 받아야만 한다는 것이다. 이들의 진술을 함께 엮으면 잔인함, 어짊, 상상력의 밀접한 연관성이 두드러진다. 여기에서 언급되는 상상력은 도덕의 영역에서 발휘된 상상력이라는 의미에서 앞 장에서 언급했던 존슨의 '도덕적 상상력'이라는 이름을 붙일 수 있다. 나아가 이 개념은 공자가 제시한 서를 해명하는 데에도 적용되어, 서가 도덕적 상상력의 유학적 형태일 수 있다는 주장으로 이끌었다. 앞에서는 이러한 논의 가운데서도 특히 의도적으로 타인의 고통을

---

26 John Dewey, *Art as Experience* (New York: Capricorn Books, 1958), 348쪽. "상상이 선善의 주요한 도구이며 (……) 예술이 도덕성보다 더 도덕적이다. 왜냐하면 도덕성은 현상 유지를 신성화한 것이거나 혹은 그렇게 되려는 경향을 갖고 있기 때문이다. (……) 인간성에 대한 도덕적 예언가들은 비록 그들이 자유시나 우화로 말하긴 했지만 항상 시인들이었다."

27 찰스 프레드 앨퍼드, 《인간은 왜 악에 굴복하는가》, 이만우 옮김(황금가지, 2004) 106~107쪽.

가중하는 잔인함에 대한 반대를 강조했다. 따라서 타인의 고통을 경감하려는 노력은 타인의 고통에 대한 무관심과 무감동이 잔인함의 원초적 의미 지반을 이룬다는 점을 생각하면, 서의 과정 속에 잠재해 있음을 알 수 있다. 이러한 서는 당연히 인仁과 밀접한 연관이 있다.

결국 인, 잔인함, 상상력이라는 키워드의 결합에서 어떤 철학적 의미가 떠오른다. 로티가 서구 지성사가 최근에 발견했다고 했던 잔인함에 대한 언급은 조선 초기의 유학자 권근에게서도 발견된다. 또한 그 내용은 성리학의 기본 구도를 묘사하기 위해 제작된 〈천인심성합일지도〉의 일부분이기도 하다. 이것은 성리학, 나아가 성리학을 낳은 유학 전통의 규범성 이론 내부에서 잔인함이 어떤 중요한 역할을 하지 않았는가 하는 생각으로 이어진다. 유가의 규범 이론이 잔인함에 맞서는 대처 방식에서 도덕적 상상력에 중요한 위상을 부여했다면, 유가 규범 이론에서 도덕적 상상력을 대변하는 서와 잔인함의 상관관계를 정식화할 수 있을 것이다.

잔인함에도 상상력이 필요하다

로티의 잔인함에 대한 거부와 노양진이 제시한 나쁜 것의 윤리학이라는 개념은 상이해 보이지만 내적으로 연관되어 있다. 로티의 주장은 반표상주의라는 자신의 인식론적 입장을 근거로 한 것이고,[28] 노양

---

28 이유선, 〈로티의 아이러니스트와 사적인 자아 창조〉, 《사회와 철학》 20집(사회와철학연구회,

진의 개념은 체험주의라는 새로운 철학적 입장을 근거로 한 것이지만, 양자는 모두 밀로 소급될 수 있는 자유주의 전통을 공유한다.[29] 밀과 로티, 그리고 노양진의 공통점은 현대사회에서 개인의 자유를 보장하기 위한 최소한의 조건이라는 측면에서 타인에게 해악을 끼치는 행위를 반대한다는 점인데 이를 대변하는 말이 바로 잔인함이다. 이러한 자유주의 논변에서 '타인에게 해악을 끼치는 것'의 대표적 사례로서 '잔인함'을 가정할 수 있다면, 이는 유학 내부의 잔인함과 어짊에 대한 서술들과 밀접하게 연관될 수 있다. 로티가 거론한 잔인함은 노양진이 말하는 나쁜 것의 윤리학의 핵심에 속한다.

> 로티가 말하는 윤리학은 해야 할 것을 제시하는 '좋은 것의 윤리학'이 아니라 하지 않아야 할 것을 제시하는 '나쁜 것의 윤리학'이다. 즉 로티는 '잔인성cruelty'을 피하는 것이 축소된 도덕의 역할이라고 보았다.[30]

결국 "내가 원하지 않는 것을 남에게 베풀지 말라"는 공자의 말은 밀의 어법으로는 "당신의 자유를 행사하되 타인에게 해악을 끼치는 방식으로는 행사하지 말라"는 것이 되고, 로티의 방식으로는 "타인에게 잔인하게 대우받기를 원치 않는다면, 마찬가지로 타인을 잔인하게 대

2010), 188쪽 참조.

29 노양진, 〈도덕의 영역들〉, 333쪽. "밀은 '타인에 대한 해악'을 개인의 자유를 제약할 수 있는 유일한 근거로 제시했으며, 그것은 오늘날 자유주의의 기본 원칙으로 이해되고 있다. 그러나 필자는 밀이 제시하는 '타인에 대한 해악'이라는 기준이 단순히 정치철학적 차원을 넘어서서 금지의 도덕을 규정할 수 있는 현실적인 기준이 될 수 있다고 본다."

30 주선희, 〈감성의 윤리학에서 지성의 윤리학으로〉, 《범한철학》 62집(범한철학회, 2011), 256쪽.

우하지 말라"는 것이 되며, 노양진의 어법에 의하면 "잔인함이란 우리
가 규범적 강제성을 가지고 금지해야 할 나쁜 것의 핵심이다"라는 진
술이 된다. 이들의 주장을 종합하면 서에 대한 부정어법에서 언급되는
"내가 원하지 않는 것"은 '타인에게 해악을 당하는 것'이고, 이것을 가장
잘 대변하는 표현은 "내가 타인에게 잔인하게 대우받는다"는 것이다.
'내가 원하지 않는 것'은 이런 내용을 중심으로 주어의 영역이 점점 확
장된다고 말할 수 있다. 나의 신체, 나의 정신, 나의 가족, 나의 재산, 내
가 속한 공동체, 우리나라 등등.

따라서 이제 서에 대한 현대적 해석은 두 가지 질문에 대답해야 한
다. 첫째 잔인함이 어떻게 자행될 수 있는가? 둘째 도덕적 상상력을 발
휘하는 서가 잔인함에 대처하는 삶의 양식에는 아무런 문제가 없는가?
다시 말해 서를 잔인함에 대처하는 삶의 양식으로 간주하기만 한다면,
서를 통해 잔인함을 극복하는 데에 아무런 문제가 없는 것인가?

첫째 질문에 대해서는 간명한 한 가지 대답과 이와는 차원을 달리
하는 또 다른 대답이 존재한다. 그리고 심각한 문제는 후자에서 발견된
다. 간명한 대답의 모델은 엄격하게 말해서 생물학적이고 의학적인 것
으로 이런 행위를 하는 자가 바로 사이코패스라고 단언하는 것이다. 이
주장은 잔인함을 특정 뇌기능의 장애로 설명한다. 다시 말해 잔인함을
뇌의 특정 부분이 손상당했을 때 나타나는 병리적 현상이라고 보는 것
이다. 이러한 병리적 현상은 기본적으로 의학의 영역인데 범죄와 관련
될 경우에는 사법 체계의 문제로 전환된다. 사법의 영역으로 넘어간다
해도 핵심은 범죄에서 나타나는 잔인함의 기원을 뇌기능 장애로 간주
할 것인지를 둘러싼 의학적 논란이다. 요컨대 잔인함의 기원에 대한 간

명한 모델은 잔인함을 정상적인 뇌기능의 상실, 특히 감정이입empathy 능력의 상실로 설명하는 것이다.[31]

반면에 진정한 잔인함은 이러한 뇌기능의 이상이 없이 나타나는 것이다. 감정이입 능력의 저하, 혹은 감정이입의 부재는 이런 경우에 필수적이다. 이러한 잔인함의 역사적 사례는 너무도 많다. 나치의 유대인 학살이나 관동대지진 때 벌어진 재일 조선인에 대한 일본인의 만행 등은 이러한 잔인함이 아주 평범한 사람들에 의해서도 발생한다는 것을 말해준다. 크리스토퍼 브라우닝은 2차대전 중에 평범한 함부르크 노동자 계층 출신의 중년 남자들로 구성된 101예비경찰대대가 어떻게 8만 3000여 명의 유대인을 직접 사살하거나 죽음의 수용소로 이송하는 일에 나섰는지를 설명하면서 결국 이렇게 말하지 않을 수 없었다.

101예비경찰대대는 장교와 평대원을 불문하고 유대인 학살이라는 특수 임무를 위해 특별 선발되었거나 그들이 이 임무에 특히 적합한 인물로 판단되었기 때문에 루블린 유대인 학살에 투입된 것이 아니었다. 오히려 이들 대대는 전쟁 당시의 시점에 동원 가능한 병력의 '여분'이었을 뿐이었다. 그들은 오직 전선 후방에서 전개되는 작전을 위해 동원될 수 있는 유일한

---

31 사이먼 배런 코언Simon Baron Cohen은 감정이입의 제로 지대Zero Degrees of Empathy가 때로는 긍정적으로 기능할 수 있다고 인정한다. 그에 따르면 잔인함의 기원은 감정이입의 제로 지대와 함께 생물학적 기원뿐만 아니라 사회적이고 환경적인 기원을 함께 가지며, 여기에는 부모의 태만, 학대, 그리고 심각한 불신의 경험 등이 포함된다. 하지만 그의 주장에서도 잔인함의 충분조건일 수는 없어도 필요조건일 수밖에 없는 감정이입의 인간적 가치가 거듭 확인되고 있다. Simon Baron-Cohen, *The Science of Evil: on Empathy and the Origins of Cruelty*(New York: Basic Books, 2011) 참조.

부대였기 때문에 유대인 학살 작전에 배치되었다.[32]

따라서 브라우닝은 "101예비경찰대대 대원들의 행동과 집단 동력은 '평범한 사람들'의 행동으로 이해하는 것이 가장 옳다고 주장"할 수밖에 없었다.[33] 앨퍼드의 말마따나 "점잖은 인간 존재가 끔찍한 것을 행한다. 바로 이것이 우리가 악을 이해하고자 할 때 감수해야 할 불균형들가운데 하나이며, 역설할 필요가 있는 악의 중요한 특징이기도 하다".[34]

이러한 잔인한 행위들의 근본 특징이 감정이입의 부재라는 것은 무슨 뜻인가? 인지적인 관점에서 볼 때 인간의 인간에 대한 잔인한 행위들은 해악을 끼치고 상해를 입히며, 살인을 저지르는 상대에 대한 근본적인 거리두기를 바탕으로 한다.[35] 이러한 거리두기를 위한 기제는 놀랍게도 상상력의 도움을 받는다. 다시 말해 희생자들에 대한 심리적 거리두기란 사실 타인을 같은 인간으로 간주하지 않는 개념적 은유의 도움을 받는다. '인간은 사물' '인간은 동물'이라는 은유들은 인간의 존재를 한순간에 사물과 동물로 격하시키는 인지적 장치들이다.[36] 이러한

---

32 크리스토퍼 R.브라우닝, 《아주 평범한 사람들》, 이진모 옮김(책과함께, 2010), 246쪽.

33 크리스토퍼 R.브라우닝, 《아주 평범한 사람들》, 9쪽.

34 찰스 프레드 앨퍼드 《인간은 왜 악에 굴복하는가》, 84쪽.

35 크리스토퍼 R.브라우닝, 《아주 평범한 사람들》, 241쪽. "존 다우어가 밝혀냈듯이 '타자(희생자)의 비인격화는 타자와의 심리적 거리두기에 엄청나게 기여한다. 그 결과 학살은 쉬워진다.' 이러한 심리적 거리두기―광기나 야만화가 아닌―는 101예비경찰대대 대원들의 행동에 다가가는 열쇠 가운데 하나이다. 그리고 전쟁과 부정적인 인종 편견은 이러한 거리두기 속에서 서로를 강화시켜주는 두 가지 요소였다."

36 이향준, 〈〈쇼아〉: 익명의 아이히만I-chimann은 어떻게 가능한가?〉 4절, 《인문학연구》 42집(조선대 인문학연구원, 2011), 78~83쪽 참조.

상상적 사고를 받아들일 때에만 우리는 사물이나 동물에 대한 행동 양식을 인간에게 적용한다. 공감의 부재와 상상력의 결합이 초래하는 결과는 잔인함의 만연이다. 그래서 전쟁의 처참한 결과를 보여주는 사진을 거론하면서 수전 손택은 버지니아 울프의 입을 빌려 만연한 잔인함이 상상력 및 공감 능력과 매우 깊은 연관을 맺고 있다고 말한다.

> 그녀는 말한다. 우리는 괴물이 아니라, 교육받은 계급의 일원이라고. 우리가 겪은 실패는 상상력의 실패, 공감의 실패라고. 우리는 이런 현실을 마음 깊숙이 담아두는 데 실패해왔다고.[37]

우리는 여기서 상상적 사고 능력이 유별난 잔인함을 표출시키는 기제라기보다는 차라리 일반적인 인간의 인지 기능이라는 점을 발견한다. 근본적으로 중요한 아이러니를 다시 강조할 필요가 있다. 잔인함의 기원에도 도덕성을 위해 요구되는 상상력이 개입되어 있다. 바로 이 점이 잔인함에 맞서는 유가적인 삶의 양식으로 서를 수용하려는 이가 직시해야 하는 가장 중요한 사실이다.

잔인함에 맞서기 위해

최종적으로 문제가 되는 것은 서장에서 말한 것처럼 서에는 근본

---

37 수전 손택, 《타인의 고통》, 이재원 옮김(이후, 2004), 25쪽.

적인 오류 가능성이 함축되어 있다는 사실이다. 서에 대한 사량좌의 언급에서 나타나는 것처럼 서는 일종의 감정이입에 근거한 동일시를 가정하고 있다. 그러나 타인의 고통에 대한 감정이입과 동일시를 통해 타인을 고통의 상태에서 벗어나도록 행위하라는 가르침이 서의 부정어법에 담긴 도덕적 권고라고 해도, 이러한 감정이입과 동일시 자체에 문제의 소지가 있다.

> 동일시는 선한 행위에 대립하여 사악한 행위를 손쉽게 초래할 수도 있기 때문에 이는 도덕성의 훌륭한 기초라고 할 수 없다. (……) 만약 우리가 자신을 구하고자 타인을 구한다면 마찬가지로 자신을 죽이고자 그들을 죽일지도 모르고, 자신이 고문당한다는 이유로 그들을 고문할지도 모른다.[38]

이 때문에 앨퍼드는 동일시와 함께 나와 타자의 분리가 적절한 도덕성의 구성에 필수적이라고 주장하는 것이다. 이런 관점에서 니체의 진술을 살펴보면 그가 일종의 뒤집힌 서恕를 주장하는 이유를 알 수 있다.

> 우리 자신의 체험을 타인의 체험을 대하듯 바라보는 것, 이것은 우리의 마음을 매우 편안하게 한다. 그것은 권장할 만한 하나의 약이다. 이에 반해 동정의 철학이 요구하는 것처럼 타인의 체험을 흡사 자신의 것인 양 보고 받아들이는 것은 우리를 파멸로 이끌 것이다.[39]

---

38 찰스 프레드 앨퍼드, 《인간은 왜 악에 굴복하는가》, 106~107쪽.
39 프리드리히 니체, 《아침놀》, 박찬국 옮김(책세상, 2009), 159쪽.

지나친 동일시가 초래할 파국에 비해, 나와 타자의 분리에 기반해서 자신을 타자의 관점에서 거리를 두고 바라볼 필요가 있다는 주장은 설득력이 있다. 하지만, 니체의 비판이 극단적으로 나아가면 나의 체험과 타인의 체험 사이의 완전한 분리는 무감동과 무관심으로 귀결될지도 모른다. 손택이 경고한 것처럼 무감동과 무관심에 바탕을 둔 공감에 실패한 상상력은 잔인함의 확산을 용이하게 만드는 필수 조건이다. 따라서 앨퍼드와 니체의 비판은 감정이입의 무용성을 주장하는 극단적 해석으로 이끌리지는 않는다. 오히려 나와 타인의 분리가 가정된, 따라서 상상력을 통한 감정이입의 불완전성에 대한 경고로 읽힌다.

이 지점에서 최종적으로 니비슨의 질문을 되새겨볼 필요가 있다. 중국의 문헌들에 황금률의 일종으로서 서의 부정어법이 긍정어법보다 많은데 이는 윤리적으로 무엇을 의미하는가? 나쁜 것의 윤리학과 좋은 것의 윤리학이라는 구분은 이제 니비슨이 던진 질문의 철학적 의미를 분명하게 드러낸다. 즉 잔인함과 결부시켜 이해한 나쁜 것의 윤리학은 '내가 원하지 않는 것을 남에게 베풀지 말라'는 서의 부정어법을 인간적인 나쁨의 원형인 잔인함을 남에게 베풀지 말라는 금지의 명령으로 이해한다. 또 '내가 통달하고자 하면 남도 통달하게 하라'는 진술은 인간적인 좋음을 남에게 베풀라는 권고로 이해한다.

여기에서 대비되는 '나쁨의 원형'과 '좋음의 이상'은 도덕의 영역에서 우리에게 가까운 것이 무엇인가를 묻게 한다. 즉 좋음의 이상이 가까운가? 인간의 역사에서 보편적으로 동의할 수 있는 좋음의 이상이 존재하는가? 이미 노양진이 대답한 것처럼 선험과 초월을 가정하지 않을 경우 부정적인 답이 나올 수밖에 없다. 반면에 나쁨의 원형으로서 잔인함에 대한 거부는 인간의 역사에서 보편적인가? 타인의 고통에 대한 상상적 동일시와 이에 기반한 감정이입은 거의 모든 인간에게 공통된 것처럼 보이고, 이러한 동일시에 근거한 잔인함의 거부에 반대할 사람은 많지 않을 것이다. 그리고 서의 부정어법이 풍부하다는 사실은—궁극적으로 완벽한 동일시에 근거한 감정이입이 초래할지도 모르는 파국적 결과에 대한 니체의 비판을 고려할 때—행위 중지 가능성을 내비치며, 무조건적인 서에 잠재해 있는 위험성에도 유의하라고 충고하고 있는 것처럼 보인다.

결국 서의 부정어법이 나쁨의 원형인 잔인함을 거부하는 삶의 기술技術을 묘사한 것이라고 이해할 수 있다면, 중국의 문헌들에서 서의 부정어법이 긍정어법에 비해 현저하게 많다는 니비슨의 발견이 사실이라면, 중국의 도덕 이론가들이 전통적으로 좋음의 이상보다는 나쁨의 원형을 숙고하고 대처하는 데 더 관심을 기울였다는 뜻이 아닐까? 그들은 좋음의 이상보다는 나쁨의 원형이 도덕을 이해하는 데 더 중요하다고 생각했던 것은 아닐까?

새로운 삶의 기술

나는 서의 부정어법에 내재한 윤리학적 의미를 나쁜 것의 윤리학과 잔인함이라는 개념을 중심으로 해석했다. 이를 통해 공자가 제시한 규범 이론의 핵심이 잔인함에 맞서는 삶의 전략인 서에 있다는 사실을 알 수 있었다. 결국, 도덕의 제일원리가 아니라 도덕적 사고의 원형 가운데 하나로서 신체적 고통을 동반하는 잔인함이 배제된 행위 양식을 제안하는 것이다. 이런 점에서 서의 부정어법은 경험적으로 수용 가능한 도덕적 행위 가능성을 모색하는 기술로서 수용될 수 있다.

그러나 여전히 또 하나의 질문이 해명되지 않고 남아 있다는 점을 잊어서는 안 된다. '금지의 영역'을 벗어난 것은 '권고의 영역'으로 설정해두고, 두 담론의 성격을 구별해야 한다는 노양진의 주장은 일리가 있지만, 그렇다고 '권고의 영역'이 개인의 사적인 영역으로 축소되어버리면 그만인 것일까?

철학의 역사를 돌이켜보면 이 영역이 여전히 도덕의 이름 아래 논의되는 관행은 앞으로도 쉽사리 사라질 것 같지 않다. 여전히 논쟁의 여지가 있는 것이다. 서에 대한 현대적 해석은 서의 긍정어법과 부정어법에 담긴 의미를 균형 있게 파악할 때, 잠정적으로나마 완결된 상태로 존립할 수 있을 것이다.

이런 불완전성에도 불구하고 내가 주장한 내용들의 철학적 의미를 찾자면, 서를 잔인함에 대처하는 삶의 기술로 묘사함으로써, 공자의 후계자에게 질문을 할 수 있는 철학적 지점을 확보했다는 점이다. 다시 말해, 나는 맹자와 순자의 규범 이론을 잔인함에 대처하는 삶의 기술이라는 관점에서 탐구할 경우에 다다를 이론적 귀결에 대한 비판적 관심을 불러일으키고자 한다.

제2장

맹자, 슬픔의 서

앞 장에서 공자와 관련한 서의 담론을 '잔인함에 맞서는 삶의 전략'이라고 명명했다. 그렇다면 공자 철학의 후계자로서 맹자와 결부된 서의 담론은 무엇이라고 부를 수 있는가? 이것은 공자와 맹자의 철학사적 관계를 서의 담론 차원에서 되묻는 것이다. 이와 관련하여 나는 앞 장 마지막에서 맹자와 더불어 순자가 이 질문의 대상이 되어야 한다고 말했다. 따라서 이 장에서는 맹자의 서를 다루고, 다음 장에서 순자의 서를 다룸으로써 논의의 연속성을 유지하려고 한다. 나는 맹자의 서를 성선론에 대한 현대적 해석과 관련지어 비판적으로 검토하면서, 특히 유희의 도덕 시사와 맹자의 시 사이의 긴밀한 성관성을 규명하는 데 초점을 맞출 것이다.

맹자: 서의 관점에서

여기 하나의 철학적 질문이 있다. 인간의 본성은 선한가? 맹자가 제시한 이 질문에 수없이 많은 대답이 제출되었다. 오늘날 철학자들은 이에 대해서 의견 일치를 보았는가? 대답은 그다지 긍정적이지 못하다. 이 철학적 난감함을 어떻게 설명할 수 있을까? 나는 이 난감함의 내용을 살펴보고 이에 대한 현대적 비판과 대안을 제시하고자 한다. 현대의 윤리학적 성찰을 토대로 맹자의 도덕 이론을 비판적으로 검토한 후, 자연주의적 관점에서 감정이입을 통한 슬픔의 경험, 도덕적 상상력을 통한 슬픔의 도덕적 맥락화, 다시 말해 도덕적 서사의 창조라는 측면에 주안점을 두고 해석하고자 한다.

이런 해석은 세 가지 이론적 주장을 함축한다. 첫째, 맹자의 도덕 이론을 선험적인 성선설로 규정하려는 시도는 이제는 포기해야 할 낡은 방식의 철학적 탐구다. 오히려 성선이란 개념을 제외할 때, 비로소 인간의 본성과 같은 것을 가정하지 않고도 맹자의 도덕 이론을 자연주의적으로 재구성할 수 있음을 명확히 하고자 한다.

둘째, 맹자의 도덕 이론은 보편적인 감정의 도덕적 사용, 특히 타인의 고통에 대한 보편적 정서인 슬픔을 도덕적 맥락에 도입하고, 이를 인간 행위의 중요한 고려 요건으로 간주하자는 윤리적 권고로 해석할 수 있다. 도덕적 사유와 행위의 맥락에서 감정—특히, 측은지심으로 대표되는 슬픔—을 경유하라는 권고인 것이다.

셋째, 공자의 서와 연계하면, 맹자의 도덕 이론은 서에 대한 특수한 관점에 입각한 해석이다. 즉 그의 주장은 서의 실행 과정에 슬픔을 매개시키라는 도덕적 권고로 해석된다. 결론적으로 우리는 슬픔이란 감정을 도덕적 맥락 안에서 해석하라는 독특한 문법을 확인하게 된다. 비트겐슈타인의 어법을 따르자면 '도덕적 슬픔'이지만, 서를 기준으로 해석하자면 서의 실행을 위한 슬픔의 사용, 다시 말해 '슬픔의 서'라는 새로운 문법이 된다.

성선론의 이론적 문제점

맹자가 제기한 '성은 선한가'라는 질문에 고대부터 현대에 이르기까지 서로 다른 대답들이 제시되었다. 고전적인 사례는 조기趙岐와 주희의 《맹자》에 대한 주석에서 찾아볼 수 있다. 조기는 '불인인지심不忍人之心'이란 구절을 해석하면서 이렇게 말했다.

> 사람들은 모두 남에게 악행을 저지르지 않으려는 마음을 갖고 있다. (……) 과거의 성왕들은 남에게 해를 끼치지 않으려는 마음을 가지고 백성들을 상하지 않게 하려는 정치를 실천했다. (……) 사람들은 언뜻 어린아이가 우물에 빠지려는 것을 보면, 어리석거나 현명하거나에 상관없이 모두 깜짝 놀라는 감정을 갖게 된다. 감정[情]이란 미 음 속[中]에서 발생하는 것이다. 남을 위한 것도 아니고, 어질지 못하다는 명성이 있을까 싫어하기 때문에 놀라고 슬퍼하는 것도 아니다.[1]

---

1 趙岐,《孟子注疏》卷3 下, 13經注疏 整理本 vol. 25(北京: 北京大學出版社, 2000), 113쪽.

조기의 해석에서 공히 나타나는 것은 악惡, 해害, 상상傷에 대한 거부이다. 소박하게 말해 인간적인 관점에서 나쁜 것을 거부하는 감정이 우리들의 마음속에 선험적으로 존재한다는 뜻이다. 여기에서 선험적이라는 말은 인간에게 저절로 갖추어진 것이라고 가정된 도덕적 감정 능력만을 인정한다는 것을 의미한다. 이러한 선험성을 옹호하는 논변은 유학사에서 자주 발견된다. 장식張栻이 '사견乍見'이란 두 글자를 해석하는 방식은 이런 논증을 관통하는 핵심 사고를 보여준다.

어떻게 사람들이 모두 이런 마음을 갖고 있다는 것을 알 수 있는가? '언뜻 어린아이를 본다(乍見孺子)'는 것에서 알 수 있다. 반드시 '언뜻 본다(乍見)'고 해야 하는 이유는 이때라야 안배나 작위가 미치지 못했는데도 그 단서가 발현하기 때문이다. 깜짝 놀라면서 불쌍하게 여긴다는 것은 마음속에서 깜짝 놀라 움직이며 측은한 마음이 생긴다는 뜻이다. 이때는 교제를 위한 것도, 명예를 위한 것도, 나쁜 명성을 싫어해서 깜짝 놀라며 측은하게 여기는 것이 구체화되는 것이 아니다. 이것이 내면의 마음(中心)이 차마 하지 못하는 것의 실상이다.[2]

조기와 장식의 주장을 관통하는 것은 '안배나 작위가 없이도 그 단서가 발현한다'는 주장이다. 다시 말해 외부 조건에 영향을 받지 않고 내면으로부터 발원하는 도덕 감정을 인정해야 한다는 것이다. 그들은 이런 이유 때문에 《맹자》의 글을 인간에게는 선험적인 도덕 능력이 내

---

2 張栻, 《孟子說》卷2, 張栻全集 上(長春: 長春出版社, 1999), 290쪽.

재해 있다고 해석하는 것이다. 장식의 경우에는 이기론적 전제가 있을 법도 하지만 여기에는 드러나 있지 않다. 이런 점에서 그의 해석은 주희와는 확연하게 구별된다.

> 천지天地는 만물萬物을 냄으로써 마음을 삼으니, 태어난 물건들이 인하여 각기 천지天地의 생물지심生物之心을 얻어서 그것으로 마음을 삼았다. 이 때문에 사람들은 모두 사람을 차마 해치지 못하는 마음을 가지고 있다.[3]

주희는 사람에게 남을 해치지 못하는 마음이 있는 것은 천지의 존재론적 성질을 이어받았기 때문이라고 주장한다. 주희가 조기나 장식과 다른 점은 천지, 즉 자연에 대한 형이상학적 전제를 깔아두고 맹자의 불인인지심을 이해하고 있다는 점이다. 이러한 차이는 맹자의 불인인지심, 나아가 성선설을 이해하는 데 두 가지 해석 방식이 있다는 점을 드러낸다. 하나는 도덕 능력의 내재성을 그저 인간의 선험적 특징으로 받아들이는 것으로 충분하다고 주장한다. 다른 하나는 도덕적 자연과 같은 존재론적인 전제를 가정했을 경우에만 이런 주장을 할 수 있다고 설명하는 것이다.

이 두 가지 외에 맹자의 성선설을 이해하는 또 다른 통로로서 자연주의적 해석 방식이 있을 것이다. 하지만 자연주의적 방식은 그다지 호응을 얻기가 쉽지 않다. 왜냐하면 자연적으로 보았을 때, 맹자의 성선설은 찬성보다는 오히려 반대에 부닥칠 확률이 더 높기 때문이다. 이상

---

3 朱熹,《孟子集注》, 朱子全書 vol.6, 289쪽.

우이 맹자의 심성론을 자연주의적이라고 불러야 할지 아니면 선험론이라고 불러야 할지를 두고 망설이는 것은 바로 이런 이유 때문이다.[4] 이런 망설임의 이면에 무엇이 깔려 있는지는 황필호의 말에서 확인할 수 있다.

> 모든 인성론은 초경험적 논증에 의해서만 그것의 필연성과 보편성이 증명될 수 있으며, 이러한 초경험적 논증은 여러 가지 형이상학적 전제를 가지고 있다. 이렇게 논리적 논증의 입장에서 보면, 본성론에 근거한 모든 윤리론은 별로 기대할 것이 못 되며, 그래서 그것은 정확히 말하면, '논증'이 아니라 하나의 '호소'일 뿐이다.[5]

황필호는 도덕에 대한 본성론적 정당화가 자연주의적 관점에서 가능하지 않다는 점을 분명히 표현한다. 하지만 현대의 동양철학자들은 이러한 비판에 의외로 무감각한 반응을 보인다. 김기현의 다음과 같은 진술을 보라.

> 맹자의 성선설에 입각한 도덕 이론과 순자의 성악설에 입각한 도덕 이론은 민주주의-자본주의 체제의 현대사회에서 각각 유용한 하나의 대안이 될 수 있다는 결론이 세워진다. 둘 중의 하나는 틀린 것이 아니라는 것, 즉

---

4 이상은은 글의 본문에서는 맹자의 입장을 "理想主義, 先驗論的 立場과 근사하다"고 평가하지만, 각주를 통해 "어느 의미에서는 孟子도 自然主義者라 할 수 있다"고 설명하고 있다. 이상은, 〈孟子의 性善說에 對한 研究〉, 《李相殷先生全集(中國哲學)》(예문서원, 1998), 338쪽 참조.

5 황필호, 〈맹자와 칸트의 비교〉, 《철학논총》 20집(새한철학회, 2000), 206쪽.

성선설이 인간을 잘못 본 것이거나 아니면 성악설이 인간을 잘못 본 것이 아니라, 성선설과 성악설이 각각 특장特長을 갖는다는 점에 현대의 우리는 주목해야 한다.[6]

한쪽에서는 인성론 자체가 초경험적 논증이라는 점에서 엄밀한 '논증'이 아니라 '호소'에 불과하다고 비판한다. 반면에 다른 한쪽에서는 성선설과 성악설이 철학적으로 틀리지 않다는 주장을 내세운다. 도대체 누가 철학적 진실을 말하고 있는가? 황필호의 비판은 노상균의 비판과 대비시키면 더욱어 명확해진다.

맹자는 존재론과 가치론이 서로 다른 범주라는 것을 간과하여 이 양자를 혼용하는 우를 범했고, 더욱이 인간이라는 실체에 앞서 윤리라는 도덕 가치가 우선하는, 더 나아가서는 이러한 선험적이고 형이상학화되어버린 성선이라는 개념이 인류의 모든 객관적 질서 규범 및 제도를 만드는 근원이 되어버림으로써 본래는 객관적인 경험적인 질서 규범이 주관적인 도덕윤리 관념을 낳았다는 사실을 완전히 도치시켜버린 우를 범했다.[7]

노상균은 황필호와는 다른 관점에서 유사한 논지를 전개한다. 즉 황필호에 의하면 경험적 논증이 불가능한 싱신실과 같은 이론은 사실은 경험적인 질서와 규범을 선험적이고 형이상학적으로 도치시킨 결과

---

6 김기현, 〈맹자의 성선설과 순자의 성악설에 대한 현대적 조명〉, 《철학연구》 79집(대한철학회, 2001), 65쪽.

7 노상균, 〈맹자 성선설 비판〉, 《중어중문학》 29집(한국중어중문학회, 2001), 7쪽.

가능해졌다는 것이다. 이런 점에서 두 사람의 비판은 사실상 동일한 의미를 전달한다. 성선이건 성악이건 인성론에 대한 정당화는 선험적이고 형이상학적일 수밖에 없다는 것이다. 고전적인 성선설에 대한 정당화 논변이 자연주의적 경향을 띠지 않고, 선험과 초월 사이에서 그네를 타는 것에는 나름의 이유가 있었던 것이다. 결국 성선설에 대한 해석은 선험과 초월 논변에 근거한 옹호와 자연주의적 논증 불가능성에 근거한 반대로 찬반이 나뉜다.

정말로 곤혹스러운 점은 이론적 혼란이 찬반 논란 속에서만 발견되는 것이 아니라는 사실이다. 오늘날 맹자의 성선설을 옹호하는 이론들 속에서는 또 다른 개념적 혼란이 발견된다.

모호한 해석들

맹자주의자들은 성선이라는 주장을 유지하고 싶어 하는 것처럼 보인다. 그들의 노력은 정말 진지해 보이지만, 진지함에 걸맞은 철학적 타당성을 가지고 있는지는 의문이다. 도대체 성이란 무엇인가? 현대의 맹자주의자들은 단일한 대답을 제시하지 못한다. 예를 들어 이찬은 성이란 마음의 경향성이라고 주장한다.

맹자가 말한 性은 자연스럽게 흘러가는 마음의 경향성(性)이며 그것이 선한 까닭은 마음의 실상이 늘 도덕적 가치를 지향해 흐르고 있기 때문이다. 달리 말하자면, 바로 그 마음의 실상에 솔직하게 반응함으로써 마음의 경

향성은 선한 사태로 발현된다는 것이다.[8]

엄격하게 말하자면 '마음이 흐른다'는 말은 '마음은 물'이라는 개념적 은유에 근거한 표현이다. 다시 말해 명제가 아니다. 흐르는 물로서 마음이 어떤 방향성을 지니고 있고 물이 나아가는 쪽에 도덕적 가치가 있다는 말을 이찬은 하고 싶은 것이다. 하지만 이와 유사하면서도 미묘하게 다른 해석이 존재한다. 그래서 박승현 같은 경우 성이란 도덕적 마음〔道德心〕이라고 주장하는 것이다.

> 맹자는 여기서 자신이 주장하는 성선설의 의미를 보다 확실하게 밝히고 있다. 본성의 구체적인 내용이 바로 四端之心, 현대적인 용어로 말하면 道德心이라는 것이다. 이러한 도덕심의 발현을 통하여 善을 실현할 수 있다는 것이다. 이러한 性善의 실현은 인간들이 근본적으로 가지고 있는 선천적 능력에 기인하는 것이다.[9]

박승현의 해석에 의하면 성은 마음의 경향성이라기보다는 원래 도덕적 범주에 속하는 마음 자체의 능력이다. 그런데 경향심과 도덕심이라는 차이만 있는 것이 아니다. 이들의 해석을 부정하는 다음과 같은 해석에 따르면 성은 경향성이나 마음과는 분명하게 구분되는 범주다.

---

8 이찬, 〈감성, 본성 그리고 도덕적 태도〉, 《철학》 104집(한국철학회, 2010), 56쪽.
9 박승현, 〈맹자의 성선론과 도덕적 악의 문제〉, 《철학탐구》 26집(중앙대 중앙철학연구소, 2009), 45쪽.

맹자가 보기에 인간 도덕의 기원은 心이 아니라 性이다. 그리고 맹자가 인의가 내재한다(仁內義內)고 말할 때의 '내재함(內)'은 궁극적으로 심에 내재하는 것이 아니라 성에 내재함을 의미한다. 이 성이야말로 마음과 매우 밀접한 관계를 가지고 있으면서 마음을 통해 자기(즉 도덕성)를 드러내 보여주고, 마음으로 하여금 윤리도덕의 첫발을 들게 하는 자이다. 맹자에 의하면 윤리도덕의 기원은 마음에 뿌리박고 있는 性이다.[10]

이 주장은 마음을 성과 구분하는데, 도덕성은 엄밀하게 마음에 뿌리박은 성에 내재하는 것으로 이해해야 한다고 말한다. 성은 마음의 인과관계에 개입해서 자신을 드러내도록 마음을 강제한다는 것이다. 이런 점에서 도덕성 자체는 마음과 엄격하게 분리해야 한다고 서대원은 해석하는 듯하다. 그렇다면 성은 도대체 경향성인가? 도덕심인가? 아니면 마음속의 별도 범주로서 성이라고 불러야 하는가? 현대의 해석은 한 발 더 나아간다.

맹자는 사람은 선천적으로 도덕 감정을 가지고 태어나며, 이것이 바로 사람과 동물을 구별 짓는 본질적 특성이라고 파악한다. (……) 감성 형태로 갈무리되고 있는 도덕은 이성적 사유를 거친 판단 이전에 작용하는 본능적 대응과 관계되는 직관인 것이기도 하다.[11]

---

10 서대원, 〈단독자單獨者에게도 도덕이 있는가?〉, 《철학》 77집(한국철학회, 2003), 52쪽.
11 류근성, 〈맹자 도덕철학에서 이성과 감성의 문제〉, 《동양철학연구》 52집(동양철학연구회, 2007), 280~281쪽.

이제 류근성에 의하면 성은 선천적인 도덕 감정이다. '선천적 도덕 동기'라는 표현도 성선을 대치할 후보로 이름을 올릴 수 있다.[12] 아니면 우리는 신정근처럼 맹자의 주장을 심선설心善說이자 성선설性善說로 읽을 수도 있을 것이다.[13]

이 많은 해석으로 우리는 성에 대해 더 많은 것을 알게 되었는가? 어떤 사람은 이러한 다양한 해석이 성의 의미를 풍부하게 했다고 주장할 수 있을 것이다. 또 한편 철학적 혼란상이 빚어지고 있다고 할 수도 있을 듯하다. 어쩌면 우리는 다음과 같은 행동을 하고 있었던 것은 아닐까?

불꽃은 붙잡을 수 없기 때문에 수수께끼 같지 않은가? 좋다—그러나 왜 그 점이 불꽃을 수수께끼같이 만드는가? 왜 붙잡을 수 없는 것은 붙잡을 수 있는 것보다 더 수수께끼 같아야 하는가? 우리가 그것을 붙잡고자 원하기 때문이 아니라면.[14]

---

12 정용환, 〈맹자의 선천적이고 직관적인 선惡의 실행 가능성〉,《철학》82집(한국철학회, 2005), 26쪽 참조.

13 신정근, 〈맹자와 순자 사상의 결정적 차이〉,《동양철학연구》67집(동양철학연구회, 2011), 122쪽 참조.

14 루트비히 비트겐슈타인,《쪽지》, 이영철 옮김(책세상, 2006), 51쪽.

본성론 너머로

비트겐슈타인이 우리에게 던져준 철학적 충고 가운데 참고할 만한 가치가 있는 것이 있다. 혹시 이 모든 현상의 배후에는 어떤 일반적 관행이 자리 잡고 있는 것은 아닐까? 불명료성과 불충분성에도 불구하고 맹자의 성론을 숭고하게 드높여온 역사가 있어 성선에 대한 철학적 집착과 열망을 낳은 것은 아닐까?

위험은 우리의 모형들의 불완전성과 조야함에 있는 게 아니라 그것들의 불명료성에 있다. 위험은, 오래된 모형이 충분하지 않다는 것을 우리가 알아채지만, 그러나 이제 그것을 바꾸지는 않고 말하자면 단지 숭고화할 때 시작된다.[15]

도대체 성이란 무엇인가? 우리는 이 개념에 일대일로 대응하는 대상을 사람들에게 보여줄 수 없다. 그렇다면 성은 어느 추상 공간에서 나온 것인가? 여기에 대한 대답은 퍼트넘에게서 찾아볼 수 있다. 퍼트넘은 도덕을 설명하기 위해 인간에게서 예외적인 존재론적 특징을 전제하는 것이 철학적으로 타당한가에 의문을 제기한다.

우리가 어떤 신비하고도 장엄한 것을 가정함으로써 왜 어떤 사람과 성질과 활동과 사태가 좋은지 설명하였다고 생각한다고 해보자. 그 신비한 것

---

15 루트비히 비트겐슈타인, 《소품집》, 이영철 옮김(책세상, 2006), 93~94쪽.

은 "비자연적인" 어떤 것으로서 문제의 사람과 행위와 상황 등의 좋음 배후에 볼 수 없게 서 있는 것이라고 상정된다. 이 경우 우리는 그로써, 모든 윤리적 현상들과 모든 윤리적 문제들과 모든 물음들과 실로 모든 가치 문제들을 단 하나의 논제인 이러한 단일한 초월적 존재인 선의 존재 여부로 환원시킨다고(또는 환원시켰다고 상상한다고) 볼 수 있다. 그리고 이러한 의미에서 우리는 한 형태의 일원론을 주장하고 있는 것이다.[16]

퍼트넘에 의하면 이렇게 도덕을 위해 존재론적 개념을 전제하는 것은 수학을 정당화하기 위해 수학 이외의 것을 전제하는 것과 마찬가지 결과를 가져온다.[17] 퍼트넘은 자신의 철학적 작업을 이러한 '존재론의 기획에 대한 부고장'으로 묘사했다.[18] 이와 같은 비판에도 불구하고 왜 윤리학은 존재론적 기획에 그토록 의존했던 것일까? 왜 오랫동안 유학적 사고는 성에 묶여 있었던 것일까? 윤리학이란 주제로부터 시야를 넓혀 철학 일반의 문제로 확장하면 로티의 진술 속에서 유사한 생각을 발견하게 된다.

비트겐슈타인, 하이데거 그리고 듀이—젊었을 때 이들 각각은 철학이 "토

---

16 힐러리 퍼트넘,《존재론 없는 윤리학》, 홍경남 옮김(철학과현실사, 2006), 40쪽.

17 힐러리 퍼트넘,《존재론 없는 윤리학》, 20쪽. "나는 수학의 객관성에 관한 존재론적인 설명을 제공하려는 시도가 사실상 수학적 진술들의 진리를 드러내기 위하여 수학의 일부가 아닌 이유들을 제공하려는 시도라고 본다. 그리고 윤리학의 객관성에 관한 존재론적인 설명을 제공하려는 시도는 윤리적 진술들의 진리를 드러내기 위하여 윤리학의 일부가 아닌 이유들을 제공하려는 시도라고 본다. 나는 이 두 시도가 모두 크게 잘못된 것이라고 생각한다."

18 힐러리 퍼트넘,《존재론 없는 윤리학》, 43~44쪽.

대 역할을 할 수 있게" 하는 새로운 방법, 즉 사고를 위한 궁극적인 맥락을 구축하는 방법을 찾으려고 노력했다. (……) 후기의 저작에서 이들 세 사람은 각각 철학이 토대 역할을 해야 한다는 칸트의 생각에서 벗어나, 그들 자신이 한때 굴복했었던 바로 그 유혹에 빠지지 말라는 경고를 하는 데에 많은 시간을 할애했다. 따라서 그들의 후기 저작은 건설적이라기보다는 치료적이며, 체계적이라기보다는 계발적이며, 새로운 철학적 계획을 독자에게 제시한다기보다는 오히려 철학을 하고자 하는 독자들의 동기를 되 묻기 위해서 기획되었다.[19]

로티는 비단 윤리학뿐만 아니라, 철학적 탐구 전체에 걸쳐서 체계적이고 건설적인 역할로부터 치유적이고 계발적인 역할로 방향을 전환하자고 이야기한다. 이는 근세 철학의 인식론이 자연의 거울로서 정신을 가정하는 원형적 은유에 기초를 두고 있다는 철학적 통찰에서 유래한 것이다. 따라서 이 인식론을 기초로 하는 철학은 자연의 질서를 반영한다는 비합리적 가정이 근세 철학의 인식론을 지배하고 있으며, 이러한 인식론의 기본 구도는 경험론과 관념론을 가리지 않고 근세 철학전체에 드리워져 있는 표상주의라는 태도를 형성했다고 비판한다. 로티는 표상주의라는 태도가 모든 학문적 활동의 토대로서 철학의 위상을 결정짓는 비합리적 가정이라는 사실을 받아들이고 나면 철학이 모든 학적 활동의 토대여야 할 이유가 사라진다고 보았고, 이런 점에서 철학은 문예비평에 가까운 역할을 해야 한다고, '철학을 하고자 하는 독

---

19 .리처드 로티, 《철학 그리고 자연의 거울》, 박지수 옮김(까치, 1998), 13쪽.

자들의 동기를 되묻기 위해서 기획'되어야 한다고 주장했던 것이다.

이런 점에서 볼 때 맹자의 성선설이란 사실 도덕의 토대를 마련하기 위한 기획의 일환이고, 이 기획의 근본 성격은 서양 근세 철학의 인식론적 기획과 동일한 것이다. 즉 윤리학적인 관점에서 보았을 때 맹자 기획의 주된 동기는 모든 도덕의 보편적 토대를 마련해야 한다는 철학적 강박관념이다. 하지만 이러한 동기가 모든 도덕의 보편적 토대를 확정하려는 철학적 열망의 소산이라고 해도 이로 인한 결과가 정당화되는 것은 아니다.

퍼트넘과 로티의 비판은 하나의 핵심 통찰을 공유한다. 다시 말해 퍼트넘의 말을 빌리면 "모든 실재를 기술하는 데 충분할 수 있는 단 한 종류의 언어 놀이가 있을 수 있다는 것은 다만 환상일 뿐이다!"[20] 철학의 모든 분야에서 실재를 다루는 결정적 진술이 존재할 수 없다는 뜻이다. 따라서 존재하는 것은 '다양한 언어 놀이'일 뿐이고, 우리가 이 언어 놀이들의 배후에서 신비스럽고 초감각적인 대상을 찾으려 할 필요도 없다는 것이다.

이러한 방식의 비판은 맹자의 성선설에 대한 선험적이고 초월적인 논증의 가능성을 봉쇄하지만, 그렇다고 맹자 도덕 이론이 쓸모가 없어지는 게 아니라는 사실을 이해하는 것이 중요하다. 오히려 성선이라는 단어가 맹자 도덕 이론의 자연주의적 이해 가능성을 봉쇄하고 있었다고 해야 옳을 것이다. 대부분의 유학자들은 성선에 사로잡혀서 그것을 제외하면 맹자의 도덕 이론이 붕괴하리라고 지레짐작했다. 그래서

---

20 힐러리 퍼트넘, 《존재론 없는 윤리학》, 44쪽.

붙잡을 수 없는 불꽃을 잡으려는 것처럼 선험과 초월 사이에서 이론적 가능성을 탐색하는 노력을 멈추지 않았던 것이다. 하지만 이러한 이론적 가능성을 포기하기가 어려운 것도 아니다. 김영건은 맹자의 도덕 이론을 다루면서 다음과 같이 말했다.

> 도덕의 문제가 실천적 영역에서 성립하는 문제라면, 그 실천이 유지되기 위해서 맹자가 생각한 것처럼 반드시 성선설이 요구되는 것인가? 본성적으로 착한 존재이거나 악한 존재이거나에 상관없이 중요한 사실은 인간이 바로 여기에서 도덕적 행위를 하고 있다는 것이다.[21]

다시 말해 "이것은 바로 인간다움을 내 행동을 통해 만들어나가고 있다는 것을 의미한다. 적어도 이런 의미에서 인간다움이란 거기에 그렇게 주어져 있는 것이 아니다".[22] 사실 김영건의 질문은 맹자에 대한 중요한 통찰을 포함하고 있다. 다시 말해 '도덕 이론을 위해 본성론과 같은 것이 반드시 필요한가'라는 질문이 내재되어 있기 때문이다. 이것은 우리에게 성선을 넘어서 맹자의 도덕 이론을 재검토하라는 철학적 요청으로 들린다. 다음과 같이 말하는 퍼트넘도 훨씬 더 구체적으로 김영건과 같은 이론적 요구를 하는 것처럼 보인다.

내가 듀이의 사상에서 강조하고픈 것은 윤리학이 실천적인 문제들의 해

---

21 김영건, 《동양철학에 관한 분석적 비판》(라티오, 2009), 32쪽.

22 김영건, 《동양철학에 관한 분석적 비판》, 33쪽.

결과 관계가 있다는 생각이다. (……) 여기에서 "실천적인 문제들은" 단순히 "우리가 실제로 마주치는 문제들"을 뜻한다. 이러한 문제들은 추상적이거나 이상화되어 있거나, 이론적인 문제들과는 반대로 구체적인 상황에서 비롯한 문제들이다. (……) 중요한 점은, 실천적인 문제들이 철학자들의 이상화된 사고실험들과는 달리 전형적으로 "흐트러진messy" 것이라는 점이다. 그러한 문제들에 대한 명쾌한 해결책은 없다. 그렇지만 주어진 실천적 문제에 접근하는 더 좋은 방식들과 더 나쁜 방식들이 있다.[23]

도덕 감정의 자기 모순

이제 이상과 같은 비판을 염두에 두고 현대적 주장 가운데 하나인 '선천적인 도덕 감정'으로 맹자의 도덕 이론을 해석하는 견해의 약점을 살펴보기로 하자. 왜냐하면 이 견해는 과거에는 물론이고 현대에도 성선에 대한 해석 가운데 가장 유력해 보이고, 꽤나 많은 학자들이 옹호하고 있기 때문이다.

선천적인 도덕 감정의 존재를 가정하는 이론가들은 기본적으로 '감정'을 도덕의 근거로 간주하며 이를 직관할 수 있다고 주장한다는 점에서 주관주의적인 경향을 띠지만, 동시에 이 감정이 모든 사람에게 보편적이라고 주장한다는 점에서는 객관주의적 성향을 보인다.[24]

---

23 힐러리 퍼트남, 《존재론 없는 윤리학》, 54쪽.
24 황필호, 〈맹자의 성선설과 서양철학〉, 《철학》 52집(한국철학회, 1997), 62쪽. "맹자는 인간의 감성, 심리, 심성에 기초한 윤리를 제창한다는 점에서 주관주의자라고 할 수 있다. (……) 그는 인

이렇게 주장하는 사람들의 논지는 부분적으로 정의주의라고 불리는 철학적 입장과 중복된다. 사단이 예외적인 도덕 감정이라고 인정하는 것은 주관적이고 직관적인 도덕 근거를 인정할 뿐 아니라 다음과 같은 철학적 전제를 받아들인다는 뜻이다.

우리가 특별히 마주치게 되는 하나의 철학 이론은 정의주의情意主義이다. 정의주의는 모든 가치평가적 판단 또는 정확하게 말하면 모든 도덕적 판단은 선호의 표현들, 태도 및 감정의 표현들과—이들이 본질상 도덕적 또는 가치평가적인 한에서—다를 바 없다는 학설이다.[25]

정의주의자와 선천적 도덕감정론자는 '모든 도덕적 판단은 감정의 표현들과 다를 바 없다'는 철학적 전제를 공유한다. 하지만 매킨타이어에 의하면 이러한 주장은 자승자박적인 결과를 야기한다. 매킨타이어는 정의주의를 비판하는 세 가지 논변을 제시하는데, 이 가운데 제일 먼저 제시하는 논변을 검토함으로써 이 주장의 이론적 약점을 드러낼수 있다.

만약 이 이론이 특정한 유형의 명제의 의미를, 어떤 명제가 발언되면 그것을 감정 및 태도를 표현하는 기능과 연관시킴으로써 해명해야 한다면, 문제 되고 있는 감정 및 태도를 확인하고 성격 짓는 것이 이 이론의 본질적

간의 감성을 다시 본성에서 나온 것이라고 주장한다는 점에서 객관주의자라고 할 수 있다. 구태여 이름을 짓는다면, 그는 주관적 객관주의자라고 할 것이다."

25 알래스데어 매킨타이어, 《덕의 상실》, 이진우 옮김(문예출판사, 1997), 32쪽.

부분을 이룬다는 사실이다. 정의주의 이론의 대변인들은 이 문제에 관해 대체로 침묵하고 있는데 그것이 아마 현명할지도 모른다. 왜냐하면 관련된 감정 및 태도들을 규정하려는 모든 시도들은 공허한 순환논리를 벗어날 수 없기 때문이다.[26]

매킨타이어에 따르면 예외적인 도덕 감정이 도덕의 본질이고, 도덕적 주장이 오직 여기에 근거를 둔다면, 정의주의는 본질적으로 이 감정을 확인하고 성격을 확정하는 무언가를 전제해야만 한다. 다시 말해, '성의 가치론적 성격은 무엇인가'라고 묻는다면, '그것은 선'이라고 맹자주의자는 대답한다. 그런데 '무엇이 성의 가치론적 성격을 선이라고 규정하는가'라고 묻는다면 어떻게 되는가? 그것을 결정하는 것은 다시 도덕 감정인가? 감정이란 자기 자신의 도덕적 성격을 판단하는 것인가? 이것은 이미 니체가 《즐거운 학문》에서 예언적으로 물은 적이 있다.

"너는 왜 이것을, 바로 이것을 옳다고 여기는가?— " 나의 양심이 내게 그렇게 말하기 때문이지. 양심은 결코 비도덕적으로 말하지 않으니까? 양심이야말로 무엇이 도덕적인가를 규정하는 첫 번째의 것이지! "— 하지만 그렇다면 왜 너는 네 양심의 소리에 귀를 기울이는가? 그러한 판단이 참이며 거짓이 아니라고 여기는 것은 얼마만큼 정당한가? 이러한 믿음에 대해서는 — 더이상 양심의 역할이 존재하지 않는가?"[27]

---

26 알래스데어 매킨타이어, 《덕의 상실》, 33쪽.
27 프리드리히 니체, 《즐거운 학문》, 안성찬·홍사현 옮김(책세상, 2009), 304쪽.

니체와 매킨타이어의 비판은 동일한 것을 가리킨다. 양심의 명령이나 도덕 감정이 도덕적 판단의 최종 근거라면, 이 판단은 누가 하는가? 이런 판단이 양심과 도덕 감정과 달리 이성적인 것이라면 정의주의가 아니라 이성주의라고 불러야 한다. 다시 말해 도덕의 근거는 도덕 감정이 아니라 이를 도덕 감정이라고 판단하는 이성적인 것에 의존할 수밖에 없다. 이것은 도덕감정론자들이 이성주의자가 될 수밖에 없다는 뜻이고, 이제 감정이 도덕의 근거라는 도덕감정론 자체가 의문시된다. 게다가 도덕 감정만이 아니라, 도덕 이성이 정당화되어야 한다는 이론적 요구가 추가로 발생한다.[28]

따라서 맹자 학파 입장에서 도덕적 판단이 도덕 감정을 승인한다는 주장은 이렇게 정리된다. "왜 인간은 선한가?" "도덕 감정 때문에" "도덕 감정을 승인하는 것은 무엇인가?" "도덕적 판단이다." 이 공허한 순환논법은 도덕 감정을 도덕의 근거로 제시하는 모든 철학의 본질적인 약점이다. 이 때문에 정의주의자는 순환논법의 위험성을 사전에 알아차리고 차라리 침묵하는 것이다. 왜냐하면 정의주의란 다음과 같은 신조를 유지하기 때문이다.

정의주의는 그 이론의 핵심에 있어, 객관적이고 비인격적인 도덕적 규범들이 존재한다는 모든 주장에 대한 어떤 타당한 합리적 정당화도 있지 않

---

28 이상선이 "도덕 정감에서 도덕 이성이 가능하다"라고 주장할 때, 바로 이런 노선에 기반을 둔 사고를 전개한 것이라고 할 수 있다. 그러나 이상선은 존재론적 측면에서는 도덕 정감에 기반한 도덕 이성을 주장하지만, 규범적인 측면에서는 도덕적인 이성이 도덕적인 정감을 규정한다는 자가당착적인 성격에 대해 전혀 해명을 시도하지 않는다. 이상선, 〈맹자의 정감을 통한 성과 심령 경계〉, 《동서철학연구》 47호(한국동서철학회, 2008), 61쪽 참조.

으며 또 있을 수 없으며, 따라서 그러한 규범은 존재하지 않는다고 단언하기 때문이다. (……) 그러므로 정의주의는 소위 말하는 합리적 정당화가 있을지도 모르지만 실제로는 진정한 합리적 정당화는 결코 있을 수 없으며, 또 그것은 어떤 합리적 정당화도 존재하지 않기 때문이라고 주장한다. 따라서 정의주의는 객관적 도덕성을 합리적으로 정당화하고자 하는, 과거 또는 현재의, 모든 시도가 실제로 실패하였다는 주장을 근거로 한다.[29]

물론 이런 점에서 맹자는 정의주의자와 다르다. 왜냐하면 이 예외적이고 비합리적인 도덕 감정이 모든 인간의 본질이라고 주장하기 때문이다. 사단을 이야기할 때 '시비지심'과 '측은지심'을 함께 거론해야 하는 이유가 있다. 즉 맹자의 정의주의는 감정, 감정에 대한 도덕적 판단, 판단의 객관성을 함께 주장한다. 진정한 정의주의자는 그런 것은 완전히 주관적이고 직관적이기 때문에, 자기 자신 말고는 누구도 접근할 수 없다고 본다. 문자 그대로 사적 체험이다. 그러나 맹자는 시비지심을 통해 너무도 쉽게 그것을 넘어선다. 이것은 매킨타이어의 논지에 따르면 순환논법을 내재화한 것일 뿐이다. 이 때문에 맹자는 그가 어떻게 다른 사람의 도덕적 직관을 확인할 수 있는지, 혹은 그러한 직관의 보편성을 내세워 무엇을 무시해버리는지는 결코 논증하지 않는다.[30]

종합하자면, 비트겐슈타인은 맹자를 비롯한 과거의 모든 철학자

---

[29] 알래스데어 매킨타이어, 《덕의 상실》, 42~43쪽.

[30] 김형효는 유사한 인식을 이렇게 표현했다. "맹자는 하늘의 모든 것을 도덕적 선의지로 단순하게 환원시키지는 않았다. (……) 운명은 대단히 불합리하고 몰도덕적인 성질을 지니고 있기도 하다. 그러나 이 운명적인 것에 대한 맹자의 생각을 더 이상 알 길이 없다. 그는 그 이상의 생각을 개진시키지 않고 침묵을 지켰다." 김형효, 《물학, 심학, 실학》(청계출판사, 2003), 17~18쪽.

들의 주장에서 불충분함을 자각하라고 권고하는 동시에 과거의 생각과 주장들을 숭고화하지 말라고 제안한다. 현대의 퍼트넘은 도덕을 위해 경험적으로 주어진 것 말고 별도의 존재론적 특성을 가정하지 말라고 충고한다. 매킨타이어는 특별한 내적 직관이나 감정, 정서와 같은 비합리적인 것에 도덕의 근거를 두면 결국 궁지에 몰릴 거라고 비판하고 있다. 한편, 로티는 철학 일반의 토대를 건설하려는 노력을 중단할 것을 제안한다. 윤리적 측면에서 볼 때 로티의 말은 윤리학의 토대를 건설하려는 무의미한 노력을 단념하는 대신 도대체 왜 윤리학의 토대를 그렇게 원하는지 반성적으로 사유하라는 충고일 것이다. 이런 윤리적 성찰에 덧붙여 이제 다음과 같은 고백을 살펴보자.

나는 철학적이든 신학적이든 우리가 상상할 수 있는 모든 논변들을 알고 있었다. 나는 내가 감당할 수 있는 모든 도덕 교육을 받았다. 나는 풍부한 도덕적 이상들을 갖고 있었다. 나는 내가 사용할 수 있는 모든 도덕 원리들에 관해 알고 있었다. 그런데도 나는 무엇이 '옳은지'를 결정할 수 없었다. (……) 내 문제는 내가 너무나 많은 이상이나 좋음, 믿음, 법칙, 논변, 동기들을 갖고 있다는 것이었으며, 그것들 중 어떤 것은 전적으로 양립 불가능한 것이었다. (……) 우리는 '좋음의 다양성'에 직면하며, 그것들을 서열화할 수 있는 어떤 궁극적 원리도 없다. 우리 자신을 속이지 않는 한 우리는 어떤 확정적인 '옳은 행위'도 존재하지 않는다는 것을 알고 있다. 유일하게 옳은 답은 없으며, 어떻게 행위할 것인지를 결정하는 단순한 방법도 없다.[31]

---

31 마크 존슨, 《도덕적 상상력》, 373~374쪽.

존슨의 고백에 동의하는 것은 결국 '어떤 도덕적 관점에 대한 완결된 정당화는 있을 수 없다. 우리는 시간을 벗어나지도 모든 특정한 맥락을 넘어서지도 않으며, 또 그럴 수도 없기 때문'이라는 주장을 받아들이는 것이다.[32] 맹자의 성선과 같은 주장을 어떻게든 윤색해서 윤리학의 토대로 규정하려는 모든 노력은 이러한 고백 앞에서 빛을 잃는다. 우리가 자신을 속이지 않는다면 우리의 본성이 세상에서 마주칠 모든 도덕적 사태에 대한 선천적인 앎이나 능력을 지니고 있다고 누가 자신할 수 있겠는가? 설령 이런 사람이 있다고 하더라도 다음과 같은 윤리적 독단을 피할 수 없을 것이다.

> 도덕적 숙고에서 우리가 경험할 수 있는 최악의 사태는 누군가 자신만이 진리에 대한 독점권을 갖고 있다고 믿는 경우이다. 과학의 역사와 철학은 과학적 진보에 있어서 유일한 방법이나 궁극적 진리라는 그릇된 이념을 소멸시켰다. 그렇지만 도덕 이론에서 이 망령들은 여전히 살아 있다.[33]

이상의 논의들은 감정이든 이성이든 인간의 존재론적 특질 어딘가에 윤리학의 토대를 마련해야만 하고, 그것이 보편타당한 윤리학의 출발점이라고 믿는 것은 고루한 철학적 독단이라는 점을 가르쳐준다. 이러한 비판을 수용하면 맹자의 도덕 이론에서 성선설은 불충분한 칠학적 주장으로 간주해 제외해야만 한다. 그러므로 정작 중요한 질문은 이

---

32 마크 존슨, 《도덕적 상상력》, 462쪽.

33 마크 존슨, 《도덕적 상상력》, 452쪽.

것이다. 성선설을 제외하고 나면 맹자의 도덕 이론이란 과연 무엇인가?

도덕 감정은 혼성적이다

선험적이거나 초월적인 성 개념 너머로 맹자의 도덕 이론을 밀고 나아갈 때 우리가 출발점으로 삼아야 할 기본 입장은 어떤 것일까? 무엇보다 도덕성의 개념을 인간과 상관없이 실재하는 것으로 간주하는 가치실재론의 입장에서 벗어나 다음과 같이 말해야 할 것이다.

> 전통적인 종교, 정치 체계로부터 생겨나는 윤리적이고 도덕적인 체계들은 때때로 옳고 그름에 대한 견해를 공유한다. 그들이 그러는 이유는 인간의 마음이 인생의 도전에 대해 핵심적인 반응을 하고, 그 반응에 도덕성을 부여하기 때문일 것이다.[34]

도덕성이란 선험적이거나 초월적인 근거를 갖는 대신에, 삶이 우리에게 던져주는 질문과 도전들 속에서 나타나는 인간의 반응에 대해 우리 자신이 부여하는 것이라는 생각을 받아들이자. 이렇게 시각을 바꿀 때 우리는 초월과 선험, 이성과 감성 어딘가에 도덕성의 기원을 마련하려는 시도를 포기하게 된다. 왜냐하면 도덕적이라는 말은 삶의 특정한 양상에 대해 선과 악과 같은 가치평가가 담긴 술어를 사용한다는

---

34 마이클 S. 가자니가, 《윤리적 뇌》, 김효은 옮김(바다출판사, 2009), 195쪽.

것을 의미하기 때문이다.

그러나 이런 술어를 사용하려면 먼저 도덕적인 맥락을 정립하는 것이 필수이다. 단순한 예를 들어서, 우리는 손을 씻으면서 오른손을 먼저 씻을지 왼손을 먼저 씻을지를 두고 도덕적으로 고민하지 않는다. 행위 자체를 도덕적 용어를 써서 구별해야 할 필요성을 못 느끼기 때문이다. 하지만 어떤 행위들은 그렇지 않다. 길거리에 떨어진 지갑을 주워야 할지, 줍고 나서 어떻게 처리할지를 두고는 도덕적 고민을 한다. 무엇이 선한가 악한가라는 질문을 하기 이전에 어떤 상황을 도덕적 맥락에서 이해할 것인가 말 것인가를 판단하여 양자를 구별하게 된다.

이것은 도덕적 맥락의 구성이 도덕적 판단에 선행한다는 사실을 가르쳐준다. 어떤 상황에 도덕이란 차원의 그물을 사용하기로 작정하면 거기에 들어오는 모든 것이 도덕적 의미를 갖게 된다. 물론 감정도 예외일 수 없다. 그러므로 도덕과 생래적으로 결부된 감정, 즉 도덕 감정은 존재하지 않는다.

이제 이 주장을 채택하면 맹자의 도덕 이론을 어떻게 해석하게 되는지 검토해보자. 다음 인용문은 유명한 〈공손추〉 상 6장의 진술이다. 사실 신정근의 지적처럼 여기에서 맹자는 직접 '성선'이라고 언급한 적이 결코 없음에도 불구하고 이 대목은 성선설의 핵심으로 늘 지목되었다.[35]

사람들이 모두 사람을 차마 해치지 못하는 마음을 가지고 있다고 말하는

---

35 신정근, 〈맹자와 순자 사상의 결정적 차이〉, 《동양철학》 67집, 122쪽 참조.

까닭은, 지금 사람들이 갑자기 어린아이가 장차 우물로 들어가려는 것을 보고는 모두 깜짝 놀라고 측은惻隱해하는 마음을 가지기 때문이다.[36]

이 구절을 성선이라는 용어를 사용하지 않고, 따라서 어떤 선험적이고 초월적인 가정을 하지 않고 어떻게 재해석할 수 있을까? 김영건은 맹자의 주장을 좇아가거나, 철저하게 거부하는 두 가지 가능성밖에는 상상하지 못했지만,[37] 이제 우리는 제3의 길을 통해 맹자를 해석할 수 있다. 사람들이 어린아이가 우물에 빠지려는 것을 보고 측은지심을 느낀다는 것에 어떤 선험적 정당화가 필요해 보이지 않는다. 우리는 그와 유사한 수많은 경험을 통해 바로 이해할 수 있다. 그런데 이것이 어째서 도덕적인가? 우리가 여기에서 멈춘다면 이 질문에 대답할 수 없다. 이 질문의 의미를 분명하게 이해하기 위해서 원래 문장을 약간 고친 다음 글을 살펴보자.

사람들이 모두 사람을 차마 해치지 못하는 마음을 가지고 있다고 말하는 까닭은, 지금 사람들이 갑자기 어린아이가 장차 우물로 들어가려는 것을 보고는 모두 깜짝 놀라고 측은惻隱해하는 마음을 가지기 때문이다. 그런데 그 사람은 어린아이의 부모父母와 교분을 맺기 위해서이고, 향당鄕黨과 붕우朋友들에게 명예를 구하기 위해서이며, (잔인하다는) 명성名聲을 싫어해서 그런 것일 수 있다.

---

36 〈공손추〉상 6장, 《맹자》.
37 김영건, 《동양철학에 관한 분석적 비판》, 25쪽 참조.

여기 이 사람은 반도덕 감정을 갖고 있는 것인가? 그의 감정이 '반도덕'적이라는 판단은 무엇에 의해서 정당화되는가? 어린아이의 부모와 교분을 맺고 싶어서 그런 감정을 느꼈다는 전제 때문에 반도덕적이다. 반대로 그런 사사로운 동기가 없었다면 그가 느낀 감정은 도덕적이다. 하지만 이렇게 이기적인 동기의 부재가 감정의 도덕성을 뒷받침하는 것이라면 감정은 언제나 이를 증명해야만 도덕적이라는 명예를 얻을 수 있다. 그렇다면 그가 느낀 감정에 이기적 동기가 부재하다는 판단과 증명은 누가, 어떻게 하는가?

이것은 결국 매킨타이어의 정의주의에 대한 비판으로 회귀한다. 도덕적이라는 자가당착적인 도덕적 판단을 전제하지 않으면 감정은 도덕적이라고 주장할 수 없다. 이런 점에서 맹자가 사사로운 동기가 없다는 조건절을 덧붙일 수밖에 없었던 것은 이해가 간다. 이 조건절들은 감정의 동기와 이유, 전제들에서 이기적인 성격을 털어내는 역할을 하고 있다. 결국 맹자가 옳으려면 비이기적인 자연 감정이 존재해야만 한다.

그러므로 감정은 이기성과 비이기성에 대한 판단을 거치고서야 도덕이라는 용어와 결합할 수 있다. 이 판단은 감정적인 것이 아니고, 더구나 자연적인 것도 아니다. 교분, 명예, 명성이 자연 속에 존재한다고 주장할 어리석은 철학자는 어디에도 없을 것이기 때문에, 이들에 대한 반성적 사려는 명백히 사회적이고, 인간적이다. 맹자가 말하는 측은지심은 사회적인 요소를 포함하는 사려의 필터를 거쳐 비이기적이라는 것이 보장될 때에만 선하다고 언급될 수 있는 것이다.

결국 맹자의 도덕 감정이 자연적이라는 주장은 두 가지 서로 다른 영역의 개념 혼성conceptual blending을 통해 발생했음을 알 수 있다. 한

쪽의 개념 영역에는 사태의 인지와 그로 인한 감정의 발생을 포함하는
내용들로 채워져 있다. 다른 한쪽의 개념 영역에는 각종 사회적 개념들
에 의해 동기화되거나 동기화되지 않는 감정의 발생에 대한 도덕적 판
단 내용들이 포함되어 있다. 이제 전자의 감정 목록에서 어떤 슬픔이
채택되고, 후자의 판단 내용에서 교제나 명예와 같은 것을 목표로 하지
않는 비이기적인 감정에 대한 도덕적 평가의 내용이 채택된다. 그리고
이 양자가 합쳐질 때 도덕적 슬픔이 나타나고, '사회적 개념들에 의해
동기화되지 않은 어떤 슬픔은 선하다'는 주장이 제시된다. 이러한 혼성
에 바탕을 두고 이해되는 도덕 감정은 더 이상 자연적일 수 없다.

맹자, 감정과 도덕 서사를 연결하다

〈공손추〉 상 6장에서 언급하는 도덕적 슬픔이 가능하기 위해서는
무엇이 필요한 것일까? 무엇보다 우리 삶의 어떤 양상들을 도덕적 맥락
으로 포섭하는 능력이 있어야만 한다. 여기에 대해 존슨은 '도덕적 상상
력'이라는 개념을 제시했다. 그는 "많은 사람들은 오늘날 우리의 도덕
적 혼동을 벗어나는 길이 우리 삶을 지배해야 하는 궁극적인 도덕 원리
와 법칙들을 명료화하고, 그것들을 일상적으로 마주치는 구체적 상황
에 합리적으로 적용하는 방법을 배우는 것이라고 생각"하는 일반의 상
식에 반대하면서 이렇게 주장했다.[38]

---

38 마크 존슨, 《도덕적 상상력》, 18쪽.

도덕에 관해 널리 수용되는 이러한 생각에는 결정적인 것이 빠져 있다. 그것은 도덕적 추론에서 상상력의 기본적 역할에 대한 인식이다. (……) 우리의 도덕적 이해는 대부분 영상, 영상 도식, 은유, 서사 등과 같은 상상력의 다양한 구조들에 의존하고 있다. 따라서 도덕적 추론은 기본적으로 하나의 상상적 활동이다.[39]

도덕적 추론이 상상적 활동이라는 것은 도덕적 맥락의 구성, 즉 도덕적 서사의 성립이 인간에 의해 창조되는 것이며, 이 창조의 근원에 일종의 도덕적 상상력이 놓여 있다는 것을 의미한다. 그러나 '도덕적 상상력'이라고 불리는 이 개념을 또다시 선험적인 도덕적 능력의 현대적 변형으로 이해하려는 사람이 있다면 다음과 같은 진술을 고려해보아야 한다.

도덕적 이해가 문제가 될 때, 우리는 '도덕적'이라고 불리는 영역이 특수할 뿐, '일반적 인지 능력'은 누구나 동일하다는 것을 기억할 필요가 있다. (……) 도덕적 상상력이란 개념은 도덕적 영역만을 위한 특별한 상상 능력을 의미하는 것이 아니다. 이런 의미에서의 상상적 능력이란 실제로는 존재하지 않는다. 존재하는 것은 상상적 사고 능력 일반이며, 우리는 이러한 상상적 사고 능력을 도덕 영역에서 사용할 뿐이다. (본문 41~42쪽)

이러한 도덕적 상상력의 발휘에 가장 큰 영향을 끼치는 두 가지 중

---

39 마크 존슨, 《도덕적 상상력》, 19쪽.

요한 개념이 바로 감정이입과 서사적 존재로서의 인간의 특징이다. 그리고 이러한 인간의 특징은 철저하게 자연주의적이라는 점에서 과거의 선험과 초월에 의존하려는 이론과는 해석의 궤를 달리한다. 예를 들어 장수는 맹자의 도덕 이론에 대한 체험주의적 해석에서 이 두 가지 개념의 의의를 존슨의 주장을 원용하면서 이렇게 설명했다.

> 체험주의에 따르면 인간은 상상적인 서사적narrative 존재이며, 따라서 도덕적 경험의 근거는 바로 인간의 신체화된 상상력의 구조이다. (……) 나아가 특정한 상황에서 무엇이 도덕적으로 관련되는지를 식별하고, 또한 다른 사람들이 사물을 어떻게 경험하는지에 관해 감정이입적empathetic으로 이해하며, 특정한 경우에 우리 인간에게 열려 있는 창조적 행위 가능성의 전 영역을 조망하는 것이다. 따라서 이러한 상상력의 구조는 우리 인간의 도덕적 경험을 이해하는 능력과 도덕적 경험의 의미를 찾는 능력에 불가결한 것이다.[40]

다시 말해 감정이입 능력 자체가 도덕적인 것은 아니지만, 도덕의 중요한 계기로 삼을 수 있다. 이렇게 할 때, 우리는 감정이입에 기반한 도덕적 판단과 사색, 활동이라는 영역을 창출하게 된다. 이것은 우리의 도덕적 서사를 형성한다. 그리고 이 도덕적 서사를 바탕에 깔고 행위나 본성의 선악에 관해 언급하게 된다. 더욱 중요한 점은 바로 이러한 과정을 설명하는 존슨의 진술에 우리에게 아주 익숙한 무언가가 포함되

---

40 장수, 〈맹자 도덕 이론의 체험주의적 해석〉, 《범한철학》 57집(범한철학회, 2010), 101쪽.

어 있다는 점이다.

> 이 '타인의 입장을 취해보는 것'은 상상적 경험의 작용이며, 동시에 누스바움과 엘드리지의 서사적인 도덕적 탐색을 해명하면서 묘사했던 종류의 행위에 대한 극적인 연습이라고 할 수 있다. 그것은 아마도 우리가 할 수 있는 가장 중요한 상상적 탐색일 것이다.[41]

　유학자라면 이 구절에서 누구나 공자의 서恕를 떠올릴 것이다. 실제로 이러한 유사성을 근거로 나는 이미 앞에서 공자의 서를 감정이입에 근거한 도덕적 상상력의 발휘라는 관점에서 다음과 같이 해석할 수 있었다.

> 도덕적 상상력이라는 측면에서 서는 두 가지 점에서 도덕적이다. 하나는 고려되고 있는 특정한 내용, 예를 들어 내가 목격한 타인의 고통을 나의 고통으로 경험하고, 나의 고통을 줄이려는 노력을 상대의 고통스런 상황에 적용하려는 노력 자체에 타인에 대한 배려가 포함되어 있다는 것이다. 둘째는 이와 밀접하게 연관되어 일종의 등가성의 원리에 따라 상대방의 원함의 정도를 나의 원함의 정도와 동등하게 고려하는 형식적인 면에서의 균형이 작동하고 있다는 것이다. (본문 56쪽)

　이런 점에서 볼 때 도덕적 상상력과 감정이입에 근거한 도덕적 서

---

41 마크 존슨, 《도덕적 상상력》, 398쪽.

사의 창조라는 관점에서 해석된 맹자의 도덕 이론은 공자의 서와 밀접하게 연관돼 있음이 분명하다. 그렇다면 맹자 도덕 이론은 서와 도대체 어떤 연관이 있는가? 이 질문에 대한 단서는 1장에서 서를 '잔인함에 맞서는 유가적인 삶의 양식'이라고 정의한 대목에서 드러난다. 이러한 해석에 따르면 서는 일반적으로 감정이입과 상상적 추론을 매개로 행위하라는 권고로 구성되어 있다. 그러나 노양진이 제시하는 '나쁜 것의 윤리학'이라는 개념과, 유가 전통 속에서 반복적으로 발견되는 잔인함에 대한 거부라는 관점을 연관 지을 때, 서는 타인에게 의도적으로 가하는 고통의 원인인 잔인함을 거부하는 삶의 양식으로 이해할 수 있다. 이에 따르면 공자의 서는 구체적으로 잔인함이 세상에 출현하는 것을 거부하기 위해 감정이입과 도덕적 상상력을 발휘하라는 권고로 이해된다. 우리가 타인에게 가해지는 잔인한 행위를 목격하고, 타인의 고통에 감정이입하면 맹자가 말했던 측은지심과 유사한 감정을 느낄 것이다.

그러므로 맹자의 성선설이 말하는 측은지심을 근거로 하는 상상적 추론과 행위 과정 역시 공자가 말하는 잔인함을 거부하는 삶의 양식인 서와 결코 다르지 않다. 맹자의 성선설은 자연주의적 해석에 따른다면 기본적으로 공자의 서와 동일한 메커니즘을 가지는 것이다. 물론 이 둘은 분명 구별되는 아주 중요한 차이가 있다. 공자의 서는 일반적인 도덕적 상상력의 발휘, 혹은 잔인함에 맞서는 도덕적 상상력의 발휘를 강조한다. 이에 비해 맹자는 감정, 그중에서도 도덕적 슬픔을 도덕적 상상력의 발휘를 위한 중요한 계기로 삼자고 주장한다. 이런 점에서 볼 때 맹자의 성선설이란 사실 공자의 서를 실행하는 과정의 핵심 계기로 도덕적 슬픔과 같은 감정을 경유하는 것으로 해석할 수 있다. 이것은 맹자의 성선설이 전통적으로 공자 사상의 계승이자 발전으로 해석된 한 가지 이유라고 할 수 있다. 맹자 이전에는 감정과 도덕적 서사가 이처럼 밀접하게 제시된 적이 없었다. 다시 말해, 맹자에 이르러 유가의 도덕적 서사는 인간의 감정과 뗄 수 없는 이론적 연관을 구축한 것이다.

정리하자면 성선에 대한 실체론적 해석이 주장하는 도덕만을 위한 예외적 감정, 존재와 가치의 동일시, 초월적인 이理의 존재 등은 도입할 필요가 없는 것이다. 단적으로 도덕 감정이란 존재하지 않는다. 존재하는 것은 다양한 맥락에서의 감정의 사용이다. 어떤 감정의 도덕적 사용을 위해서는 감정이입에 바탕을 둔 도덕적 상상력의 발휘가 야기하는 도덕적 맥락의 구성, 즉 도덕적 서사의 창조라는 인지 절차가 필수이다. 도덕은 인간의 복합적인 인지 능력이 결합하여 나타나는 현상이지, 하나의 단일한 원인에서 결과로 이행하는 단순한 인과관계에 의존하지 않는 것이다. 따라서 맹자의 성선, 보다 일반적으로 도덕 감정의 예외성과 특수성에 대한 실체론적 해석은 현대의 철학적 반성에 의하면 제거해야 할 불필요한 이론적 혹이다. 중요한 것은 현대의 윤리학적 탐구에서 성선이란 낱말을 제외한다고 해서 맹자의 이론이 불필요한 것으로 격하되지 않는다는 사실이다. 오히려 우리는 이로부터 성선이란 낱말에 구애받지 않고서도 맹자의 도덕 이론을 해석할 수 있는 자연주의적 탐구의 실마리를 얻게 된다.

이렇게 해석한 맹자의 도덕 이론은 도덕적 상상력의 바탕에 놓인 기본 능력이 감정이입이라는 점에서 공자의 서와 기본 전제가 동일하다. 맹자는 감정이입의 대상을 타인에게 임박한 상실과 고통의 경험으로 간주함으로써, 이러한 상황에 대한 상상적 재서술이 불러일으키는 슬픔을 도덕적 계기로 삼으라는 메시지를 전달하고 있다. 다시 말해 맹자의 측은지심은 서의 매우 특수한 한 가지 사례다. 이 슬픔이 느슨하기는 하지만 일반적인 도덕의 계기로 작용할 수 있다는 사실은 인간 일반의 감정이입 능력이 전적으로 신뢰할 수 있는 것은 아닐지라도 도덕적 서사의 창조에는 충분한 자연적 토대라는 점을 증명한다.

결과적으로 맹자의 성선설을 서의 변형된 형태로 해석할 수 있다면 그것에 어울리는 이름은 무엇일까? 아마도 비트겐슈타인이라면 슬픔의 도덕적 사용이라는 의미에서 '도덕적 슬픔'이라고 불렀을 것이다. 반면에 서의 관점에서 보자면 그것은 슬픔을 경유하는 서, 다시 말해 '슬픔의 서'라고 할 수 있다.

제3장

순자, 날카로운 서의 차가움

나는 도덕적 상상력을 바탕으로 한 서를 제안하는 데서 출발해 일차적으로 '잔인함에 맞서는 삶의 전략'으로 공자의 서를 명명했다. 그다음 '슬픔의 서'로 명명한 맹자의 서가 공자의 서에 두 가지 기여를 했다는 점을 지적했다. 선진 시대 서의 담론은 이것으로 충분할까? 우리는 맹자의 뒤를 이어 유학사에 나타났던 걸출한 유가 철학자가 순자라는 사실을 잘 알고 있다. 당연하게도 그는 여러 측면에서 맹자처럼 생각하지 않았고, 이는 서의 담론에서도 마찬가지였다. 결국 선진 시대 서의 탄생과 더불어 이후 나타난 의미 변화를 확인하기 위해서라도 우리는 순자의 시가 무엇인지를 물어야 하고, 공자와 맹자와 관련해 어떤 연속성과 단절을 보이는지 확인해야 한다. 나는 이 장에서 순자의 서를 슬픔의 서에 대해 비판철학적 관점에서 최초로 제안된 또 다른 유형의 서라고 제안할 것이다. 이 새로운 서는 슬픔과 같은 감정이 아닌 공리성의 계산과 같은 또 다른 인지 능력을 활용하자고 제안하고 있다.

순자의 서?

나는 순자에 대한 두 가지 선행 연구를 종합해서 지금까지 좀처럼 나오지 않았던 한 가지 질문을 제기하고자 한다. 순자의 도덕 이론은 서恕라는 측면에서 어떤 특징이 있는가?[1] 혹은 순자의 도덕 이론은 공자의 서를 어떤 방식으로 계승하고 있는가? 그의 방식은 맹자와 같은가? 다른가? 만약, 다르다면 서의 관점에서 볼 때 맹자와 순자의 규범 이론은 어떤 차이가 있는가?

질문의 한 축은 이미 앞 장들에서 서술한 내용에서 기인한다. 다른 한 축은 카나야 오사무金谷治의 《순자》 텍스트에 대한 문헌학적 비판을 배경으로 제시한, 〈성악〉 편의 위작 가능성이라는 논제에 직간접 영향을 받은 최근 연구들에서 비롯된다. 전자는 '도덕적 상상력'에 바탕을 둔 공자의 서를 '잔인함에 맞서는 유가적인 삶의 양식'으로 파악한다. 나아가 맹자의 규범 이론, 특히 성선설에 대해 '공자의 서를 계승하면서 그것의 핵심 기제로서 감정 일반, 특히 도덕적 슬픔과 같은 감정이 필수적으로 개입되어야 한다고 주장하여 이론적 전환을 이루고 있다'고

---

[1] 공자와 서恕의 밀접한 상호 연관 때문에 공자, 혹은 맹자를 중심으로 하는 서에 관한 철학적 탐구는 있지만, 동일한 주제를 순자와 연관시키는 탐구는 발견하기 어렵다. 예를 들어 전병욱, 〈인과 서: 욕망의 호혜적 공감 능력: 맹자의 욕망관을 중심으로〉, 《철학연구》 40집(고려대학교 철학연구소, 2010), 1~34쪽 같은 연구는 있지만, 동일한 논점을 순자에게 적용하려는 연구는 발견할 수 없다. 또한 선진 유가라는 범주에서 서를 논하는 경우에도 황갑연, 〈선진 유가철학에서 '서'의 의미: 공맹과 중용 역전 철학을 중심으로〉, 《공자학》 4집(한국공자학회, 1988), 151~183쪽에서 보는 것과 같이 순자는 제외되는 경우가 대부분이다. 심지어 채인후의 경우에는 순자를 다루는 상당한 분량의 서술에서 아예 서라는 개념을 주제화하려는 발상 자체를 발견할 수 없다. 채인후, 《순자의 철학》, 천병돈 옮김(예문서원, 2000) 참조.

이해한다. 반면에 후자는 순자의 규범 이론의 핵심을 기존 철학사의 상식처럼 굳어 있는 성악설로부터 또 다른 심성론적 개념들, 즉 감정〔情〕, 욕망〔欲〕, 마음〔心〕으로 옮기려 한다는 공통점이 있다.[2]

이러한 두 가지 선행 연구를 종합하면 연관된 세 가지 논제를 도출할 수 있다. 첫째 순자의 규범 이론을 성악이란 전제를 가정하지 않고 자연주의적 방식으로 재서술할 수 있는가? 둘째 이런 재서술을 서라는 관점에서 파악할 경우 그의 규범 이론은 어떻게 이해할 수 있는가? 셋째 결국 서의 관점에서 본 순자의 규범 이론은 맹자의 규범 이론과 어떤 차이가 있으며 특징은 무엇인가?

이러한 논지를 펴기 위해 먼저 두 방면의 선행 연구를 개괄한 후, 순자의 규범 이론을 재서술하고, 여기에 포함된 서의 구조적 특징과 맹자의 상관관계를 밝힐 것이다. 그리하여 우리는 맹자의 서와 비견되는 순자의 서에 담긴 은유적 특징을 파악하게 될 것이다. 맹자의 서가 슬픔의 은유로서 눈물의 '따뜻함'이 포함된 서의 과정을 권장하는 것이라면, 순자의 서는 감정과 욕망에 대한 인지적 측면의 '날카롭고 차가운'

---

2 감정으로의 논점 이동은 김명석, 〈순자 윤리학 체계에서 정 개념의 의미와 기능〉, 《철학논구》 제26집(서울대학교 철학과, 1998), 71~92쪽; 정재상, 〈자연적 情과 당위적 情—荀子의 性情論에 대한 小考—〉, 《동양철학》 35집(한국동양철학회, 2011), 149~174쪽에서 나타난다. 욕망으로의 초점 이동은 강지연, 〈순자의 인간 본성론에 관한 소고—욕구와 승인, 자아 수양의 문제를 중심으로—〉, 《철학연구》 115집(대한철학회, 2010), 1~21쪽; 황호식, 〈욕망 조절을 위한 순자의 사회규범론〉, 《중국학논총》 29집(고려대학교 중국학연구소, 2010), 281~305쪽에서 발견된다. 이러한 감정 및 욕망과 밀접한 심성론적 범주로서 마음과 도덕성의 밀접한 연관에 대한 탐구는 이장희, 〈순자 성악설의 의미〉, 이승환·이동철 엮음, 《중국철학》(책세상, 2007), 369쪽; 정영수, 〈순자의 후천적 도덕성과 심의 작용〉, 《범한철학》 65집(범한철학회, 2012) 31~58쪽을 보라. 이들은 공통적으로 성악설에 대한 진술을 축소하고 감정, 욕망, 마음이 순자의 규범 이론에서 차지하는 역할들을 확장하려고 시도한다.

반성적 사유를 제안하고 있다.

성악설은 순자의 것인가

서를 존슨이 제시한 도덕적 상상력이라는 현대적 개념으로 재해석할 수 있다고 주장한 서장의 연구는 두 가지 점을 드러내주었다. 첫째, 서의 의미 구조가 사태의 인지, 상상적 추론에 기반한 동일시, 행위라는 구도로 짜여 있음을 드러냄으로써 이것의 핵심에 일종의 도덕적 상상력에 기반한 상상적 추론이 놓여 있다고 주장했다. 둘째, 황금률과 서에 대한 사람들의 신뢰에 근거가 있다고 한다면, 그것은 사실상 일종의 '균형 도식'에 근거한 등가성의 원칙이 내재해 있기 때문이다. 즉 서와 황금률은 나와 남이 원하는 것이 같다거나, 내가 원하지 않는 것을 남도 원하지 않을 것이라는 동일시 외에도, '내가 원하는 것을 타인도 나만큼 원할 것'이라는 양적 균형에 대한 요구 역시 포함하고 있다고 주장했다. 이런 두 가지 논점을 결합해서 결국 서는 두 가지 이유에서, 즉 고려되고 있는 특정한 내용 및 이와 밀접하게 연관되어 있는 등가성의 원리 때문에 도덕적일 수 있다고 제안했다.

공자의 서를 이렇게 도덕적 상상력의 유가적 형태로 이해하고 나서 나는 다음 질문을 제기했다. 1장에서 니비슨을 인용해 황금률과 달리 부정어법으로 표현된 공자의 서에 담긴 윤리적 의미가 무엇인지를 물었던 것이다. 그 결과 자연주의적 관점에서 해석되는 공자의 서를 잔인함에 맞서는 삶의 전략으로 파악한 다음 한 걸음 더 나아갔다. 2장에서 맹자의 서가 공자의 서와 같은지 다른지를 물었던 것이다. 그 결과 공자의 서를 계승한 맹자가 유가 규범 이론에 기여한 내용은 선험적이거나 초월적인 인간 본성이 아닌, '슬픔의 서'라고 이름 붙일 수 있는 도덕적 삶의 양식을 발명한 것이라고 주장했다.

유가 규범 이론을 심성의 선험적 특성이나 세계의 존재론적 성질의 문제로 환원하지 않고 오늘날 수용할 수 있는 방식으로 재서술할 수 있는가? 이것은 순자에게서 서의 의미와 내용은 무엇인가라는 질문으로 바꿀 수 있다. 이 질문의 필연성과 의미는 철학사적으로 너무나도 자명한 두 가지 사실을 돌이켜보면 분명해진다. 첫째, 순자는 맹자보다 후대의 인물이다. 둘째, 순자는 맹자를 비판하는 입장을 공개적으로 천명한 사상가이다.

> 순자는 맹자보다 후대 학자이므로 자기의 입장을 강화하기 위하여 고의로 맹자를 들고 나와 비판하고 있는 것 같다.[3]

> 《荀子》의 〈非十二子篇〉에는 순자 이전의 대표적인 열두 사람에 관하여 비판하고 있는데, 그는 이들을 여섯 개의 학설로 분류하여 논한다. (……) 그런데 그는 자신이 儒者이면서도 같은 유자를 이들 여섯 속에 포함시켜 비판하고 있다. 그리고 그러한 비판받는 유자 가운데 하나가 바로 맹자이다.[4]

---

3 김병채, 〈순자의 맹자 비판〉, 《동양철학연구》 제15집(동양철학연구회, 1996), 125쪽.
4 김병채, 〈순자의 맹자 비판〉, 106~107쪽.

김병채의 진술은 너무도 당연한 사실을 조명하고 있어서 우리가 가끔 망각하는 순자와 맹자의 관계를 되새기게 된다. 맹자가 비판하는 고자告子가 유학적 전통에 속하는지를 단언할 수 없기에, 순자는 유가 철학의 역사에서 자신이 속한 전통을 공개 비판한 최초의 인물이라 할 수 있다.[5] 이것은 순자의 도덕 이론을 그가 비판하는 도덕 이론의 극복과 지양의 결과물로 해석해야 한다는 것을 의미한다. 다시 말해 순자가 강화하고자 하는 입장은 맹자의 도덕 이론을 비판적으로 극복한 결과물로 해석해야 하는 것이다. 흔히 이런 비판과 극복에 대한 철학사의 가장 단적인 표현은 성선설과 성악설로 널리 알려져 있다. 그런데 이 철학사의 상식에 이의를 제기하는 한 가지 논점이 있다. 순자의 도덕 이론을 과연 성악설이 대표할 수 있는가? 이 논제의 진실성은 아직 철저하게 검증되지 않았지만, 여기에 담긴 철학적 내용은 의미심장하다. 실제로 이 글의 또 다른 축을 이루고 있는 철학적 관점들은 의식적이건, 무의식적이건 바로 이 논제에 영향을 받았다.

〈성악〉 편이 위작이라면

순자의 성악설에 대해서는 많은 학자들이 다양한 입장을 표명했다. 김명석의 개괄에 따르면 성악설에 대한 가장 강한 해석은 고전적인

---

5 〈비십이자〉 편에 나타난 자사와 맹자에 대한 순자의 직접적 비판은 《순자 1》, 이운구 옮김(한길사, 2006), 140쪽 참조.

성리학자들처럼 순자가 성악을 변화 가능성이 없는 본질로 가정하고 이를 시정하기 위해 권위주의적인 예론을 주장했다고 해석하는 것이다. 반면에 이러한 해석에 반대하는 성악설에 대한 세 가지 반론이 존재한다.[6] 이 가운데 오사무의 해석이 주목할 만하다. 다른 유형의 이론들이 도덕 이론과 성악설의 상관관계를 중심으로 성악설에 대한 해석을 문제 삼는 데 반해서 오사무는 〈성악〉 편이 위작이라는 문헌학적 주장에 근거를 둔다. 김명석의 간단한 표현을 빌리자면 "그는 劉向이 편집한 〈荀卿新書〉本에서 〈性惡〉 편이 雜篇 부분에 속해 있었다는 문헌학적 사실을 들어 순자의 '性惡' 주장이 후대의 첨삽일 가능성을 제기"했던 것이다.[7] 논증이 조금 섬세해지기는 하지만 김승혜 역시 오사무와 유사한 관점을 주장하면서 〈성악〉 편이 이미 법가에 경도된 순자의 후학들에 의해 쓰였을 가능성이 높은 것으로 추론한다.[8] 이 논증에는 상당한 설득력이 있지만 오늘날까지 결정적인 문헌학적 증거가 발견되지 않았다는 이론적 약점도 존재한다.

그런데 이 논증의 이론적 중요성은 사실 문헌학적 비평의 이면에 숨겨져 있다. 〈성악〉 편의 위작 논란이 중요한 이유는 과연 성악性惡이란 주장이 순자 사상의 핵심일 수 있는가라는 의문을 포함하고 있기 때

---

6 첫째, 카나야 오사무처럼 성악설 자체를 순자와 상관없는 것으로 간주하는 것이다. 둘째, 당군의나 벤자민 슈왈츠처럼 성악을 순자 사상의 핵심이 아니라고 간주하거나 설령 성악설을 수용한다고 하더라도 그것이 도덕적 진보의 개념과 모순되지 않는다고 주장하는 것이다. 셋째는 본성 자체는 중성적이지만, 결과적으로 사회 혼란의 잠재적 원인이 될 수 있기 때문에 성악이라고 주장했다고 해석하는 방식이다. 김명석, 〈순자 윤리학 체계에서 정 개념의 의미와 기능〉, 《철학논구》 제26집(서울대학교 철학과), 76~78쪽 참조.

7 김명석, 〈순자 윤리학 체계에서 정 개념의 의미와 기능〉, 77쪽.

8 김승혜, 《원시유교》(민음사, 1990), 244~245쪽 참조.

문이다. 이 철학적 회의는 〈성악〉 편을 제외하고느, 《순자》 전체에서 단 한 번도 '성악'이라는 진술이 명시적으로 나타나지 않는다는 단순한 사실에 기초를 두고 있다. 그러므로 〈성악〉 편이 위작인지의 여부는 현재 단정할 수 없지만, 논쟁의 이면에 함축된 성악설에 대한 회의는 이론적으로 검토할 만한 가치가 있다.

이 질문의 가치를 확인하는 간단한 방법이 있다. 즉 순자와 자주 비교되는 맹자에 대해서도 같은 종류의 질문을 해보면 된다. 다시 말해 '순자와 성악설의 관계는 맹자와 성선설의 관계와 같은가'라고 물어보는 것이다. 같다는 대답이 나온다면 성악설과 성선설이 순자와 맹자의 철학에서 차지하는 위상은 동일한 것이 된다. 그들의 규범 이론의 근거이자 핵심이라고 간주할 수 있는 것이다. 하지만 그렇지 않다는 대답이 나온다면, 우리는 이와는 다른 이론적 결론에 도달할 수밖에 없을 것이다. 성선설이 맹자 사상의 핵심인가라는 질문에 대해서는 분명하게 '그렇다'고 대답할 수 있다. 맹자의 도덕 이론은 성선설이 부정되면 근거에서부터 의미를 상실하기 때문이다. 이와 같은 의미에서 성악설은 순자의 도덕 이론에서 핵심이자 기초인가?

오사무와 같은 문헌학적 비평을 받아들인다고 하더라도, 이론적인 측면에서 두 가지 해석 가능성이 남는다. 일단 이 두 입장은 모두 〈성악〉 편을 위작으로 보는 관점에 동의한다. 그러나 다음 단계에서는 진술이 엇갈린다. 첫째 입장은 〈성악〉 편의 위작 여부와 상관없이 여전히 순자 사상에서 성악설이 성립 가능하고, 어느 정도 중요한 계기가 된다고 주장한다. 이어서 살펴볼 이장희의 태도는 바로 이런 입장을 대변한다. 반면에 이와는 다른 둘째 관점이 있다. 즉 〈성악〉 편은 위작이며, 따라서 '성악설'은 순자의 원래 이론 체계에 없던 것이거나, 있더라도 철학적 비중이 극히 낮은, 무시해도 좋은 철학적 비중을 가진 진술로 간주하는 것이다. 이것은 오사무의 비판에서 암시되기는 했지만, 당사자를 포함해서 어느 누구도 시도해보지 않았던 사고실험의 경로를 예시한다. 다시 말해 성악설을 제외할 경우, 순자의 도덕 이론은 도대체 무엇인가?

이 질문을 직접 제기한 이들은 드물지만, 순자에 대한 기존 연구들은 어느 정도 이 논점을 전제하고 있다. 유학사의 상식처럼 굳어 있는 성악설과 순자의 밀접한 연관을 약화시키면서, 순자 규범 이론의 핵심을 감정〔情〕, 욕망〔欲〕, 마음〔心〕과 같은 또 다른 심성론적 개념들로 이동시키는 경향을 보이는 것이다. 이 때문에 이들의 논의를 종합하면 순자에게서 성악이란 용어를 강조해야 할 필요성이 점점 더 사라진다는 것을 알 수 있다. 심지어 이장희처럼 〈성악〉 편의 위작 논쟁에 대해 객관적 거리를 유지하려는 경우에도 앞서 말한 논의의 축이 이동되는 현상은 똑같이 나타난다. 이제 이장희의 입장을 간단하게 검토한 다음 성악개념이 필요 없는 순자 규범 이론의 재서술을 시도해보기로 하자.

재서술이 가능하려면

순자 성악설에 대해 이장희는 정확하게 오사무와 김승혜의 문제의식을 공유하고 있다. 이 때문에 일단 성악설이 순자 사상에서 차지하는 학술적 위상에 대해서 의문을 표한다. 그는 "다른 여러 학자와 같이 성악설을 순자의 핵심 사상으로 보는 것엔 무리가 있다는 점에 동의한 다"고 주장하고[9] 동시에 다음과 같이 말한다.

> 순자 철학에서 성악설이 나름의 기능과 역할을 하고 있는 것으로 해석할 여지가 있는 한, 그리고 새로운 고고학적 발굴을 통해 〈성악〉이 순자의 후 학들에 의해 쓰인 것이라고 확실히 입증되지 않는 한, 성악설을 순자 자신 의 학설로 보지 않을 이유는 없다.[10]

이장희의 이론적 입장은 확실하다. 그는 〈성악〉 편의 위작설이 고 려할 만한 합리적 요소가 있고 순자 성악설에 대한 기존 이해를 재검토 하도록 요청한다는 점에 동의한다. 그럼에도 불구하고 적어도 현재의 학술적 탐구의 성과를 고려해보면 성악설을 순자 도덕 이론 내에서 상 당한 비중이 있는 요소로 간주하는 것이 옳다고 주장한다. 사실상 이장 희의 이러한 주장은 〈성악〉 편의 진위 논쟁이 끝나지 않은 오늘날의 학 술적 상황에서 가능한 한 객관성을 유지하려는 태도로 보인다. 하지만 그의 추정에는 한 가지 철학적 전제가 있다. 그는 〈성악〉 편이 위작이 라고 하더라도 성악설은 순자 사상에서 한 자리를 차지하는 데 문제가 없을 것이라고 가정한다. 다시 말해 〈성악〉 편의 위작 여부와 성악설의 이론적 위상 사이에는 별다른 관계가 없을 것이라고 보는 것이다. 이장 희의 이 추정은 정반대의 가능성이 있을 수 있어서 비판적으로 검토할

---

9 이장희, 〈순자 성악설의 의미〉, 《중국철학》, 369쪽.
10 이장희, 〈순자 성악설의 의미〉, 369쪽.

필요가 있다. 사실 이장희 자신이 바로 그러한 가능성을 인식하고 있기 때문에 그의 탐구는 순자의 도덕 이론에서 성의 비중을 약화시켜서 대안 개념을 부각시키려는 시도로 나아간다.

바로 이것이 그의 선행 연구를 개괄하는 이유이다. 다시 말해 이장희는 성악설을 여전히 받아들임에도 불구하고, 순자의 도덕 이론에서 성악설의 이론적 위상을 축소하고, 이를 대신해서 마음(心)의 역할을 확장해야 한다고 주장하는 것이다. 이것은 그의 논의에서 두 가지 주장으로 나타났다. 첫째, 그는 성악이란 주장이 도덕의 자연성 논변을 비판하기 위해 제시된 것이라고 주장했다.

> 순자가 '인위'의 철학을 내세우는 데 반드시 필요한 정지 작업은 '자연성'을 토대로 철학적 기반을 세우려는 어떠한 시도와도 거리를 분명히 하는 것이다. '성악'이란 명제는 이러한 작업을 가장 효과적으로 수행한 명제라고 할 수 있다. (……) '성악'과 '위선'의 분명한 구분을 통해 어떠한 '자연주의적' 기도도 애초에 봉쇄하고 있는 것이다.[11]

사실, 여기에서 이장희가 사용하고 있는 '자연성'과 '자연주의'란 용어는 오해의 소지가 있다. 실제로 이장희는 '자연성'을 '도덕성을 인간성에 내재한 것으로' 보는 관점에 대한 용어로 사용하기 때문에, 이 경우 자연성은 오히려 '도덕성의 선험적 내재성'을 강조하는 선험철학의 입장을 대변한다고 보아야 한다. 즉 설명이 요구되는 사태를 설명하는 데

---

11 이장희, 〈순자 성악설의 의미〉, 390쪽.

어떤 초월적이거나 선험적인 요소의 도입을 금지하겠다는 철학적 의미에서의 자연주의와 혼동될 우려가 있는 것이다. 이런 점에서 자연성이 사실상 선험성임을 감안한다면 이장희의 서술은 명료한 의미를 갖고 있다. 즉 성은 도덕의 '자연적' 근거일 수 없다는 뜻이다. 도덕이 성에 근거를 두지 못할 때, 도덕을 정당화하는 인간적인 요소는 무엇인가? 그것이 바로 순자의 마음 이론이라고 이장희는 주장한다.

> 우리가 주목해야 할 순자 철학의 핵심적인 개념은 '심心'이다. 다른 어떤 신체기관의 명령도 받지 않는 주재자인 마음 또는 심이 사려 깊은 숙고를 거쳐 행위하는 것을 '위僞'라고 할 때, 순자에게서 인간의 도덕성을 담보하는 것은 자연 발생적이고 본능적인 욕구나 감정이 아니라 마음이 지니는 온전한 이성 능력이다.[12]

결국 순자에 대한 이장희의 탐구에서 두드러지는 특징은 도덕성의 근거가 성에서 마음으로 옮겨 갔다는 것이다. 정영수는 최근 연구에서 이장희의 논점을 추가로 해명하고 있다. 그의 진술 속에서 이장희가 '자연적'이라고 불렀던 것은 '선천적 도덕성'이 되고, '도덕성을 담보하는 온전한 이성 능력'은 '심의 지각 능력과 인식 능력'으로 전환되었을 뿐 기본 관점은 동일하게 되풀이된다.

순자는 인간에게 선천적 도덕성이 존재하지 않으며, 후천적인 교육과 노

---

12 이장희, 〈순자 성악설의 의미〉, 391쪽.

력[僞]에 의해서만 인간은 선한 방향으로 나아갈 수 있음을 주장한다. (……) 순자는 인간의 후천적인 경험의 축적에 의한 도덕성 형성의 과정에 있어서 심의 지각 능력과 인식 능력의 중요성을 강조한다. (……) 결국 순자에게 있어서 인간이 악한 본성으로부터 선한 인간으로 바뀌어가는 데 심의 역할이 중요한 핵심적 기능을 하고 있음을 알 수 있다.[13]

이장희와 정영수의 공통된 논점은, 성론이 아니라 마음 이론이 오히려 순자 도덕 이론의 핵심이라고 주장하는 것이다. 하지만, 마음이 규범적인 삶에 이렇게 근본적인 역할을 한다면, 굳이 성악을 전제해야 할 필요성은 어디에 있는 것인가? 이들의 논점을 강하게 주장할수록, 즉 마음의 중요성을 강조할수록 성악이라는 전제의 중요성은 오히려 줄어든다. 그러므로 여기에서 한 걸음 더 나아갈 수 있을 것이다. 이럴 경우 순자의 도덕 이론에서 성악설은 없어도 된다고 주장할 수도 있다. 이러한 관점은 '성악이란 개념을 사용하지 않고 순자의 도덕 이론을 재서술할 수 있는가'라는 질문의 형태로 제시할 수 있다. 이런 재서술은 순자의 마음 개념에 크게 의존할 텐데, 여기에는 아직 일련의 논의가 빠져 있다. 즉 순자의 규범 이론에서 성에서 마음으로 논점이 옮겨 가는 과정에 감정과 욕망이라는 중간 단계가 포함돼 있기 때문이다. 나아가 성에서 심으로의 논점 이동과, 순자의 감정과 욕망 이론 그리고 서에 대한 이해는 서로 얽혀 있기까지 하다.

---

13 정영수, 〈순자의 후천적 도덕성과 심의 작용〉, 《범한철학》 65집(범한철학회, 2012), 33~34쪽.

감정이 아닌 마음에서

순자의 도덕 이론이 성악설에 의존하지 않고 심론에 의존한다는 주장, 성악을 제외한 순자 규범 이론의 재서술, 나아가 감정과 욕망, 그리고 서의 순자적인 이해는 서로 어떤 연관이 있는가? 이를 해명하기 위해 먼저 서에 대한 맹자의 진술에서 출발해보자. 사실 《맹자》에서 서를 직접 언급한 대목은 단 하나뿐이다.

> 맹자孟子께서 말씀하였다. "만물萬物이 모두 나에게 갖추어져 있으니, 몸에 돌이켜보아 성실하면 즐거움이 이보다 더 클 수 없고, 서恕를 힘써서 행하면 인仁을 구함이 이보다 가까울 수 없다."[14]

맹자의 서에 대한 이 언급은 전통적으로 선험 논변을 대표하는 것으로 해석되어왔다. 도덕성이 나에게 갖추어져 있다고 전제하고 서의 맥락을 이해할 경우, 도출될 최선의 이론적 해석은 주희가 보여주는 것처럼 "내 마음을 미루어 남에게 미치는 것" 이상이 있을 수 없기 때문이다.[15] 모든 도덕의 원칙과 내용이 우리의 내면에 갖추어져 있다면 남는 것은 사실상 이것의 자각과 확장뿐일 것이다.

서에 관한 언급이 드물기로는 순자 역시 마찬가지다. 《순자》 권30 〈법행法行〉에서 단 한 번 서에 관해 언급할 뿐이다.

---

14 〈진심〉 상 4장, 《맹자》.

15 朱熹, 《孟子集注》, 朱子全書 vol. 6, 427쪽 참조.

공자가 말하기를 "군자에게 서恕가 세 가지 있다. 군주가 있는데 능히 섬기지 못하고 신하를 두어 그 부리기를 바라는 것은 서가 아니다. 부모가 있는데 능히 보답하지 못하고 자식을 두어 그 효도를 바라는 것은 서가 아니다. 형이 있는데 능히 공경하지 못하고 아우를 두어 그 이르는 말 듣기를 바라는 것은 서가 아니다."[16]

이 구절은 맹자가 서를 언급하는 구절과 명백한 차이를 보인다. 순자의 서에 대한 언급은 맹자의 진술 방식이 아닌, 《대학》의 전문 10장에서 말하고 있는 내용과 유사하다.

윗사람에게서 싫었던 것으로써 아랫사람을 부리지 말며, 아랫사람에게서 싫었던 것으로써 윗사람을 섬기지 말며, 앞사람에게서 싫었던 것으로써 뒷사람에게 가加하지 말며, 뒷사람에게서 싫었던 것으로써 앞사람에게 따르지 말며, 오른쪽에게서 싫었던 것으로써 왼쪽에게 사귀지 말며, 왼쪽에게서 싫었던 것으로써 오른쪽에게 사귀지 말라.[17]

《대학》에서는 이것을 혈구지도絜矩之道라고 명명하는데, 공자의 서를 구체적으로 설명한 것으로 보아도 아무런 문제가 없다. 실제로 앞에서 인용한 《순자》의 구절은 공자의 말로 인용되고 있을뿐더러, 《공자가어》에서도 똑같은 구절이 반복되고 있다.[18] 여기에서는 "내가 원하지

---

16 《순자 2》, 이운구 옮김(한길사, 2006), 355쪽.
17 《대학》전 10장.
18 〈삼서三恕〉제9, 《공자가어》 참조.

않는 것을 남에게 베풀지 말라"라는 일반적인 진술을 "윗사람에게 받기 싫어하는 대접을 아랫사람에게 하지 말라"는 구체적 진술로 바꾸어놓았을 뿐이다.

문제는 이것이 선험적인 도덕성에 관한 진술이라고 해석할 수도 있지만, 인간의 구체적 행위에 관한 진술일 수도 있다는 점이다. 윗사람과 아랫사람이 싫어하는 것이 무엇인지를 알기 위해 우리가 사람의 본성을 알아야 할 필요가 있는가? 인용된 공자의 진술은 선험적 도덕성을 가정하지 않고 진술되고 있다는 것이 분명하다. 순자가 공자의 말로 여겨지는 구절을 고스란히 반복하는데 이는 공자가 진술한 맥락 속에서 서를 이해하고 있을 확률이 높다는 것을 암시한다. 다시 말해 맹자가 가정하는 '만물이 모두 내게 갖추어져 있다[萬物皆備於我]'와 같은 것이 순자의 진술에는 없는 것이다. 그러나 이 차이를 설명하기란 간단치 않다. 공자는 맹자보다 앞선 시대의 인물이기 때문에 선험적 도덕성을 가정하지 않고 서를 서술했다고 쉽게 말할 수 있지만, 순자는 맹자보다 후대의 인물인데 과연 공자와 똑같이 말할 수 있는가 하는 의문이 들기 때문이다. 맹자를 의식한 순자의 진술이 공자와 같다는 것은 순자가 공자의 입장으로 후퇴했다고 해석될 수도 있는 것이다

그렇다면 순자의 서는 어떻게 이해해야 하는가? 이는 순자의 도덕 이론을 성악설 없이 재서술하는 것과 어떤 연관이 있는가? 이를 해명하기 위해서는 두 가지 전제가 필요하다. 첫째, 〈성악〉 편을 제외하고 순자의 성론을 살펴보아야 한다. 둘째, 도덕 이론의 축이 성론이 아닌 심론으로 옮겨 갔다는 사실과 서의 상관관계를 살펴보아야 한다.

마음의 역할은 왜 이중적인가

순자의 심성론에서 성, 정, 욕이 차지하는 위상은 순자 자신이 간명하게 진술한 바 있다. 그에 의하면 성과 감정은 마음의 계열체에 포함되어 있는 구성 성분이다. 구체적으로 말해 순자가 '성, 정, 려, 위'라고 구별하는 것 가운데 하나다.

> 나면서 그렇게 된 것을 일러 성性이라 하고 (……) 성이 좋아하고 싫어하며 기뻐하고 노여워하며 슬퍼하고 즐거워하는 것을 일러 정情이라 한다. 정이 그렇게 드러나더라도 마음이 이를 가려서 하는 것을 일러 려慮라 말한다. 마음이 사려하여 관능이 의지에 따라 움직이는 것을 일러 위僞라 하고 (…….)[19]

여기에 나타나는 성에 대한 진술은 일관성 있게 계속된다. 예를 들어 "성이라 하는 것은 하늘이 이룬 것이다. 정이라 하는 것은 성의 본질이다. 욕이라 하는 것은 정의 반응이다"라고 할 때도,[20] "성이란 것은 원시적이고 소박한 재질이고 위라 하는 것은 꾸미는 일의 융성한 상태라고 한다"라고 할 때도 같은 입장이 되풀이된다.[21] 이렇게 진술되는 성의 특징은 "외부 사물이나 일을 만나 마음에 좋거나 싫음, 기쁘거나 화남, 슬프거나 즐거운 감정이 일어나는 일을 '性'이라는 개념으로 포괄하고

---

19 〈정명〉, 《순자》 2, 191쪽.
20 〈정명〉, 《순자》 2, 205쪽.
21 〈예론〉, 《순자》 2, 135쪽.

있으며, 이는 인간이 태어나면서부터 갖고 있는 능력이나 경향성"이란 의미에서 벗어나지 않는다.[22] 이 때문에 정재상은 순자의 성론이 "고자 告子의 성무선무불선설性無善無不善說에 가까운 것"이라고 주장했던 것이다.[23]

성을 굳이 성악으로 규정할 필요가 없다면, 다시 말해 성에서 더 이상의 도덕적 계기를 발견하지 못하면 이제 다음 단계의 개념에서 발견할 수 있는지 물어야 한다. 이때 대두하는 개념이 감정(情)이다. 맹자의 성선설도 일종의 도덕감정론으로 해석되는 경우가 있는 것처럼 애초부터 유가의 성론은 정론情論과 긴밀하게 연관되어 있었다. 이 때문에 앵거스 찰스 그레이엄Angus Charles Graham 같은 학자는 선진 시대에 정情 개념은 본질essence과 감정passion의 의미가 혼용된 '진정한 것 the authentic'이라는 의미로 사용되었다고 주장했고,[24] 황호식은 '사실상 성은 그 실질인 정과 따로 구별되기 어렵다'고 주장했던 것이다.[25] 그렇다면 순자의 감정 개념은 도덕의 계기일 수 있을까?

정재상은 동일한 질문을 성과 정의 긴밀한 연관 관계를 바탕으로 제기한다. 그의 추론은 간단한 가설적 질문에 바탕을 둔다. 만일 성과

---

22 정재상, 〈자연적 情과 당위적 情—荀子의 性善論에 대한 小考—〉, 《동양철학》 35집(한국동양철학회, 2011), 159쪽.

23 정재상, 〈자연적 情과 당위적 情—荀子의 性善論에 대한 小考—〉, 161쪽.

24 앵거스 찰스 그레이엄, 《도의 논쟁자들》, 나성 옮김(새물결, 2001), 441쪽 참조. 노블록 역시 정의 이중적 의미를 인정한다. 그는 정을 성의 의미에 한층 더 가까운 '본질적 본성essential nature'으로 이해함과 동시에 이에 포함될 수 있는 '느낌feeling'이나 '정서emotion'로도 번역하는 것이다. John Knoblock, *Xunzi*(California: Stanford University Press, 1994) vol. 3, 121쪽 참조.

25 황호식, 〈욕망 조절을 위한 순자의 사회규범론〉, 《중국학논총》 29집(고려대학교 중국학연구소, 2010), 284쪽 참조.

감정이 긴밀히 연관돼 있고 성악설이 순자의 핵심 주장이라면, 성에 기반한 감정 역시 악惡이어야 한다는 결론이 뒤따른다. 그렇다면 '순자는 성악설처럼 정악설情惡說을 주장한 적이 있는가'라는 질문은 순자 철학에서 성과 정 개념의 일관성을 확인하는 시금석이 될 수 있다.

> 만일 性이 惡을 초래한다는 이유로 '性惡'이라 단정된다면, 性의 한 형태로 간주되는 情 역시 악을 초래하는 것이므로 당연히 '情惡'이라 이야기되어야 할 것이다. 그러나 荀子는 '情惡'이라 단정해 말하지 않는다. 이는 왜인가?[26]

성악이 정악으로 이어지는 논리 구조를 가지지 않는다는 것은 무슨 뜻인가? 이것은 어떤 면에서 순자 사상에서 성악설의 일관성이 유지될 수 없다는 점을 드러낸다. 이처럼 성악과 정합적이지 않은 감정이 존재한다는 사실은 김명석과 정재상도 인정한다.

> 순자는 인간의 감정을 도덕 감정과 욕망에 관련된 감정으로 구분하는 이외에, 이 두 가지 중 어느 쪽으로도 기울어질 수 있는 중성적인 감정을 상정하였다. [27]

《荀子》텍스트 전체를 놓고 보면, 〈性惡〉편 이외의 편들에서 情은 禮와

---

26 정재상, 〈자연적 情과 당위적 情—荀子의 性善論에 대한 小考—〉, 163쪽.
27 김명석, 〈순자 윤리학 체계에서 정 개념의 의미와 기능〉, 《철학논구》제26집(서울대학교 철학과, 1998), 89쪽.

모순되거나 괴리되는 것이 아닌, 禮와 상보적 표리 관계를 이루고 있거나 혹은 禮의 근거나 기반이 되는 것으로서 이야기되고 있기 때문이다.[28]

특히 정재상의 주장에 포함된 〈성악〉 편의 감정론에 담긴 특이성은 손세제의 다음과 같은 진술에서도 성격이 분명하게 드러난다.

〈정명 편〉에서는 인간을 '欲'('情')과 '心' 두 방면에서 보고 있지만, 〈성악 편〉에서는 오직 '欲'을 한 방면에서만 보고 있다. 그래서 〈성악 편〉은 인식론적으로 이해하기 어려운 면도 있다.[29]

정재상과 손세제는 결국 〈성악〉 편의 감정론은 다른 텍스트와 불화를 빚어 순자 사상의 일관성을 해친다고 주장하는 것이다. 오히려 이러한 모순을 피하는 한 가지 대안은 〈성악〉 편의 성론과 감정론을 제거하는 것이다. 다시 말해 〈성악〉 편에 나타나는 성에 대한 강한 반도덕적 규정을 제거하고, 성을 타고난 것으로, 나아가 성의 내용을 도덕적 경향성이 혼재되거나 혹은 이와 상관없는 감정과 욕망으로 파악할 때, 순자의 감정 이론은 더욱 정합적인 것이 된다. 이렇게 볼 때 순자의 감정은 "자연적 情은 禮에 반하는 것이다"라는 측면과 "禮는 인간의 자연적 情에 기반한다"는 이중 진술을 허용한다고 볼 수 있다고 정재상은 주장한다.[30] 더 나아가 이런 이중성이 순자 철학에 자연성과 당위성 사

---

28 정재상, 〈자연적 情과 당위적 情─荀子의 性善論에 대한 小考─〉, 163쪽.
29 손세제, 〈荀子의 性說〉, 《철학연구》 43집(철학연구회, 1998), 35쪽.
30 정재상, 〈자연적 情과 당위적 情─荀子의 性情論에 대한 小考─〉, 152쪽.

이의 긴장 관계를 만들어냈다고 주장하는 것이다.

> 荀子는 '禮'를 중심으로 '情'을 신중히 나누어 말함으로써, 情에 '자연성'과 '당위성'이라고 하는 두 얼굴을 만들어주고 있는 것이라 생각된다. (……) 荀子 사상에 있어서 情은 이처럼 '자연성'과 '당위성' 간의 긴장을 만들어내며, 禮의 유무를 축으로 윤리적 선악의 양극단을 진동하는 진자의 추와 같이 설정되어 있다.[31]

마음의 도덕 서사

이상과 같은 순자의 감정 이론의 의미는 어디에서 찾아야 하는가? 맹자를 비판하는 철학자로서, 맹자의 감정 이론과 비교할 때 순자 감정 이론의 의미는 더욱 선명해진다. 순자 감정 이론이 자연적이고 당위적인 양 측면에서 서술될 수 있다면, 첫째, 당위적인 감정은 예의 기초로, 도덕의 계기로 인정될 수 있다. 이것은 선험적인 성선을 주장하는 맹자의 도덕 이론이 도덕적으로 과잉된 당위적 감정 이론에 바탕을 두고 있다는 점에서 맹자와 유사한 입장이다. 맹자의 감정론이 도덕적으로 과잉되었다는 것은 비도덕적 요소를 성으로 명명하지 않으려는 시도에서 잘 드러난다.

---

[31] 정재상, 〈자연적 情과 당위적 情—荀子의 性情論에 대한 小考—〉, 169쪽.

맹자孟子께서 말씀하였다. "입이 맛에 있어서와 눈이 색깔에 있어서와 귀가 음악에 있어서와 코가 냄새에 있어서와 사지四肢가 안일安佚에 있어서는 성性이나, 명命에 달려 있다. 그러므로 군자君子는 이것을 성性이라 이르지 않는다.[32]

사실 이 구절은 자가당착적이다. 왜냐하면 비도덕적 성격을 가졌다는 이유로 성이라고 부르지 않겠다고 선언하는 군자의 가치론적 속성 자체에 이미 도덕적인 전제가 깔려 있기 때문이다. 다시 말해 도덕적인 인간이 도덕과 비도덕의 영역을 가르는 것이다. 이것은 자의적일 뿐만 아니라, 규정되어야 할 것이 이미 규정하는 주체 속에 포함되어 있는 자가당착적 상황을 야기한다. 이런 상황의 역설은 맹자가 도덕적인 의미가 내재된 것만을 성이라고 부르기를 원하기 때문에 발생하는 것이다. 그래서 인의예지와 같은 것을 명命이라 불러야 함에도, 오히려 성性이라고 부르겠다고 선언하는 것이다.

순자의 감정 이론은 자연적인 감정을 포함한다는 점에서 도덕적인 감정뿐만 아니라, 반도덕적인 감정의 속성들을 수용하고 있다. 다시 말해 맹자의 감정 이론보다 은유적인 의미에서 그릇이 더 크다. 이 때문에 순자의 이중적인 감정 이론은 이론적 혼란이라기보다는 도덕적으로 과잉된 맹자의 당위적 감정 이론에 대한 비판으로 해석될 수 있다. 당연히 반도덕적 경향을 함축하는 자연적 감정이 도덕의 환원주의적 기초일 수는 없을 것이다. 감정은 부분적으로 도덕적 계기를 포함하나

---

32 〈진심〉 하, 《맹자》.

그것 자체가 도덕성의 근거일 수는 없다. 이는 욕망도 마찬가지다. 바로 이 지점에서 순자의 마음[心]은 순자의 감정과 욕망 이론이 이론적으로 허용할 수밖에 없는 반도덕적 경향을 교정하기 위한 이론적 실천적 능력을 확보하는 개념으로 등장하는 것이다.

> 순자에 의하면, 욕망은 우리 인간 본성의 감정 상태의 특정한 방향이다. 반면, 승인은 우리의 "이해[知]"에서 비롯된다. 이해에서부터 나온 승인 承認과 비승인非承認을 통해서, 마음[心]은 우리의 행위를 통제한다. 모든 욕망은 행위로 변화될 필요가 없다. (……) 행위를 통제하는 승인과 비승인 이라는 장치가 있다.[33]

이러한 주장은 자연스러울 뿐만 아니라 필연적인 귀결이다. 왜냐하면 도덕과 연관된 감정 혹은 욕망을 가정하는 모든 이론에는 그러한 감정이나 욕망의 도덕성 혹은 비도덕성에 대해 판단을 내릴 수 있는 능력이 있어야 하기 때문이다.

성악설이 제외되고, 감정과 욕망의 자연성이 반도덕적 계기가 될 수 있다면, 결국 도덕적 삶을 보장하는 기제는 무엇인가라는 질문이 뒤따른다. 여기에 대한 가장 손쉬운 대답은 '예禮'이다. 그러나 예 또한 많은 사람이 동의해야 의의를 유지하고 기능을 발휘할 수 있다. 객관적인 규범의 체계가 존재한다고 하더라도, 다수의 동의를 받지 못하면 의미

---

33 강지연, 〈순자의 인간 본성론에 관한 소고—욕구와 승인, 자아 수양의 문제를 중심으로—〉, 《철학연구》 115집(대한철학회, 2010), 5~6쪽.

를 상실할 것이기 때문이다. 따라서 규범의 객관성을 주장하는 이론은 사실상 객관성을 도달 가능한 목표로 설정하는 낙관론적 신념 체계를 전제하는 동시에 이에 걸맞은 능력을 내장해야 한다. 순자에 의하면 이러한 기제야말로 마음이란 개념에 걸맞은 것이다. '행위를 통제하는 승인과 비승인의 장치'는 밖으로는 예로 나타나지만, 안으로는 우리 마음에 이해 능력을 전제할 때 설정될 수 있다. 문제는 이 승인과 비승인의 내적 장치를 어떻게 파악할 것인가이다.

> 맹자가 생각한 것과 달리 인간은 자신이 가장 원하는 것을 하는 것이 아니라 자기 자신이 허가하는 것을 하는 존재이기 때문이라는 것이다. 이것이 바로 순자가 설명하는 인간 행위의 동인 설명의 차이점으로 맹자와 구분되는 지점이 순자가 "승인"과 "욕구"를 구별할 때, 욕구와 승인은 서로 대립되는 것이 아니다. 어떤 욕구도 승인을 넘어설 수 없다. 승인은 욕구 위에 있는 것이다.[34]

하지만 강지연의 이 진술에서는 정당화해야 할 것이 전제되어 있다. 승인 능력이 욕구를 충분히 억제할 수 있다는 가정이 들어 있는 것이다. "마음이 지니는 온전한 이성 능력"이라고 표현하는 이장희도 강지연과 마찬가지다. 반면에 강지연은 이장희의 주장과 같은 것을 과도한 이성주의적 태도라고 경계하는 입장이다.[35] 이 때문에 강지연은 이

---

34 강지연, 〈순자의 인간 본성론에 관한 소고〉, 8~9쪽.

35 "순자는 환원이 불가능한 도덕적 속성의 존재를 설정하고 믿지도 않았고, 승인[可]이 순수한 실천 이성만의 기능이라고도 해석했다고 보기 어렵다. 순자 윤리학에 과연 인간의 구체적, 개별적 욕

렇게 주장한다.

> 필자가 볼 때 순자는 굳이 프로이트의 용어를 빌리자면 자아, 초자아의 판
> 단 능력, 도덕적 전환 능력을 강조하는 입장이다. 예의 학습을 통해 발전
> 할 수 있는, 변화할 수 있는 인간 덕성의 가능성을 남겨두는 인간관이 순
> 자의 인간 본성론의 핵심이라고 필자는 본다.[36]

하지만 정신분석학적 용어로 바꿨다고 해서 이 주장의 약점이 사
라지는 것 같지는 않다. 자아와 초자아의 판단 능력은 정신분석학적 틀
에서 볼 때에도 불화를 겪는 개념들이다. 이를 순자의 마음에 투영하면
개념이 더욱더 모호해질 위험이 농후하다. 물론 순자의 '마음'은 감정과
욕망의 '원함'을 도덕적 맥락으로 전환할 수 있는 지적 능력을 가진다고
본다는 점에서 강지연은 이장희와 마찬가지로 옳다. 엄연석 역시 "순자
에서 마음의 본질적 기능은 도덕적 이해 능력이든 경험 과학적 인식 능
력이든 '지적 인식 능력'을 발휘한다는 데 있다"고 서술하고 있다.[37] 마
음의 이런 능력 앞에서 성이 선한가 악한가 하는 논쟁은 사실상 의미가
없다. 성의 성격과 상관없이 마음은 도덕적 맥락을 구축할 수 있기 때
문이다. 다시 말해 성악설이 없어도 순자의 규범 이론은 충분히 이런

구나 감정과 상관없는 절대 명령으로서의 도덕적 실체로 해석될 개념이 있는가. 이런 설명은 설
득력이 떨어진다." 강지연, 〈순자의 인간 본성론에 관한 소고〉, 11쪽.

36 강지연, 〈순자의 인간 본성론에 관한 소고〉, 14쪽.

37 엄연석, 〈《순자》에서 자연과 규범의 분리와 통합〉, 《동방학지》 139집 (연세대국학연구원, 2007),
372쪽.

방식으로 재서술할 수 있다.

문제는 인지적 측면이 인간 마음의 특성으로 지목될 때 인지의 절
대성이나 보편성을 확보할 수 없다는 점이다. 심지어 서양철학사에서
이성 개념을 보다 경험적인 지성 개념으로 전환하고자 했던 듀이조차
이렇게 말할 수밖에 없었다.

> 지성이 사건들의 진로를 언제나 지배할 것이라고 주장하는 것은 아니다.
> (……) 대규모의 궁극적인 승리에 대한 신앙은 환상적이다. (……) 철학을
> 비판의 방법을 발달시키는 비판의 방법으로 생각하는 것은 지성 이외 다
> 른 방도를 좋아하는 사람들에게는 반역으로 보일지도 모른다. 그러나 이
> 러한 철학관도 시험받기를 기대하고 있으며 승인되든 비난되든 시험은 최
> 후의 결과에 있다. 우리들이 획득한 그러한 지식과 사고에 의하여 고무된
> 그러한 경험의 중요성이 그 시험을 불러일으키고 정당화하는 것이다.[38]

듀이의 통찰은 우리의 지적 능력에 대한 반성의 본질을 보여준다.
우리의 지적 능력이 제약되어 있다는 것은 약점도 강점도 아니다. 우리
가 가진 인지 능력이 제한돼 있다는 사실을 보여줄 뿐이다. 문제는 그
것을 지나치게 확대하거나 축소하는 데 있다. 철저한 맹신으로 나아가
면 절대적 보편성을 주장하게 되고, 반대의 경우 극도의 유아론과 회의
론에 지배당하게 된다. 김형효는 맹자와 순자의 차이를 논하면서 듀이
와 유사한 관점을 이렇게 서술했다.

---

38 존 듀이, 《경험과 자연》, 신득렬 옮김(계명대출판부, 1982), 392쪽.

동서고금의 역사에서 "과잉hyper"과 "과소hypo"가 언제나 문화의 병을 가져왔다는 철학적 사유를 가볍게 여겨서는 안 될 것 같다. (……) 과학과 미신과의 차이는 다른 데 있지 않다. 어떤 것을 100% 옳다고 믿는 거기에 미신적 사고가 있다. 역사 현실에서 우리가 100% 옳다고 믿을 수 있는 그 어떤 것도 적어도 지금까지의 인류에 의하여 발견되지 않았다.[39]

우리가 김형효와 듀이의 충고를 받아들인다면 순자의 마음을 규범 이론의 핵심으로 받아들이더라도, 결코 완결될 수 없는, 다시 말해 보편성에 도달할 수 없는 제약된 도덕성의 확립이라는 진정한 경험주의적 관점을 수용할 수 있을 것이다. 이런 점에서 순자의 마음 이론은 제약된 마음을 무제약적으로 확장한 추상적 구조물임을 알 수 있다. 이러한 낙관주의적 신념, 즉 마음이 감정과 욕망의 비도덕성을 극복할 수 있다는 보편적 가능성을 받아들이고, '미래의 언젠가 우리가 그렇게 할 수 있다'에서 '과거의 누군가가 실제로 그렇게 했다'로 시제를 바꾸기만 한다면, 우리는 유가의 성인과 그가 확립했다는 예와 규범적 삶의 연관을 강조한 순자의 뜻을 비로소 이해할 수 있다. 다시 말해 그의 예론은 마음 이론의 외화된 형태이고, 이 이론 속에서 예의 제정자로 등장하는 성인은 순자의 이론이 요구하는 이상적 마음이 과거에 구현된 적이 있었다는, 다시 말해 그것이 현실적이고 역사적인 실재성을 지닌다는 주장을 대표하는 것이다. 듀이와 김형효의 원천적 비판은 바로 그러한 마

39 김형효, 〈孟子的인 것'과 '荀子的인 것'─孟子와 荀子의 仁·義·禮에 대한 해석─〉, 《정신문화연구》 16권 2호(한국학중앙연구원, 1993), 43쪽.

음의 능력, 심리학적 가치에 대한 과잉된 믿음을 조심하라는 것으로 이해할 수 있다. 다시 말해 맹자에게 감정이 도덕적으로 과잉되어 있다는 순자의 비판이 옳다면, 순자 자신은 도덕적 과잉을 감정에서 분리해 마음의 인지적 능력이란 차원으로 옮겼다고 비판할 수 있는 것이다.

서와 맹자, 그 후

이제 마지막 질문을 던져보자. 지금까지의 논의는 순자의 서와 어떤 이론적 연관이 있는가? 먼저 순자는 선험적인 성선을 주장하는 맹자의 도덕 이론이 과잉된 감정 이론에 바탕을 두고 있다고 비판하면서 논의를 출발시키고 있다. 이런 점에서 순자가 감정 이론을 통해 도덕적인 정情뿐만 아니라, 반도덕적인 정情의 속성들을 수용하는 것은 이론의 혼란이라기보다는 도덕적으로 과잉된 감정 이론에 대한 비판으로 해석해야 한다. 둘째, 첫째 주장의 논리적 귀결로서 감정이나 욕망은 도덕의 환원주의적 기초가 될 수 없다. 이와 동시에 감정과 욕망의 속성을 반성적으로 판단하고 도덕적 지향을 추구하는, 단일한 인지적 기제가 중요해진다. 순자의 마음[心]은 맹자식의 과잉된 도덕 감정을 거부하고, 이 과정에서 이론적으로 허용할 수밖에 없는 감정이나 욕망의 반도덕적 측면을 교정하기 위한 이론적 실천적 능력을 확보하는 개념이다. 셋째, 결론적으로 순자의 도덕 이론은 도덕 감정보다는 마음의 인지적 기능에 도덕적 우선성을 부여한다. 이런 점에서 볼 때 순자의 도덕 이론은 서의 실천 과정에서 도덕적 슬픔과 같은 감정이입의 계기보다는 감정이입에 대한 반성적 사려와 심사숙고의 인지적 과정을 더욱 중시하고 있다.

서의 과정에서 중요한 것은 상상적 동일시 과정이 필요하다는 것이다. 예를 들어 맹자의 경우는 슬픔으로 대표되는 타인의 고통에 대한 나의 감정이입 능력에 근거해서, 타인의 고통을 내 것처럼 느끼는 과정이 필요하다. 내가 남일 수 없기 때문에 이는 상상적 과정이고, 이를 통해 남과 나의 공통 지반이 마련된다. 맹자는 이 지반 위에서 어떻게 행동할 것인지를 결정하라고 권고하는 것이다. 반면에 순자의 서는 감정과 욕망의 보편성을 인정하기는 하지만, 그것을 곧바로 도덕적 계기로 삼지는 않는다. 거기에는 반드시 감정과 욕망의 도덕성과 비도덕성에 대한 반성적 사려가 개입하는 것이다. 이 반성적 사려를 통해 서로 다른 두 가지가 나타난다. 먼저 감정과 욕망의 자연성이 승인된다. 이는 그것들에 대한 통제의 필요성에 공감하라는 내용을 포함하고 있다. 이 통제의 필요성을 외화시키면 곧바로 예禮와 같은 것으로 변화한다. 나아가 이것을 더욱더 극단적인 형태로 발전시키면 우리는 법法을 만나게 된다. 순자의 이론이 법가法家로 발전해야 할 필연성은 없지만, 법가적인 요소는 순자의 이론에 잠재해 있는 것이다. 이렇게 볼 때 순자의 서를 위해서는 감정과 욕망을 인정함과 동시에 통제를 상상해야 한다. 이를 수행하는 반성적 숙고에는 감정과 욕망에 대한 측량, 강도와 사회적 영향, 나의 욕망 추구 행위와 타인의 이해와의 상관성 등이 포함된다. 근본적으로 맹자의 서는 감정, 특히 도덕적 감정과 같은 것에 기반을 두는 데 반해서, 순자의 서는 마음의 반성적 능력에 기반을 둔다. 다른 말로 하자면 맹자가 공자의 서에 감정을 도입했다면, 순자는 맹자가 해석한 서의 구조에 마음의 반성적 사유라는 계기를 추가한 것이다.

최종적으로 다음과 같은 차이가 드러난다. 맹자의 서가 도덕적 슬픔과 같은 정서적 기초를 강조하는 데 반해, 순자의 서는 인지적 계산을 동반하는 반성적 사고를 강조한다. 이런 점에서 맹자의 서는 타인의 고통에 대한 감정이입에 중점을 두지만, 순자의 서는 다양한 욕구의 충돌과 갈등을 가정하고, 이를 억제하고 조절하기 위해 공리주의적 계산을 동반하는 인지적 사유를 강조하고 있다.

일상생활에서 맹자적인 정서는 일차적이고 직접적이며 '따뜻한' 것으로 받아들여지는 반면에 순자적인 정서는 이차적이고 '차가우며 날카로운' 경계를 가지는 공리적 판단들로 받아들여진다. 둘 다 도덕적이지만, 맹자의 도덕 이론은 따뜻한 반면, 순자의 도덕 이론은 날카롭고 차가운 이미지를 갖는다. 바로 이런 차이가 유가 규범 이론의 역사에서 전통적으로 맹자가 순자보다 높은 평가를 받았던 원초적 이유처럼 보인다. 다시 말해 우리는 정당화 논변에 근거해서가 아니라 일상 경험에서 정서와 인지의 일차성과 이차성에 근거한 따뜻함과 차가움의 관점에서 순자보다 맹자에 경도되어왔던 것이라고 말할 수 있다.

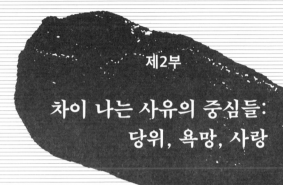

제2부

차이 나는 사유의 중심들:
당위, 욕망, 사랑

제4장

주희, 당위의 서

성리학적 사유와 서

유학사에 나타난 가장 급진적인 변화 가운데 하나는 송명리학宋明理學, 흔히 성리학이라고 부르는 거대한 체계의 성립이었다. 이기론에 기초한 심성론의 정당화라는 사유 양식이 나타났고, 유학의 많은 내용들이 이 전제들을 따라 재구성되었다. 당연히 서의 담론에도 변화가 나타났다. 따라서 성리학적 서의 의미 체계가 무엇인지를 묻고, 그 것을 선진 유학의 기초에서 이해되던 서의 의미 체계와 비교 검토하는 것은 서의 개념사를 정리하려는 이들의 필수 과제이다.

이 경우 누구나 떠올릴 수 있는 유학자가 바로 주희다. 이 장에서는 성리학의 집대성자라고 불리는 주희를 중심으로 고전적인 서의 의미가 성리학적으로 변형 정착되는 과정을 살펴보려고 한다. 서 개념의 발전사라는 측면에서 볼 때 성리학적 사유가 가져온 의미 변형은 가장 중요한 사유의 고리에 해당하기 때문이다. 이 때문에 서의 개념사를 탐구하려는 이들이라면 누구든지 성리학적 서에 대한 의미를 파악하는 과정을 거쳐야만 한다. 그러므로 이 논의는 결국 주희의 서에 대한 이해를 핵심에 둘 수밖에 없다.

주희의 서에 대한 주장들은 대략 네 가지로 요약할 수 있다. 첫째, 성리학적 사유의 가장 전형적인 특징인 초월-선험적 본질주의에 영향을 받은 서의 이해가 나타났다. 이것은 서를 이해하는 데 더욱 포괄적인 맥락을 부여하는 충서론을 전제하는 경향으로 나타났다. 특히, 체용론體用論과 이일분수理一分殊는 중요한 두 가지 사유의 축으로 작동했다. 전형적으로 충은 체體이자 이일理一로서, 서는 용用이자 분수分殊로서 다루어졌다.

둘째, 주희는 이전에 존재했던 《논어》에 대한 주소학注疏學적 이해와 이정二程의 서에 대한 이해를 참조해서 후대에 가장 큰 영향력을 가지는 '추기급인推己及人'이란 해석을 정착시켰다.

셋째, 주희는 흔히 '같은 마음[如心]' 혹은 '헤아림[忖]'으로 이해되는 고전적인 서의 의미에 '견줘봄[比]'이라는 의미를 추가했다. 여기에는 나름의 근거가 있다. 이들 주장들은 공통적으로 '마음은 수량을 가지는 사물' 및 '마음은 저울'이라는 개념적 은유를 내포하기 때문이다. 저울을 통한 측량이 저울추와 비교되는 사물의 양을 전제하는 것처럼, 서의 실천을 위해서는 나의 마음과 다른 사람의 마음이 필요하다.

넷째, 이러한 의미의 변천 과정 속에는 성리학적 서의 개념 체계가 가지는 가장 큰 문제점이 도사리고 있다. 서는 실천 과정에 자신과 타인의 마음을 객관적이고 투명하게 인식할 수 있다는 전제를 포함하고 있는 것이다.

서의 성리학적 의미가 확립되는 과정에서 나타나는 특징들은 현대적인 관점에서 서를 논의할 때 우리가 무엇에 주목해야 할지를 잘 보여준다. 은유적 사유에 근거한 서의 의미 변환 과정과 초월-선험적 본질주의에 기초한 충서관의 일부로 다루어진 서의 개념 체계, 여기에 포함된 비반성적인 철학적 가정 등은 서의 의미를 현대적으로 재구성할 때 우리가 피하거나 도입해야 할 사유들의 성격을 암시하기 때문이다. 이러한 방향 전환에서 가장 큰 계기는 초월-선험적 가정을 배제하고 자연주의적으로 정당화한 서의 현대화 담론이라고 해야 할 것이다.

서가 아니다, 충서다

서의 의미에 대한 주희의 이해는 두 가지로부터 영향을 받았다. 하나는 《논어》를 중심으로 하는 고전적인 주소학 전통이고, 또 하나는 당말에서 북송을 거쳐 발달했던 새로운 유학적 사유—특히, 정호·정이 형제의 유학적 사유—의 발달이었다. 이 두 가지 전통의 영향 아래서 주희는 전통적인 서의 의미를 성리학적으로 변형, 확립할 수 있었다.

성리학적 서의 가장 큰 특징은 충서론忠恕論이라고 부를 수 있는 보다 더 큰 담론의 일부로 서가 다루어진다는 점이다. 충서론을 이루는 두 축은 충과 서에 대한 체용론적 이해와 이일분수적 사유다. 이 양자의 토대 위에서 충은 체이자 이일로 다루어지고, 서는 용이자 분수로 다루어진다. 이는 성리학적 사유를 서를 이해하는 데 적용한 결과였다. 오늘날의 관점에서 돌이켜보자면, 성리학의 특징은 종래의 유학적 사유에 초월적 혹은 선험적 토대를 부여하려는 시도였다고 말할 수 있다.

> 동서를 막론하고 존재의 진정한 본질에 대한 질문은 철학의 전통에 깊이 뿌리내려 있으며 성리학도 그러한 유혹에서 예외가 아니다. (……) 성리학에서 이-기의 통일, 본성-감정의 통일, 본질-현상의 통일, 이일理一-분수分殊의 통일 등의 기본적 구도는 그 통일성에도 불구하고 기질, 감정, 분수 등의 현상을 수렴시킬 수 있는 순수한 절대적 본질을 갈망한다.[1]

이것은 성리학적 본질주의가 일반적인 철학적 본질주의를 구체화한 형태라는 것을 의미한다. 이 본질주의는 "초월적 본질을 존재의 내부에 안치하여 다양한 일상적 현실을 거기로 환원시키려는 경향성"[2]을 띤다. '초월적 본질'과 이것이 자리 잡은 '존재의 내부'라는 공간은 성리학의 초월-선험적인 두 측면을 예리하게 드러내고 있다. 이러한 초월성과 선험성이라는 특징은 모든 유가적 용어에 독특한 분위기를 드리웠다. 한마디로 형이상학적 경향을 강화한 것이다.

성리학의 출현은 행위 논리에 비하여 상대적으로 약한 사고 논리를 발전

---

1 정용환, 〈성리학에서 본질 환원론적 구도의 형성과 그에 따른 현실 제약에 대하여〉, 《철학연구》 97집(대한철학회, 2006), 316~317쪽.

2 유감스럽게도 이 간단명료한 구절은 논문의 본문이 아니라, '논문 개요'에서 나타나고 있다. 정용환, 같은 글, 315쪽.

시켜 유교의 새로운 의미 체계를 형성한 역사적 사건이라 할 수 있다. 이러한 과정에서 유교는 의미 체계의 강화를 위해 불교나 도교의 형이상학적 논의를 적용하여 도에 대한 보다 논리적이고 질서정연한 사고 논리를 발전시키게 된다. (……) 도, 즉 우주의 원리를 형이상학화하고 추상화하며 아울러 행위 논리의 형이상학적 강화와 조직화를 통해 윤리 체계에 보다 확고한 이론적 정당성을 부여하게 된다.[3]

'의미 체계의 강화' 및 '불교나 도교의 형이상학적 논의의 적용'이라는 양 측면은 성리학적 사유를 지배한 두 가지 동인을 설명하고 있다. 전자는 흔히 고전적인 맹자와 순자의 인성론에 나타난 극단적 견해 차이를 종합 지양해서 새로운 유학의 체계를 건설해야 한다는 요구로 나타났다. 후자는 이와 동시에 위진 시대를 풍미했던 도가—혹은 도교—사상과 수당 시대에 발달한 선종의 영향을 받아들여 유학적 사유를 갱신 보존해야 한다는 요구로 나타났다. 구스모토 마사쓰구의 다음 진술을 보자.

철학이나 종교의 범위에서 볼 때 송학은 노장 및 불교 사상 속에서 살았던 송대 사람들에 의한 반성이자 자각이며 복귀의 움직임이다. (……) 송대 사람들은 이렇게 자기 자신에게로 돌아갔다. 송대인들에 대해 노장과 불교의 사상을 모태로 하여 이것을 통과하고 그로부터 중국 본래의 사상을 추

---

3 정태식, 〈성리학에 대한 베버적 일고찰—새로운 의미 체계로서의 성리학의 역사적 형성에 대하여〉,《사회와 역사》62권(한국사회사학회, 2002), 32~33쪽.

구해 갔다. 이렇게 얘기할 수 있다면 또 다음과 같은 말도 할 수 있지 않을까? 즉 그러기 위해서는 한유 같은 사람도 하나의 디딤돌에 지나지 않았으며, 한층 더 이전인 선진 시대에까지 소급하여 곧바로 맹자의 전통을 이어야 했다고……[4]

비록 맹자와 순자에서 나타난 심성 논리의 충돌에 대해서는 설명하지 않았지만, 이 인용문은 성리학의 형성과 발전에 영향을 끼친 내재적 동인과 외재적 동인의 양면 상을 충분히 표현하고 있다. 바로 이러한 관점에서 서의 의미는 성리학적 자장 속에서 변화를 겪었다. 가장 근본적인 변화는 서를 초월-선험적 근거에 기초해서 해명해야 한다는 이론적 요구로 인해 나타났다. 간단하게 말해서 서는 배후에 어떤 본질이 전제된 것으로 받아들여졌다. 이에 따라 서는 본질이 아닌, 현상과 실천의 문제로 간주되었고, 바로 이런 시각에서 충서의 밀접한 연관성이 본질-현상의 성리학적 구도를 만족시키면서 재해석되기 시작했다. 이러한 충서관은 서의 의미 구축을 위한 가장 중요한 지침으로 기능했다. 충서론이 전제된 서의 이해라는 성리학적 구도는 이렇게 나타나게 되었다.

체용론적 구도

그렇다면 충서론의 변화는 어떤 식으로 전개되었는가? 인지유학

---

4 구스모토 마사쓰구, 《송명유학사상사》, 김병화·이혜경 옮김(예문서원, 2005), 25~26쪽.

적 관점에서 볼 때 이는 충서가 '상하 도식'에 기초한 이해에서 '안팎 도
식'에 기초한 이해로, 여기에서 다시 '충은 체, 서는 용'이라는 성리학의
독특한 '체용 도식'으로 전환되는 과정을 통해 나타났다.

먼저 충서에 대한 안팎 도식의 관점에 근거한 이해란 무엇을 말하
는가? 충과 서를 묶어서 말하는 어법은 이미《논어》와《중용》에서 발견
된다.[5] 이 두 개념을 둘러싼 해석들은 많지만, 가장 소박한 견해를 담고
있는 것은 여소객余蕭客(1732~78)이 당대 이전 유학자들의 훈고를 채록
해서 편찬한《고경해구침古經解鉤沉》에서 발견된다.

충으로 위를 섬기고, 서로 아래와 교제한다. 근본은 하나일 뿐이다.[6]

이 인용문은 충서의 의미가 '위-아래'라는 공간적 관계를 통해 범
주화되는 사회관계의 위계를 따라 해석되고 있다는 것을 보여준다. 이
러한 용례의 다른 흔적을《상서주소尙書註疏》에서 발견할 수 있다.《상
서》〈이훈伊訓〉 5장에는 "위에 머물러서는 능히 밝게 하고, 아래가 되어
서는 능히 충성한다(居上克明, 爲下克忠)"라는 구절이 있다. 앞 구절에 대
해 공안국孔安國은 "이치에 따라 헤아린다(理恕)"는 단 두 글자의 주석을
달았다. 이 때문인지 공영달은 "아랫사람들을 살피는 것을 '밝다(明)'라
고 한다. 이것은 이치에 따라 외물을 헤아려 아랫사람들의 실정을 밝게
살피면 능히 밝을 수 있음을 말한다"고 부연설명하고 있다.[7] 반면에 뒤

---

5 〈이인〉,《논어》 15장 및《중용》 13장 참조.

6 "忠以事上; 恕以接下, 本一而已(……)" 余蕭客,《古經解鉤》, 文淵閣 四庫全書 vol.194, 卷25, 715쪽.

7 "見下之謂明, 言其以理恕物, 照察下情, 是能明也." 孔安國 傳, 孔穎達 疏,《尙書正義》卷8, 13經注疏

구절의 경우 "윗사람을 섬기면서 정성을 다한다(事上竭誠)"는 공안국의 설명 이외에는 다른 풀이가 없다.[8] 이에 따르면 충은 자신보다 신분이나 계급이 높은 윗사람을 섬기는 태도를 대변하고,[9] 서는 반대로 아랫사람을 대하는 태도를 대변하는 개념이다. 적어도 경학사의 한쪽에는 이러한 이해가 존재하고 있었다.

이런 해석이 있음에도 불구하고 《논어》 주소학의 전통에서 충서는 다른 해석의 길을 걷고 있었다. 이는 상호 연관된 두 가지 측면에서 나타났다. 첫째, 위와 아래라는 사회적 위계를 배경으로 해석되는 충서가 이제는 안팎이라는 새로운 구도에 의해 해석되기 시작했다. 둘째, 위와 아래가 충서 해석의 배경에서 사라짐으로써 자연스럽게 사회적 위계에 근거한 해석의 강도가 약해지는 현상이 발생했다. 그것은 충서의 해석에 다시 두 가지 직접적 영향을 끼쳤다. 하나는 충의 대상으로서 직접 전제되었던 '위에 속하는 사람'이 생략되는 현상으로 나타났고, 다른 하나는 서의 대상이 '윗사람'에서 사람 일반(人)이나 외적인 사물(物)로 일반화되는 현상으로 나타났다. 황간皇侃(488~545)에게서 이미 이런 경향을 발견할 수 있다.

整理本 vol. 2, 244쪽.

8 孔安國 傳, 孔穎達 疏, 《尙書正義》 卷8, 244쪽.

9 충의 의미는 이러한 단선적 정의에만 국한되지 않고 다양하다. 비록 서와 연관 지어 언급하지 않는다는 약점이 있지만 이재룡은 《춘추좌전》에 나타난 충의 의미 가운데 하나는 "군주의 백성에 대한 마음가짐의 표상"이라는 점을 지적하고 있다. "백성들의 정리를 살펴 그들이 필요로 하는 일을 공정하게 처리해주는 통치자의 행위를 충이라고 표현"하고 있다는 것이다. 이재룡, 〈충서忠恕론의 현대적 이해〉, 《법학연구》 22집(충북대학교 법학연구소, 2011), 195쪽 참조.

충은 속마음을 다 발휘하는 것이요, 서는 나를 헤아려 남을 가늠한다는 뜻이다. 공자의 도는 다른 방법이란 없다. 그러므로 충서의 마음을 써서 자기 자신으로 외물을 헤아리면 만물의 이치를 모두 징험할 수 있다.[10]

인용문에서 드러나는 것처럼, 충의 구체적 대상이 사라진다. 이렇게 되면 충의 대상은 자의적으로 해석될 여지가 많아진다. 다른 측면에서 충은 실천의 구체적 대상을 가리키지 않기 때문에, 대상과 상관없는 마음의 내적 상태에 대한 진술처럼 변모했다.[11] 충의 해석에서 내면성이 강조되는 반면에 구체적 실천 대상은 모호하게 변하는 것이다. 반면에 서는 아랫사람에 대한 행위 원칙이라는 측면과는 완전히 다르게 해석된다. 서는 이제 나의 마음에서 발원해서 외적인 사물 일반이라고 해석할 수 있는 物에 대처하는 행위 원칙으로 해석된다. 이 풀이의 특징은 충이 대상을 상실한 채 개인의 심리 상태에 대한 진술로 해석되는 반면에 서는 한 걸음 더 나아가 직접 '외물을 가늠하는(度物)' 구체적인 실천의 영역까지를 언급하고 있다는 점이다. 《상서주소》에 나타난 충서는 윗사람이건 아랫사람이건 계층만 다를 뿐 행위 원칙 자체는 구별되지 않는다. 위계의 차이만 빼고 나면 남이 나에게 하기를 원하지 않는 행동을 자신도 남에게 하지 말라는 것만 남기 때문이다. 이것은 사

---

10 "忠, 謂盡中心也. 恕, 謂忖我以度於人也. 言孔子之道, 更無他法, 故用忠恕之心, 以己測物, 則萬物之理, 皆可窮驗也." 何晏 集解, 皇侃 義疏, 《論語集解義疏》 卷2, 文淵閣 四庫全書 vol.195, 372쪽.

11 이 마음의 내적 상태를 고도화하고, 의인화라는 과정을 거치면 홍성민이 말하는 '공정한 관찰자 impartial spectator'라는 추상적 실체에 이르게 된다. "주체는 충의 과정을 통해 보편타당한 도덕 가치를 파악하고 그것을 체화함으로써 공정한 관찰자의 자리에 서게 된다"는 것이다. 홍성민, 〈주자철학에서 서의 보편화 가능성 문제〉, 《철학연구》 125집(대한철학회, 2013), 362쪽 참조.

실상《대학》전10장의 "윗사람에게 싫었던 것으로써 아랫사람을 부리지 말며, 아랫사람에게 싫었던 것으로서 윗사람을 섬기지 말라"는 말과 똑같은 뜻이다. 그런데 이제《논어집해의소》의 단계에 이르면 확실히 충과 서는 안팎으로 구별되는 의미를 지닌다. 황간은 "서는 안으로 자기의 마음을 헤아려 밖으로 물에 대처함을 말한다"[12]라고 함으로써 서가 안에서 밖으로 향하는 성격을 지니고 있음을 분명하게 선언하고 있다. 동일한 해석이 10세기 서에 대한 이해를 대변하는 형병邢昺(932~1010)에게서도 되풀이된다.

충忠이란 속마음을 다 발휘하는 것이요, 서恕는 내 마음을 헤아려 외물을 가늠한다는 뜻이다. 부자의 도는 오직 하나의 이치인 충서로써 세상 모든 일의 이치를 관통하였을 뿐 다시 다른 법이라고는 없다. 그러므로 '~일 뿐〔而已矣〕'이라고 한 것이다. [13]

황간이 서의 실천 대상으로서 일반 사람〔人〕과 외물〔物〕을 혼용한 데서 알 수 있듯이 형병이《논어》의 같은 구절에 대한 풀이에서 서의 대상으로 물物이란 용어를 사용하는 것은 그리 이상한 일이 아니다.

비록 충과 서가 안팎이라는 도식적 구조에 따라 이해되고는 있지만, 아직 체용론적 사고가 나타나고 있지는 않다. 충서에 대한 체용론

---

12 "恕, 謂內忖己心, 外以慮物."(何晏 集解, 皇侃 義疏,《論語集解義疏》卷8, 文淵閣 四庫全書 vol. 195, 484쪽.

13 "忠, 謂盡中心也. 恕, 謂忖己度物也. 言夫子之道, 唯以忠·恕一理, 以統天下萬事之理, 更無他法, 故云 '而已矣.'" 何晏 集解, 邢昺 疏,《論語注疏》卷4, 13經注疏 整理本 vol. 2, 356쪽.

적 이해의 전형은 《성리자의性理字義》 속에서 잘 드러나고 있다.

> 충忠과 서恕는 하나이다. 이를 둘로 나누면 두 가지가 되는 것이다. (……)
> 충의 마음이 밖으로 나오는 것이 곧 서의 일이며, 서의 일을 할 수 있는 것
> 이 곧 충의 마음이다. [14]

이러한 충서에 대한 체용론적 어법을 성리학적 사유에 도입한 것
은 정이, 정호(이하 '이정') 형제였다. 체용론이라는 논법 자체는 원래 하
나의 경험적 대상을 대상 자체의 존재와 기능이라는 두 축으로 구별하
는 것이다. 이 체용론을 거꾸로 적용하면 두 개의 다른 개념 체계를 하
나로 융합하는 데 무척 편리하다. 이정 형제가 충과 서에 대해서, 충과
신에 대해서 했던 일은 바로 이 후자였다.

> 자기를 다하는 것은 충이요, 자기를 미루어 가는 것은 서다. 충은 체이고,
> 서는 용이다. [15]

> 자기를 다 발휘하는 것을 충실하다〔忠〕고 하고 진실하게 하는 것을 미덥다
> 〔信〕고 한다. 자기를 발휘해서 스스로 다 하는 것은 충실함이요, 사물을 따
> 라가며 어기지 않는 것은 미더움이라 하니, 서로 안팎이 된다는 뜻이다. [16]

---

14 진순, 《성리자의》, 박완식 옮김(여강, 2005), 113쪽.

15 "盡己之謂忠; 推己之謂恕. 忠體也, 恕用也." 程顥·程頤, 《河南程氏經說》卷6, 二程集 vol. 2, 1138
    쪽.

16 "盡己之謂忠, 以實之謂信. 發已自盡爲忠, 循物無違謂信, 表裏之義也." 程顥·程頤, 《河南程氏遺書》

바로 이런 관점에서 이정은 충과 서의 관계를 사물의 형태[形]와 그림자[影]의 관계에 빗대어 은유적으로 묘사했다.[17] 그림자가 사물의 형태에 의존하는 것처럼 서는 내적 본체인 충에 기초해서 이루어진다는 논리는 이렇게 해서 성리학 속에 스며들었고, 주희는 이러한 관점을 《논어집주》속에 고스란히 반영함으로써 《논어》주소학의 전통에 성리학적인 충서의 체용론을 확립했다.[18]

추기급인의 확립

충서의 체용론에 근거를 두고 주희가 확립한 성리학적 서의 의미를 대표하는 것은 '추기급인'이다. 이 해석은 오늘날까지 가장 강력한 영향력을 행사하고 있다. 먼저 《논어》의 주소학적 전통은 주희 이전에 정착된 고전적인 서에 대한 견해를 잘 보여주고 있다. 《논어집해의소》에 나타난 황간의 두 진술, 즉 "나를 헤아려 남을 가늠한다[忖我以度於人]"와 "안으로 내 마음을 헤아려 밖으로 외물에 대처한다[內忖己心, 外以處物]"를 형병식으로 요약하면 '나를 헤아려 남을 가늠한다[忖我度人]' 혹은 '나를 헤아려 외물에 대처한다[忖己處物]'가 된다. 형병은 자신의 입장을 '촌기탁물[忖己度物]'로 묘사했다. 황간과 형병의 차이는 탁[度]이 처[處]로 대치

卷11, 二程集 vol. 1, 133쪽.

17 "或問忠恕之別. 曰: '猶形影也, 無忠則不能爲恕矣.'" 程顥·程頤, 《河南程氏外書》卷11, 二程集 vol. 1, 411쪽.

18 朱熹, 《論語集註》卷4, 朱子全書 vol. 6, 96쪽 참조.

된 것과, 서의 대상이 형병에게서는 물物로 단일화되어 있지만, 황간에게서는 인人과 물物이 혼용되고 있다는 점 정도다. 사실 서의 대상이 되는 '물物'은 《논어》의 '己所不欲, 勿施於人'이라는 구절과 연관 지어보면 내가 아닌 다른 사람[人]으로 해석해도 큰 무리가 없다. 탁度은 '가늠해 본다'는 뜻으로 측량의 의미가 강하지만, 처處는 '대처한다'라는 의미로 실천적 의미가 약간 더 부각된다. 촌忖과 탁度이 서의 의미 해석에 도입되는 양상에 대해서는 8장에서 다음과 같은 두 가지 사실을 지적했다.

> "서는 헤아림[忖]이다"라는 선언은 공영달의 《예기주소》에 나타난다. 한편 《설문해자》에 의하면 촌忖은 탁度이다. 이런 의미의 유사성 때문에 촌탁 忖度은 병칭되는 경우가 흔하다. (본문 306쪽) (……) 탁度·양量·추推는 모두 의미가 비슷해서 '헤아림'으로 번역된다. 이렇게 많은 용례들이 모두 헤아림이라는 의미를 가질 때 《강희자전》에서 헤아림을 대변하는 하나의 낱말로 수렴되는데 바로 촌忖이다. (본문 308쪽)

> 《강희자전》은 심리적인 헤아림을 뜻하는 촌忖이 원래 물리적인 헤아림을 뜻하는 낱말이었다는 사실을 지적한다. 물리적 헤아림에서 심리적 헤아림으로의 도약은 외적으로는 겨우 마음 심心이란 부수 하나를 추가하는 것으로 니타났지만, 개념적 은유의 측면에서 보자면 '심리적 사건은 물리적 사건', 결국 '마음은 몸'이라는 하위 은유를 구체화한 것이다. (본문 308쪽)

허신許愼(58~147)의 시대에서 공영달孔穎達(574~686)로 대표되는 7세기 말엽에 이르는 시기에 서의 기본 의미 가운데 하나는 헤아림[忖]

이고 이것은 탁度과 비슷한 뜻이라는 용례가 확립되어 있었던 것이다. 한편 앞의 인용문에서는 헤아림이 다른 사람의 마음을 헤아리는 심리적 의미를 획득하게 되었고 이는 '심리적 마음을 물리적 수량을 가지는 마음'으로 간주하는 일종의 개념적 은유에 의해 가능하다는 것을 지적하고 있다. 이것은 '촌寸'이 애초에 물리적인 길이의 한 단위이고, '탁度'은 측량하는 행위 혹은 기준이라는 뜻이라는 《한서》〈율력지〉의 서술과 맞아떨어진다.[19] 애초에 물리적인 사물의 길이와 관련된 측량을 뜻하는 헤아림이 심리적인 헤아림으로 의미가 확장된 것이다. 형병의 해석에서 이런 은유적 헤아림의 대상은 물物로 서술되고 있다. 따라서 형병의 해석은 이전의 해석과 별다른 차이를 보이지 않는다.

　　이러한 전통적 의미의 촌과 탁을 '추推'로 전환한 것은 이정 형제였다. 이정은 단순하게 말해서 "추기推己", 보다 정확하게는 "나를 미루어 외물에 미친다[推己及物]"는 뜻으로 서의 의미를 바꾸었다.

　　자기로써 남에게까지 미치는 것은 어짊이고, 자기를 미루어 남에게 미치는 것은 서이다. 충서는 하나로 관통되었다. 충은 천리이고, 서는 인도이다. 충은 망령됨이 없고, 서는 충을 배경으로 실천할 수 있다. 충은 본체이고, 서는 작용이니 대본과 달도의 관계다. 이것이 "도와 거리가 멀지 않다"는 것과 다른 점은 하늘로써 움직인다는 것뿐이다.[20]

---

19 "度者, 分·寸·尺·丈·引也, 所以度長短也, 本起黃鐘之長, 以子穀秬黍中者, 一黍之廣, 度之九十分, 黃鐘之長. 一爲一分, 十分爲寸, 十寸爲尺, 十尺爲丈, 十丈爲引, 而五度審矣. (……) 寸者, 忖也." 班固, 〈律歷志〉第1 上, 《前漢書》卷21 上.

20 "以己及物, 仁也. 推己及物, 恕也. 忠恕一以貫之. 忠者天理, 恕者人道. 忠者無妄, 恕者可以行乎忠也. 忠者體, 恕者用, 大本達道也. 此與"違道不遠"異者, 動以天爾." 程顥·程頤, 《河南程氏遺書》卷

이정에게서는 벌써 주희가 수용할 두 가지 경향이 나타나고 있다. 충서를 하나로 간주하면서, 천리와 인도로 분리하고, 충을 체로 간주하고 서를 용으로 간주하는 것이다. 이는 이미 앞에서 말했던 초월-선험적 특징을 충에 부여하고, 충의 실천 활동으로 서를 파악한다는 것을 의미한다.

여기에서 한 걸음 더 나아가 엄격한 의미에서 《논어주소》와 이정에게서 나타나는 서의 실천 대상으로서 '물物'의 정확한 의미를 '다른 사람(人)'으로 확정한 것은 주희였다.[21] 주희는 엄격하게 서라는 용어가 사용되거나, 혹은 사용되지 않더라도 넓은 의미에서 서라고 해석할 수 있는 경서의 구절들을 해석할 때면 '추기이급인推己以及人—줄이면 추기급인推己及人이다—'이라는 표현을 반복해서 사용했다.[22] 또한 '추기급물'과 '추기급인'을 번갈아 사용함으로써 사실상 양자를 동일한 표현으로 취급했다.

11, 二程集 vol.1, 124쪽.

21 이정과 주희가 확립한 '추기推己'의 구조를 그대로 받아들이되 기己의 이면에서 이理와 정情을 구분했을 때 나타날 수 있는 서의 의미 변화 양상은 왕부지의 다음 두 가지 진술을 참조하라. "故知合盡己言之, 則所謂己者, 性也 · 理也; 合推己言之, 則所謂己者, 情也 · 欲也." 王夫之, 《讀四書大全說》卷4, 船山全書 vol.6(長沙: 嶽麓書社, 1996), 636쪽; "忠, 盡己也; 恕, 推己也. 盡己之理而忠, 則以貫天下之理; 推己之情而恕, 則以貫天下之情." 王夫之, 《讀四書大全說》卷4, 船山全書 vol.6, 816쪽.

22 주희는 《맹자》에서 "서를 힘써 행하면"이란 구절에 대해서는 분명하게 "서는 자기를 미루어 남에게 미치는 것이다"라고 했고, 《대학》 전9장 "군자君子는 자기 몸에 선善이 있은 뒤에 남에게 선하기를 요구하며, 자기 몸에 악惡이 없은 뒤에 남의 악을 비난한다"라는 구절에 대해서는 명시적인 서의 언급이 없음에도 "모두 나를 미루어 남에게 미친 것이니 서恕라 말하는 것이다"라고 풀이했다. 朱熹, 《孟子集注》卷13, 朱子全書 vol.6, 426~427쪽; 《大學章句》卷13, 朱子全書 vol.6, 23쪽 참조.

자기 마음을 미루어 뭄에 미치면 그 베풂이 무궁하다. 그러므로 종신토록 행할 수 있는 것이다.[23]

이렇게 해서 충서론에 근거한 추기급인이라는 성리학적 서의 가장 중요한 의미가 형성되었고 이는 주희 이후 서에 대한 전형적인 해석으로 굳어졌다. 그래서 주희는 이정이 제기한 충서의 체용론, 형태와 그림자의 비유를 자신의 서에 대한 어법 속에서 되풀이했다.

충과 서는 체體와 용用이니, 하나일 뿐이다. 형체와 그림자와 같아서 하나를 없애려고 해도 할 수 없다. 만일 깨닫지 못했다면 또 보고 지나가되, 오히려 때로 마음을 가라앉히고 음미해야 한다. 충과 서는 한 걸음도 서로 떨어질 수 없다.[24]

주희가 전범을 보인 이런 해석을 조선의 노수신盧守愼도 따랐다. 그는 〈자훈字訓〉에서 "자기를 미루어 뭄에 미치는 것, 이것을 일러 서라 한다〔推己及物, 是之謂恕〕"는 구절에 대해 풀이하면서 이렇게 말했다.

자기의 마음을 미루어 남에게 미치는 것이 서다. 《주례》의 소疏에서 '속마음이 충이고, (너와 나 할 것 없이) 같은 마음이 서다'라고 한 것도 뜻이 통한다. 충과 서는 머리와 꼬리, 형체와 그림자와 같다. 서는 충으로 말미암아

---

23 "推己及物, 其施不窮, 故可以終身行之." 朱熹, 《論語集註》卷8, 朱子全書 vol.6, 207쪽.

24 "忠·恕只是體·用, 便是一箇物事; 猶形影, 要除一箇除不得. 若未曉, 且看過去, 卻時復潛玩. 忠與恕不可相離一步." 朱熹, 《朱子語類》卷27, 朱子全書 vol.15, 968쪽.

나타나고, 충은 서로 인해 실천된다.[25]

　나아가 추기급인의 영향력은 현대에 들어서도 사라지지 않았다. 치엔무錢穆가 주희의 진술을 고스란히 계승해서 다음과 같이 말하고 있는 데서 알 수 있다.

　자기가 원하는 것을 다른 사람의 경우에 비유하면 그들이 원하는 것 또한 나와 같음을 알게 된다. 그런 뒤에 자기를 미루어 남에게 미치면, 이것이 곧 서의 일이요, 인의 방법이란 그 가운데 있다.[26]

　결론적으로 세 가지 사실을 알 수 있다. 주소학적 전통과 성리학적 사유의 발달을 통해 주희는 촌忖과 탁度으로 특징지어지는 서의 의미를 추推를 중심으로 정돈했다. 이 과정에서 충과 서의 관계를 초월-선험적 본질로부터 실천이 유래하는 구조 속에 편입했다. 서의 실천 대상인 물物과 인人에 유사성을 부여해서 서의 의미를 추기급인으로 정착시켰다. 이러한 서의 의미는 현대의 《논어》 해석에까지 중요한 영향력을 행사하고 있다.

---

25 "推己之心, 以及於人, 所謂恕也. 周禮疏, 言中心爲忠, 如心爲恕, 亦通. 夫忠與恕, 猶首尾形影. 恕由忠出, 忠因恕行, 故夫子合以釋之曰: 施諸己而不願, 亦勿施於人. 然而曾子直以爲夫子之道, 何也? 借言以曉之也. 在聖人則曰誠與仁." 盧守愼, 〈養正錄〉丙一, 《穌齋先生內集》下篇, 影印標點 韓國文集叢刊 vol. 35, 398쪽.

26 "以己所欲, 譬之他人, 知其所欲之亦猶己. 然後推己及人, 此卽恕之事, 而仁術在其中矣." 錢穆, 《論語新解》(北京: 九州出版社, 2011), 185쪽.

헤아림인가, 견줘봄인가

이정과 주희를 거치면서 서는 충서의 체용론적 구도에서 해석되는 한편, 의미 축이 촌과 탁에서 추로 옮겨졌다. 이외에도 주희는 서에 대한 고전적 해석 가운데 하나인 '여심如心'도 '비比'라는 용어로 대체했다. 여기에는 기본적으로 '마음은 저울' 은유가 도입되었다. 그렇다면 헤아림(恕)은 어떻게 견줘봄(比)이 되었는가?

주희는 명확하게 "여심위서如心爲恕"란 말이 《주례》의 육덕六德 가운데 충을 설명한 정현鄭玄의 주에 대한 가공언賈公彦의 소에서 유래했다는 사실을 지적하고 있다.[27] 《주례》의 본문에서는 지知·인仁·성聖·의義·충忠·화和의 육덕을 언급하고 있는데, 다섯째인 충에 대해 정현은 "충이란 속마음으로 말하는 것(忠言以中心)"이라고 풀이했다. 이 주의 내용을 부연 설명하면서 가공언은 다음과 같이 말했다.

(정현의 주에서) '충이란 속마음으로 말하는 것'이라고 했는데, 이것은 글자로 (그 낱말의 의미를) 풀이한 것이다. (너나 할 것 없이) 같은 마음을 서라 하는 것도 , 같다는 뜻의 여如 자 아래에 마음을 뜻하는 심心 자로 이루어졌다. 중심中心을 충이라고 한 것도 내면을 뜻하는 중中 자 아래에 마음을 뜻하는 심心 자로 이루어졌다. 마음에서 나오는 말은 모두 충실하다는 말이다.[28]

---

27 "中心爲 忠, 如心爲 恕, 此語見周禮疏." 朱熹,《朱子語類》卷27, 朱子全書 vol.6, 207쪽.

28 "云'忠言以中心'者, 此以字解之, 如心曰恕, 如下從心, 中心曰忠, 中下從心. 謂言出於心, 皆有忠實善也." 鄭玄 注, 賈公彦 疏,《周禮注疏》卷10, 13經注疏 整理本 vol.7, 315쪽.

가공언의 설명에 의하면 글자를 풀이하는 방법 가운데 하나로 파자破字해서 설명하는 경우가 있는데, 충忠을 중심中心이라고 하고, 서恕를 여심如心이라고 하는 것이 이에 해당한다. 채청蔡淸은 '인人과 언言이 합쳐져 신信이 되고, 지止와 과戈가 합쳐져 무武가 되며, 중中과 심心이 합쳐져 충忠이 되고 여如와 심心이 합쳐져 서恕가 되는 것이 회의자의 사례'라고 설명함으로써 가공언의 설명이 회의자에 대한 해석 방식의 하나라는 점을 증명해준다.[29] 즉 서를 여심이라고 풀이하는 것은 파자 방식의 회의자 해석인 것이다. 이를 기초로 한 서에 대한 전형적인 해석은 《논어찬소》와 《논어집주대전》에 인용된 보광輔廣의 다음 진술에서 잘 드러난다.

> 보씨輔氏는 이렇게 말했다. 속마음(中心)이 충이라고 하는 것은 내면의 마음에는 본래 조금의 미진함조차 없다는 말이다. 같은 마음(如心)이 서라고 하는 것은 나와 같은 마음으로 밖으로 미루어 나아가서 피차의 간격이 없음을 말한다. 마음이 내면에 보존되면 저절로 미진함이라고는 없을 것이고, 같은 마음으로 미루어 나간다면 저절로 외물에 미칠 수 있을 것이다.[30]

주희는 여기에 만족하지 않고 한 걸음 더 나아갔다. 그는 여심如心을 단순하게 받아들이는 데서 그치지 않고, 그 의미를 보다 명료하게

---

29 "二會意 (⋯⋯) 如人言爲信, 止戈爲武, 中心爲忠, 如心爲恕之類, 是切當矣." 蔡淸, 《四書蒙引》卷1, 文淵閣 四庫全書 vol. 206, 16쪽.

30 "輔氏曰: 中心爲忠, 謂中心所有本無一豪之不盡也. 如心爲恕, 謂如我之心而推之於外, 無彼此之間也. 心存於中, 則自無不盡; 如心而推, 則自然及物." 趙順孫, 《論語纂疏》卷2, 文淵閣 四庫全書 vol. 201, 269쪽.

하기 위해 '여如'를 '비比'로 해석했다.

"같은 마음이 서다"에 대해 묻자 (선생님께서) 말했다. "같다(如)는 말은 견주다(比)는 뜻이다. 자기의 마음에 견주어 미루어가는 것이다. 어짊과 서는 조금의 차이만 있을 뿐이다. 자연스러운 것은 어짊이고, 견주어서 미루어가는 것은 바로 서다."**31**

견줘본다는 말은 이것과 저것의 양이 동일한지를 따져본다는 뜻이다. 이러한 심리적인 견줘봄의 원형은 물리적인 두 사물의 양을 비교하는 행위다. 저울을 생각해보면 된다. 그리고 전통적으로 '마음은 거울' 은유로 알려졌다.

마음은 거울이다

《상서》〈반경〉에는 "너희들의 계책과 생각을 나누어 서로 더불어 각각 너희들의 마음에 중을 베풀도록 하라"는 구절이 있다. 황손무는 이 구절을 '마음은 저울' 은유를 동원해서 해석한다. 그는 "중이란 한 마음의 저울이요, 온갖 일의 표준이다. 예로부터 성왕들은 '중을 잡으라' '중을 세우라'고 했다"고 말하고 있다.**32** 비단 마음만 저울인 것이 아니

---

31 "問 '如心爲恕'. 曰: '如, 比也: 比自家心推將去. 仁之與恕, 只爭些子. 自然底是仁, 比而推之便是恕.'"
朱熹,《朱子語類》卷27, 朱子全書 vol.15, 989쪽.

32 "中者, 一心之權衡, 萬事之標準. 自古聖帝明王曰: 執中, 曰: 建中." 黃孫懋,《御覽經史講義》卷12,

다. 정이와 주희의 저술에서는 '마음은 저울'과 함께 '경서는 저울' 은유도 발견된다.

> 《논어》와 《맹자》는 마치 자나 저울과 비슷해서, 이것으로 사물을 비교하고 재어보면 저절로 길이와 무게를 알 수 있다.[33]

> 만약 《논어》와 《맹자》《대학》《중용》을 철저하게 읽지 않고, 곧바로 역사책을 보면, 마음속에 저울이 없는 것처럼 대부분 미혹당하게 된다.[34]

엄밀하게 말하면 '마음이 저울'이 아니라 《논어》나 《맹자》에 나타난 유가의 도가 저울이고, 마음은 저울의 사용자이다. 일반적인 '마음은 저울' 은유의 변형이라고 할 수 있다. 주희는 보다 명확하게 이것을 표현하고 있다.

> 도량度量과 권형權衡은 천하의 지극히 공정한 물건이고, 사심은 그것을 잡고 있는 사람에게 있을 뿐입니다. 붙잡고 있는 이가 사사로워 천리의 공정함을 미워한다면, 이는 뜻을 사사롭게 하여 점차 악을 저지르다가 결국 크게 공정치 못한 곳으로 귀결됩니다.[35]

文淵閣 四庫全書 vol.722~723, 169쪽.

33 "論孟·如丈尺權衡相似, 以此去量度事物, 自然見得長短輕重." 程顥·程頤, 《河南程氏遺書》卷18, 二程集 vol.1, 205쪽.

34 "若未讀徹語孟中庸大學便去看史, 胸中無一箇權衡, 多爲所惑." 朱熹, 《朱子語類》卷11, 朱子全書 vol.14, 353쪽.

35 "度量權衡, 天理至公之器, 但操之者有私心耳. 以其操之者私而疾夫天理之公, 是私意彼此展轉相生,

(권도로서의) 저울질(權)이란 저울추와 저울대(權衡)에서 저울추(權)가 가진 기능으로서 사물의 경중을 재면서 이리저리 옮김으로써 균형을 맞추는 것을 말합니다. (권도로서의 저울질이란) 이것은 인의의 경중을 재고 헤아려 때에 맞춰 조치하려는 것입니다.[36]

주희에 의하면 마음은 인의를 저울질해서 행위의 적절한 지점을 찾아내 실천한다. 나아가 마음 자체가 저울이 될 때도 있다.

먼저 마음에서 밝히고서 사물이 어디에서 유래한지를 살펴서 부응해나갈 뿐이다. 이것은 마치 자와 저울을 이곳에 두고 어떤 사물이 긴 것인지, 짧은 것인지, 작은 것인지, 큰 것인지에 대해 재어나가면서 조금이라도 오차가 없게 하는 것과 같다.[37]

이상의 사례들은 주희가 고전적인 '마음은 저울' 은유를 받아들였다는 사실을 잘 보여주고 있다.[38] 주희는 여기에서 한 걸음 더 나아가

而卒歸於大不公也." 朱熹, 〈答何叔京〉, 《晦庵先生朱文公文集》 卷40, 朱子全書 vol. 22, 1821쪽.

36 "權者, 權衡之權, 言其可以稱物之輕重, 而游移前却以適於平, 蓋所以節量仁義之輕重而時措之." 朱熹, 〈答宋深之〉, 《晦庵先生朱文公文集》 卷58, 朱子全書 vol. 23, 2770쪽.

37 "若能先明諸心, 看事物如何來, 只應副將去. 如尺度, 如權衡, 設在這裏, 看甚麼物事來, 長底短底, 小底大底, 只稱量將去, 可使不差毫釐." 朱熹, 《朱子語類》 卷30, 朱子全書 vol. 15, 1094쪽.

38 시각을 확대하면 우리는 조선의 정약용에게서도 같은 것을 발견하게 된다. "마음속에는 이러한 본성의 욕구를 따를 수도 어길 수도 있는 유동적인 선택의 가능성 역시 존재한다. 정약용은 이러한 유동적인 선택의 자리를 '권형權衡', 곧 '마음의 저울'로 정의한다." 임부연, 〈정약용의 수양론 체계: 성리학, 서학, 고학과의 비교를 중심으로〉, 《유교문화연구》 13집(성균관대학교 유교문화 연구소, 2009), 142쪽.

이 은유를 이용해 서의 의미를 파악하려고 시도했다. 그는 겸괘의 〈상전〉을 인용해서 서란 '사물을 저울질해서 공평하게 베푸는 지점'이라고 주장했다.[39] 주희의 용법에서 '추기급인'과 '추기급물'이 병용된다는 것을 감안하면 '칭물평시稱物平施'는 '칭인평시稱人平施'라고 바뀌도 무방할 것이다. 이에 따르면 사람의 마음을 저울질해서 공평하게 베푸는 것이 서다.

　　주희는 이러한 견줘봄을 두 사람 사이에 가정하는 어법을 양접설兩摺說이라고 불렀고, 견줘봄의 대상이 둘이고 이 사이에 서라는 주체가 개입되어 있는 상황을 가정했을 때는 삼접설三摺說이라고 불렀다.[40] '내가 원하지 않는 것을 남에게 베풀지 말라'는 말은 이접설에 해당하고, '윗사람에게서 싫었던 것으로써 아랫사람을 부리지 말며' 같은 경우는 삼접설이라는 것이다. 이 말은 인간관계의 다양성에 따라 수많은 다접설多摺說이 가능하다는 뜻이다. 바로 여기에 충서에 대한 이일분수적 해석이 개입할 수 있게 된다. 즉 충은 일이고, 서는 분수인 것이다. 이것은 서가 함축하는 상호 관계의 복잡성을 뜻하는 다접多摺의 가능성을 확장함으로써 실현된다. 봉건사회에서 이러한 다접 가능성을 가장 많이 체현하는 사람은 개인으로서 만민萬民을 대상으로 행위하는 존재, 곧 최고 통치자다. 그래서 진순은 다음과 같이 말할 수 있었다.

　　서의 도리는 매우 광범위하다. 선비에겐 단지 한 집안에서 응하는 데 그치

---

39 "恕是'稱物平施'處." 朱熹, 《朱子語類》卷27, 朱子全書 vol. 15, 968쪽.

40 "'己欲立而立人, 己欲達而達人', 是兩摺說, 只以己對人而言. 若絜矩, 上之人所以待己, 己又所以待人, 是三摺說." 朱熹, 《朱子語類》卷16, 朱子全書 vol. 14, 556쪽.

기에 그 범위가 작으므로, 그에 따라서 미루어나가는 바 또한 한계가 있지만, 높은 지위에 있는 자로 말하면 미루어가는 바 크며 미쳐가는 바 또한 광범위하다. 이에 천자의 지위에 있으면 그의 미루어나가는 바는 더욱 클 것이다. (……) 사해의 부를 누리면서도 하소연할 곳 없는 곤궁한 사람들이 삶을 즐겁게 누리지 못하게 한다는 것은, 모두가 내 몸을 미루어 나아가지 못한 것이며, 이는 곧 서를 행하지 못했기 때문이다.[41]

거울의 역할

서에 도입된 '마음은 거울' 은유는 서의 개념사에 나타난 용어들의 공통점을 드러내준다. 헤아림을 뜻하는 촌村과 탁度, 추기급인에 포함된 미루어봄(推), 너 나 할 것 없이 같은 마음(如心)을 대체하는 견줌(比)은 의미상 서로 통하는 것이다. 서의 실천 과정에서 나의 마음과 다른 사람의 마음에 공히 적용하는 마음의 상상적인 평가 능력, 즉 헤아릴 수 있음, 미루어볼 수 있음, 견줘볼 수 있음을 가정하는 것이다. 이런 능력들은 기본적으로 물리적 측량이 심리적 측량으로 은유적으로 확장된 것이다. 다시 말해 저울로 무게를 재는 경험에서 나온 '측량 도식'과 '균형 도식'이 심리적 행위 영역에 적용된 것이다.

이것은 '헤아린다'라는 말이 어디에서 기원했을까를 생각해보면 잘 알 수 있다. 수량의 측정이나 계산이 '헤아림'이라는 말의 원초적인

---

41 진순, 《성리자의》, 112쪽.

기원이라고 할 수 있다. 수량의 경우 구체적으로 어느 정도의 양인지를 측정하는 것이 전형적이다. 특히 동양의 전형적인 방식은 두 가지 양을 서로 비교하는 것이다. 수량의 측정 도구 가운데 이 두 가지 전형을 모두 담고 있는 것이 저울이다. 양이 정확하게 결정된 기준량을 한쪽에 두고 반대편에는 양이 알려지지 않은 다른 사물을 두고서 균형과 기울어짐의 정도에 의해 양을 측정하기 때문이다. 마음의 원함이라는 추상적인 대상을 물리적인 무게로 치환할 수 있다면, 저울을 통해 정확한 물리량을 측정하는 경험과 관점에 입각해 마음으로 원함의 내용과 정도를 정확하게 파악할 수 있다는 은유적 사고가 가능해진 것이다. 그러므로 주희가 서의 실천을 '칭물稱物'로 서술하고, 우리가 이를 '칭인稱人'으로 변형할 수 있는 것은 바로 이 '마음은 저울' 은유 덕분이다.

결국 서라는 말은 사물의 양의 헤아림을 다른 사람의 마음에 적용한 은유의 결과물이다. 즉 '마음의 내용은 양을 가지는 사물'이라는 은유적 발상과 이에 기초한 '마음은 저울' 은유의 도입이 서의 은유적 개념 체계에서 핵심인 것이다. 그리고 이렇게 '마음이 양'이 될 때 서는 사물의 양을 측량하는 행위가 되는 것이다. 헤아림은 양을 헤아리는 것이고, 미루어봄은 이미 알고 있는 양을 통해 미지의 양을 유추해가는 것이며, 견줘봄은 두 개의 양을 사이에 두고 균형과 편중의 정도를 측량하는 것이다. 서를 설명하는 용어들이 촌과 탁에서 추와 비로 전환되어가는 일련의 해석학적 과정 이면에는 감춰진 개념적 은유들의 일관성이 전제되어 있는 것이다.

나아가 이 은유로부터 주희를 비롯한 성리학자들의 서의 이해에서 나타나는 또 하나의 중요한 측면을 파악할 수 있다. 앞에서 말한 것처럼 저울에 두 가지 양이 사용되듯이 서의 실행을 위해 두 가지 마음이 전제되어야 한다는 것은 자연스러운 귀결이다. 기준이 되는 저울량과 사물량이 존재해야 하는 것처럼, 나의 마음과 다른 사람의 마음이 있어야만 하므로 주희에게 서란 최소한 두 사람을 필요로 한다. 이접설과 삼접설은 가능하지만 일접설이라는 발상은 성리학적인 서의 개념 체계에서는 불가능하다.[42]

그래도 확실성은 불가능하다

촌과 탁은 사실상 같은 말이다. 서를 묘사할 때 촌과 탁이란 표현을 사용하는데 이는 은유적인 관점에서는 같은 측량 행위를 서로 다른 단어로 제시하는 것이기 때문이다. 그러므로 나에 대해서나 남에 대해서 동일한 용어를 사용할 수 있다면 서의 의미 파악에 더 효율적일 것이다. 그래서 미루어보다(推)라는 낱말 자체는 두 개의 양에 대한 비교와 평가를 포함한다. 이미 알려진 하나의 양을 기준으로 삼아 다른 것의 양을 헤아린다는 뜻이기 때문이다. 이를 통해 어째서 '촌아탁인' 같은 표현이 '추기' 혹은 '추기급인'으로 나아갔는지를 알 수 있다. 급及 자체는 미루어봄의 활동을 어디까지 적용해야 하는지를 결정하는 표현일 뿐이다. 미루어봄은 하나의 기준량과 이에 따라 평가되는 상대적인 양

---

42 권상우의 용어로 표현하자면 나와 너 사이를 소통시킨다는 의미에서 '사이윤리학'이라고 이름 붙일 수 있는 윤리학적 입장의 특징이 여기에서 나타난다. 권상우, 〈유학의 '사이(際)' 윤리학: 惻隱과 恕〉, 《동서철학연구》 79호(한국동서철학회, 2016), 95~114쪽 참조.

을 가정한다. 그러므로 미루어봄이 마음의 활동이라면, 이 마음은 보다 원초적인 의미에서 저울 역할을 하는 마음인 것이다.

그런데 이런 해석에는 중요한 철학적 어려움이 개입되어 있다. 주희는 '마음은 저울' 은유에 근거해서 '(너와 나 할 것 없이) 같은 마음'이라는 서의 의미를 '견주다(比)'의 의미로 해석할 수 있다고 주장했다. 이것은 성리학의 본질주의적 사고가 서에 적용된 결과이기도 하다. 서가 우리의 내적 본질의 외화된 형태로 나타난 이상, 본질의 순수성과 객관성, 보편성과 진리성은 의심의 여지 없이 확실해야 한다. 서의 경우에 견주어보는 두 가지 사물량의 동일시를 통해 확실성이 얻어진다. 진순은 이렇게 말하고 있다.

> 공자의 "내가 원하지 않는 바를 남에게 베풀지 말라"라는 말은 일부분만 논한 것일 뿐, 또한 여기에 그친 것은 아니다. "내가 원하지 않는 바를 베풀지 말라"는 것은 곧 내가 원하는 일을 반드시 사람에게 베풀라는 말이다.[43]

"내가 원하는 일을 반드시 사람에게 베풀라"는 말은 내가 원하는 것과 남이 원하는 것의 암묵적인 동일시를 가정한다. 문병도에 의하면 그것은 이렇게 묘사할 수 있다.

> (서라는) 이 원리는 타인을 마치 나인 것처럼 간주하여야 한다는 '동등 고려 equal consideration'의 의미를 내포하고 있다. 즉 타인을 나와 똑같이 소중

---

43 진순, 《성리자의》, 111쪽.

한 존재로 간주하라는 의미를 내포하고 있다. 나와 똑같이 소중하게 대우받아야 할 존재이기에, 내가 싫어하는 바를 타인에게 해서는 안 된다는 것이다. 당연히 자신이 원하는 바를 타인에게 베풀어야 할 것이다.[44]

이미 앞에서 인용했던 치엔무의 진술, 즉 "자기가 원하는 것을 다른 사람의 경우에 비유하면 그들이 원하는 것 또한 나와 같음을 알게 된다"는 말에도 이러한 생각이 들어 있다. 그러나 이런 주장들은 좀 더 섬세하게 고려해야 할 문제가 있다. 나는 이미 서장에서 《장자》에 실린 혼돈칠규의 우화를 인용한 후 이렇게 말한 적이 있다.

> 혼돈칠규의 우화는 잘못된 '동일시'에 근거한 추론이 초래하는 파국을 묘사한다. (본문 51쪽) (……) 여기에는 불완전성이 내포돼 있다. 이 불완전성은 '완전한 자아 동일시'와 '완전히 이해할 수 없는 타자'라는 개념적 극단 사이에서 사유하고 판단하는 불안정한 우리의 인지적 상황을 고스란히 드러낸다. (본문 53쪽)

아마도 우리는 좀 더 신중하게 서에 대해 말할 필요가 있는 것 같다. "네가 원하는 것과 다른 사람이 원하는 것이 같을 때, 그때에만 다른 사람에게 그것을 베풀어라." "네가 원하는 것과 다른 사람이 원하는 것이 다를 때, 그때에는 어떤 행동이 보다 나은 것인지에 대해 심사숙고한 후에 행동하라!" 그럼에도 불구하고 이 두 가지 조심스러운 주장에도 어

---

44 문병도, 〈동양에서 서양 바라보기〉, 《동서철학연구》 36집, 363쪽.

떤 무의식적 가정이 들어 있다. 내가 원하는 것과 타인이 원하는 것의 동일성이나 차이를 우리가 완전하게 파악할 수 있다는 전제가 깔려 있기 때문이다. 우리가 '완전하게'라는 수식어를 포기한다면 이론적 곤란이 해소되는 반면에 서의 행위 원칙이 갖는 확실성을 희생하게 된다. 그렇다고 이 수식어를 포기하지 않으면 한편으로는 내가 원하는 것을 남에게 일방적으로 강요하는 상황에 마주치고, 다른 한편으로는 나와 타인이 원하는 것이 다르다는 이유로 자신이 원하는 것만을 추구하는 극단적인 이기주의와 함께, 자기 이익을 철저히 배격하는 극단적인 이타주의를 만나게 된다. 반면에 불확실성의 도입은 이와는 다른 행동 양식을 촉구한다. 이것이 내가 서장에서 다음과 같이 말한 이유이다.

> 서는 도덕적 상상력을 배경으로 하는 추론을 통해 행위의 타당성을 마련하거나, 비행위의 타당성을 마련한다. 상상적 추론은 틀릴 수 있다. (……) 옳다고 판단된 행동의 결과가 바람직하지 않다는 것이 드러날 경우, 서의 과정은 반복되어야 한다. 우리는 가지고 있는 능력을 바탕으로 잘못된 것에 대해 대화하고, 지속적으로 문제를 해결하기 위해 노력하면서 서에 입각한 행위의 타당성을 검증할 뿐이다. (본문 56~57쪽)

도덕적 상상력의 발휘로 간주되는 서가 언제든 오류에 봉착할 수 있다는 가능성을 받아들이라는 말은 우리로 하여금 서를 포기하라는 말이 아니다.[45] 문제는 서 자체에 있지 않다. 서라는 행위 양식을 창조

---

45 지준호는 이 오류 가능성을 배제하기 위한 또 다른 전략으로서 서를 최소 도덕의 의미로 해석할

하고 실천하는 우리들 자신의 인지적 특징 속에 있다. 인간의 인지는 진화 과정에서 생존에 유리한 방향으로 발달했다지만, 이러한 경향성이 인지 기능의 확실성과 객관성을 보장하지는 않는다. 오히려 우리에게 유리한 방향으로 사태와 사물을 이해하려는 인지적 편향성을 가진다는 것이 더 진실에 가깝다. 그러므로 우리가 서의 위험성에 관심을 기울이는 이유는 서 때문이 아니라, 서의 당사자로서 우리 자신의 인간적 특징에 잠재한 한계와 제약 때문이다.

더욱 중요한 것은 우리가 이런 인지 구조를 제외하면 서를 실행하기 위한 특별한 도구를 가지고 있지 않다는 점이다. 즉 우리는 불편한 도구를 수리해가면서 서를 실천하는 방법밖에는 달리 대안이 없다. 달리 말하자면 이미 누군가 말했듯이 유능한 선원이라면 항해 중에 배를 손볼 수 있어야 하는 것이다.

서는 인간의 징검다리다

주희를 중심으로 하는 성리학적 사유는 고전적인 서의 의미를 몇 가지 변화시켰다. 첫째 '상하 도식'과 '안팎 도식'을 기초로 하는 서의 의미는 성리학자들에 의해 '안팎 도식'과 초월-선험적 본질주의에 기초한 '체용 도식'이 도입됨으로써 변화를 겪었다. 가장 단적인 사례는 체용론

것을 제안한다. "推己及人으로 표현되는 恕는 무엇보다 다른 사람을 강요하거나 압박하지 않는 최소 도덕을 의미한다고 할 수 있다." 지준호, 〈恕와 유가의 실천 윤리〉, 《한국철학논집》 19집(한국철학사연구회, 2006), 38쪽 참조.

과 이일분수적 사유에 의해 충서론이 구성되고, 그 하위 범주로서 서의 개념이 다루어지기 시작했다는 것이다. 둘째, 이 과정에서 '촌기탁인' 혹은 '촌기탁물'로 이해되었던 서가 '추기' 혹은 '추기급물'을 거쳐 가장 영향력 있는 진술인 '추기급인'의 의미로 파악되었다. 셋째, 주희는 서의 의미 가운데 하나인 여심如心을 비比로 대체했다. 그런데 이러한 촌, 탁, 추, 비라는 용어의 도입과 서의 의미 변화는 모두 '마음은 저울' 및 '마음의 내용은 물리적인 양'이라는 은유적 사고를 배경으로 한다는 것이 밝혀졌다. 넷째, 성리학의 본질주의적 충서관은 서의 실천 과정에서 타인의 마음에 대한 보편적이고 객관적인 인식 가능성을 무의식적으로 전제하고 있다.

이상의 논의를 통해 우리는 성리학적 사유에 의해 변화된 서의 의미가 갖는 약점과 강점을 알게 된다. 약점은 서가 현상이자 실천으로서 어떤 초월-선험적 체계의 일부로 포섭되었다는 것이다. 이 약점은 인간 행동의 모든 차원에 보편적이고 객관적인 근거를 제공하려는 철학적 열망의 유학적 형태로 나타난 성리학적 사유의 일반적 특징과 호응한다. 동시에 성리학자들이 서를 나와 너의 개별적 한계를 넘어 공동체를 이루게 하는 보편적 기초라는 발상에 기초를 두고 사유했다는 사실도 보여준다.[46] 주희의 추기급인은 성급한 초월-선험적 정당화라는 약점과 동시에 서를 우리가 타인에게 나아가는 보편적 통로로 사유했다

---

46 홍성민은 주희와 대진戴震의 서를 비교 검토하면서 두 사람이 서에 대한 견해 차이에도 불구하고 "서의 보편화 가능성을 정립하고 공정과 평등의 가치 실현을 지향하고자 했다는 점에서 같은 길을 걷고 있는 것"이라고 주장한다. 홍성민, 〈서恕의 두 형태와 그 윤리학적 의미: 주자朱子와 대진戴震의 윤리학에서 서의 위상〉, 《철학연구》 129집(대한철학회, 2014), 363쪽 참조.

는 장점을 함께 드러내는 것이다.

이 통로적 성격을 수용함과 동시에 초월-선험적 정당화를 배제한다면, 우리는 현대적인 의미에서 서란 자연주의적인 정당화에 기초해서 나를 타인에게 연결해주는 어떤 것이라는 사실을 깨닫게 된다. 이는 어떤 길의 이미지를 전달한다. 비록 주희를 비롯한 성리학자들은 잘 닦인 사통팔달의 포장도로를 원했지만, 이 길은 오늘날의 고속도로와 같은 것이 아니다. 타인의 마음과 욕구, 감정과 느낌에 대한 오해와 과잉해석의 물결에 늘 위협을 당하면서도 이로 인해 생겨나는 팽팽한 긴장을 버티는 징검다리다. 다리이기에 나를 타인과 연결하지만, 드문드문 놓인 디딤돌들 사이의 간격은 개체로서 변치 않는 고립의 조건들을 가리키고 있다. 홀로이면서 또 한편 함께할 것을 요구하는 삶의 양행성兩行性에 비춰볼 때 서는 친밀한 유대와 공감으로 충만한 공동체의 이상과 타자로서 감수해야 할 영원한 고립 사이를 메우는 하나의 징검다리인 것이다.

제5장

왕부지, 욕망의 서:
김치 한 포기 함부로 내놓지 말 것

앞 장에서 나는 주희를 통해 서의 성리학적 의미 변화를 살펴보았다. 주희는 서의 담론을 이기론이라는 초월-선험적 체계의 일부로 포섭했고, 체용론적 사고에 기반을 두고 어떤 공통 원리의 실천적 지침으로 서를 이해했다. 그의 서에 대한 정의, 즉 추기급인은 비록 고전적인 형이상학적 구도라는 이론적 난점을 안고 있지만, 서를 인간관계의 보편적 통로로 사유하는 효과를 낳았다. 이런 발견에도 불구하고 앞 장에서는 하나의 질문이 생략돼 있었다. 주희의 서는 무엇이라고 명명해야 하는가? 돌이켜보면 선재하는 보편적 원리를 따라 행해야 하는 실천이라는 점에서 그것은 '당위의 서'라고 부를 만한 것이었다. 그런데 서의 개념사는 다시 한번 역동적인 모습을 보여주었다. 명말청초의 학자 왕부지王夫之(1619~92)는 바로 이러한 당위의 서라는 성리학적 이해를 벗어나서 서를 재정의하려 했다. 왕부지는 주희를 포함한 기존의 서에 대한 이론가들과 달리 인간의 이질성에 기초해 서를 이해하려 했다. 그 결과 나타난 것은 서의 새로운 담론이었다.

왜 왕부지인가

　나는 이 장에서 왕부지의 서에 대한 담론이 서의 개념사에 기여한 새로운 측면이 무엇인지 탐구하려고 한다. 특히, 성리학적 사유의 자장 안에서 파악된 서의 개념 체계와 대조하고자 한다. 이를 통해 앞 장에서 서술했던 성리학적인 서를 '당위當爲의 서'로 명명하고 이와 대비되는 개념으로 왕부지적인 '욕망欲望의 서恕'라는 용어를 제안할 것이다. 왕부지는 누구나 같은 마음[如心]에 기초한 서의 정당화와 실천이라는 기존의 이해에 서로 다른 욕망에 기초한 서의 정당화와 실천이라는 방식을 추가했다고 주장할 것이다. 이런 내용이 설득력이 있다면 우리는 서의 의미와 해석을 확장한 인물로서 왕부지의 유학사적 위상을 새롭게 평가할 수 있을 것이다.

　이 논의는 대략 세 갈래 축을 따라 전개된다. 첫째, 왕부지에 대한 최근의 선행 연구들을 개괄함으로써 왕부지의 서에 대한 현대적 담론이 부족하다는 점을 지적할 것이다. 둘째, 성리학적 서의 개념 체계의 얼개를 '당위의 서'라는 용어로 수렴해 간략하게 서술할 것이다. 마지막으로 왕부지의 서에 대한 진술들이 어떻게 이 성리학적 교의와 갈라져 나가는지를 주로 《독사서대전설讀四書大全說》을 중심으로 재구성할 것이다.

　왕부지는 전통적인 서의 배후에 자리 잡은 '인간의 마음은 누구나 똑같을 것'이라는 가정의 타당성에 의문을 제기했다. 그는 우리가 타인과 완전하게 같을 수 없다면, 동질성에 근거를 둔 행동 양식이 필요한 것만큼이나 차이에 근거를 둔 행동 양식도 필요하다는 점을 지적했다. 서의 개념사라는 측면에서 서로 차이 나는 욕망의 상호 인정을 핵심으로 하는 서라는 개념 체계가 새로 탄생한 것이다. 왕부지에 의하면 우리는 원하지 않는 것에 의해 움직일 뿐만 아니라, 설령 내가 원하는 것이 있더라도 어딘가에서 우리의 행동을 삼가야 할 필요가 있다. 멀리 소급하자면 이와 비슷한 서에 대한 이해는 이미 순자가 시사한 바 있다. 그러나 왕부지는 욕망하는 인간을 전면에 내세워 이와 함께 서의 개념사가 어떻게 변하고 있는지를 선명하게 보여주었다.

말하자면 왕부지는

먼저 선행 연구들의 성과를 검토해보자. 명말청초라는 시기와 왕부지의 사상사적 중요성 때문에 그에 대한 연구는 일일이 헤아리기 어려울 정도로 많다. 그 가운데 최소한 두 분야의 연구 목록은 분명히 언급해야 한다. 첫째 왕부지 철학에 대한 선행 연구들이고, 둘째 왕부지의 서를 탐구한 연구들이다.

첫째 분야의 선행 연구들은 왕부지 철학의 큰 얼개에 대해서 비교적 공통된 입장을 보이고 있다. 중국에서 나타난 최근의 유학사 저술에는 이러한 입장의 중요한 특징들이 망라되어 있다.

청나라 초기 이학은 총체적으로 말하자면 확실히 왕학王學으로부터 주자학으로 선회하던 추세에 놓여 있었다. 다만, 그 가운데 비범하게 자립해서 혼자의 길을 갔던 이는 왕부지였다. 왕부지는 왕학에 반대하는 과정 중에 주자학으로 전향하지도 않았고, 장재張載의 학문으로 회귀했다. 평생 장재를 으뜸으로 삼아 학문을 닦았고, 그의 학문에 깊이 심복해서 "장횡거張橫渠의 정학正學을 바랐으나 힘이 미치지 못했다"고 할 정도였다.[1]

이러한 인식은 국내 학계에서도 나타났다. 왕부지는 "程朱學的 理學體系의 역사적 한계를 인식하고 張載의 氣哲學을 계승하여 氣一元論을 완성했다"[2]는 진술은 한국과 중국의 관점이 일치함을 잘 보여준다. 다시 말해 왕부지는 '양명학을 반대하고, 정주학을 개조하였으며, 장재의 기철학을 발전시켜 정통으로 만들었다'.[3]

한편 국내 연구들은 주로 왕부지의 역철학易哲學과 기철학氣哲學[4]에 대한 관심에서, 심성론의 다양한 주제들—특히 이理와 욕欲 개념을 중심으로 하는 심성론적 탐구[5]—로 범위가 확장되고 있다.[6] 동시에 다

---

1 湯一介·李中華 主編, 汪學郡 著, 《中國儒學史(清代卷)》(北京: 北京大出版部, 2011), 171쪽.

2 진성수, 〈왕부지王夫之 기철학氣哲學의 특징特徵에 관한 연구―성리학性理學에서 기철학氣哲學으로의 선회旋回를 중심으로―〉, 《한문고전연구》 17집(한국한문고전학회, 2008), 273쪽.

3 리쩌허우, 《중국고대사상사론》, 정병석 옮김(한길사, 2005), 552쪽.

4 박사학위 논문만을 예로 들자면 김진근, 〈王夫之 氣哲學 硏究: 天人合一을 중심으로〉, 연세대학교 박사학위 논문(1995); 진성수, 〈王夫之 易學思想에 관한 硏究〉, 성균관대학교 박사학위 논문(2005); 조우진, 〈王夫之의 器 중심의 易學 體系〉, 전남대학교 박사학위 논문(2010) 등을 거론할 수 있다.

5 특히 왕부지의 서와 밀접하게 연관된 욕欲을 포함하는 심성 이론이란 차원으로 시각을 확장하면 김진근의 〈왕부지 심성론의 의의〉, 《동양철학》 7집(한국동양철학회, 1996), 385~419쪽 이후 나타난 안재호의 선행 연구는 기철학과 역학이란 키워드에 치중한 경향성을 극복하려는 시도라

양한 측면에서 성리학의 대변자인 주희와 왕부지를 비교 검토하려는 시도들이 나타나고 있다.[7] 반면에 중국학계의 경우에는 주제의 넓이와 깊이 양 측면에서 어느 한 방향으로 한정할 수 없는 포괄적인 연구가 이루어지고 있다. 2010년대 이후에 나타난 왕부지에 대한 박사학위 논문으로 한정해도 학술 일반, 철학, 예술, 문학 등 점점 다양해지는 주제의 확장을 보여준다.[8] 문제는 이러한 와중에도 왕부지의 서恕에 대한 이론적 성과는 매우 드물게 나타났을 뿐이라는 점이다.

고 평가할 수 있다. 직접 주희와 왕부지의 욕망관을 비교 분석한 이철승의 연구 또한 참고할 만하다. 안재호, 〈왕부지의 인성론 연구〉, 《유교문화연구》 2집(성균관대학교 동아시아학술원, 2001), 215~246쪽; 〈왕부지 이욕관理欲觀 연구〉, 《중국학보》 45집(한국중국학회, 2002), 461~476쪽; 〈정주리학과 육왕심학에 대한 왕부지의 비판: 심성과 격물치지를 중심으로〉, 《공자학》 6집(한국공자학회, 2000), 35~63쪽; 이철승, 〈주희와 왕부지의 욕망관 분석—《논어집주》와 《독논어대전설》의 내용을 중심으로〉, 《동양철학연구》 38집(동양철학연구회, 2010), 273~302쪽 참조.

6 물론 왕부지 철학 자체의 풍부한 함의는 이러한 방향의 탐구에만 국한되지 않는다. 예를 들어 안재호, 〈王船山歷史哲學研究〉, 북경대학교 박사학위 논문(2009); 이철승, 〈王夫之와 艾思奇 哲學에 나타난 認識과 實踐의 問題: 認識의 發展 過程 및 認識과 實踐의 關係를 中心으로〉, 성균관대학교 박사학위 논문(1996)을 보라.

7 경학적 측면에서 주희와 왕부지를 비교 검토하거나 왕부지를 단독으로 다루려는 시도들은 임옥균, 진성수, 이철승의 연구에서 확인할 수 있다. 임옥균, 〈왕부지의 《논어》 해석〉, 《동양철학연구》 29집(동양철학연구회, 2009), 93~118쪽; 〈왕부지의 《대학》 이해〉, 《동양철학연구》 38집(동양철학연구회, 2004), 247~275쪽; 진성수 《《대학》의 해석학적 접근: 왕부지의 《대학》관〉, 《동양철학연구》 63집(동양철학연구회, 2010), 70~105쪽; 이철승, 〈유가철학에 나타난 '기질지성'의 문제: 왕부지와 주희의 관점을 중심으로〉, 《유교사상문화연구》 34집(한국유교학회, 2008), 79~101쪽; 〈《논어》에 나타난 "권도權道"의 논리 구조와 의미—주희와 왕부지의 관점을 중심으로—〉, 《시대와 철학》 21집(한국철학사상 연구회, 2010), 93~117쪽, 〈《맹자》의 호연시기 사상에 내한 쭈희와 왕부지의 관점 비교〉, 《유교사상문화연구》 57집(한국유교학회, 2014), 111~140쪽 참조.

8 刘明山, 〈船山易学研究〉(辽宁大学, 2017); 樊鹤平, 〈王夫之政治哲学思想研究〉(湖南师范大学, 2016); 杨柳岸, 〈王夫之《尚书引义》研究〉(武汉大学, 2016); 陈浩, 〈王夫之哲学的存在论与心性论研究〉(南京大学, 2016); 刘觅知, 〈近代社会思潮演进格局下的船山学研究〉(湖南大学, 2015); 陈屹, 〈王夫之人性生成哲学研究〉(武汉大学, 2012); 魏春春, 〈船山诗学研究〉(陕西师范大学, 2010) 참조. 이러한 학위 논문들을 제외하더라도 1932년에 창간된 《선산학보》가 오늘날까지 출간되고 있다는 사실만 봐도 중국 내 왕부지에 대한 학술적 탐구의 폭과 깊이를 가늠할 수 있다.

이 때문에 둘째 범주에 속하는, 왕부지의 서를 정면에서 다룬 국내외의 선행 연구들은 소수에 속한다. 무엇보다 직접 왕부지의 서를 다룬 국내의 선행 연구는 아직까지 발견되지 않는다. 임옥균이 《중용》에 대한 왕부지와 주희의 해석을 비교 검토하면서 단편적인 견해를 드러냈을 뿐이다. 그는 《중용》 13장에 대한 주희와 왕부지의 비평을 언급하면서 왕부지의 충서에 대한 견해를 소개하는 와중에 원대의 주자학자였던 사백선史伯璇(1299~1354)의 견해를 반대하고 있다는 점을 간략하게 언급했다.[9] 이러한 사정은 왕부지 연구가 활발한 중국의 경우에도 마찬가지로 보인다. 왕한먀오王汉苗의 학위 논문조차 단편적으로 서의 개념사에서 왕부지의 서의 특징을 간략하게 요약하고 있을 뿐이다.

왕부지는 (……) 정주程朱의 이학理學이 충은 체이고, 서는 용이라고 풀이한 것에 반대했다. 그는 충서를 '끊듯이 둘로 나누어 나에게 머무는 것을 체라 하고, 외물에 미치는 것을 용이라 한다'고 할 수 없다고 여겼다. 아울러 그는 '욕 바깥에 리가 있고, 리 바깥에 욕이 있다'는 것으로부터 유추해서 진기盡己와 추기推己라는 두 가지가 반드시 합일되어야 한다고 생각했다.[10]

예외적으로 왕부지의 서와 성리학적 서의 상관성에 주목한 유일

---

9 임옥균, 〈왕부지의 《중용》 해석(2): 주자의 해석과의 비교를 중심으로〉, 《동양철학연구》 48집(동양철학연구회, 2006), 370~371쪽.

10 王汉苗, 〈儒家恕道思想硏究〉(曲阜师范大学, 博士, 2010), 104쪽.

한 선행 연구는 동웨이궈董衛國가 수행했다.[11] 그는 왕부지의 서와 성리학적 서의 중요한 차이를 세 가지로 요약했다. 첫째, 왕부지는 '진기'와 '추기'를 구별했다. 진기의 기는 성리를 뜻하고 추기의 기는 정욕을 가리킨다는 것이다. 이런 논거에서 성인의 충서와 학자의 충서를 구별했다. 성인은 진기에 해당하고, 학자는 추기에 해당한다. 둘째, 충은 체이고 서는 용이라는 생각에 반대했다. 실천이라는 측면에서 충과 서는 분리되지 않는 통일성을 갖는다고 주장했다. 셋째, 왕부지는 일반적으로 서의 긍정어법으로 알려진 '자기가 원하는 것을 남에게 베푼다'는 진술을 비판했다.

이들의 연구 성과를 비판적으로 검토해보면 두 가지 중요한 논점이 중복되어 나타나고 있다는 것을 알 수 있다. 왕한먀오의 첫째 논점과 둘째 논점은 동웨이궈의 진술과 대체로 겹친다. 그리고 임옥균의 단편적인 언급과 동웨이궈의 셋째 주장 또한 동일한 내용을 서술하고 있다. 이 둘의 공통점은 왕부지가 서의 두 가지 어법, 즉 '내가 원하지 않는 것을 남에게 베풀지 말라'는 부정어법과 '내가 원하는 대로 남에게 베풀라'는 긍정어법의 의미론적 차이를 구분하고 한 걸음 더 나아가 서의 긍정어법이 가지는 문제점을 지적하고 있다는 것이다. 서의 긍정어법의 문제점에 대해 왕부지가 비판적이었다는 사실은 서의 어법 자체의 문제점을 비판적으로 검토했음을 암시한다.

결국 두 가지 선행 연구에 대한 간략한 개괄이 드러내주는 것은 명확하다. 왕부지 철학의 다양한 면모들이 점점 더 많은 학술적 탐구의

---

11 董衛國,〈王船山對程朱忠恕論的反思與發展〉,《衡陽師範學院學報》37卷 4期(2016), 1~4쪽.

대상이 되고 있지만 이에 비해 왕부지의 서에 대한 심도 있는 탐구는 거의 이루어지지 않고 있는 실정이다. 이제 왕부지의 서에 대한 기존 연구가 도달한 지점에서 질문 하나를 던지고 이를 구체화해보자.

무엇이 다르기에

왕부지의 서를 다루기 위해 던져야 할 철학적 질문이란 무엇인가? 그것을 명료화하기 위해 《중용》 13장, 여기에 대한 사백선의 해석, 그리고 이에 대한 왕부지의 비판적 진술을 검토해야 한다. 거꾸로 접근하자면, 무엇보다 먼저 왕부지의 서에 대한 전체적인 입장을 직관할 수 있는 개성 있는 구절 하나를 살펴보아야 한다. 왜냐하면 이 글은 바로 이 구절을 서의 개념사라는 측면에서 주석한 것이라고 해도 과언이 아니기 때문이다.

사백선은 "내가 원하는 것을 남에게 베풀라"는 한 층을 덧붙였는데, 큰 사족일 뿐이다. "내가 서고자 하면 남도 서게 해주고, 내가 통달하고자 하면, 남도 통달하게 해준다"는 것은 어진 이의 성명이 바르게 된 다음에 공용이 크게 확장된 사례다. 만일 '서'를 말하는 곳이라면 단지 '내가 원하지 않는 것'에서 유추할 뿐이다. 내가 원하지 않는 것이라면 모든 것을 남에게 베풀어서는 안 된다. 음식이나 남녀 관계에서조차 (원치 않는다는) 나의 정[己情]을 기준으로 남을 대해야 한다. 반면에 내가 원하는 것은 (나도 그럴 것이라고) '유추할 수 없고' '유추해서도 안 되며' '유추하는 것이 타당치 않은' 경우가 많다. 어진 이가 바로잡지 않은 욕망이 없다고 해도 유추하는 것은 단지 '세워주고〔立〕' '통달시켜 주는〔達〕' 것에 그쳤을 뿐이다. 문왕조차도 진실로 (자기가 좋아한다는 이유로) 김치 한 포기로 손님을 대접하지 않았는데, 하물며 어짊에 이르지 못한 이야 더 말할 나위가 있겠는가?[12]

여기에는 왕부지의 서에 대한 핵심 관점들이 거의 다 드러나 있다. 제일 먼저 우리의 관심을 끄는 것은 '문왕조차도 자기가 김치를 좋아한다는 이유로 손님에게 김치를 내놓으려고 하지는 않았다'는 구절이다. 《논어》에서 분명하게 '내가 서고자 하면 남도 서게 해준다'고 한 구절과 대비하면 얼핏 상치되는 것처럼 보인다. 따라서 왕부지의 진술은 통상적인 서의 개념사를 가정하는 이에게 다소 기이하게 보인다. 이 기이함의 구체적 성격을 알아보기 위해서는 사백선의 목소리와 이를 언급하면서 왕부지가 덧붙이는, 문왕을 언급하기 이전의 서술을 좀 더 섬세하게 살펴보아야 한다. 먼저 사백선의 목소리는 《사서관규四書管窺》에 나타나 있다.

이 구절은 내가 싫어하는 것을 남에게 베풀지 말라는 것이다. 성현들이 충서를 논하면서 모두 자기 자신과 어긋나는 곳〔拂己處〕에서 설명했다. 예를 들어 부자께서 자공과 중궁에게 일러준 내용들도 이런 뜻이니, 쉽게 드러

---

12 "史伯璇添上己所欲而以施之於人一層, 大是蛇足. 〈己欲立而立人, 己欲達而達人〉, 是仁者性命得正後功用廣大事. 若說恕處, 只在己所不欲上推. 蓋己所不欲, 凡百皆不可施於人, 即飮食男女, 亦須準己情以待人. 若己所欲, 則其不能推與夫不可推, 不當推者多矣. 仁者無不正之欲. 且其所推者, 但立達而已. 文王固不以昌歜飽客, 而況未至於仁者哉?" 王夫之, 《中庸》, 《讀四書大全說》卷2, 船山全書 vol.16(長沙: 嶽麓書社, 1996), 498쪽.

나는 것을 취한 것이다. 내가 원하지 않는 것을 남에게 베풀지 말아야 한다는 것을 안다면 내가 원하는 것을 스스로 베풀지 않는다는 것은 있을 수 없으니, 내가 싫어하는 것을 베풀지 말라는 데 그치지는 않는다.[13]

사백선이 말하는 이 구절은 《중용》 13장의 일부로 "자기에게 베풀어보아 원치 않는 것을 또한 남에게 베풀지 말라"는 대목을 가리킨다. 사백선은 먼저 기존의 서의 논의 맥락이 그가 '어긋나는 곳〔拂己處〕'이라고 표현하는 논점을 전제한다고 지적했다. 쉽게 말하면 서에 대한 표현들은 일반적으로 '하지 말라'는 부정어법의 전제가 되는 '내가 원하지 않는 것'의 차원에서 언급된다는 것이다. 뒤이어 이러한 해석이 '내가 원하는 것'에 대한 직접적인 행위 원칙을 결여하고 있다는 점에서 불충분해 보이지만, 사실상 '내가 원하는 것'에 대한 잠재적 진술을 포함하고 있다고 해석한다. 다시 말해 《중용》 13장의 구절은 서의 부정어법의 사례에 속하지만, 이미 긍정어법이 취할 태도, 즉 '내가 원하는 것을 남에게 베풀라'는 목소리를 담고 있다고 해석하는 것이다. 비록 사백선은 '내가 싫어하는 것을 베풀지 말라는 데만 그치지는 않는다'고 완곡하게 표현했지만, 왕부지는 실질적인 내용은 다름 아닌 '내가 원하는 것을 남에게 베풀라'는 진술이라고 분명하게 언급하고 있다. 사백선의 주장은 새로운 것이 아니다. 왜냐하면 이미 성리학적 자장 속에서 이런 주장이 공식 표명된 적이 있었기 때문이다.

---

13 "盖此一節是不以己之所惡者施之於人. 聖賢論忠恕, 皆就拂己處說, 如夫子之告子貢仲弓亦此意. 盖取其易見也. 知己所惡者勿施, 則己所欲者自不容於不施矣. 非但不施己之所惡而已也." 史伯璇, 《四書管窺》, 文淵閣 四庫全書 vol. 204, 894쪽.

공자의 "내가 원하지 않는 바를 남에게 베풀지 말라"라는 말은 일부분만 논한 것일 뿐, 또한 여기에 그친 것은 아니다. "내가 원하지 않는 바를 베풀지 말라"는 것은 곧 내가 원하는 일을 반드시 사람에게 베풀라는 말이다.[14]

따라서 사백선의 견해를 반대하는 것은 성리학적 교의 속에서 파악된 서의 가정 한 가지에 의문을 제기하는 것이다. 우리는 그것이 너와 나를 가리지 않는 같은 마음(如心)을 전제한다는 의미에서 '마음의 동질성 가설'이라고 명명할 수 있다.[15] 이미 《논어주소》는 "내가 원하지 않는 것을 남에게 베풀지 말라는 것은 타인 또한 그것을 원하지 않기 때문이다"[16]라고 함으로써 이러한 동질성 가설이 서의 개념사에서 뿌리 깊은 역사를 가지고 있음을 보여주고 있다. 실제로 이 마음의 동질성 가설을 명시적으로 서의 개념 체계에 도입한 것도 성리학자들이 아니었다.[17] 그러니까 성리학자들은 이 가설을 발명한 것이 아니라, 전통으로부터 받아들여 성리학적으로 변형시켰다고 하는 것이 더욱 사실에 가까운 표현이다. 여기에서 한 걸음 더 나아가 성리학자들, 특히 주희는 이 동질성 가설을 토대로 타인의 마음에 전지적으로 접근할 수 있다고 주장하기까지 했다. 그는 '여심如心'이라는 낱말에서 '여如'의 의미를

---

14 진순, 《성리자의》, 111쪽.

15 그것은 '如心爲恕'라는 표현을 통해 나타났는데, 이 구절을 경학사에 도입한 이는 가공언賈公彦이다. 그는 《주례》의 육덕六德 가운데 충을 설명한 정현鄭玄의 주에 대한 소에서 이렇게 표현했다. 鄭玄 注, 賈公彦 疏, 《周禮注疏》 卷10, 13經注疏 整理本 vol.7, 315쪽 참조.

16 "己所不欲, 無施之於人, 以他人亦不欲也." 何晏 集解, 邢昺 疏, 《論語注疏》 卷12, 13經注疏 整理本 vol.23, 178쪽.

17 "問 '如心爲恕'. 曰: '如, 比也: 比自家心推將去, 仁之與恕, 只爭些子. 自然底是仁, 比而推之便是恕.'" 朱熹, 《朱子語類》 卷27, 朱子全書 vol.15, 989쪽.

견줘봄을 뜻하는 '비比'로 이해해야 한다고 주장했던 것이다. 다시 말해 성리학자들은 "서의 실천 과정에서 타인의 마음에 대한 보편적이고 객관적인 인식 가능성을 무의식적으로 전제"한 것이다. 진순과 사백선의 진술은 이러한 토대에서 나왔다. 그런데 왕부지는 왜 이러한 동질성 가설에 의문을 제기하는 것일까? 왕부지가 말하는 마음은 무언가 주희식의 '마음'과는 다른 것 같다. 도대체 무엇이 어떻게 다른 것인가?

주희, 누구나 알고 있다

먼저 서가 인간 마음의 동질성 가설에 기초를 둔다고 전제하면 다음 문제는 동질성의 기초를 어디에서 확보할 것인가 하는 점이다. 유학사에서 맹자와 순자의 학술적 차이에 대한 논변은 많지만 서의 개념사라는 측면에서 볼 때도 두 사람의 견해는 확연한 차이를 보인다. 맹자는 서의 실천을 위해, '측은지심'으로 대표되는 정서적 경험의 보편성이 전제되어야 한다고 주장하는 반면, 순자는 이해관계를 고려하는 반성적 사유 능력이 서의 기초라고 제안한다. 두 사람의 주장은 이러한 차이에도 불구하고 어떤 동질성을 공유한다. 정서적 경험이든 반성적 사유든 이는 인간 각자의 심리적 경험에 붙여진 이름들이다. 즉 두 사람 모두 내용이 무엇이든 인간의 심리적 경험에 어떤 보편성이 내재한다고 가정하고 있다. 문제는 이런 심리적 보편성을 어느 정도까지 신뢰할 수 있는가 하는 것이다. 사실 이 문제는 주희도 고민했고 심지어 칸트도 고민했지만, 두 사람 다 이러한 심리적 보편성의 확보 가능성에는 회의적이었다.

황금률에 대한 고전적 비판을 대변하는 칸트가 반대했던 것이 바로 이러한 심리적 경험에 내재하는 자의성이었다. 칸트에 의하면 황금률은 보편적 행동 원칙에서 파생되었을 뿐 이것 자체가 보편타당성을 지니는 것은 아니다. 그는 범죄자라 해도 감옥에 들어가기를 원하지는 않을 것이기 때문에 '판사 자신이 감옥에 들어가기를 원하지 않는다면, 누구든 범죄를 저질렀다는 이유로 감옥에 들어가게 해서는 안 된다'고 주장할 수 있을 것이라고 황금률의 논리를 비판했다.[18] "만일 이러한 논변이 가능하게 된다면, 모든 범죄자들이 황금률의 원리에 따라 석방되어야 한다는 주장이 가능해지기 때문에, 황금률은 우리의 도덕을 위배하는 원리로 쓰이게 된다."[19] 칸트가 정언명법을 내세워야 했던 중요한 이유 가운데 하나가 바로 심리적 자의성과 이에 기초한 황금률의 오용 가능성 때문이었던 것이다.

흥미로운 사실은 동일한 종류의 의문과 유사한 방식의 해법이 칸트의 시대보다 훨씬 이전에 서의 개념사에서 제시된 적이 있었다는 것이다. 그때도 논의의 주제는 범죄자와 법의 집행자 사이에서 나타날 수 있는 서의 오용 가능성이었다. 아마도 60대 초반이었을 주희는 당석唐石에서 살던 곳으로 돌아오는 도중에 어떤 이에게 다음과 같은 질문을 받았다.

---

18 임마누엘 칸트, 《윤리형이상학 정초》, 백종현 옮김(아카넷, 2005), 150쪽 참조.

19 유일환, 〈칸트의 황금률 비판과 유가의 충서忠恕 개념〉, 《철학사상》 53호(서울대학교 철학사상 연구소, 2014), 10쪽.

'내가 원하지 않는 것을 남에게 베풀지 말라'는 것이 서恕입니다. 그런데 남에게 형벌을 가하는 것이 어떻게 사람들이 바라는 것이겠습니까! 이것은 서가 아니라고 해야 할 것 같습니다.[20]

이것은 칸트의 질문과 놀랍도록 흡사하다. 남을 처벌해야 하는 입장에 처한 사람은 칸트의 재판관과 같은 딜레마에 빠져 있다. 재판관의 의무는 사회규범에 따라 범죄자를 처벌하는 것이다. 한 사람의 인간 입장에서 재판관은 자신이 감옥에 가거나, 혹은 그와 유사한 처벌을 받기를 원치 않는다는 이유로 범죄자에 대한 징역형 선고를 망설이게 된다.

주희는 제자들에게 이 사람의 질문에 대해 의견을 말하도록 했지만, 제자들은 우물쭈물하며 제대로 된 대답을 내놓지 않았다. 할 수 없이 주희 자신이 이에 대한 견해를 내놓았다. 현재 《주자어류》에는 주희의 목소리가 서로 다른 두 명의 제자, 즉 슬린滕璘과 정가학程可學의 기록을 통해 전해지고 있다.

이천은 "'서' 자는 반드시 '충' 자를 겸해서 말해야 한다"고 했는데, 이 말이 극진하다. 충이란 자기를 다 발휘하는 것이니, 자기를 다 발휘한 다음에야 서가 되는 것이다. 사람에게 형벌을 가하는 것은 그 사람에게 실제로 죄가 있다면, 그의 마음 또한 스스로 당연하다고 여길 것이기 때문에(其心亦自以爲當然) 형벌을 가하는 것이지, 원하지 않는 것을 억지로 강제하는 것이 아니다. 형벌 받기를 원하지 않는 것은 바로 외면의 사사로운 마음이다. 만

---

20 朱熹,《朱子語類》卷42, 朱子全書 vol.15, 1485쪽.

일 그의 진심이라면 이미 죄를 범했으니 또한 스스로 형벌을 받는 것이 마땅함을 알 것이다〔亦自知其當刑矣〕.²¹

충이란 자기를 다 발휘한다는 말이다. 만일 자기에게 진실로 죄가 있음을 알았다면 밖으로 비록 원하지 않는다고 하더라도 또한 벌 받는 것이 마땅한 줄을 아는 것이다〔亦知其當罪〕. 여기에 이르러서는 '바라지 않는다〔不欲〕'라는 글자를 사용할 필요가 없다. 만일 충 자를 살피지 못하고 다만 하나의 '서' 자만 쓰려 한다면 아마도 이런 일들은 지나치지 못하고 반드시 일시적인 변통으로 흘러갈 것이다.²²

서가 충이라는 기초 위에 실천되어야 한다는 것은 충서에 대한 체용론적 시각과도 맞아떨어지는데, 이는 이정 형제에게서 나타났고,²³ 또한 《성리자의》에서도 공표된 입장이다. 왜 이렇게 연관 지어야 하는가? 달리 말해 주희가 서의 자의적 실행이 가져올 위험을 방지하려고 도입하는 충의 내용이란 구체적으로 무엇인가? 이는 주희가 사용하는 세 가지 표현을 통해 드러난다. "그의 마음 또한 스스로 당연하다고 여긴다〔其心亦自以爲當然〕", "또한 스스로 형벌을 받는 것이 마땅함을 안다〔亦自知其當刑矣〕", "또한 벌 받는 것이 마땅한 줄을 안다〔亦知其當罪〕"는

---

21 朱熹,《朱子語類》卷42, 1485쪽.

22 朱熹,《朱子語類》卷42, 제5조목.

23 예를 들어 정호는 이렇게 말했다. "충은 천리이고, 서는 인도이다. 충은 망령됨이 없으니, 서는 충이란 기초에서 행할 수 있다. 충은 본체이고, 서는 작용이니 (충과 서는) 대본과 달도의 관계와 같다〔忠者天理, 恕者人道. 忠者無妄, 恕者可以行乎忠也. 忠者體, 恕者用, 大本達道也〕." 程顥·程頤,《河南程氏遺書》卷11, 二程集 vol. 1, 124쪽.

구절들인데 여기에는 공통된 주장이 들어 있다. '마음이 당연하게 여기는 것', 그리고 두 번이나 되풀이되는 '마땅함을 아는 것'이다.

그것은 당위의 서다

성리학에서 이러한 '당연當然'의 가장 추상화된 표현을 우리는 잘 알고 있다. 바로 '소당연所當然'이다. 그리고 한 걸음 더 나아가면 '소이연지고所以然之故'와 함께 이理의 핵심적인 두 가지 의미 체계를 지탱하는 또 다른 표현인 '소당연지칙所當然之則'을 만나게 된다. 즉 주희식 서의 이면에는 '소당연'으로서의 이理가 전제되어 있는 것이다. 소당연이 서의 논변에 도입됨으로써 나타나는 효과는 무엇인가? 임헌규는 황금률의 보편타당성에 대한 칸트의 비판이 서에 적용되지 않는 이유를 다음과 같이 제시했다.

> 칸트는 推己及人의 恕의 원리를 자기 자신의 의무, 타자에 대한 의무, 상호 간의 의무 등을 부여하지 않는다는 점에서 보편법칙이 될 수 없다고 주장한다. 그러나 유가의 도덕 주체는 '中'으로 자기 정립을 이루고 '다른 사람을 사랑한다(愛人)'는 점에서 칸트의 황금률 비판의 적용을 받지 않는다.[24]

그는 '중中'을 "존재와 당위가 일치하는 이상적인 인간상"에 대한

---

24 임헌규, 〈유가의 도덕 원리와 칸트〉, 《한국철학논집》 29집(한국철학사연구회, 2010), 150쪽.

진술로 해석하는 동시에 '충忠'이 "마음을 치우치거나 기울지 않고, 지나치거나 모자람이 없는 표준 상태로 두어 자기 정립을 이루어 자신의 존재 의미〔仁〕를 구현하는"[25] 역할을 한다고 주장함으로써 주희가 강조했던 충과 서의 긴밀한 연관성을 현대적 어휘로 재진술한다. 이 진술의 의미는 "충이란 상대방에 대한 심리적 경향을 중시하는 서와 달리, 사적 감정을 배제한 채 법도나 표준을 엄격히 따르며, 자기를 정립하는 것을 의미한다"[26]라는 진술에서 분명하게 드러난다. '사적 감정의 배제'와 '법도나 표준을 엄격히 따른다'는 표현이 시사하는 것은 이 주장들이 모두 주관성의 함정에서 벗어난 객관성, 다시 말해 서의 보편성을 확보하려는 이론적 시도의 일환이라는 사실이다. 이러한 경향은 임헌규뿐만 아니라, 현대 연구자들에게 공히 나타난다.

이理의 소당연이 서의 실천을 위한 전제로 도입되면, 당장에 문제가 되는 것이 있다. '객관적인 이의 실재가 주체의 인식과 실천에 어떻게 영향을 끼칠 수 있는가'라는 문제다. 서를 실천하려는 이가 자기가 마주친 사태에서 자의성의 함정에 빠지지 않으려면 먼저 소당연으로서의 이의 실재와 내용에 대해 파악하고 있어야 한다. 따라서 주체가 이의 실체성과 내용을 습득하고 내면화하는 과정에 대한 추가 설명이 필요하다. 이것이 정우엽이 격물치지格物致知와 성의정심誠意正心을 서의 실천을 위한 조건으로 도입하는 이유이고, 이로써 "주관적인 주체가 아니라 객관적 주체로 정립"되는 결과를 낳고, 더 나아가 "나의 타자에

---

25 임헌규, 〈유가의 도덕 원리와 칸트〉, 149쪽.

26 유일환, 〈칸트의 황금률 비판과 유가의 충서忠恕 개념〉, 14쪽.

대한 판단과 타자에 대한 행동이 타당성을 얻는다"는 주장으로 귀결된다.[27] 그리고 이런 논점은 서의 보편화를 위한 전제로서 충의 의미를 일차적으로 진기盡己로 치환하고, 다시 이것을 세 가지로 분류해서 풀이했던 홍성민의 논의에 포함되어 있다.[28] 이들의 공통점은 모두 서의 유학적 가치를 옹호하면서 '서의 보편성'을 확보하는 것이 서를 현대화하는 핵심 논점이라고 간주한다는 점이다.

이 보편성은 조금 섬세하게 이해해야 한다. 실제로 서나 황금률 혹은 그와 유사한 행동방식에는 보편화 논변이 아니라 문화적 관행들에 대한 확인 작업이 필요하다. 이 작업의 결과 거의 모든 인간 문명권에서 공히 나타난다는 점이 너무나 명백하게 드러난다.[29] 즉 서가 황금률의 유학적 표현이고, 황금률이 서의 기독교적 표현이라고 본다면, 이 표현들이 대변하는 행위 양식은 적어도 지구상의 문명화된 사회에서 보편적으로 나타난다. 칸트와 주희도 이런 종류의 보편성을 문제 삼은 것은 아니었다. 이 행위 양식이 보편적이기 때문에, 정당화에도 같은

---

27 정우엽, 〈주자학의 서—도덕적 자아의 출현과 객관성을 중심으로—〉, 《철학논집》 50집(서강대학교 철학연구소, 2017), 414쪽.

28 명백하게 서의 보편화를 위한 목적에서 진술되는 진기盡己의 세 가지 의미는 다음과 같다. 첫째, 자신의 진정성과 진심을 다하는 것. 둘째, 올바른 사리(또는 도덕적 선)를 판단하고 그에 맞게 처리하는 것. 셋째, 공정한 관찰자로서의 도덕적 자아를 확립하는 것. 홍성민, 〈주자철학에서 서의 보편화 가능성 문제—충의 외연에 대한 분석을 중심으로—〉, 《철학연구》 125집(대한철학회, 2013), 353쪽.

29 강진석, 〈주자 충서론의 다층적 해석에 관한 논의〉, 《인문학연구》 53권(조선대학교 인문학연구원, 2017), 13~15쪽 참조. 특히 다음 구절을 보라 "이처럼 동서양의 종교와 사상 속에서 황금률은 유사한 명제와 내용을 띠고 제시되어왔다. 요약하면 네 자신이 지니는 도덕적 (또는 종교적) 원리에 맞추어 남에게도 그와 같이 행하라는 것이고, 나와 타자의 관계는 주어진 윤리적 공감대 속에서 상호 인정될 수 있고 상호 적용될 수 있다는 것이다."(15쪽)

종류의 보편성이 필요하다는 요구를 덧붙였을 뿐이고, 그것이 인간의 심리적 경향성과 서의 자의적 사용과 같은 것에 흔들리지 않기를 바랐을 뿐이다.

　이때 칸트가 내놓은 답이 정언명법이었다면,[30] 주희의 경우 '소당연지칙'으로서의 이의 실재와, 이것의 실재와 내용에 대한 주체의 수용을 뜻하는 충忠이었다. 그러므로 주희의 충과 서의 관계에 대한 진술들과 여기에 내재한 맥락으로서 서의 보편타당성에 대한 현대적 논의들을 검토하면 우리는 주희의 서에 대한 잠정 결론에 도달하게 된다. 최소한 주희는 서를 위한 도덕적 당위가 존재하고, 이를 파악하고 수용할 수 있는 도덕적 주체의 노력과 능력이 필요하다고 간주했다. 이런 점에서 이와 충은 당위적 규범의 객관적 실재와 그러한 객관성을 내면화하는 기제로서 서로 대응한다. 결국 외적이고 객관적인 이의 당위는 충을 통해 내면적 당위로 치환된다. 이런 점에서 최소한 성리학적 서, 혹은 그것을 대표하는 이름으로서 주희의 서는 '당위當爲의 서'라고 이름 붙일 수 있다.

---

30 물론 칸트식의 이러한 해법이 설득력을 가지는가는 여전히 철학적 질문의 대상이다. 특히 김형철과 문병도의 다음 진술을 보라. "칸트는 어떤 예외도 허용되지 않는 완전의무를 정언명법으로부터 도출할 수 있다고 보았는데 이는 명백한 오류다." 김형철·문병도, 〈儒家와 칸트의 도덕 판단 방법론 비교 연구—恕와 정언명법을 중심으로—〉, 《철학》77집(한국철학회, 2003), 358쪽.

욕망이 끼어들면

그렇다면 왕부지의 서에 대한 담론은 당위의 서와 어떻게 다른가? 제일 먼저 충과 서의 체용론적 관계가 무너진다는 사실에서 양자의 서가 다르다는 점이 드러난다.

내가 원하지 않는 것이면, 남도 반드시 원하지 않을 것이라고 유추해서 베풀지 않는 것이 서이다. 내가 원하지 않는 것을 유추해서 절대 베풀지 않는 것은 충이다. 충과 서는 마음 씀씀이라는 측면에서는 두 가지 공부이지만, 구체적인 일에 이르러서는 오히려 한 가지 일일 뿐이다.[31]

《장구》에서는 "충서의 일"이라고 했는데, '일〔事〕'이란 글자는 명백하게 '일에서 하나로 합치한다〔事上合一〕'는 데에서 온 것이다. 훗날의 여러 유학자들은 모두 (충과 서가) 있어야 할 곳을 이해하지 못했기에, 충을 체로 서를 용으로 여겼다. 이것은 마치 자기 자신은 전혀 그림자나 소리조차도 목격하지 못했으면서, 다른 사람을 대신해 꿈을 서술하는 것과 같다.[32]

이정 형제는 인과 서의 구분을 '이기以己'와 '추기推己'의 차이로 설명한 적이 있었다. 이제 왕부지는 그와 유사하게 충과 서의 차이를 구

---

31 "己所不願, 則推人之必不願而勿施之, 是恕. 推己所不願, 而必然其勿施, 則忠矣. 忠恕在用心上是兩件工夫, 到事上卻共此一事." 王夫之, 《中庸》, 《讀四書大全說》卷2, 船山全書 vol. 16(長沙: 嶽麓書社, 1996), 498쪽.

32 章句云'忠恕之事', 一'事'字顯出在事上合一. 後來諸儒俱欠了當在, 乃以忠爲 體, 恕爲 用, 似代他人述夢, 自家卻全未見影響. 王夫之, 《中庸》, 《讀四書大全說》卷2, 船山全書 vol. 16, 498쪽.

분한다. 먼저 드러나는 그의 독특한 관점은 '사상합일事上合一'이라는 표현 속에 담겨 있다. 기본적으로 사事—이것은 구체적인 인간관계에서 마주치는 일상적인 사태와 상황에 대한 언급일 것이다—라는 차원에서 보자면 충과 서는 근본적으로 일치하는 행위 양식이다. 물론 조금 다른 점이 있다. 서의 실천은 '내가 원치 않는 것'을 확인하고 이에 근거해서 '타인이 원하지 않는 것'을 추론하는 과정을 거쳐 '베풀지 않는다'는 비행위로 이끌린다. 반면에 충은 외견상 '내가 원하지 않는 것'을 확인한 다음 '절대 베풀지 않는다'는 비행위로 곧장 나아간다. 서의 구성요소는 세 가지이지만, 충의 구성 요소는 두 가지인 것이다. 하지만 삼단논법이나 생략된 삼단논법이나 둘 다 삼단논법인 것은 마찬가지다. 왕부지가 말하는 충과 서는 구성요소의 차이를 제외하면, 서와 충의 행위 양식이 '베풀지 않음'으로 귀결된다는 점에서 차이가 없다. 의도된 비행위라는 점에서는 둘 다 똑같은 것이다. 이런 점에서 왕부지의 사상합일이란 충이 사실은 서의 고도화된 형태로서 서와 동일한 종류의 행위 양식이라는 것을 의미한다. 체용론의 부정과 사상합일의 관점에서 보자면 성리학적 서와 명확하게 대조를 이루는 것이다.

그러나 왕부지의 서에서 정말로 독특한 것은 바로 이 다음 단계의 진술에서 나타난다. 알려진 것처럼 "자기를 다 발휘하는 것이 충이요, 자기를 미루어 남에게 미치는 것이 서다". 따라서 충과 서는 진기盡己와 추기推己의 차이로 구분할 수 있다. 이렇게 하면 충과 서는 공히 '자기〔己〕라고 불리는 대상을 마주하는 사유와 행위 양식이라는 것을 알 수 있다. 이 때문에 홍성민은 '진기'의 의미에 다양성을 부여하는 해석으로 나아갔다. 이와 대조적으로 왕부지는 충과 서의 공통 대상으로서 '자기'

라는 개념을 구분하는 방식으로 나아갔다. 그는 "'자기를 다 발휘하는 것이 충이요, 자기를 미루어 남에게 미치는 것이 서다'라는 구절을 살펴보자면, 두 '자기(己)'라는 글자에는 작은 구분이 있다"[33]라고 말했다. 하지만 그가 소박하게 표현한 '작은 구분(微有分別)'은 서의 개념사라는 관점에서 볼 때 결코 작지 않은 의미가 있다.

'진盡'과 '추推'는 모두 자기를 따라서 외물에 미치는 일이다. 그러나 두 글자는 구분하지 않으면 안 된다. 그러므로 '진기盡己'와 합쳐서 말한다면 나(己)란 성性이요 이理이지만, 추기와 합쳐서 말하자면 '나'란 정情이요 욕欲이다. 예를 들어 요가 순에게 천하를 주었는데, (요는) 본성에 갖춘 리理가 사사로움이 없이 크게 공정했고, (순이) 마땅히 잘 받아들인 것도 이미 자기 성의 덕을 다 발휘했기 때문이다. 순의 덕이 반드시 천자가 되기에 충분한 다음에 그의 공용을 다 발휘할 수 있었던 것은 순의 정이었다. 천하의 신민들이 반드시 순을 얻어 천자를 삼은 다음에야 평안할 수 있었던 것도 천하의 정이었다. 순이 천하의 정을 잘 겸한 것 또한 요가 가지고 있던 정이었다. 천하가 성인을 얻어 군주로 삼은 정 또한 요가 가지고 있던 정이었다. 이 정을 미루어 천하 사람들의 욕망(欲)을 넉넉히 채워주니, '자기를 미룬다(推己)'는 말은 또한 정과 욕에서 알 수 있다.[34]

---

33 "盡己之謂忠, 推己之謂恕', 兩'己'字微有分別." 王夫之, 〈里仁〉, 《論語》, 《讀四書大全說》 卷4, 船山全書 vol.16, 636쪽.

34 "盡與推都是緣己及物之事, 則兩字更不得分曉. 故知合盡己言之, 則所謂盡己者, 性也·理也; 合推己言之, 則所謂己者, 情也·欲也. 如堯授天下於舜, 所性之理, 大公無私, 而順受得宜者, 既盡乎己性之德; 乃舜之德必爲 天子而後盡其用, 舜之情也; 天下臣民必得舜爲 天子而後安, 天下之情也. 舜欲兼善天下之情, 亦堯所有之情; 天下欲得聖人以爲君之情, 亦堯所有之情. 推此情以給天下之欲, 則所謂推己

여기에서 왕부지 서의 서사에 깃든 개성적인 특징이 분명하게 드러난다. '정情'을 감정으로 바꿀 수 있다면, 그의 서는 감정적 주체와 욕망하는 주체를 가정한다. 물론 왕부지가 감정과 욕망을 서의 서사에 도입한 최초 인물은 아니다. 앞에서 살펴본 것처럼 전자는 맹자에게서 후자는 순자에게서 발견되기 때문이다. 특히 욕망의 문제는 순자에게서 뚜렷하다. 그러나 순자의 문제 해결 방식은 왕부지와 다르다. 이미 말했던 것처럼 "순자의 도덕 이론은 도덕 감정보다는 마음의 인지적 기능에 도덕적 우선성을 부여"하는 구조를 바탕으로 "어떤 욕구도 승인을 넘어설 수 없다. 승인은 욕구 위에 있는 것이다"라는 진술로 대변되는 입장을 취한다. 욕망 혹은 욕구와 마주한 순간 그것을 통제하고 규범에 복종시킬 인지적 능력의 설정과 구축에 노력을 경주하는 것이다. 반면에 왕부지는 그와 다르다. 그는 욕망이 공공성을 획득하게 된다면 가장 이상적인 천리天理로 전환된다고 주장했다.[35] 이에 따르면 "천하의 이치를 얻는다는 것은 곧 천하의 욕망을 만족시킨다"는 것을 의미한다. 이치의 획득이 욕망의 달성을 의미하는 이런 사유의 궤적은 인욕의 제거와 천리의 보존(存天理, 遏人欲)을 주장하는 성리학적 사유와 선명한 차이를 드러낸다. 안재호는 왕부지의 이러한 관점을 '이욕理欲의 병건並建'이라는 독특한 표현을 통해 다음과 같이 정리한다.

이치는 욕망을 그 體로 하기 때문에 욕망은 이치의 基體가 된다. "욕망이

者, 又於情欲見之也." 王夫之, 〈里仁〉, 《論語》, 《讀四書大全說》 卷4, 船山全書 vol. 16, 636~637쪽.
35 예를 들어 다음 구절을 보라. "크고 공정한 인욕이란 곧 천리의 지극히 올바른 것이다(人欲之大公, 卽天理之至正矣)." 王夫之, 《四書訓義上》, 船山全書 vol. 7, 137쪽.

있어 이치가 있다." 반면에, 욕망은 이치를 그 체로 하기 때문에 이치는 욕
망의 준칙이 된다. (……) 욕망은 근거요 이치는 준칙이니 서로 '체용'이 된
다. 결국 욕망과 이치는 '並建'하는 것이다.[36]

김치 한 포기는 무엇을 바꿨나

이런 개괄을 하나의 질문으로 수렴해보자. "문왕조차도 진실로 (자
기가 좋아한다는 이유로) 김치 한 포기로 손님을 대접하지 않았다"[37]는 구
절은 서의 개념사에서 어떤 의미가 있는가? 이것은 서의 행동양식을 묘
사하는 두 가지 어법과 관련이 있다. 왕부지는 '내가 원하지 않는 것을
남에게 베풀지 말라'는 부정어법에는 별다른 문제를 제기하지 않았다.
그러나 문왕의 말을 인용한 진술은 그가 전통적인 서의 긍정어법에 분
명히 문제를 제기했다는 사실을 보여준다.

먼저 부정어법의 수용에는 겉으로 보아도 그럴 만한 이유가 있다.
서가 감정과 욕망에 관련되는 경우 '베풀지 않음'이라는 비행위는 타인
에게 내가 느끼는 감정이나 욕망의 강요를 포함하지 않는다. 하지만 그
것이 긍정어법으로 전환될 때 우리는 주희와 칸트로 하여금 서의 무조
건적인 실천을 주저하게 만들었던 문제에 부딪히게 된다. '내가 원한다
는 이유로 동일한 것을 타인에게 제공하는 것'에는 어떤 원형적인 문제

---

36 안재호, 〈왕부지 이욕관理欲觀 연구〉, 《중국학보》 45집(한국중국학회, 2002), 473쪽.

37 "文王固不以昌歜飽客, 而況未至於仁者哉?" 王夫之, 《中庸》, 《讀四書大全說》 卷2, 船山全書 vol. 16,
498쪽 참조.

가 있다. 멀리 갈 것도 없이 어떤 감정과 욕망은 공유된다. 그러나 우리는 개체로서 타인과 공유되지 않는 감정과 욕망을 가진다는 사실을 잘 알고 있다. 이 동일성과 차이를 수긍하는 것이 자연스럽다면 모든 사람들은 '내가 원하는 것을 타인에게 제공하는 것'에 문제가 있다고 느낀다. 이런 관점에서 볼 때 앞서 말했듯이 왕부지의 서는 기존 관점과는 다른 욕망의 서라는 점이 드러난다.

　이것은 '당연'히 그러한 '마음'을 가정하는 주희의 서와 명백하게 비교된다. 공자에서 성리학에 이르기까지 서의 담론이 가정했던 어떤 동질성이 여기서 파괴되고 있다. 타인의 고통에 대한 공감에 기초를 둔 행위 양식으로서 서는 괜찮다. 그러나 욕망의 동질성에 기초해서 '내가 원하는 것을 남에게 베풀라'는 입장은 정당하지 않다. 왕부지는《논어》에 나오는 서의 긍정어법이 겨우 남을 세워주고[立], '통달시켜주는[達]' 것에 그치는 데 주목해야 한다고 말한다. 성리학자들은 이 구절에서 곧장 일반화로 나아가 '내가 원하는 것을 남에게 베풀라'고 서술하는 데 반해서 왕부지는 왜 이러한 주장을 제한적으로 해석해야 하는지를 설명한다. 사람들의 외양과 말투, 행동이 모두 비슷하다고 해서 그들의 욕망도 똑같을 것이라고 가정할 수는 없기 때문이다.

　그러므로 왕부지의 서를 '욕망의 서'로 이해할 때 나타나는 결정적 질문은 이것이다. 도대체 '내가 욕망하는 것을 남에게 베풀지 말아야 할 경우', 달리 말해 '내가 원하는 것을 성취하기 위한 행위를 중지하라'는 당위적 명령의 정당성은 어디에서 찾을 수 있는가? 우리는 왜 우리의 욕망에 기초한 행위—대부분은 개인의 이익 추구 행위다—를 어딘가에서 그쳐야 하는가? 이 질문에 대한 유일한 설득력 있는 대답은 욕망과 욕망에 기초한 행위가 '개인'의 차원을 넘어선 더 큰 의미의 차원을 발견하고 고려할 때이다. 이는 곧 '나'를 넘어선 '우리', 즉 공동체의 존재를 상정한 것이다.

이러한 견해를 서의 개념사라는 측면에서 평가하자면 왕부지는 서의 전통을 독자적인 방식으로 종합 계승하고 있다. 서의 부정어법은 고통의 공감에 기초한 나쁨의 제거나 감소라는 점에서 폭넓은 지지를 받을 수 있다. 그러나 서의 긍정어법은 늘 '내가 원하는 것과 남이 원하는 것이 같을 것'이라는 가정을 근거로 주장되어왔다. 심지어 성리학적 서는 이러한 동질성에 초월-선험적 기초를 부여하려고 시도하기까지 했다. 이러한 과잉성을 제거하고 나면 서의 실천은 늘 어딘가에서 적절하게 제한되거나 조정될 필요성이 있다는 결론이 도출된다. 왕부지는 욕망의 관점에서 이 제약 조건을 사유함으로써 서의 의미를 이해하는 데 중요한 출발점을 제공했다. 우리는 나와 남이 같을 것이라고 가정하고 행동할 수도 있지만, 똑같은 이유에서 다른 사람과 나의 차이를 염두에 두고 행동할 필요도 있다. 더욱 중요한 점은 다른 사람과 나의 차이를 사유하는 순간 우리는 '남'과 '내'가 함께하는 공동체적 공간을 상상하고 있다는 것이다. 그러므로 바로 이 지점에서 왕부지는 개인 차원을 넘어 공동체의 조건과 성격을 고민하는 사회철학적 지평으로 서의 개념 체계를 확장하고 있다고 말할 수 있다.

따라서 왕부지의 서에 대한 고찰에서 진정으로 중요한 것은 바로 이것이다. 서에 입각한 행위가 정당하기 위해서는 배경이 되는 공동체의 사회적 요구—왕부지의 어법을 따라 우리는 이것을 공욕公欲, 혹은 천리天理라고 부를 수 있다—가 정당해야 한다. 이것은 왕부지의 서가 공동체의 조건과 특성에 따라 이론적 실천적 가치가 달라진다는 것을 의미한다. 이 욕망의 공동체가 무엇이고 이 공동체의 구성원들을 과연 '경제적 합리성'을 가진 개인으로 해석할 수 있는가의 문제는 왕부지 철학의 또 다른 측면을 논의하기 위한 지침이 될 것이다. 욕망하는 개인과 욕망하는 개인들로 구성된 공동체의 합리성이라는 주제는 다름 아닌 근대성의 전형적 특징이기 때문이다. 왕부지의 서가 함축하는 욕망하는 인간이 과연 근대적 인간에 대한 왕부지의 무의식적 혹은 자각적 묘사일 수 있는가. 비록 여기에서는 대답할 수 없지만, 이 문제는 왕부지 철학을 근대성과 연관 지어 논의하려는 모든 연구자들에게 흥미로운 논의의 출발점이 될 것이다.

나는 국내외 학계에서 왕부지 철학을 다루면서 소홀했던 서에 대한 견해를 살펴보았다. 이를 위해 성리학적 서의 개념 체계의 핵심 양상을 왕부지의 서에 대한 주요 진술들과 대비했다. 전자를 '당위의 서'로 명명하고 이와 비교되는 왕부지 서의 독창성에 주목해 이를 '욕망의 서'로 명명했다. '욕망의 서'라는 명칭은 송명 시대로부터 청대로 이행하는 학술사적 전환 과정에서 서의 개념 체계에 어떤 일이 벌어졌는지를 보여준다. 당위의 인간이 욕망하는 인간으로 전환되면서 벌어진 서라는 용어를 둘러싼 사유의 변화된 모습을 드러내기 때문이다.

나아가 '욕망의 서'는 필연적으로 개인의 이기적인 서의 사유와 실천을 규제하는 공동체적 맥락을 전제하고 있다. 이 공동체의 성격과 특징에 대한 탐구는 왕부지의 서를 넘어 왕부지 철학이 전망했던 미래상의 성격과 특징을 밝히는 한 통로가 될 수 있다. 왕부지와 그보다 1세기 정도 이후의 인물인 대진戴震의 서가 공유하는 키워드로 '욕망'이 전제되는데 이는 동북아시아 지성사의 발전에서 중세적 인간이 근대적 인간으로 깨어나는 과도기를 상징한다고 해석할 수 있다.[38] 다음 단계에서 동양의 근대적 인간들은 어디로 얼마나 나아갔는가? 이 문제는 여전히 또 다른 대답을 기다리고 있다.

---

38 대진의 서에 대한 담론에서 욕망이 키워드라는 주장에 대해서는 홍성민, 〈서恕의 두 형태와 그 윤리학적 의미: 주자朱子와 대진戴震의 윤리학에서 서의 위상〉, 《철학연구》 129집(대한철학회, 2014), 341~366쪽 참조.

제6장

서, 황금률을 만나다: 정약용의 경우

앞 장에서 나는 성리학을 대표하는 주희의 서를 당위의 서로, 기철학에 근거한 왕부지의 서를 욕망의 서로 명명했다. 당위와 욕망의 차이에도 불구하고 이들은 유학적 사유의 전통 안에서 서의 의미를 숙고하고 변화시킨 이들이었다. 그러나 서와 유사한 행위 원칙들은 거의 모든 문명권에서 발견된다. 서의 의미 체계는 이들 문명의 행위 원칙과 만나 틀림없이 어떤 상호작용을 했을 것이다. 예를 들어 유교문명권과 기독교문명권이 만났을 때 서의 의미 체계에서는 어떤 변화가 생겼을까? 나는 이러한 양상을 선명하게 보여줄 사례를 한국 유학사에서 발견했다. 바로 조신 후기 실학자로 일려진 징약용丁若鏞(1762~1836)이다. 이 때문에 나는 서구의 황금률과 마주친 서의 의미 변화의 대표적 사례로서 정약용의 서 담론을 새롭게 규명할 수 있는 기회를 갖게 되었다. 이 장에서는 바로 이 문제를 다룬다.

— 정약용에게 던지는 질문

나는 아주 단순한 질문을 하나 제기하려고 한다. 정약용은 서의 용례를 용서容恕와 추서推恕로 구분했다. 그는 이 두 용어를 비대칭적으로 이해했다. 즉 그는 명백하게 용서에 대해 부정적이었고, 추서에 대해 긍정적이었다. 정약용의 서에 대한 기존 연구들은 대부분 이 비대칭성의 의미에 주목하지 않은 것 같다. 결과적으로 이와 관련된 의문은 지금껏 미해결 상태로 남아 있다고 나는 생각한다. 그렇다면 정약용은 왜 용서에 대해 부정적이었는가? 나는 주희와 마테오 리치Matteo Ricci, 利瑪竇(1552~1610), 그리고 디다체 데 판토하Didace de Pantoja, 龐迪我(1571~1618)를 통해 이 질문에 대답하려고 한다.

나아가 나는 이 탐구가 서의 개념사에서 중요한 의의를 가지고 있다고 주장할 것이다. 즉 정약용의 용서에 대한 입장은 한국 철학사에서 유학적인 서와 서학적인 황금률의 전면적인 마주침이 야기한 이론적 귀결이라는 입장을 제안할 것이다. 이 과정은 다시 두 가지로 구분된다. 먼저 '예수회 선교사들의 적응주의 전략에 의해 수행된 황금률에 기초한 서의 발견'이라는 현상이 나타났다. 그다음 정약용에 의해 '황금률을 경유해서 서학에 수용된 서의 의미를 비판적으로 재구축'하는 작업이 수행되었다. 다시 여기에서 한 걸음 더 나아가면 우리는 왜 서와 황금률의 마주침이 용서의 부정이라는 주장으로 귀결되었느냐고 물을 수 있다. 나는 이러한 현상이 나타난 보다 심층적인 이유가 전통적인 유학의 자조주의自助主義와 서학의 유신론 사이에 존재하는 원형적 사유의 대립 때문이라고 주장할 것이다. 이 두 과정을 경유해서 나타나는 마지막 질문은 이것이다. 정약용의 서는 서의 개념사에 어떤 새로운 시각을 제공했는가? 정약용은 자기 수양(自修)의 관점에서 서를 파악했기에, 이와 배치되는 인간의 외부에서 인간을 용서하는 초월적 존재의 개념을 받아들이지 않았다. 그럼에도 불구하고 기독교의 보편적인 이웃 사랑의 개념은 '향인지애嚮人之愛'라는 인의 재정의를 통해 폭넓게 받아들였다. 최종적으로 정약용의 서는 인간애에 기초한 서, 즉 '사랑의 서'라고 이름 붙일 수 있는 새로운 의의를 획득했다.

이러한 주장에 설득력이 있다면 정약용의 서에 대한 담론은 한국 유학사에서 보기 드문 지성사적 혼성의 결과물이다. 정약용에 이르러 한국 유학의 서는 황금률을 만났고, 새로운 지적 만남이 야기한 수용과 비판의 이중주에 의해 서의 개념 체계는 양상이 조금 바뀌었다. 이는 근본적으로 유학적이면서도 서학적이었지만, 모든 혼성된 사유의 운명이 그렇듯이 자신의 지적 혈통과 완벽하게 일치하지는 않았다.

그는 무엇을 만났는가

서恕는 유학에 고유한 개념이다. 그런데 이 개념의 의미와 변화상을 탐구하려는 이들은 누구나 같은 사실에 마주친다. 서기 대변히는 시유와 행위의 보편성이 거의 모든 문화권에서 발견된다는 것이다.[1] 유학

---

1 유사한 진술들의 구체적인 목록에 대해서는 강진석, 〈주자 충서론의 다층적 해석에 관한 논의〉, 《인문학연구》 53권(조선대학교 인문학연구원, 2017), 13~18쪽; 박종준, 〈현대 황금률의 도덕철학적 문제〉, 《철학사상》 60호(서울대학교 철학사상연구소, 2016), 228~236쪽 참조.

바깥에서 이것을 증명하는 가장 대표적인 낱말은 '황금률'이다. 둘은 한 때 비등질적인 개념으로 간주되었지만, 오늘날에는 유사한 것을 서로 다른 어휘로 포착한 동·서 문화의 대표적인 두 개념으로 받아들여진다.[2] 양자 사이에는 공통점도 있지만, 문화적 배경에 따른 차이도 존재하는 것이다.

그러므로 개념사의 관점에서 흥미로운 질문이 하나 제기된다. 유학의 서는 기독교의 황금률과 언제 어떻게 만났는가? 인류 문화사라는 차원에서 이 질문에 대답하려면 광범위한 영역에 걸친 지난한 탐구가 필요하다.[3] 하지만 범위를 좁히면 조선 후기 유학자의 서에 대한 담론에서 이런 사례를 발견할 수 있는데, 정약용의 추서推恕가 그것이다.

추서는 두 가지 점에서 독특하다. 첫째 용서라는 용례의 부정을 전제한다. 둘째 정약용 이전에 서에 대한 용례로서 추서는 존재하지 않았다.[4] 이미 존재하는 관행에 대한 부정과 새로운 용어의 탄생은 철학사

---

2 문병도, 〈孔孟의 恕의 도덕 판단 방법론에 관한 小考〉, 169~207쪽; 데이비드 S. 니비슨, 〈중국 도덕철학에서의 황금률 논변〉,《유학의 갈림길》, 125~161쪽 참조.

3 이지조는《天學初函》의 제사題辭의 첫머리를 이렇게 시작하고 있다. "천학天學은 당나라 때에는 경교(景教: Nestorianism)라고 불렸는데, 정관 9년(635)에 중국에 들어와 (지금까지 거의) 1,000여 년이 되었다." 이지조의 설명은 〈대진경교유행중국비大秦景教流行中國碑〉의 기록에서 연유한 것이다. 이에 따르면 경교의 선교사 비습Bishop(大德)과 아브라함Abraham(阿羅本)이 재상인 방현령房玄齡의 환영을 받으며 당나라의 수도였던 장안에 들어간 해가 바로 정관 9년이었다. 기독교와 중국 문화의 상호 교섭사는 이때를 기점으로 잡더라도, 조선 후기 사상계에 영향을 끼쳤던 마테오 리치를 비롯한 예수회 선교사들이 활동하던 시대까지 1,000년에 걸친 세월이 누적되어 있다는 것을 알 수 있다.

4 중국 지성사의 경우 18세기 초반까지 서와 연관된 관용적 표현을 수집한 가장 포괄적인 사례집은《패문운부》이다. 여기에 실린 서의 용례는 이자류가 서른여덟 조목, 삼자류와 사자류가 각각 두 조목으로 모두 마흔두 조목이다. 이자류 서른여덟 조목에 정약용의 낱말인 추서推恕는 포함되지 않는다. 張玉書 外,《御定佩文韻府》卷65-3, 文淵閣 四庫全書 vol. 1022, 176~177쪽 참조.

에서 익숙한 것이다. 새로운 생각이 나타나는 전형적인 방식이기 때문이다. 그러므로 이 두 용어를 둘러싼 정약용의 사유를 살피면 당시 서의 의미 체계에 어떤 변화가 나타났을 것이라는 추측을 하게 된다. 이러한 변화의 구체적 내용과 의미는 무엇인가?

제일 먼저 확인해야 할 것은 정약용의 서에 대한 담론이 정말로 둘 이상의 지적 사조들의 혼성이라고 말할 수 있는가 하는 것이다. 주희와 정약용 사상의 대립과 갈등은 더 이상의 설명이 필요 없다. 그러나 과연 우리의 논의를 위해 리치와 판토하를 불러들일 필요가 있는가? 여기에 대해서는 정약용의 말을 인용하는 것으로 충분할 것이다.

> 갑진년 4월 15일에 맏형수의 기제忌祭를 지내고 나서 우리 형제와 이덕조
> 李德操가 한 배를 타고 물길을 따라 내려올 적에 배 안에서 덕조에게 천지
> 天地 조화造化의 시작始作과 육신과 영혼의 생사生死에 대한 이치를 듣고
> 는 정신이 어리둥절하여 마치 하한河漢이 끝이 없는 것 같았다. 서울에 와
> 서 또 덕조를 찾아가 《실의實義》와 《칠극七克》등 몇 권의 책을 보고는 비
> 로소 마음이 흔연히 서교西教에 쏠렸다.[5]

당연히 정약용이 책명을 직접 언급하지 않고 있는 '몇 권'의 책의 목록을 가늠할 수 있는 증언들이 존재한다.[6] 그러나 엄밀한 논의를 위

---

5 丁若鏞, 〈先仲氏墓誌銘〉, 《與猶堂全書》 I, 影印標點 韓國文集叢刊 vol. 281, 338쪽.

6 예를 들어 이기경의 진술에 따르면 《천주실의》뿐만 아니라, 마이야Mailla, 馮秉正(1669~1748)의
《성세추요聖世蒭蕘》 및 에메리쿠스 드 샤바냑Emericus de Chavagnac, 沙守信(?~1717)의 《진도자증
眞道自證》을 추가할 수도 있다. 李晩采 編, 〈辛亥珍山之變 · 草士李基慶上疏〉, 《闢衛編》 卷2(京城: 闢
衛社, 1931), 38 전~후면 참조.

해 정약용 자신이 직접 책명을 언급한 《천주실의》와 《칠극》을 토대로 서恕에 대한 서학적 용례만을 살펴볼 것이다. 알려진 대로 이 두 권의 책은 예수회 선교사들이 중국 선교에 나서기 위해 저술한 것이다.

16세기 예수회 선교사들의 대중국 전교 전략은 요약하자면 "중국 내의 지적 전통에 직접 개입하고 이 연속성을 단절해, 고대의 전통적 사상에서 기독교와 유사한 종교적 성격을 복원해내면서 그것을 기독교에 대한 신앙으로 연결하려는 과감한 시도"[7]라고 할 수 있다. 이것은 일명 '적응주의accommodationism' 전략 혹은 보유론補儒論이라고 불린다.

> 예수회의 중국 선교는 중국의 전통적인 상제 개념을 인격신으로 해석하여 이를 헤브라이 전통의 유일신과 동일시하는 적응주의적 선교 방침을 특징으로 하는데 (……) 이러한 예수회의 선교 방침은 (……) 예수회가 해산될 때까지 '利瑪竇 規則'이라는 이름으로 예수회 중국 선교의 중심 원리로 기능하였다.[8]

현대의 연구자들은 이것을 적응주의라고 부르지만, 더 직접 와 닿는 용어가 바로 '격의 불교'다. '격의 불교'를 불교의 중국 유입 초창기에 나타난 도가와 불교의 혼성이라고 느슨하게 정의한다면 넓은 의미에서 예수회 선교회의 '적응주의'는 기독교와 유학의 혼성이라고 할 수 있다. 따라서 적응주의란 어떤 의미에서 '격의 기독교'라고 할 수 있고, 이 일

---

7 김선희, 《마테오 리치와 주희, 그리고 정약용》(심산, 2012), 14~15쪽.

8 안대옥, 〈18세기 정조기 조선 서학 수용의 계보〉, 《동양철학연구》 71권(동양철학연구회, 2012), 60~61쪽.

시적인 조류의 뚜렷한 양상 역시 분명히 언급할 수 있다. 첫째 한적서학서漢籍西學書의 성립과 유통이다.[9] 둘째, 기독교의 핵심 교리를 전달하기 위해 유학적 용어들을 차용한 현상이다.[10] 예를 들어 율리우스 알레니Julius Aleni, 艾儒略(1582~1649)와 리치의 진술을 비교해보자.

구라파에서는 사람들이 천주교를 믿는데, 두 가지를 준수하고 지킨다. 하나는 만물의 위에 있는 천주를 사랑하고 공경하는 것이다. 둘째는 이웃을 네 몸처럼 사랑하는 것이다.[11]

'인'이란 바로 두 마디로 그 뜻을 다 말할 수 있습니다.
"천주를 사랑하라. 천주를 사랑하는 것보다 더 높은 것은 없다!
천주를 사랑하는 사람은 남을 자기처럼 사랑하라!"
이 두 가지를 실천할 수 있으면 모든 행동이 다 이루어진 것이겠습니다.
그러하니 둘이지만 또한 하나일 뿐입니다.[12]

기독교—여기서는 천주교—의 핵심 교리가 간명하게 묘사되어 있다. '천주를 사랑하라' 그리고 '남을 자기처럼 사랑하라'. 그런데 리치에

9 조광, 〈조선 후기 서학서의 수용과 보급〉, 《민족문화연구》 44권(고려대학교 민족문화연구원, 2006), 227쪽 참조.

10 김승혜, 〈《七克》에 대한 研究—그리스도교와 新儒學의 초기 접촉에서 형성된 修養論—〉, 《교회사연구》 9집(한국교회사연구소, 1994), 180쪽 참조.

11 Julius Aleni, 〈歐羅巴總說〉, 《職方外紀》 卷2, 影印 《天學初函》 본(서울: 아세아문화사, 1976), 371쪽.

12 마테오 리치, 《천주실의》, 송영배 외 옮김(서울대학교출판부, 2001), 363쪽.

의하면 유학의 인仁이 바로 이 두 가지 의미를 함축한다. 이제 여기에 판토하의 다음과 같은 진술을 덧붙여보자.

> 사람이 마땅히 사랑해야 할 것이 네 가지 있는데, 그 첫 번째는 하느님〔天主〕이다. (……) 두 번째로 사랑해야 할 것은 나 자신이다. 그런데 이 나는 나의 육신이 아니라 나의 정신이다. (……) 세 번째로 사랑해야 할 것은 남이다. (……) 네 번째로 사랑해야 할 것은 자신의 몸이다.[13]

이상의 간단한 진술들을 검토하는 것만으로 "천주교의 '카리타스 caritas' 개념은 유교의 '仁', 혹은 '恕'와 유사한 측면이 있다"는 주장이 왜 나왔는지를 이해할 수 있다.[14] 문제는 이런 유사성이 어디까지 허용되고, 또 어떤 대목에서 차이가 나타났는가 하는 것이다. 이를 위해 정약용의 서에 대한 진술이 어떤 이론의 지평 위에 있는지, 또 어떻게 특유의 용서 담론이 나타나는지를 살펴보아야 한다.

서는 사서를 포괄한다

인仁과 서가 밀접하게 연관돼 있다는 것은 다 아는 사실이다. 《맹자》에서 벌써 "서를 힘써서 행하면 인을 구함이 이보다 가까울 수 없

---

13 빤또하, 《칠극》, 박유리 옮김 (일조각, 2013), 140~142쪽.
14 안영상, 〈아가페(카리타스)와의 비교를 통하여 본 정약용의 仁—개인과 공동체의 문제를 중심으로—〉, 《교회사연구》 24집 (한국교회사연구소, 2005), 68쪽.

다"[15]는 확신에 찬 어투가 나타났다. 후대의 많은 유학자들도 비슷한 말을 남겼다. 북송의 정이는 "서는 인으로 들어가는 문"[16]이라고 했고, 장식은 보다 직접적으로 "(공자가 말한) 내가 원하지 않는 것을 남에게 베풀지 말라는 것이나, (맹자가 말한) 힘써서 서를 실천한다는 것은 (모두) 인을 실현하는 방법"[17]이라고 했다. 이런 점에서 보자면 맹자의 말을 인용해서 다음과 같이 주장하는 정약용의 입장 역시 다를 것이 없어 보인다.

> 성인의 말에 '서를 힘써서 행하면 인을 구함이 이보다 가까울 수 없다'고 했다. 서란 인으로 가는 길이다.[18]

그럼에도 양자 사이에는 여전히 논쟁을 일으킬 만한 점들이 놓여 있다. "인에 들어가는 문은 본래 많은 단서가 있다"[19]는 전제를 따르자면 서는 유학적 이상으로서 인을 성취하는 많은 방법들 가운데 하나이다. 반면에 '서는 (인에 도달하는) 보편적인 방법이다'라는 주장을 따르자면 인과의 관계에서 서의 위상은 다른 과정적인 개념들과 명확히 구별된다. 효와 제가 아버지와 자녀, 형과 동생 사이만을 호명하는 반면, 서는 인간들 사이를 관통하는 보편적인 관계성을 언급하는 것으로 받아들여진다. 다시 말해 서는 나와 관계를 맺는 '타인'이 누구이든 상관없

---

15 〈진심〉상 4장, 《맹자》.

16 程顥·程頤, 〈河南程氏外書〉第6, 二程集 vol. 1, 391쪽.

17 張栻, 《癸巳論語解》第6, 文淵閣 四庫全書 vol. 199, 264쪽.

18 丁若鏞, 《大學公議》3, 與猶堂全書 II, 影印標點 韓國文集叢刊 vol. 282, 22쪽.

19 "入仁之門, 固是多端." 陳埴, 《木鍾集》, 文淵閣 四庫全書 vol. 703, 564쪽.

이 실천되어야 하는 격률로 이해된다는 점에서 효제와 다르다. 명백하게 서는 보편성을 띠는 반면, 효, 제는 제한된 인간관계에서 요구된다는 점에서 개별적이다.

인과 서의 관계에서 파생되는 또 하나의 당연한 현상이 있다. 인과 서는 서로 영향을 끼친다. 이것은 길이 달라지면 여행의 성격이 달라지고, 목적지가 바뀌면 나아가야 할 길이 달라지는 것과 마찬가지다. 이 것은 원칙적으로 상호 가변성을 허용하지만, 실제로는 인이 유학에서 차지하는 위상 때문에, 인의 정의에 따라 서의 의미가 변화하는 경향이 나타난다. 다시 말해 인을 재정의하면 서의 의미도 바뀔 수밖에 없다. 정약용에게 바로 이 일이 일어났다. 그는 두 가지 측면에서 인을 재정의했고, 이러한 기초 위에서 서에 새로운 의미를 부여했다. 하나는 인을 구축적인 개념으로 정의한 것이고, 다른 하나는 서의 의미를 이러한 과정에 필요한 보편적인 통로로 파악한 것이다.

정약용은 한때 자신의 경학에서 가장 중요하다고 여기는 네 글자를 뽑아 이것의 의미를 시로 표현한 적이 있다. 이때 선택한 낱말이 바로 인과 서, 성誠과 경敬이었다. 다음 시들을 통해 그는 자신이 이해하는 인과 서의 의미를 간명하게 표현했다.

> 사람이 사람을 다스리는 것, 곧 두 사람이니, 두 사람의 교제 곧 인이 되누나.[20]
> 남의 마음 단적으로 내 마음과 같으니, 나를 이겨 남 따르면 서는 넘쳐난

---

20 丁若鏞,〈仁字二首〉, 與猶堂全書 I, 157쪽.

226

다네.[21]

　'사람이 사람을 다스린다〔人以治人〕'는 말은《중용》의 '사람으로 사람을 다스린다〔以人治人〕'[22]는 구절을 변형한 것이다. 이 구절을 이해하기 위해서는 주희가 이해한 내용과 대조해보아야 한다. 주희는 이 구절의 앞부분에 나오는 인人을 문자 그대로의 '사람'이 아니라, '사람의 도〔人之道〕'라고 풀이하고, 치인과 피치인을 군자와 인人으로 양분한다.[23] 그러나 정약용은 이 구절을 변형해 치인과 피치인에게 인人과 인人이라는 동등한 격을 부여한다. 따라서 군자가 일반인을 다스림이라는 주희의 해석이 정약용에게서는 보통 사람이 보통 사람을 다스림으로 변모한다. 주희의 해석에서는 나타나지 않는 어떤 어색함이 도사리고 있다. 어떻게 평범한 사람이 '(평범한) 남을 다스린다〔治人〕'고 말할 수 있는가? 정치적 용어로 보이는 '다스림〔治〕'이란 용어로 인을 묘사하는 데서 빚어지는 어색함에서 벗어나기 위해 정약용은 재빨리 '치인'의 정의를 변경한다.

　《중용》에서 '사람으로 사람을 다스린다'고 한 것은 남에게 구하고자 하는 것으로 남을 섬기라는 말이다. '남을 다스린다〔治人〕'고 할 때의 다스림〔治〕이란 마땅히 '직무를 다스린다〔治職〕' '일을 다스린다〔治事〕'고 할 때의 다스림으로 읽어야지, '백성을 다스린다〔治民〕'거나, '죄를 다스린다〔治罪〕'고 할 때의 다스림으로 간주해서는 안 된다. 어버이를 섬기고 인군을 섬기는 것

21　丁若鏞,〈恕字二首〉, 與猶堂全書 I, 157쪽.

22　《중용》13장.

23　朱熹,《中庸章句》, 朱子全書 vol.6, 39쪽.

이 모두 남을 다스리는 것이다. [24]

이제 정약용에 의하면 '치인'의 의미는 정치적, 사법적 의미의 다스림을 의미하지 않는다. 오히려 자기가 맡은 관직이나 사회적 업무를 수행하고 처리한다는 뜻이다. 더 나아가 관직이나 업무가 아니라, 이를 넘어서 사람과의 마주침 자체로 뻗어나간다. 즉 '치인'이란 사실상 '사람을 섬기는 것[事人]'이다.

'사람으로 사람을 다스린다'는 것은 남에게 구하는 것으로 남을 섬긴다는 뜻이다. 내가 남을 섬기는 것과 내가 남에게서 구하는 것이 같지 않으면 나의 행동을 바꾼 다음에 그만둘 뿐이다. 이것이 '고치면 그만둔다'는 말의 뜻이다. [25]

정약용이 '치인治人'을 '사인事人'의 의미로 바꾸려고 한다는 것은 명확하다. 그리고 이러한 전환에는 하나의 가설이 수반된다. 내가 남에게 바라는 것으로 남을 섬기기 위해서는 너와 나의 마음이 동일하다고 가정해야 한다. 사실상 나와 남이 다를 것이 없는 마음의 동질성 가설은 서를 주장하기 위한 전형적인 가설 가운데 하나다. [26] 그렇다면 이 사

---

24 丁若鏞, 《中庸講義補》卷1, 與猶堂全書 II, 71쪽.

25 丁若鏞, 《中庸自箴》卷2, 與猶堂全書 II, 53쪽.

26 물론 모든 유학자가 여기에 동의하는 것은 아니다. 왕부지는 오히려 욕망의 차이를 서의 실천의 기초로 도입해야 한다고 제안했다. 그래서 그는 "문왕조차도 진실로 (자기가 좋아한다는 이유로) 김치 한 포기로 손님을 대접하지 않았다"라고 말했던 것이다. 王夫之, 《中庸》, 《讀四書大全說》卷 2, 船山全書 vol. 16, 498쪽.

인의 정확한 의미는 무엇인가? 정약용은 공자의 "하나로 꿰뚫었다〔一以 貫之〕"라는 구절을 풀이하면서 의미를 명확하게 표현했는데, 훗날 자신 의 〈자찬묘지명〉에서 더 포괄적으로 동일한 관점을 피력했다.

옛 성인이 하늘을 섬기는 학문〔事天之學〕이란 인륜을 벗어날 수 없는 것이 니, 이 하나의 서恕란 글자로 사람을 섬길 수도 있고, 하늘을 섬길 수도 있 는 것이다. 그런데 무슨 까닭으로 이를 하찮게 여긴단 말인가? 하나〔一〕란 서恕인 것이다.²⁷

자공子貢이 도道를 묻자 공자는 한 마디로 대답했다. 경례經禮 3백과 곡례 曲禮 3천이 서恕로 일관된다. 인仁을 실현하는 것은 자기에게서 비롯되니, 자기를 이기고 예로 돌아오는 것이 곧 유학〔孔門〕의 올바른 가르침이다. 성 誠이란 서恕를 성실히 행하는 것이고 경敬이란 예로 돌아오는 것이다. 그 러므로 성誠과 경敬으로 인을 실현한다. 그러나 두려워하고 삼가면서 상 제上帝를 밝게 섬기면 인仁을 실현할 수 있거니와 헛되이 태극太極이나 높 이면서 이치〔理〕를 하늘로 삼는다면 인을 실현할 수는 없고 단지 하늘만을 섬기는 것에 귀결되고 말 것이다.²⁸

여기에서 정약용의 생각이 드러난다. 치인治人은 사인事人을 의미 하며 사인은 사천事天과 대비되는데, 사천은 다시 인륜으로 귀결되며,

---

27 丁若鏞,《論語古今注》卷7, 與猶堂全書 II, 312쪽.

28 丁若鏞,〈自撰墓誌銘〉, 與猶堂全書 I, 347쪽.

서는 사인과 사천의 공통 사다리다. 그리고 이 사다리를 타고 인륜을 실천하여 도달한 인의 핵심 의미는 정약용에게 너무도 명확하다. 바로 타인에 대한 사랑, 즉 향인지애嚮人之愛인 것이다.[29]

> 정약용은 먼저 인仁이란 타인에 대한 사랑이라는 것을 명확하게 밝힌다. (……) 우리는 어떤 식으로 타인과 관계 맺어야 그 타인을 사랑할 수 있는지의 방법에 대해 생각해보지 않을 수 없다. 정약용이 방법으로 제시한 것, 즉 인을 완성할 수 있는 실천 원리로서 제시한 것이 바로 다름 아닌 서恕이다.[30]

인을 향인지애로 정의함에 따라 이에 수반되는 서의 특징도 손쉽게 정리할 수 있다. 즉 정약용의 서는 '사랑의 서'라고 부를 수 있다. 이렇게 명명한 서의 의미에는 두 가지 변형이 나타난다. 첫째 전통적인 성리학의 충서에 대한 체용론적 이해는 거부된다. 정약용의 인간관은 인과 서가 인륜 관계라는 상호 관계를 전제할 때만 의미가 있다는 생각을 함축한다. 즉 원자적 개인이 서를 실천하기에 앞서 확보해야 할 내적 실체로서 충이라는 관념은 존재할 수 없다. 그러므로 "사람으로서 사람을 섬긴 뒤에야 충忠이란 이름이 있는 것이니, 홀로인 나에게 충이란 존재할 수 없다"[31]고 하는 것이다.

다른 한편 서는 인과의 관계에서 보편성을 획득한다. 그리고 이와

---

29 丁若鏞, 《論語古今注》 卷3, 與猶堂全書 II, 206쪽.

30 백민정, 《정약용의 철학―주희와 마테오 리치를 넘어 새로운 체제로》(이학사, 2007), 353쪽.

31 丁若鏞, 《論語古今注》 卷2, 與猶堂全書 II, 191쪽.

더불어 정약용은 서의 경학적 위상을 높였다. 단적으로 서를 사서의 공통된 풀이 원칙이라고 간주했다.[32] 이에 따르면 정약용의 사서 풀이 원칙 가운데 하나는 서라는 관점에서 사서의 내용을 살펴보는 것이다. 정약용이 사서에 대한 주석서를 모두 지었다는 사실은 그가 이들 저서에서 공히 서의 의미를 진술했다는 뜻이다. 실제로 이런 가정은 정약용의 사서에 대한 모든 저술에서 실증되는데, 다음 진술이 대표적이라고 보아도 무방할 것이다.

> 사서는 우리 유학의 나침반이다. 《대학》《중용》은 모두 서恕 자에 대한 부연설명이다. 《논어》《맹자》에서 서를 힘껏 행하여 인을 추구하라고 말한 곳이 헤아릴 수 없이 많아 이루 다 가리킬 수 없다. 공자의 가르침이란 서라는 한 글자뿐이다. 이 한 글자를 잡고 남과 교제하면 어짊이란 이루 다 쓸 수 없다.[33]

정말로 주희를 비판했는가

인륜적인 상호 관계성 속에서 이해된 충, 인에 이르는 보편적 통로인 서에서 용서에 대한 진술은 어떻게 나타나는가? 동일한 입장을 전명한 대표적인 두 가지 진술이 있다.

---

32 丁若鏞, 《論語古今注》 卷2, 與猶堂全書 II, 191쪽.

33 丁若鏞, 《論語古今注》 卷7, 與猶堂全書 II, 312쪽.

서에는 두 종류가 있다. 추서推恕와 용서容恕다. 옛 경서에 실린 것은 추서일 뿐 본래 용서라고는 없었다. 그런데 주자가 말한 것은 용서다. 《중용》에서는 "자기에게 베풀기를 원하지 않는 것을 또한 남에게 베풀지 말라"고 했으니 이것이 추서다. 자공은 "다른 사람이 제게 베풀기를 원하지 않는 것을 저 또한 남에게 베풀지 않겠습니다"라고 했으니, 이것이 추서다. 이 책(《대학》)에서는 "윗사람에게서 싫었던 것으로써 아랫사람을 부리지 말며, 아랫사람에게서 싫었던 것으로써 윗사람을 섬기지 말라"고 했으니 이것이 추서다. 공자는 "내가 원하지 않는 것을 남에게 베풀지 말라"고 했으니 이것이 추서다. 추서란 스스로를 수양하기 위한 것이다.[34]

이 인용문에서 정약용의 서에 대한 태도가 몇 가지 발견된다. 첫째 서의 대표적인 용례로는 추서와 용서가 있다. 그러나 서의 원래 용례는 추서인데, 주희는 서의 용례로서 용서를 주장했다. 결론적으로 정약용은 서를 용서로 이해하는 것에 반대하고 있다. 정약용의 서에 대한 선행 연구들 가운데 용서에 대해 부정적이었다는 사실이 무엇을 의미하는지를 물었던 것은 많지 않다. 홍성민과 안외순의 논의 정도가 발견될 뿐이다.

추서란 수양을 위주로 하여 타인에게도 선을 행하는 것이요, 용서는 치인을 위주로 하여 타인의 악을 관용해주는 것이다. 그러므로 다산은 이러한

---

34 《大學公議》3, 與猶堂全書 II, 20쪽. 〈心經密驗〉, 與猶堂全書 II, 42쪽에서도 유사한 논법이 반복되고 있다.

추서와 용서의 차이로 인하여 추서만이 진실로 인을 실천하는 방법이라 하였다.[35]

다산도 주자가 恕를 용서로 해석해서는 안 된다고 경고했던 점을 잘 알고 있었다. 그럼에도 불구하고 다산이 이런 비판을 감행한 데에는 다른 의도가 있었다. 그가 비판하고자 했던 것은 주자의 忠先恕後의 구도였다.[36]

안외순은 단순하게 용서의 문제점, 즉 '타인의 악을 관용해주는 것'이 정약용이 용서에 부정적인 이유라고 주장한다. 반면에 홍성민의 견해는 조금 다르다. 정약용은 주희가 서를 용서로 해석했다고 비판했는데, 홍성민에 의하면 주희 역시 용서에 대해 비판적이었고, 나아가 정약용 자신도 이러한 내용을 잘 알고 있었다. 그런데 이런 주장은 약간 이상하다. 홍성민 진술의 특징은 주희를 용서의 주창자로 제안하려는 정약용의 시도가 그다지 설득력이 없다는 사실을 인정한 것이다. 홍성민의 주장을 따르자면 정약용은 주희가 용서의 주창자가 아닌데도 주희를 용서의 제안자로 간주하려는 태도를 보이고 있다. 이런 태도는 아무리 보아도 어색하다. 유감스럽게도 홍성민은 이 문제를 해결하려 하기보다는 논점을 담론의 다른 영역으로 옮겨 가려는 입장을 취한다. 왜 용서를 부정해야 하는가에 대한 대답으로 '충선서후'를 위한 이론적 장

---

35 안외순, 〈다산茶山 정약용丁若鏞의 관용·tolerance 관념: 서恕 개념을 중심으로〉, 《동방학》 19집 (한서대학교 동양고전연구소, 2010), 256쪽.

36 홍성민, 〈서恕의 의무론적 특징과 양상─주자朱子와 다산茶山의 윤리학에서 서恕의 함의─〉, 《동양문화연구》 13집(영산대학교 동양문화연구원, 2013), 285쪽.

치라고 주장하고 마는데, 무언가 질문과 대답이 괴리돼 있다는 인상을
준다.

《마테오 리치와 주희, 그리고 정약용》이라는 김선희의 책 제목이
홍성민의 약점을 지적하고 있다. 이 제목은 정약용의 진술을 논의하기
위한 최소한의 지적 배경이 두 가지라는 점을 지적하고 있다. 홍성민의
논의는 '마테오 리치'라는 고유명사가 서에 대한 담론에서 가질 수 있는
철학적 함의를 언급하고 있지 않다. 김선희의 명시적인 제안에 따라서
정약용의 이 주장을 리치까지 연장해서 이해할 수는 없는가? 주희와 함
께 리치를 경유할 때도 우리는 여전히 '충선서후'라는 이론적 구도를 탈
피하기 위해 용서를 부정했다는 기존 결론을 고수하게 되는가?

어쩌면 화살은 다른 곳을 향해서

정약용에게 먼저 용서가 무엇을 의미하는지를 명료하게 정의해보
자. 그는 용서의 용례와 이들의 차이를 다음과 같이 말하고 있다.

용서라고 하는 것은 〈초사楚辭〉에서는 "자기를 용서함으로써 남을 헤아
린다(恕己以量人)"고 했고, 〈조세가趙世家〉에서는 "노신이 스스로 용서한다
(老臣自恕)"라고 했으며, 《한서漢書》의 〈유관전劉寬傳〉에는 "따뜻하고 인자
하게 대부분 용서한다(溫仁多恕)"라 하였으니 이것이 용서容恕의 사례들이
다. 추서와 용서는 서로 가까운 것 같으나 그 차이는 천리와 같다. 추서는
자기 수양(自修)를 주로 하여 자기의 선한 것을 실행하는 것이며 용서란 다

른 사람을 다스리는 것(治人)을 주로 하여 남의 잘못을 관대하게 보아주는 것이다. 이 어찌 같은 것이겠는가?[37]

정약용은 명백하게 추서와 용서가 기능적으로 나뉜다고 언급하고 있다. 전자는 자기 수양의 관점에서, 후자는 치인의 관점에서 나타난 용례라는 것이다. 그렇다면 치인의 관점에서 보았을 때 용서의 문제점이란 무엇인가?

'목욕을 같이 하는 사람은 벌거숭이를 꾸짖을 수 없고, 도둑질을 함께 한 사람은 담 구멍을 뚫었다고 꾸짖을 수 없다'고 하면서 내 마음으로 다른 사람의 마음을 헤아리되, 기꺼이 서로 용서하면서 서로를 비난하는 말을 하지 않을 것이다. 이러한 폐단은 나와 그가 서로 나쁜 짓에 물들면서도 서로 바로잡아주지도 않는 데 있을 것이니, 어떻게 성인들의 본뜻이겠는가?[38]

용서에 대해 부정적인 입장을 보인 정약용의 견해는 이해가 간다. 문제는 이러한 용례의 주창자로 주희를 거론하고 있는 것처럼 보인다는 점이다. 왜냐하면 이것은 기본적으로 주희의 서에 대한 이해와 어울리지 않기 때문이다. 엄밀히 말하자면 서의 개념사에서 이러한 문제를 처음 제기한 것은 정약용이 아니었다. 성리학의 공식 교의를 기록한 것

---

37 丁若鏞,《大學公議》3, 與猶堂全書 II, 20쪽.

38 丁若鏞,《大學公議》3, 與猶堂全書 II, 20쪽.

으로 보아도 무방한 진순의 《북계자의》는 이렇게 말하고 있다.

한대 이후 서 자의 의의가 매우 불투명했다. 심지어 "자신을 잘 헤아려 군
주를 가늠했다"고 했고, 우리나라에서는 범충선공 또한 "나를 용서하는 마
음으로 남을 용서한다"고 했다. (……) 이와 같이 본다면 나에게 허물이 있
을 경우 나 또한 스스로를 용서하고, 저 사람에게 허물이 있다면 아울러
그 사람도 용서한다는 것이다. 이것은 서로가 어질지 못한 데로 함께 빠져
들어가는 것이다. (……) 그러므로 충선공의 "남을 꾸짖는 마음으로 나를
꾸짖는다"는 구절은 옳은 말이라고 할 수 있지만, "나를 용서하는 마음으
로 남을 용서한다"는 구절은 타당하지 못하다.[39]

진순의 말은 정약용의 우려와 정확하게 일치한다. 그런데 진순의
견해는 스승이었던 주희의 관점을 고스란히 수용한 것이다. 진순이 지
적하는 서의 오용 사례 두 가지, 즉 '자기를 미루어 군주를 잘 헤아린다'
와 '자기를 용서하는 마음으로 남을 용서한다'는 표현은 후한의 광무제
와 질운郅惲의 대화 및 범순인范純仁의 말에서 유래한 것이다. 전자는
후한의 광무제가 곽황후郭皇后를 폐위했을 때, 질운의 조언을 받은 광
무제가 "질운은 자기를 미루어 군주를 잘 헤아리는구나. 그는 내가 한
쪽에 치우쳐서 국가의 대사에 등한시해서는 안 된다는 것을 알아차렸
다"[40]고 한 구절에서 유래했다. 한편 후자는 범순인이 자식들을 훈계하

39 陳淳, 〈忠恕〉, 《北溪字義》, 文淵閣 四庫全書 vol.709, 25~26쪽.

40 〈申屠剛鮑永郅惲列傳〉 第19, 《後漢書》 卷29, 1031쪽.

면서 "어리석은 사람도 남을 꾸짖는 데는 눈이 밝고, 총명한 사람도 자기를 용서하는 데는 눈이 어두운 법이다. 너희들이 남을 꾸짖는 마음으로 자기를 꾸짖고, 자기를 용서하는 마음으로 남을 용서한다면, 성현의 자리에 이르지 못할까 걱정할 것이 없을 것이다"[41]라고 한 구절에서 유래한 것이다. 그런데 주희는 진순이 인용하는 두 가지 사례 모두에 대해 매우 강한 비판적 태도를 취했다. 그는 범순인과 질운의 경우에 대해 다음과 같이 비평했다.

> 서恕라는 글자의 뜻은 본래 '(나와 남이) 같은 마음(如心)'에서 나온 것이다. 그러므로 (서란) 남에게 베풀 수 있는 것이지만, 자기에게 베풀어서는 안 된다. 이제 "자기를 용서하는 데는 눈이 어둡다"고 했다면, 이것은 이미 이와 같은 줄을 알았다는 것이다. 그런데 "자기를 용서하는 마음으로 남을 용서한다"고 하니, 이것은 스스로 자기의 어리석음을 다스릴 줄도 모르면서 드디어 미루어 남에게까지 미치는 것으로, 그 사람마저 나처럼 어리석게 만들고 만 다음에야 그치게 될 것이다.[42]

서라는 점에서는 같지만 하나는 '남에게 미치는 것'을 위주로 하고, 다른 하나는 '스스로를 다스리는 것'을 위주로 한다. 이 두 가지 사이에 있는 조그마한 차이라도 배우는 이들은 마땅히 깊이 살피고 분명하게 구별해야 한다. 예를 들어 한나라의 광무제는 현명한 군주였다. 그러나 어느 날 죄

---

41 趙善璙,《自警編》卷1, 文淵閣 四庫全書 vol.875, 205쪽.

42 朱熹,《大學或問》, 朱子全書 vol.6, 538쪽.

도 없는 처를 쫓아내버렸는데, 그의 신하였던 질운은 힘껏 대의를 진언해서 그의 잘못을 시정하려고 하지 않고, 임시방편으로 부드러운 말로 그의 기분이나 풀어주려고 했다. (……) 그런데도 광무제는 질운이 '자기를 미루어 군주를 잘 헤아렸다'고 했으니, 그는 더욱 잘못이다. 신하된 자가 (군주에게) 하기 어려운 일을 하도록 만들지도 않고 선한 말을 개진하지도 않음으로써 그의 군주를 해치는 단서를 크게 열어준 것이다.[43]

주희가 용서에 대해 어떤 태도를 보였는지는 이 두 인용문을 통해 단적으로 드러난다. 그는 일관되게 "자기를 용서하는 마음으로 남을 용서한다"는 말은 "자기를 사랑하는 마음으로 남을 사랑한다"는 말로 바꾸어야 한다고 강조했다. 정약용이 주희를 용서라는 용례의 주창자로 간주하는 듯한 태도는 문제의 소지가 있다.

황금률이 서를 만났을 때

이제 상황은 곤혹스러워졌다. 정약용이 용서에 부정적이었던 것처럼 주희도 용서라는 용례에 대해 부정적이었다. 그렇다면 정약용이 주희의 이름으로 용서를 부정하는 것은 무엇을 의미하는가? 사실상 이 담론들은 주희를 표적으로 했다고 볼 수 없다. 그렇다면 남는 것은 무엇인가? 송영배의 다음과 같은 진술에서 문제의 실마리가 발견된다.

---

43 朱熹, 《大學或問》, 朱子全書 vol.6, 538쪽.

《천주실의》와 다산 철학 사상 사이에는 철학적 사유의 구조적 동일성이 존재한다. 그러나 그것으로부터 바로 이 두 개의 철학이 담고 있는 철학 정신(목적)까지도 동일하다는 성급한 결론은 결코 쉽게 도출될 수 없다[44]

송영배의 메시지는 명확하다. 우리는 정약용 사상의 이면에 있는 또 하나의 지적 전통을 고려해야 한다. 백민정과 김선희의 단행본들이 공히 언급하고 있는 지적 전통들에 대해서도 같은 질문을 던질 수 있어야 한다.[45] 그러므로 이제 황금률의 담지자로서 예수회 선교사들이 유학적 서恕를 어떻게 수용했는지를 알아보기 위해 《천주실의》와 《칠극》에 나타난 서의 용례를 살펴보기로 하자. 먼저 《천주실의》를 살펴보자. 이 책에서 서는 단 세 번 나온다.

> 따라서 몸소 스스로 자신의 행동을 벌 주고 따져 물어서, 조금이라도 잠시나마 용서해서는 안 됩니다〔所以躬自懲詰, 不少姑恕〕.[46]

> 죄를 지으려 하면 올바른 말로 말리고, 우리를 모욕해도 용서해주고〔罪過則諫之, 侮我則恕之〕.[47]

---

44 송영배, 〈마테오 리치의 서학과 한국 실학의 현대적 의미〉, 《대동문화연구》 45집(성균관대학교 대동문화연구원, 2004), 309쪽.

45 김선희, 《마테오 리치와 주희, 그리고 정약용》; 백민정, 《정약용의 철학―주희와 마테오 리치를 넘어 새로운 체계로》(이학사, 2007) 참조.

46 마테오 리치, 《천주실의》, 261쪽. 원문은 필자가 추가한 것이다. 아래도 같다.

47 마테오 리치, 《천주실의》, 369쪽.

어떤 이는 옛날에 저지른 죄악에 대한 용서를 천주께 기도합니다〔或祈恕宥
昔者所犯罪惡〕.[48]

마테오 리치가 구사하고 있는 서의 용례를 송영배를 비롯한 번역
자들은 모두 똑같은 것으로 간주하고 있다. 즉 적어도《천주실의》에서
서의 용례는 일관되게 용서의 의미로 사용되고 있다. 특히 셋째 용법에
서 리치는 이 용서의 맥락을 신과 인간의 관계에서 사용하고 있다. 이
것이 송영배를 비롯한 번역자들의 용어 선택의 문제가 아니라,《천주실
의》자체의 내적 맥락에 따른 귀결이라는 점은 그의 동료였던 미켈레
루지에리Michele Ruggieri, 羅明堅(1543~1607)의 발언을 송영배식으로 번
역해도 무리가 없다는 데서 잘 드러난다.

하느님은 매우 자비롭다. 사람이 죄를 지었더라도 개과천선하고서 용서
해주기를 바란다면 또한 용서하면서 꾸짖지 않는다〔天主且甚慈悲, 人若犯罪
而能遷善改過, 哭求赦宥, 則亦恕之不責〕.[49]

너희들이 편안하게 본분을 지킨다면 나와 함께 천당에서 복을 받을 것이
다. 그러나 법을 어기고 본분을 넘어선다면 용서받지 못하고 중한 벌을 받
을 것이다〔爾等安分, 則得同吾受福於天堂 ; 若違法犯分, 吾即重刑不恕〕.[50]

---

48 마테오 리치,《천주실의》, 375쪽.

49 Michele Ruggieri(羅明堅),《天主聖教實錄》.

50 Michele Ruggieri(羅明堅),《天主聖教實錄》.

루지에리는 분명하게 세 가지 낱말을 유사한 의미로 사용한다. 사赦, 유宥, 서恕는 모두 '용서하다'라는 뜻으로 쓰였다. '용서를 바란다면 용서해준다'는 번역에 문제가 없다면, 서를 용서로 이해하고 수용한 것은 예수회 선교사들의 일반적 관행이라는 것을 알 수 있다. 그들은 서의 의미 가운데 하나를 용서로 받아들였던 것이다.

　　똑같은 경향성이 또 다른 선교사 판토하에게서도 발견된다면 이런 가정은 더욱 설득력이 높아질 것이다. 그리고 《칠극》에는 '서'라는 낱말이 총 여덟 개의 문장에서 12회 등장하는데, 용례는 정확하게 셋으로 나뉜다.

> 너와 똑같은 이와 싸우는 것은 힘이 드는 일이고, 너보다 강한 이와 싸우는 것은 사리를 분별하지 못하는 일이고, 너보다 약한 이와 싸우는 것은 수치스러운 일이다. 그러므로 너를 해치는 이가 너보다 약하다면, 마땅히 그를 너그럽게 보아주어야 할 것이고, 그가 너보다 강하다면, 마땅히 너 자신을 헤아려보아야 할 것이고, 그가 너와 같다면, 마땅히 그와 너 모두를 헤아려보아야 할 것이다.[51]

> 세 번째로 사랑해야 할 것은 남이다. 남을 사랑하는 것은 용서〔恕〕뿐이다. 공자가 말했던 "자기가 하고 싶지 않은 것을 남에게 행하지 말라"는 것은 바로 하느님〔天主〕이 말한 "남을 자기처럼 사랑하라"는 것이다.[52]

---

51 "與平等鬪險; 與強鬪狂; 與弱鬪辱, 故人之傷爾者, 弱於爾, 宜恕彼; 强於爾, 宜恕爾; 與爾等, 宜恕彼與爾." 빤또하, 《칠극》, 205쪽. 원문은 필자가 보충한 것이다.

52 "其三, 人也. 爱人者, 恕而已. 己所不欲, 勿施于人, 即天主所为爱人如己是也." 빤또하, 《칠극》, 141쪽.

나쁜 말로써 너희를 짓밟는 이들은 스스로 먼저 악한 일을 하고서 그것을 너희에게 본받게 하려고 한다. 그래서 "너희는 악한 사람에게 해를 받더라도, 참고 그를 용서하여라. 그리하여 둘 다 악하게 되지 말고, 둘 다 해를 받게 하지 말라"는 말이 있다.[53]

첫째 인용문에서는 서를 '너그럽게 보아주다' '헤아려보다'라는 두 가지 표현으로 번역하고 있는데 실제로는 '헤아려보다'라는 뜻이다. 문장 구조가 똑같은 '恕彼' '恕爾' '恕彼與爾'란 구절들이 '너그러이 보아준다' '헤아려본다' '헤아려본다'로 풀이되고 있는 것을 보면 사실상 첫째 사례는 표현의 중복을 피하기 위해 도입한 것임을 알 수 있기 때문이다. 서를 이렇게 헤아림으로 이해하는 것은 유학 전통에서도 익숙한 것이다. 서가 다양한 유학자들에 의해 탁度, 양量, 추推 등으로 묘사되더라도 그들은 "모두 유사한 의미를 가진다. 그들은 모두 일종의 '헤아림'으로 번역된다".[54] 따라서 《칠극》에서는 《천주실의》에서 발견되지 않는 '서는 헤아림'이라는 용례가 발견되는데, 이것은 서의 전통에서도 익숙한 것이다.

반면에 둘째 인용문은 황금률과 서의 상호 교섭이라는 관점에서 볼 때 잠정적으로 중요성을 띠는 진술로 보인다. 한적서학서만을 대상으로 했을 경우 명시적으로 황금률과 서가 동격으로 언급된 대표적인

---

53 "以惡言犯尔者自先为惡, 而欲尔效之, 故曰: 尔受惡人之害, 忍而恕之, 勿两为惡, 勿两受害." 빤또하, 《칠극》, 231쪽.

54 이향준, 〈죄수의 밥그릇 — 서恕의 신체적 기원에 관한 한 유추 —〉, 《유교사상문화연구》 62집(한국유교학회, 2015), 238~239쪽.

경우로 보이기 때문이다. 이것이 한적서학서 전통에서 최초의 발언인지, 아니면 서와 황금률의 교섭사라는 거시적 차원에서도 최초의 발언인지는 현재 수준에서 확정할 수 없다. 그렇지만 황금률과 서의 유사성에 대해 이보다 더 분명한 입장을 보여줄 수 있는 표현이 없다는 점은 분명하다. 이 진술은 예수회 선교사들이 서구의 황금률과 유학의 서를 융합하고 있다는 명백한 문헌학적 증거를 제공해준다. 《칠극》의 서술을 근거로 할 때 우리는 17세기 초엽 중국의 지성사 맥락에서 서가 먼저 황금률을 발견한 것이 아니라, 황금률이 먼저 서를 발견했다고 주장할 수 있다.

이 구절을 번역한 박유리 또한 판토하가 인용한 공자의 발언에 대해 《논어》〈위령공〉 23장을 각주로 표기하고 있으며, '남을 자기처럼 사랑하라'는 구절에 대해서는 《마태복음》 22장 39절 "네 이웃을 네 몸같이 사랑하라"는 구절을 명시하고 있다. 흥미로운 것은 《논어》〈위령공〉의 해당 구절에 대한 번역문에서도 박유리는 번역의 일관성을 위해서인지 '서'의 번역어로 '용서'를 채택하고 있다는 점이다.[55] 여기에서 알 수 있듯이 《칠극》에 나타난 서의 둘째 용법은 《천주실의》의 경우와 일치한다.

서의 번역어로 '용서'를 택하고 있는 것은 셋째 인용문도 마찬가지다. 그러나 둘째와 셋째 인용문을 잇달아 배치한 이유가 있다. 둘째 인용문에서 공자의 용서는 하느님의 말, 즉 신의 명령과 동일하게 취급되고 있다. 여기에서 중요한 것은 발화자가 신이라는 점이다. 사실 신은 발화자에서 그치지 않는다. 신은 용서의 발화자일 뿐만 아니라, 실천의

---

55 빤또하,《칠극》, 141쪽 각주 42, 43 참조.

주체이다.

　　성 그레고리우스는 "하느님이 지금 용서하였다면 그것은 아마 영원히 꾸 짖으려고 하였기 때문일 것이다. 그러나 지금 꾸짖었다면, 그것은 아마 영 원히 용서하려고 하였기 때문일 것이다. 그러므로 지금 꾸짖는 것은 사랑 을 증명해주는 것이고, 지금 용서해주는 것은 분노를 증명해주는 것이다" 라고 하였다.[56]

　　이와 달리 셋째 인용문에서 용서의 실천 주체는 신이 아니다. 그 것은 인간 대 인간이라는 상호 관계의 맥락을 전제하고 있다. 그러니까 예수회 선교사들이 용서의 의미로 받아들인 서의 용례는 다시 두 가지 로 나뉜다. 하나는 신—즉 천주—이 주어인, 신 대 인간의 상호 관계 에서 쓰인다. 반면, 다른 하나는 인간 대 인간의 상호 관계에서 쓰인다. "분노는 참음과 등지고, 질투는 용서와 등질 뿐이다"[57]라고 할 때도, "그 들을 불쌍히 여겨줄 수도, 그리고 그들을 용서해줄 수도 있다는 것도 생각나고"[58]라고 할 때도 마찬가지다. 이런 기준에서 《천주실의》의 용 례를 다시 살펴보면 앞의 두 가지 사례는 인간 상호 관계에서, 셋째 사 례에서는 신과 인간의 관계에서 쓰이고 있다는 것을 확인할 수 있다.
　　그러므로 우리는 하나의 잠정 결론에 도달한다. 정약용에게 서학 적 영향을 끼쳤다고 확실하게 말할 수 있는 최소한의 텍스트라는 조건

---

56 빤또하, 《칠극》, 255쪽.

57 빤또하, 《칠극》, 20쪽.

58 빤또하, 《칠극》, 67쪽.

에서 《천주실의》와 《칠극》은 서의 용례를 황금률 전통에서 '헤아림'과 '용서'라는 두 가지 방식으로 수용하고 있다. 이 가운데 압도적으로 많은 것은 '용서'로 이해한 서이다. 그리고 이 용서는 다시 신적 주체를 가정한 용서와 실천의 주체로서 인간을 가정한 용서로 구분된다. 특히 《칠극》은 황금률에 의한 서의 수용과 이해의 가장 선명한 사례를 보여줌으로써 서의 전통에서 이해된 황금률과 용서로 이해한 서를 어떻게 보았는가라는 질문을 끌어내게 된다. 즉 예수회 선교사들의 적응주의 전략에 의해 수행된 황금률에 기초한 서의 발견이라는 현상이 먼저 나타났기 때문에, 정약용의 용서에 대한 서술은 황금률을 경유해서 서학에 수용된 서의 의미를 비판적으로 재구축한 사례로 간주할 수 있다.

다시 서가 황금률을 만났을 때

이렇게 볼 때 정말 중요한 질문이 남는다. 정약용의 용서에 대한 비판이 주희가 아니라 서학적 전통에서 전유한 서의 용례를 겨냥한 것이라면 도대체 왜 이런 비판을 했을까? 용서는 단순히 관용의 오용 가능성 때문에 배척되는 것이 아니다. 서학적인 용서는 독특한 이론적 기초를 요구한다.

이웃을 사랑해야 하는 이유는 두 가지 측면, 즉 이웃 사랑이 하느님의 계명이기 때문이며 그리고 하느님의 사랑에 대한 (유일한) 응답의 방법이기 때문이다. 그러한 이웃 사랑의 이유는 유일신 절대자에 대한 신앙을 전제로 하다. 그래서 이웃 사랑은 니이버Niebuhr가 지적한 대로 계시나 신앙을 통한 요청이라고도 말할 수 있다.[59]

여기서 안옥선은 한 가지를 환기시킨다. 기독교의 이웃 사랑은 신의 명령이다. 서의 용례로서 용서는 기독교적 배경에서 초월적 존재인 신이 인간의 삶에 개입하는 주요한 방식이다. 그러므로 서의 차원에서 볼 때 정약용의 상제가 서학의 천주와 유사하다고 주장하려는 이는 정약용의 상제에게도 이와 같은 능력과 권한이 주어져 있다고 대답해야 한다. 그러나 과연 그런가?

> 다산의 전략은 상제를 인간의 마음속으로 끌어들이는 것이다. 이 상제는 세계에 주권을 행사하는 초월적 존재가 아니라 인간이 '두려움'으로 만나는 존재다. 이 정서적 반응이 없다면 다산은 상제를 자기 철학에 들여오지 않았을 것이다. 그러므로 상제는 높이 있지 않다.[60]

여기서 김선희가 서술하는 '세계에 주권을 행사하는 초월적 존재'를 서의 개념사 측면에서 번역하자면 인간의 죄를 '용서할 수 있는' 주권이다. 김선희의 서술은 정약용의 상제에게는 그러한 주권이 부재하다는 것을 보여준다. 물론 이 주권을 부정하는 대가로 정약용의 상제는

---

59 안옥선, 〈불교와 기독교 윤리에 있어서 자기애와 이웃 사랑〉, 《범한철학》 23집(범한철학회, 2001), 316쪽.

60 김선희, 〈라이프니츠의 신, 정약용의 상제〉, 《철학사상》 46호(서울대학교 철학사상연구소, 2012), 66쪽.

일종의 도덕적 두려움을 부여하는 존재론적 위상을 갖는다고 김선희는 주장한다. 이것은 지나치게 이론의 표면에서 대답을 찾으려는 시도로 보인다. 그보다 더 근원적인 지점에서 차이가 생겨나는 것 같다. 인간을 용서하는 상제가 부정되는 보다 심원한 이유는 사실 유학의 전통적인 가정 자체에서 찾아야 할 것으로 보인다.

그것은 인문주의人文主義라고 불리는 전통인데, 말을 바꿔보면 일종의 자조주의自助主義 전통이라고 할 수 있다. 이러한 자조주의는 두 가지 어법으로 말할 수 있는데, 하나는 잘못을 저지른 사람이 개과천선改過遷善을 위해 노력해야 한다는 제한된 진술이다. 다른 하나는 보다 포괄적으로 인간 세상에서 벌어지는 일은 인간이 책임져야 한다는 주장이다. 이것은 유학이 전통적으로 간직해온, 우주에서 인간 존재에 대한 자각을 바탕에 둔 책임 의식, 그러니까 일종의 존재론적 책임 의식을 가리킨다. 이런 전통은 이미 유학의 초창기에 나타났다. 학문에 대한 비유를 통해 공자는 이렇게 말했다.

> 산을 만들면서 마지막 흙 한 삼태기를 (붓지 않아 산을) 완성하지 못하고 중지하는 것도 나 스스로 중지한 것이요, 산을 만들겠다고 평지에 흙 한 삼태기를 처음 붓는 것도 나 스스로 꼭 그만큼 나아간 것이다.[61]

이러한 사고방식은 기본적으로 보다 넓은 지평에서 인간의 문제는 인간 자신의 힘으로 해결해야 한다는 생각을 전제한다. 그래서 보다

---

61 〈자한〉 18장, 《논어》.

일반적이면서 더욱 간단명료한 표현이 이정二程에게서 발견된다. 정이는 이렇게 말했다.

> 사람들은 일이 많은 것을 싫어하고, 어떤 이는 이것을 걱정한다. 세상일이 많다고 하지만, 모두 사람의 일이다. 사람의 일을 사람에게 시키지 않는다면 누가 책임져야 한다는 것인가?[62]

즉 유학의 자조주의는 인간의 문제를 인간이 해결할 것을 요구한다. "스스로 쉬지 않고 노력한다[自強不息]"는 주장의 근저에 깔려 있는 생각도 이런 것이다. 인간으로서 할 수 있는 노력을 다한 사람이 초월적이건 아니건 간에 하늘 혹은 하늘의 명[天命]에 대해서 할 수 있는 일이란 '천명을 기다리는 것[待天命]'이지 자신의 잘못을 용서해달라고 비는 것이 아니다. 정약용에게서도 이러한 면을 쉽게 찾아볼 수 있다.

> 《중용》이란 책은 천명에 근거를 두고 있지만, 그 도는 모두 인간의 도일 뿐이다.[63]

더구나 정약용은 분명하게 서가 자기 수양[自修]의 보편적 통로라고 공언했다. 이러한 관점에서 보자면 서의 실천을 위해 인간적인 동기 이상의 가치를 전제하려는 서학적 의미의 용서라는 관념은 수용되기

---

62 程顥·程頤, 《河南程氏遺書》 卷15(28조목).

63 丁若鏞, 《中庸講義補》 卷1, 與猶堂全書 II, 92쪽.

힘든 것이다. 가장 큰 위험성은 타인의 잘못을 관대하게 용서해준다는 오용 가능성에 있는 것이 아니다. 유학에서 서의 동기는 자연적으로 주어진 원초적 상황들과 이 속에서 구축된 인간관계 자체의 필요성에서 유래한다. '서란 무엇인가'라는 직접적인 질문을 제기한 후 정약용은 부자, 형제, 군신 관계를 거론하면서 "사람과 사람이 서로 교제하는 때라면 모두 이 서라는 통로를 이용할 수 있다"[64]고 단언하고 있다. 이에 반해 서학적인 서의 주된 용례인 용서는 인간과 인간의 관계뿐만 아니라, 인간과 신의 상호 관계를 요구한다. 더구나 후자의 관계는 죄와 용서의 구도를 형성한다. 그리고 초월적 존재의 개입은 인간이 자기의 힘으로 더 나은 존재로 발전할 수 있다는 유학의 자조주의적 가정을 훼손한다. 극단적으로 말하자면 자기 수양의 노력은 무력화된다. 정약용의 상제에게 인간의 잘못에 대한 용서의 권한이 부여되지 않은 것은 유학의 자조주의적 신념이 유신론적 세계관에 근거한 서학의 서에 대한 전유에 저항하고 있기 때문이라고 해석할 수 있다. 신 없이도 인간 삶의 가치를 충분히 구축할 수 있다고 생각했던 지적 전통이 오직 신만이 인간 삶의 가치를 회복시킬 수 있다고 믿는 지적 전통과 마주쳤기 때문에 갈등이 생긴 것이다.

정약용의 서에 대한 담론은 왜 용서의 부정과 추서의 제안이라는 특징을 띠는가? 나는 대략 세 가지의 대답을 제시했다. 첫째, 정약용의 서는 한국 철학사에 나타난 유학적인 서와 서학적인 황금률의 전면적

---

64 丁若鏞,〈心經密驗〉,與猶堂全書 II, 42쪽.

인 마주침으로 생겨난 첫째 담론이다. 둘째, 용서를 둘러싼 주희와 정약용의 대립 구도에서는 용서를 부정하는 이유가 제대로 나타나지 않는다. 한적서학서, 특히 《천주실의》와 《칠극》과 정약용의 용서에 대한 태도를 대조해야 분명한 대답이 주어진다. 유학의 전통적인 자조주의적 가정에 기초한 자기 수양으로서의 서라는 이해는 죄와 용서의 구도 속에서 초월적 존재가 베푸는 용서로서의 서라는 이해를 수용할 수 없었다. 셋째 정약용의 서는 인륜 관계의 상호성에 기초한 인간애에 이르는 통로로서 '사랑의 서'라고 명명할 수 있다. 우리는 여기에서 성리학적 당위의 서와 왕부지적인 욕망의 서에 뒤이은 또 다른 서의 유형을 발견할 수 있다.

하지만 나의 주장에는 큰 문제가 하나 도사리고 있다. 정약용의 서에 대한 진술 어디에도 용서의 부정을 《천주실의》와 《칠극》의 내용들과 명시적으로 연관 짓는 대목이 없다. 그러므로 다음과 같은 기이한 사실만이 남는다. 정약용이 비판한 주희에게는 그것이 없고, 정약용이 언급하지 않은 한적서학서에는 있다. 따라서 표면에 나타난 정약용과 주희를 따라가면 우리는 적절한 해답에 이를 수 없다. 이면에 도사린 대립에 기초하여, 정약용과 한적서학서 사이에 나타나는 서의 이해에 대한 긴장 관계를 가정하면 나름의 이유를 찾을 수는 있다. 그러나 명시적 진술이 부재하기에 이러한 이면의 구도 설정이 과연 타당한지 의심을 품게 된다. 이 엇갈림은 당연히 논란의 소지를 안고 있다. 누군가는 다른 대답을 내놓아야 한다.

제3부

현대성의 주변에서

제7장

마흔두 갈래의 서:
《패문운부》가 알려주는 것들

서의 용례를 찾아서

오늘날의 철학적 탐구에서 서는 상호 주관적인 인간의 삶을 위해 권장할 만한 행동 양식을 제안하는 개념으로 간주되고 있다. 개별 유학자들의 서에 대한 담론의 특징과 그들의 동질성과 차이를 확인할 수 있는 탐구의 목록들도 늘어나고 있다. 비교철학적 관점에서 서의 현대적 의의를 파악하려는 노력들도 진작부터 나타났을 뿐 아니라 논의의 주제와 방법, 범위들이 점차 확장되고 있다.[1] 서는 여전히 더 다양한 탐구

---

[1] 서와 칸트 전통, 서와 황금률 전통, 서와 환대의 전통을 비교 고찰하는 연구들이 차례로 출간된 것은 이러한 상황을 잘 드러내준다. 김형찬·문병도, 〈儒家와 칸트의 도덕 판단 방법론 비교 연구: 恕와 정언명법을 중심으로〉, 《철학》 77집(한국철학회, 2003), 325~359쪽; 유석성, 〈공자의 인仁의 윤리적 의미: 서恕와 황금률〉, 《신학과 선교》 31집(서울신학대 기독교신학연구소, 2005), 1~20쪽; 〈서恕와 진성측달眞誠惻怛로 본 동서양의 환대 개념〉, 《유학연구》 43집(충남대학교 유학연구소, 2018), 277~298쪽 참조.

의 여지가 남아 있는 유학적 주제 가운데 하나다.

이 용어를 둘러싸고 기본적인 문제 하나가 정리되지 않은 채로 남아 있다. 지금까지 나타난 다수의 용례들을 통해서 보았을 때 과연 서의 의미 체계란 무엇인가? 중국 철학의 거의 모든 어휘들은 정의를 명료하게 해가면서 의미를 발전시킨 게 아니라 용례를 확장 변형하는 방식으로 고유한 의미 체계를 형성해왔다. 이런 관점에서 보다 진전된 연구를 위해 서의 용례들을 간추리고, 의미의 다양성과 더불어 이 작업의 의의를 비판적으로 정리해야 할 필요성이 제기된다.

나는 여기에서 18세기 초반 중국 지성사에 나타난 두 저술, 즉 1711년에 완성된 《패문운부佩文韻府》(이하《운부》)와 《패문운부습유佩文韻府拾遺》(이하《습유》)를 대상으로 이 문제를 다루려고 한다. 《운부》와 《습유》에 실린 서의 이자류二字類 용례 마흔두 가지를 대상으로 이 사례들의 다양성을 범주화한 후,[2] 여기에 잠재되어 있는 몇몇 용례의 철학적 의의를 강조할 것이다. 구체적으로 '반서反恕'와 '용서容恕'의 용례를 비판적으로 살펴보고, 서의 실천을 위한 인간적 기초를 대표하는 용례인 '정서情恕'와 '이서理恕'를 중심으로 다수의 용례들의 의미를 종합할 것이다.

이 과정에서 최소한 다음 세 가지가 밝혀질 것으로 기대된다. 우선 이자류 용례 마흔두 가지를 분류하고 범주화함으로써 의미가 다양화되는 방식과 범위, 그리고 한계가 밝혀질 것이다. 둘째 이 가운데 현대적

---

2 여기서 마흔두 가지 용례 전체를 다룰 수 없기에 구체적인 이자류 용례, 해당 원문 및 출전은 이 장의 마지막에 '부록'을 두어 표기했다.

으로 재음미할 가치가 있는 주요한 네 가지 용례로서 반서와 용서 그리고 서의 인간적 기초를 대변하는 정서와 이서의 의미를 파악할 수 있을 것이다. 정서는 서의 실천을 위한 방법론적 통로로서 중국의 지성사가 가정하고 있는 인간의 기본 특징이 감정적 요소라는 것을 보여주는 명시적 용례다. 이서는 서의 실천 과정에서 나타날 수도 있는 어떤 정서의 과도함과 위험성을 방지하기 위한 반성적 사유의 도입을 권고하는 용례이다. 내가 제안하는 서와 감정, 혹은 합리성의 상관관계가 가지는 현대적 가치를 재발견하고 이를 유학적 상호 주관성의 비판적 논의 차원에서 고찰하는 것은 다음에 이어질 논의의 바탕이 될 것이다.

《운부》의 구조

《운부》와 《습유》는 동시대의 《강희자전》과 함께 모두 동일한 학술 기획의 산물이다. 세 가지 모두 강희제의 명에 의해 만들어졌고 목적 또한 명확하다. 《운부》는 평수운平水韻에 따라 106개의 운자韻字를 평·상·거·입 순서에 따라 배치한 후, 광범위한 문헌을 동원해서 고금의 용례들을 수록한 어휘집이고, 유명한 《강희자전》과 《습유》는 이러한 《운부》의 편찬 성과를 바탕으로 한 후속 작업의 결과물들이다.[3] 《운

---

3 애초에 《운부》와 《습유》는 강희제의 명에 의해 편찬되었는데, 장옥서張玉書·진정경陳廷敬·이광지李光地를 비롯한 일흔여섯 명의 학자들이 작업에 착수한 것이 1704년이었고, 일차적으로 《운부》 106권이 완성된 것이 1711년, 이어서 기윤紀昀·육석웅陸錫熊·손사의孫士毅 등이 총찬관總纂官을 맡아 《운부》에서 누락된 것을 보충한 《습유》를 완성한 것이 1716년이었다. 《강희자전》 역시 《습유》와 같은 해에 완성되었다.

부》와《강희자전》및《습유》는 18세기뿐만 아니라 이전의 거의 모두 소학적 성취를 집대성한 대표적인 저술이다. 이 저술들을 통해서 당시까지 확립된 어휘들의 의미 체계를 용례의 다양성을 따라가며 이해할 수 있다.

먼저《운부》가 어떤 책인지를 살펴보기로 하자. 〈사고전서총목제요〉(이하 〈제요〉)의 다음과 같은 진술은 이 책의 체제를 간명하게 요약하고 있다.

> 각 글자는 먼저 음과 뜻을 표시하고, 해당하는 용례 가운데 음씨와 능씨의 책에 이미 채록된 것은 '운조'라고 해서 가장 앞에 나열했고, 두 사람이 채록하지 않은 것은 별도로 따로 '증' 자를 표기하고 뒤에 나열했다. 모두 두 글자, 세 글자, 네 글자끼리 서로 모아두었고, 또한 (나열하는 순서는) 경사자집의 순서를 기준으로 삼았다. 하나의 말이 여러 책에 함께 보이는 것은 최초의 책을 먼저 인용하고, 그 나머지는 차례대로 그 아래에 주석을 달았다. 또 따로 '사대事對'와 '적구摘句'를 마지막에 덧붙였다.[4]

여기에서 말하는 '음씨와 능씨의 책'은《운부》를 편찬하는 데 기초 자료가 되었던 원나라 음시부陰時夫의《운부군옥韵府群玉》과 명나라 능치륭凌稚隆의《오거운서五車韵瑞》를 가리킨다. '운조'라는 표현의 유래는 〈제요〉의 앞부분에 단서가 실려 있다. 즉《운부군옥》및《오거운서》와《운부》의 편찬 사이에 이미 "양신楊愼이《운조》를 짓고, 주이존朱彝

---

4 張玉書 外, 〈提要〉,《御定佩文韻府》, 文淵閣 四庫全書 vol. 1011, 3쪽.

尊(1629~1709)이 《운수韻粹》를 지었으며, 아들 주곤전 또한 《삼체적유三體摭遺》를 지어 모두 음시부와 능치륭의 빠진 부분을 보완하고자 했던"[5] 중간 과정이 있었다. 이에 따르면 '운조'는 원래 양신의 책 제목이었고, 양신의 《운조》가 《운부군옥》과 《오거운서》를 보완하고 있기 때문에 자연스럽게 '운조'가 음시부와 능치륭이 만든 두 책의 내용을 함축하는 제명으로 채택될 수 있었다. '증增'이라는 낱말은 '덧붙이다'는 뜻이기 때문에 '운조'에서 나타나지 않은 용례들을 《운부》의 편찬자들이 추가했다는 의미로 받아들이기에 무리가 없다.

'사대'는 사람이나 사물의 유사성이나 상반되는 측면을 2음절, 3음절, 혹은 4음절의 낱말로 대구를 만드는 수사법의 일종인데, 《운부》에서는 '사대'에 해당하는 낱말들을 '대어對語'라는 제목을 달아 따로 묶어 두었다. 따라서 여기에 속하는 낱말들은 어느 한쪽에 해당 표제어가 포함된 두 개의 낱말 쌍으로 제시된다. 예를 들어 상평성上平聲 동운東韻에 속하는 '궁宮'이라는 표제어의 경우 대어의 사례들은 이자류二字類의 경우 계원桂苑 대 숙궁椒宮, 옥우玉宇 대 주궁珠宮 등을 포함한 여덟 개의 낱말쌍이 제시되고 있고, 삼자류三字類의 경우에는 무일전無逸殿 대 미앙궁未央宮을 필두로 모두 열두 개의 낱말 쌍이 수록되어 있다.[6]

'적구摘句'는 오언이나 칠언의 시구 가운데 표제어가 구절의 끝에 들어간 용례들을 가리킨다. '궁'과 함께 동운에 속하는 또 다른 글자인 '동同'의 경우 '적구'라는 제목 아래 당나라 장열張說(667~731)의 시 〈봉화

---

5 "楊慎作韻藻, 朱彝尊作韻粹, 其子昆田又作三體摭遺, 皆欲補陰氏凌氏之闕." 張玉書 外, 〈提要〉, 《御定佩文韻府》 2쪽.

6 張玉書 外, 《御定佩文韻府》 卷1-2, 文淵閣 四庫全書 vol. 1011, 58쪽.

희설웅제奉和喜雪應制〉의 한 구절인 "성스러운 덕은 하늘과 같아서(聖德與天同)"를 비롯한 오언 60구와 지은이를 알 수 없는 시의 한 구절인 "해 같은 순과 하늘 같은 요의 교화 이미 똑같으니(舜日堯天化已同)"를 비롯한 칠언 열여덟 구를 수록하고 있다.[7] 이러한 구조를 요약하자면 《운부》가 하나의 표제어를 설명하는 방식은 대략 다음과 같다.

1. 반절反切로 표시된 표제어의 음과 뜻.
2. '韻藻'라는 제목과 《운부군옥》과 《오거운서》에 이미 나타난 용례들의 출처와 목록.
3. '增'이라는 제목과 《운부군옥》과 《오거운서》에 실려 있지 않은 용례들의 출처와 목록.
4. '對語'라는 제목과 '사대事對'의 사례에 해당하는 낱말 쌍들.
5. '摘句'라는 제목과 해당 표제어가 끝에 위치한 5언 혹은 7언의 시 구절들.

이상의 내용을 제외하고도 〈제요〉에서 설명하지 않은 두 가지 표기법이 있는데 하나는 '운조증韻藻增'이고, 다른 하나는 '운조보韻藻補'이다. 순서에 따르면 '운조'의 용례 다음에 '증'에 속하는 용례들을 나열해야 한다. 그런데 '운조' 항목에 해당하는 용례가 없는 경우 바로 '증'에 해당하는 사례가 나오게 된다. '운조증'이라는 표기법은 이 경우에 사용했다. 또 각 운부韻部 뒤에 '운조보'라는 항목이 나타나는 경우가 있는데,

---

7 張玉書 外,《御定佩文韻府》卷1-1, 文淵閣 四庫全書 vol. 1011, 17~18쪽.

이 또한 《운부군옥》과 《오거운서》에 실려 있지 않은 용례들을 따로 보충한 것이다. 이상과 같은 체제를 바탕으로 《운부》와 《습유》에 서술된 서의 용례들을 살펴보기로 하자.

용례는 마흔두 가지다

서는 거성去聲의 어운御韻에 속하는 글자 가운데 하나다. 반절의 경우 《강희자전》이 두 가지 반절음을 수록하고 있는[8] 반면에 《운부》에서는 상서절商署切만을 채택하고 있다. 그리고 대표적인 뜻을 '어질게 헤아린다(仁恕)'라고 풀이하고 있다.[9] 그 다음에 '운조'라는 제목 아래 이자류 용례의 첫 낱말인 '강서强恕'를 큰 글씨로 쓴 후 두 줄로 적은 주를 통해 이 낱말의 출처와 해당 구절, 즉 《맹자》〈진심〉상의 "서를 힘써서 행하면 인을 구함이 이보다 가까울 수 없다"[10]라는 문장을 나열하고 있다. 이런 식으로 이어지는 용례 표기는 《운부》의 경우 이자류가 서른여덟 조목, 삼자류와 사자류가 각각 두 조목으로 모두 마흔두 조목을 수

---

8 "唐韻·集韻·韻會, 商署切. 正韻, 商豫切." 張玉書 外, 《御定康熙字典》 卷10, 文淵閣 四庫全書 vol. 229, 422쪽.

9 "恕, 忖也. 忖度其義於人." 이 글에서는 '恕'의 번역어를 두 가지로 사용할 것이다. 일단 동사적인 용례에서는 기본적으로 《예기주소禮記注疏》의 사례를 따라 '촌忖'에 대응하는 '(심리적) 헤아림'으로 번역할 것이다. 이것은 《강희자전》을 따르는 풀이 방식이기도 하다. 한편, 명사적인 경우에는 서 혹은 헤아림을 함께 사용할 것이다. 鄭玄 注, 孔穎達 疏, 〈中庸〉, 《禮記注疏》 卷52, 十三經注疏 vol. 15), 1673쪽.

10 "强恕而行, 求仁莫近焉." 〈진심〉 상 4장, 《맹자》.

록하고 있다.[11] 한편 《습유》에는 '귀서貴恕'에서 '선서善恕'에 이르기까지 여섯 가지 용례가 실려 있다.[12] 이 가운데 '귀서貴恕' '성서誠恕' '유서惟恕' '회서懷恕'의 네 가지는 《운부》에서 누락된 것이고, '인서仁恕'와 '선서善恕' 두 가지 용례는 《운부》와 겹친다. 결국 《습유》가 덧붙인 새로운 용례는 네 가지인데, 남은 두 가지 용례가 부분적으로 중복된 이유는 《습유》의 〈제요〉에서 언급하고 있는 편집 원칙을 통해 이해할 수 있다. 즉 《습유》는 '보조補藻'와 '보주補注'의 방식을 통해 《운부》를 보충하고 있는데 전자는 "문구와 출전이 전편前篇(《운부》를 가리킨다)에 실리지 않은 경우"에 붙이는 제목이고, 후자는 "(문구와 출전이) 전편에 이미 실려 있지만 주석이 미비한 경우"에 붙이는 제목이다.[13] 결과적으로 《운부》와 《습유》를 합치면 서의 용례는 이자류 마흔두 가지, 삼자류와 사자류 각 두 가지, 합쳐서 모두 마흔여섯 가지가 된다. 이 가운데 이 글에서 논의하는 용례는 이자류 용례 마흔두 가지이다. 여기에서는 임의로 다음과 같은 구별 방식을 사용할 것이다.

(1) 인명 용례: 두서杜恕, 노서路恕, 진서陳恕, 유서劉恕, 형서邢恕

(2) 서수 용례: 삼서三恕, 칠서七恕(다서多恕를 함께 논함)

(3) 부정어 용례: 비서非恕, 불서不恕, 반서反恕(가서可恕를 함께 논함)

(4) '관용'과 연관된 용례: 관서寬恕, 용서容恕, 유서宥恕

---

11 張玉書 外, 《御定佩文韻府》, 文淵閣 四庫全書 vol.1022, 176~177쪽 참조.

12 紀昀 外, 《御定韻府拾遺》 卷65, 文淵閣 四庫全書 vol.1030, 251쪽 참조.

13 其文句典故爲前編所未載者, 謂之補藻 (……) 前編已載而所注未備者, 謂之補注. 張玉書 外, 〈提要〉, 《御定韻府拾遺》, 文淵閣 四庫全書 vol.1029, 1~2쪽.

(5) 명사 용례

(5-1): 강서降恕, 실서失恕, 귀서貴恕, 성서誠恕, 회서懷恕

(5-2): 충서忠恕, 인서仁恕, 공서公恕, 자서慈恕, 염서廉恕, 독서篤恕, 통서通恕, 겸서謙恕, 엄서嚴恕, 이서理恕

(6) 동사 용례: 강서强恕, 내서內恕, 자서自恕, 평서平恕, 정서情恕, 명서明恕, 선서善恕, 원서願恕, 상서詳恕, 유서惟恕, 긍서矜恕, 선서先恕

이상과 같이 구분하기는 했지만 서의 명사 용례와 동사 용례는 사실 경계가 모호하다. 예를 들어 '인서仁恕'의 경우 '어질게 헤아리다'로 풀이할 수도 있지만, 문맥에 따라 '어짊과 서'라고 번역할 수도 있다. 따라서 이런 구분은 임의적인 것이며, 나는 이러한 모호함을 지우기 위해 '以A恕之'라는 형식적 일원화를 제안할 것이다.

인명과 서수 용례

먼저 인명 용례를 살펴보자. 《삼국지》에는 두서杜恕[14]가, 《신당서》에는 노시路恕[15]가, 그리고 《송사》에는 긱긱 진시陳恕[16], 유서劉恕[17], 헝

---

14 〈杜恕〉, 〈任蘇杜鄭倉傳〉 卷16, 《魏書》16, 《三國志》 卷16, 498쪽 참조.

15 〈路恕〉, 《列傳》 第63, 《新唐書》 卷138, 4624쪽 참조.

16 〈陳恕〉, 《列傳》 第26, 《宋史》 卷267, 9198쪽 참조.

17 〈劉恕〉, 《列傳》 第203, 《宋史》 卷444, 13118쪽 참조.

서邢恕[18]가 실려 있다. 삼국시대 이전 인명에 '서恕' 자를 쓰는 경우가 거의 없다는 사실을 확인할 수 있는데 이외에는 딱히 의미론적 가치가 없는 이들 용례를 제외하면 서른일곱 가지 용례가 남는다.

둘째 서수 용례가 있다. 공교롭게도 이 용례들은 부정어 용례들과 출전이 같아서 함께 묶어서 논할 수 있다. 서수 용례는 삼서三恕와 칠서七恕인데, 이들에 대비되는 부정어 용례는 비서非恕, 불서不恕이다. 비서는 삼서와, 불서는 칠서와 같은 인용문에서 발견된다.

군자에게 세 가지 서恕가 있다. 군주가 있는데 능히 섬기지 못하면서도 (자신은) 부릴 만한 신하가 있기를 바라는 것은 서가 아니다. 부모가 있는데 능히 보답하지 못하면서도 효도할 만한 자식이 있기를 바라는 것은 서가 아니다. 형이 있는데 능히 공경하지 못하면서도 말 잘 듣는 아우가 있기를 바라는 것은 서가 아니다.[19]

환범桓範의 〈세요론世要論〉에서는 이렇게 말하고 있다. "신하가 말은 서투르지만 뜻이 치밀하고, 말은 거스르지만 일처리에는 순조롭다면 어떻게 곧다고 헤아리지 않을 수 있겠는가? (……) 신하가 외톨이가 될지언정 절개를 지키고, 홀로 서 있을지언정 비난을 당하는 것을 감수한다면 굳세다고 헤아리지 않을수 있겠는가? 이 일곱 가지 헤아림(七恕)은 모두 선행을

---

18 〈邢恕〉,《姦臣》1,《列傳》第230,《宋史》卷471, 13702쪽 참조.

19 君子有三恕, 有君不能事, 有臣而求其使, 非恕也. 有親不能孝, 有子求其報, 非恕也. 有兄不能敬, 有弟而求其順, 非恕也.〈三恕〉第9,《孔子家語》.

진척시키려는 것이다."[20]

삼서와 칠서, 즉 수를 뜻하는 낱말들과 서의 결합으로 보아 서가 적용되는 구체적 사례가 여러 가지임을 알려주는 용례임을 알 수 있다. 《공자가어》 및 《순자》에 함께 실려 있는 삼서는 서의 적용 범위를 군신, 부자, 형제 관계로 서술하고 있는데, 이때 비서라는 용례가 함께 제시된다. 이것은 《대학》 전10장에서 '혈구지도絜矩之道'의 사례로서 상하 관계, 전후 관계, 좌우 관계 세 가지를 거론하는 것과 유사하다. 즉 서의 의미론적 차원에 대한 진술이 아니라 적용 범위를 대표하는 사례들에 대한 언급인 것이다. 따라서 이와 연관된 용법으로 형식상으로는 보어+동사 구문에 속하는 다서多恕를 함께 언급할 수 있다. 다서는 "유관劉寬이 남양태수南陽太守가 되어 세 군을 거쳐 갔는데, 온화하고 어질며, 남의 사정을 헤아리는 경우가 많았다〔溫仁多恕〕"[21]와 같은 문장처럼 서의 실천 사례가 많았다는 용례로 쓰이고 있다.

한편 칠서는 익명의 신하를 몇 가지 범주로 평가하는 조건들로 일곱 가지 태도와 행동 양식을 제시하고 이에 따라 신하들은 정직하거나, 질박하거나, 공정하다는 등의 평가를 받게 된다고 서술한다. 여기에서도 서의 의미는 기본적으로 '평가하다'보다 '헤아린다'는 의미에 가깝다. 그리고 이 경우에 이렇게 범주화된 시의 행위 양식을 하지 않으면 서가

---

20 "桓範世要論曰: '臣有辭拙而意工言, 逆而事順, 可不恕之以直乎? (……) 臣有孤特而執節, 介立而見毁, 可不恕之以勁乎?'此七恕者, 皆所以進善也." 趙蕤, 〈臣行〉第10, 《長短經》卷2, 文淵閣 四庫全書 vol.849, 38쪽.

21 〈劉寬〉, 《卓魯魏劉列傳》第15, 《後漢書》卷25, 887쪽.

아니라는 판단을 내렸을 때 쓰는 용례가 비서이고, 이와 달리 '헤아리지 않을 수 있겠는가?'라는 반문의 형태로 제시된 용례가 불서인 것이다. 그리고 이것을 뒤집으면, 즉 '헤아릴 만하다'라는 뜻의 용례가 되는데, 이것이 '가서可恕'라는 형태로 제시되는 것은 쉽게 납득할 수 있다.

> 신이 듣기로 공손황은 (공손연의 모반에) 앞서 수차례 자수하면서 공손연이 재앙의 씨앗이라고 아뢰었으니 비록 역적의 형이지만 그의 마음을 따져 보면 헤아릴 만한 점이 있습니다(原心可恕).[22]

이 용례는 위나라에 반기를 든 공손연의 형인 공손황을 옹호하는 고유의 상소문 가운데 일부이다. 즉 가서는 반어법인 불서를 긍정어법으로 말하고 있는 것으로 이해할 수 있다.

따라서 수를 뜻하는 낱말들과 결합된 서의 세 가지 용례, 삼서, 칠서, 다서는 모두 서의 적용 범위나 실천 사례가 많다는 것을 뜻하고 있다. 그리고 반서의 경우를 포함해서 비서와 불서는 특정한 행위 양식이 서의 범주에 해당하지 않는다는 통상적인 부정어법의 용례를 따르고 있다는 점에서 함께 묶을 수 있고, 가서는 이런 부정어법의 반대편에 있는 긍정어법으로 이해할 수 있다.

---

22 臣竊聞晃先數自歸, 陳淵禍萌, 雖爲凶族, 原心可恕. 〈高柔〉, 《韓崔高孫王傳》第24, 《魏書》24, 《三國志》卷24, 687쪽.

반서의 경우

한편 반서는 가의賈誼의《신서新書》에서 발견된다. 가의는 여기에서 유사한 두 낱말을 서와 대조했다. 그는 탁度, 서恕, 자慈를 나란히 제시했다. 특히 이 과정에서 이 낱말들의 반대편에 놓일 수 있는 어휘들을 제안함으로써 서의 개념사라는 측면에서 반서라는 독특한 개념 하나를 제시했다.

> 남을 통해 스스로를 돌아보는 것을 헤아림[度]이라고 한다. 헤아림에 반대되는 것은 망妄이다. 자기를 통해 남을 헤아리는 것을 서恕라고 한다. 서에 반대되는 것은 황荒이다. 남을 측은하게 여기는 것을 자慈라고 한다. 자에 반대되는 것은 잔인함[忍]이다.[23]

번역문에서는 차이를 드러내기 위해 헤아림과 서라는 용어를 사용했지만, 사실 탁도 헤아림이고, 서도 헤아림이다. 그러니까 가의는 헤아림이라는 의미를 서로 유사한 두 낱말을 사용해서 방향성을 달리하는 행위 양식으로 구분하고 있는 것이다. 즉 탁은 자기를 돌아보는 경우의 헤아림이고, 서는 타인을 고려하는 경우의 헤아림이다. 한편 자는 측은지심과 유사하고 이런 점에서 타인의 고통에 대한 공감의 의미로 이해할 수 있다. 그래서 자의 반대 지점에는 타인의 고통에 무감동

---

23 "以人自觀謂之度, 反度爲妄. 以己量人謂之恕, 反恕爲荒. 惻隱憐人謂之慈, 反慈爲忍." 賈誼,《新書》卷8.

하다는 의미에서 잔인함(忍)을 두었다. 홍미로운 것은 반서의 경우를 대변하는 황荒의 의미다. 서가 헤아림이라면 반서는 대략 '제대로 헤아리지 못함'이라는 뜻이어야 한다. 그런데 《이아》에 의하면 황이란 '열매가 익지 않았다(果不熟)'는 뜻이다. 서와 반서, 채 익지 못한 과일은 도대체 무슨 관계인가?

이것을 이해하기 위해서는 은유적 사고의 통로를 거쳐야 한다. 먼저 과일의 불충분한 성숙은 한 해 농사의 결과로 간주되어야 한다. 이것은 비교적 손쉽게 이해할 수 있다. 과일의 수확이 작물 일반의 재배와 추수라는 의미에서 농사의 일부로 이해되고, 일반적으로 이모작이 아니라면 농사는 대개 1년을 단위로 한다. 따라서 과일들의 성숙 여부에 대한 표현 자체가 한 해의 풍흉에 대한 비유일 수 있다. 익지 않은 과일은 흉년을 뜻하게 되는 것이다. 논의의 초점이 한 해의 풍흉으로 옮겨 가면 이러한 흉년을 가져온 원인이 무엇인지에 대한 논의를 불러일으킨다. 이유는 천재지변이 아니라면 농사를 짓는 주체로서 농부들의 노동이 충분하지 못했기 때문이다.

농사는 파종에서 수확에 이르는 과정을 핵심으로 삼고 서로 연관된 행위들로 구성되며 반드시 철(時)을 고려해야 한다. 즉 농사에는 철따라 해야 할 작업들이 분배되어 있고 농부들은 이 절차를 따라 농사를 지어야만 한다. 이러한 농사와 철의 밀접한 상호 연관에 대한 고려는 이미 《논어》의 '백성을 철에 맞춰 부린다(使民以時)'라는 구절이나 《예기》〈월령〉의 자세한 진술들에 잘 나타나 있다. 농부들은 간섭이 없으면 알아서 철 따라 농사를 지어나갈 것이다. 하지만 그것을 방해하는 외부 요인이 개입되면 농사를 지어야 할 시간과 노동력을 빼앗기게 되고, 그 결과 과일의 불충분한 성숙, 즉 흉년이 도래한다. 따라서 중요한 것은 '농사를 방해하는 외적 요인은 무엇인가' 하는 질문의 답이다. 이런 관점에서 보자면 반서의 핵심 의미는 바로 이 농부의 농사를 방해하는 외적 요인에 대한 담론 속에 포함되어 있다.

이러한 가설을 증명하는 경학적 사례가 있다. 황荒의 의미를 구체적으로 언급하고 있는《맹자》의 본문과 이에 대한 몇몇 해석들이다. 《맹자》에서는 다음과 같이 말했다.

> (뱃놀이를 즐기느라) 물길을 따라 아래로 내려갔다 돌아올 줄도 잊어버린 것을 유流라 하고, (이와 반대로) 물길을 거슬러 위로 올라갔다 돌아올 줄도 모르는 것을 연連이라 한다. (사냥을 하느라) 짐승을 쫓아다니면서 물릴 줄을 모르는 것을 황荒이라 이르고 술을 즐기면서 또한 물릴 줄을 모르는 것을 망亡이라 한다.[24]

이 구절에 나타난 황의 의미를 주희는 간단하게 설명했다. '짐승을 쫓아다닌다'는 것은 사냥〔田獵〕을 뜻하고, 황이란 폐廢, 즉 무언가를 그만두도록 만든다는 뜻이다.[25] 반면에 조기의 해석은 약간 다르다. 그는 "'짐승을 쫓아다니면서 물릴 줄을 모른다'는 것은 예羿가 사냥을 좋아하면서 징도와 민족을 모르다가 자신을 망친 것과 같기 때문에 황란荒亂이라고 한다"라고 풀이했다.[26] 조기의 주석에서는 주희에게서 드러나지

---

24 〈양혜왕〉하 4장,《맹자》.

25 "從獸, 田獵也. 荒, 廢也". 朱熹,《孟子集註》, 朱子全書 vol.6, 265쪽.

26 "從獸無厭, 若羿之好田獵, 無有厭極, 以亡其身, 故謂之荒亂." 趙岐,《孟子注疏》, 13經注疏 整理本

않는 황의 부정적 결과 하나가 표현되고 있다. 즉 그것은 일종의 어지러움[亂]을 초래한다. 이 어지러움의 성격이 농사의 풍흉과 관련이 있다는 보다 분명한 진술은 《운부》와 《습유》의 편찬을 명했던 강희제의 발언을 통해 드러난다.

> 사냥에 정신이 팔려 물릴 줄을 모르다 시절을 황폐하게 하는 것을 일러 황荒이라고 한다. (······) 똑같은 유람이지만 좋아하는 마음대로 멋대로 하느라 결국 이런 지경에 이른 것이니 경계하지 않을 수 있겠는가![27]

결국 황이란 군주가 사냥 같은 행위에 마음이 팔려 제멋대로 행동하면서 절제하지 못하는 것과 이로 인한 결과로서 '시절의 황폐함[荒時]'을 초래하는 것을 가리킨다. 시절의 황폐함을 '과실의 미성숙'이라는 《이아》에 나타난 뜻과 연관 지으면 여기에서 말하는 시절이란 곧 농사의 각 단계에 필요한 시절을 뜻한다는 것을 알 수 있다. 월령月令에서 나타나는 것처럼 농사와 관련된 시령時令이 애초에 제왕의 명령으로 반포된다는 점을 고려할 때 시절의 황폐함이란 적절한 시령을 반포할 수 없다는 뜻이다. 다시 말해 적절한 농사를 위한 범본이 없음을 의미한다. 그 결과는 시절의 황폐함 나아가 한 해의 흉작으로 귀결된다.

결국 반서는 군주와 인민 사이의 상호 주관적 관계 양상을 뜻하는 표현 가운데 하나다. 그리고 일반화하자면 자신의 뜻대로 하기 위해 남

---

vol. 25, 51쪽.

27 從獸無厭至於廢時, 謂之荒 (······) 同一遊觀, 而恣情快意, 遂至於此, 可不戒哉! 喇沙里 外, 《日講四書解義》卷14, 文淵閣 四庫全書 vol. 208, 356쪽.

의 사정을, 군주의 경우라면 특히 백성들의 사정을 고려하지 않는 행위 양식을 가리킨다. 타인의 상황에 대한 고려의 부재, 혹은 일종의 돌이킴의 부재로 간주되는 것이다. 《사서잉언보四書賸言補》는 그래서 "즐거움을 좇느라 돌이킬 줄을 모르는 것을 황이라 한다"라고 말한 것이다. 나의 상황에 빠진 채로 타인의 상황을 고려하지 않는 것이 반서의 의미인 것이다.

그런데 최근에 나도 같은 용어를 제안한 적이 있다. 이 책의 9장을 쓸 때 나는 이러한 출전과 용례를 인지하지 못한 채로 거울뉴런의 활동을 전제하면서도 인간에게서 도덕적 행동 양식과 반도덕적 행동 양식이 구분되어 나타날 수 있다고 보아 이를 '서'와 '반서'라는 용어로 대비시켰다.

> 내가 느낀 것을 타인도 느껴야 한다는 이유에서 나의 고통을 타인에게 전가하는 행위는 과연 무엇이라고 불러야 하는가? 공감에 기초한다는 점에서는 서와 똑같지만, 타인에게 고통을 요구한다는 점에서 서의 원칙과는 전혀 상반된다. 그것은 다름 아닌 반서이다. (본문 341쪽)

이 주장은 가의의 《신서》에 나타난 반서의 용례를 참조한 흔적이 전혀 없어서 학술적 엄밀성을 결여했다는 비판을 빌을 소지가 있다. 실제로 내가 9장에서 《신서》의 용례에 대한 비판적 진술을 한 적이 전혀 없기 때문에 이런 비판에는 나름의 타당성이 있다. 하지만 바로 이런 관점에서 서로 연관이 없는 사유 속에서 나타난 동일한 두 용어는 비슷한 방향성을 보인다. 《신서》의 용례는 타인의 처지나 상황을 고려하지 않음을 의미한다. 반면에 내가 언급한 사례에서 보듯이 거울뉴런과 서의 연관성에 기초한 반서의 현대적 용례는 《신서》가 말하고 있는 것에서 한 걸음 더 나아간 무언가를 가리킨다. 즉 고려의 부재가 아니라 자신의 고통을 근거로 타인에게 나와 같은 종류의 고통을 요구한다는 점에서 타인의 처지에 대한 '의도적이고 악의적인 고려'를 함의하는 것이다. 이 때문에 반서의 기본 의미는, 《신서》의 용례이든 내가 제시한 현대적 용례이든, 공히 '타인에 대한 적절한 고려'를 행위의 기초로 마련하려는 서의 원칙에 반하는 행위를 뜻한다.

서와 톨레랑스

서에 대한 현대적 연구 가운데 일부는 서와 톨레랑스tolerance의 번역어로서 관용의 관계에 대한 것들이다. 여기에는 미묘한 입장 차이들이 존재한다. 예를 들어 신정근은 톨레랑스와 서의 직접적인 연관성을 의식하지 않은 상태에서 느슨한 관용 개념을 도입하면서 "서를 차이가 존중되는 관용의 원칙"으로 해석하고자 한다.[28] 반면에 이선열은 분명하게 서구적 관용 개념을 전제하면서 다음과 같이 말하고 있다.

관용에 기초한 타자의 인정은 차이의 형식적 공존을 넘어 타자와의 교감으로 나아가는 원칙을 제공하지 못한다는 데 결정적 한계가 있다. (……)

---

28 신정근, 〈도덕 원칙으로서 서恕 요청의 필연성〉, 《동양철학》 21집(한국동양철학회, 2004), 113쪽.

타자와 보다 적극적인 공감대를 형성하고 타자를 배려하기 위해서는 단순한 불관용의 금지를 넘어서는 또 다른 실천적 원칙이 필요하다.[29]

즉 관용과 서는 신정근이 말하듯 정확하게 서로 일치하지 않지만, 서로를 필요로 하는 보완 개념에 가깝다는 것이다. 이 때문에 이선열은 "단순히 공평한 호혜의 원칙으로서가 아니라 상대방에 대한 적극적인 공감과 배려의 정서와 결부될 때 유가 윤리로서의 독특성"[30]을 드러내는 서의 필요성을 함께 제기하는 것이다. 이보다 더 나아간 주장은 안외순에게서 발견된다. 안외순은 서를 관용으로 해석할 수 있다는 점을 전제하면서 서와 관용의 관계를 외집합과 내집합의 관계처럼 간주한다. 이에 따르면 서는 관용을 포함하지만, 관용은 서를 포함하지 못한다.

서는 인의 소극적 실천 관념으로서의 관용, 톨레랑스를 내포하면서도 이를 뛰어넘는 보다 적극적이고 포괄적인 개념이다. 이 점이 바로 다문화 사회를 지도하는 적극성을 내포하고 있다.[31]

안외순의 주장이 최근 다문화 사회로 변해가는 한국 사회의 변화상을 염두에 두고 있다는 점에서는 시사하는 점이 있지만, 서의 개념사라는 측면에서 볼 때는 논쟁의 소지가 있다. 무엇보다 이자류 용례를

---

29 이선열, 〈타자 대우의 두 원칙: 관용과 서恕〉, 《율곡사상연구》 24집(율곡학회, 2012), 87쪽.

30 신정근, 〈도덕 원칙으로서 서恕 요청의 필연성〉, 98쪽.

31 안외순, 〈다문화 시대 동아시아 전통에 기초한 공존 가치〉, 《동방학》 38집(한서대 동양고전연구소, 2018), 272쪽.

통해 살펴보면 관용과 연관될 수 있는 용례는 세 가지가 있다. 즉 관서寬恕, 용서容恕, 유서宥恕이다.

(위패는) 화제和帝 시절에 거록태수鉅鹿太守가 되었는데, 간소하고 질박함, 너그럽게 용서하는 것으로 정사를 행했다.[32]

건초建初 연간에 어떤 사람이 남의 아버지를 모욕한 일이 있었는데, (모욕당한 이의 아들이) 그를 죽여버렸다. 숙종은 사형을 당할 것을 감형시키고 용서해주었다. 그 뒤에 이 사례가 기준이 되었는데, 이때가 되자 드디어 그 논의를 결정해서 경모법輕侮法으로 만들려고 했다. 장민이 반대하는 글을 올려 말했다. "삶과 죽음을 결정하는 것은 상하의 여론을 따라야 합니다. 이것은 한 해에 네 계절이 있어 (만물이) 살다 죽는 것과 같습니다. 만일 용서하는 길을 내어주고, 정식 법제로 만든다면 이것은 일부러 간사함의 싹을 틔우고 죄악이 나고 자라도록 만드는 격입니다."[33]

은혜가 만물에 미쳤어도 그 공적에 머물지 않으셨습니다. 이에 어진 이를 선발하고 사특한 이들을 멀리 내쫓았으며, 형벌과 옥사를 용서하시고, 외롭고 쓸쓸한 이들을 감싸고 보살피셨습니다.[34]

---

32 和帝時爲鉅鹿太守, 以簡朴寬恕爲政. 〈魏覇〉,《卓魯魏劉列傳》第15,《後漢書》卷25, 886쪽.

33 有人侮辱人父者, 而其子殺之, 肅宗貫其死刑而降宥之, 自後因以爲比. 是時遂定其議, 以爲輕侮法. 敏駁議曰: '夫死生之決, 宜從上下, 猶天之四時, 有生有殺, 若開相容恕, 著爲定法者, 則是故設姦萌, 生長罪隙.' 〈張敏傳〉,《鄧張徐張胡列傳》第34,《後漢書》卷44, 1503쪽.

34 澤及萬彙, 而不居其功. 爾乃簡拔畯賢, 放遠邪佞, 宥恕刑獄, 懷保鰥寡. 呂祖謙 編,〈仁宗皇帝加上徽號册文〉,《宋文鑑》卷32, 文淵閣 四庫全書 vol. 1350, 331쪽.

용례의 측면에서 보자면 용서는 유서와 비슷한 뜻이고, 관용은 관서와 용서를 결합한 것이라고 할 수 있다. 문제는 이 결합에 이용되는 용서의 용례가 서의 개념사에서 볼 때 논란의 여지가 있다는 점이다. 이것을 이해하기 위해서는 《운부》와 같은 시기에 형성된 《강희자전》이 서를 풀이하는 구절의 기이한 점을 먼저 지적해야 한다. 《강희자전》은 서의 몇 가지 용례들을 드는 와중에 주희의 말을 인용하면서 "주희의 주에서는 '서恕란 짐짓 관대하게 구는 것〔寬假〕을 말하는 것이 아니다'라고 했으며, 또한 '자기를 미루어 외물에 미치는 것이 서'라고 했다"[35]라고 말하고 있다. 《강희자전》은 상반되는 두 가지 방식으로 주희의 서에 대한 견해를 수용하고 있다는 점을 분명하게 알 수 있다. 하나는 긍정적으로 언급되는 '추기급인', 혹은 '추기급물'로서 성리학적인 서의 의미를 규정하는 일반적 표현이다.

그러나 "서란 짐짓 관대하게 구는 것을 말하는 것이 아니다"라는 진술을 《강희자전》이 채택한 이유는 무엇인가? 이것은 일종의 부정어법에 해당한다. 사전류 저술은 대부분 'A는 B다'라는 식의 서술로 표제어를 정의하는 것이 일반적이다. 그런데 왜 《강희자전》은 'A는 B가 아니다'라는 설명 방식을 채택하는가? 서의 의미 체계에서 배제해야 할 이해 방식이 존재하고, 동시에 이렇게 배제해야 할 내용이 의외로 넓게 퍼져 있지 않다면 《강희자전》이 일부러 서를 이러저러한 것이라고 받아들여서는 안 된다고 표현할 이유가 없다. 결국 《강희자전》을 편찬한 시대에 서라는 용어에는 어떤 오해 가능성 혹은 배제해야 하지만 의외로

---

35 張玉書 外, 《御定康熙字典》卷10, 文淵閣 四庫全書 vol. 229, 422쪽.

보편적인 해석 가능성이 있었다고 추론할 수 있다. 그것은 무엇인가?

《강희자전》에서 인용한 주희의 말은 오늘날 출처를 발견할 수 없다. 또한 주희의 저술에서 '관가寬假'라는 용어가 산발적으로 발견되지만 이것이 서의 의미와 연관해서 언급된 적은 없다. 《주자대전》에서 다섯 번 발견되는 '관가'의 용례는 굳이 구별하자면 '너그러이 며칠 말미를 달라[特賜寬假]'[36] '너그러이 보아주기를 바란다[求寬假]'[37] '상당히 너그럽게 대우한다[頗寬假之]'[38], 이상 세 가지이다. 이것은 '관가'라는 용어가 애초에 관용寬容, 즉 '너그러이 헤아려준다'는 뜻으로 사용되는 용례에서 그리 멀리 있지 않다는 것을 의미한다.

이렇게 볼 때 《강희자전》이 일부러 거론하고 있는 주희의 '관가'에 대한 진술의 함의를 알 수 있다. 즉 관가에 대한 부정은 서를 관용의 의미로, 더 직접적으로는 서를 '용서'의 의미로 사용하는 것을 반대하는 것이다. 이것은 서의 용례 가운데 하나인 '용서'에 어떤 의미론적 문제가 얽혀 있다는 것을 뜻한다. 《운부》가 인용하고 있는 장민의 진술을 다시 떠올려보자.

이미 인용문에 나타나 있는 것처럼, '용서'는 비록 문헌학적으로 서의 한 용례에 포함되어 있기는 하지만, 진술의 맥락 속에서 부정적으로 쓰이고 있다. 즉 제왕의 덕을 보여주는 예외적 사례로서 용서는 괜찮지

---

36 이와 비슷한 표현은 '조금이나마 며칠 말미를 달라[少垂寬假]' 혹은 '조금 시간을 내어달라[少賜寬假]'는 어투로 두 번 반복된다. 朱熹, 〈辭免召命狀〉 4, 《晦庵先生朱文公文集》 卷22(朱子全書 vol. 21), 974쪽; 〈與留丞相劄子〉, 《晦庵先生朱文公文集》 卷28, 1252쪽; 〈與張欽夫論程集改字〉, 《晦庵先生朱文公文集》 卷30, 1324쪽.

37 朱熹, 〈答吳伯豐〉, 《晦庵先生朱文公文集》 卷52, 朱子全書 vol. 22, 2428쪽.

38 朱熹, 〈答黃直卿〉, 《晦庵先生朱文公文集·續集》 卷1, 朱子全書 vol. 25, 4655쪽.

만, 법제화된 용서는 나쁘다는 것이다. 그런데 이러한 용서에 대해 부정적인 태도는 장민만 보여준 게 아니다. 용서가 언급되는 주목되는 사례는 대략 네 가지 정도가 발견된다. 위에서 언급한 《후한서》〈장민전〉및 〈질운전〉에 나타나는 광무제와 질운의 대화 장면, 그리고 범순인이 자식들을 훈계하는 구절, 또 17세기 예수회 선교사들이 집필한 한적서 학서에서 발견되는 서의 사례들이다.

　　나는 이미 6장에서 이 가운데 〈장민전〉을 제외한 세 가지 사례를 대상으로 용서의 용례에 반대하는 주희와 정약용의 경우를 섬세하게 다루었다. 이에 따르면 용서 용례의 가장 강력한 반대론자는 주희와 제자인 진순이었고 그들의 주장은 《성리자의》의 충서忠恕 조목에 대한 설명에 실려 있다. 한편, 서를 크게 용서와 추서로 구분했던 정약용은 용서의 주창자로 주희를 거론하는 기이한 방식으로 용서에 대한 부정적 견해를 표명한다. 주희와 정약용 등이 용서를 문제 삼는 이유는 용서의 논리를 서의 진술 형식으로 바꿀 때 나타난다. 즉 "자신의 잘못을 용서한 것처럼 타인의 잘못을 용서하라"는 진술의 형태로 바꾸었을 때 용서는 문제를 드러낸다. 여기에 대한 주희의 반대는 아주 섬세하게 해석해야 한다. 주희는 타인의 잘못에 대한 관용에 반대한 게 아니다. 그것이 서의 양식 속에서 선언될 때 어떤 문제를 드러낸다고 지적한 것이다. 정약용은 주희의 비판에 담겨 있는 더욱 핵심적인 측면을 직접 지적한다. 타인에 대한 용서에 앞서는 '자기 용서'는 '자기 수양'이라는 유학의 대원칙을 훼손한다는 것이다. 그래서 정약용은 일관되게 서는 자기 수양을 위한 용어라고 강조했다.[39]

　　정약용의 경우를 제외하면 이상의 논의는 《강희자전》에 실린 서에 대한 서술이 매우 강력한 성리학적 자장 속에서 형성되었다는 것을 뜻한다. 주희가 선언하고 진순이 《성리자의》에 포함한 이론적 입장을 확고하게 유지하고 있기 때문이다. 바로 이것이 《강희자전》이 한자어 사전으로서 긍정문 형식이 아니라 부정문 형식으로도 서를 진술한 이 유이기도 한 것이다. 결국 《강희자전》이 서를 설명하는 방식은 일반적 으로는 헤아림, 성리학적 측면에서는 '추기급인' 혹은 '추기급물', 그리고 용서의 배제라는 세 가지 측면으로 이루어져 있다.

요약하자면, 관용을 서의 현대적 용어로 쓰는 데는 원칙적으로 문제가 없다. 관서와 용서의 용례가 엄연히 존재하고, 이 둘을 결합하는 것을 금하는 규칙은 존재하지 않기 때문이다. 반면에 관용이 서의 현대적 어휘가 될 때 주희와 정약용 같은 유학자들이 한사코 반대했던 용서의 이론적 난점이 관용의 의미 속으로 파고든다는 것도 사실이다. 따라서 서와 관용의 이론적 연관을 구축하려는 이들은 이 이론적 약점에 대한 비판적 대안을 마련한 상태에서 두 용어의 공존을 시도해야 한다. 이런 종류의 어려움이 비록 사소할 수도 있지만, 고전적 낱말을 현대화하려는 이들이 외면할 수 없는 철학적 도전 가운데 하나라는 점을 인정해야만 한다.

---

39 이상의 요약에 대한 보다 구체적인 서술은 이향준, 〈서恕, 황금률을 만나다—정약용의 경우—〉, 《유교사상문화연구》 72집(한국유교학회, 2018), 87~115쪽 참조.

정서와 이서를 기준으로

이상의 논의를 거쳐서 인명 용례 다섯 가지, 수와 결합된 용례 세 가지, 부정 혹은 긍정어법과 관련된 용례 네 가지, 관용과 관련한 용례 세 가지를 제외한 스물일곱 가지 용례가 남는다. 이 용례에서는 크게 명사적이거나 동사적인 서로 구별된다. 서가 명사적으로 쓰이는 경우는 다시 동사+목적어와 명사+명사의 병렬 구조로 구분된다. 동사적 용법에는 보어+동사라는 구조가 나타난다. 동사+목적어의 경우 강서降恕, 실서失恕, 귀서貴恕, 성서誠恕, 회서懷恕의 다섯 가지가 속한다. 이들은 서恕의 의미론적 차이를 야기하지 않고, 서를 목적어로 삼는 동작 혹은 행위들의 차이에 의해 구별된다. 예를 들면 '내려준다'거나 '잃어버린다' '품는다' 등이다.

나머지 스물두 가지는 임의로 명사+명사, 보어+동사의 구조로 구분하기는 했지만 실제로는 경계가 모호한 용례들이다. 이들을 통일성 있게 파악하기 위해 칠서의 용례를 돌이켜보자. 칠서에는 일관된 표현양식이 하나 등장한다. '곧음으로 헤아린다(恕之以直)'는 어법은 그를 곧은 신하라고 평가한다는 뜻이다. 이 표현은 전형적인 하나의 문법 형식을 보여준다. 칠서의 경우 모두 '以' 자의 허사 용법상 '以A恕之' 혹은 'A以恕之'라는 서술들과 호환된다. 'A恕'라는 형식의 낱말을 이러한 형식으로 치환할 수 있다면 어떻게 될까? 'A恕'를 '以A恕之'라고 바꾼다는 것은 헤아림이라는 서의 실천에 동반되어야 하는 것들이 'A'로 대표되는 낱말에 함축되어 있음을 의미한다. 수단, 도구, 혹은 동반하는 어떤 것들이 '헤아림'이라는 행위와 결부되어 있다는 뜻이다.

예를 들어 '정서情恕'[40]를 '以情恕之'라는 방식으로 바꿔보자. '인정으로 헤아린다'는 것은 서의 실천 과정에 '인정'을 도입할 것을 권유한다는 뜻이다. 같은 방식으로 평서平恕[41]를 바꾸어보면 '공평함으로 헤아린다[以平恕之]', 즉 공평함이라는 인간적 태도가 서의 실천에 수반되어야 한다는 뜻이 된다. 이와 같이 해석한다면 다양한 이자류 용례들은 도구, 방식, 태도 등등 서의 실천 과정에 수반되어야 할 인간적 요소가 무엇인지를 서술하고 있다. 다시 여기에 현대의 언어학자가 발견한 다음과 같은 통찰을 결부해보자.

'슬픔'과 '사랑'은《說文解字》의 훈석에 나타나는 의미적 특수성이 두드러진다. 슬픔은 상실감에 대한 정서적인 반응이며, 스트레스, 고통 및 질병과 밀접하게 연결되어 있다.《설문해자》심부에 나타나는 '슬픔'은 대체로 '哀'(슬프다)라는 내적 감정보다는 신체적 통증을 나타내는 '痛'(아프다)으로 표현된다. 그리고 '사랑'에는 '인'(인부, "인, 친야"), '애', '혜'(혜부 "혜, 인야")로 훈석되는 글자가 포함되며 이러한 글자에는 주로 유가 사상의 덕목 중의 하나인 '남의 마음을 헤아려 측은하게 여기는 마음'("서, 인야")과 자애적 사랑의 의미가 내포되어 있다.[42]

간단하게 말해서 김은희는《설문해자》에서 심부心部에 해당하는

---

40 "人有不及, 可以情恕; 非意相干, 可以理遣."〈衛玠〉,《列傳》第6,《晉書》卷36, 1068쪽.

41〈賈黃中〉,《列傳》第24,《宋史》卷265, 9161쪽.

42 김은희,〈《설문해자說文解字》심부心部 수록자의 의미 분류와 감정 표현 한자 연구〉,《중국어문논총》88집(중국어문연구회, 2018), 21쪽.

낱말들의 감정 표현 방식에 대한 연구를 통해 서恕를 의미상 감정에 속하고, 감정 가운데서는 사랑에 속하는 낱말로 분류하고 있다.[43] 그리고 감정-사랑 계열체에 속하는 낱말들의 목록을 풍부하게 제시하고 있는데, 인仁, 서恕, 혜惠, 은恩, 애悉 애愛, 자慈 지忯 무憮 무撫가 여기에 포함된다.[44] 이것은 서라는 낱말 자체가 기본적으로 감정적인 낱말이라는 뜻이다. 따라서 이자류 용례들을 '以A恕之'의 형태로 바꾸는 것은 서에 함축된 감정에 결부되는 다양한 인간적 요소를 드러내는 하나의 통로가 될 수 있다. 정서는 인정과 서의 결합이고, 평서는 공평함과 서의 결합이며, '명서明恕'[45]는 당연히 밝음과 서의 결합이다. 이렇게 해서 나타나는 결과를 종합하면 남은 용례 스물두 가지에서 발견되는, 서의 실천에 결부되어야 하는 인간적 태도와 특징들은 다음과 같다.

충실함〔忠恕〕, 어짊〔仁恕〕, 공정함〔公恕〕, 자애로움〔慈恕〕, 청렴함〔廉恕〕, 도타움〔篤恕〕, 두루 미침〔通恕〕, 겸손함〔謙恕〕, 엄격함〔嚴恕〕, 합리성〔理恕〕, 군셈〔强恕〕, 내면성〔內恕〕, 자기 자신〔自恕〕, 공평함〔平恕〕, 인정〔情恕〕, 밝음〔明恕〕, 잘함〔善恕〕, 상세함〔詳恕〕, 삼감〔愿恕〕, 단일함〔惟恕〕, 가엾게 여김〔矜恕〕, 앞섬〔先恕〕.

---

43 김은희, 〈《설문해자說文解字》 심부心部 수록자의 의미 분류와 감정 표현 한자 연구〉, 13쪽 〈표 4〉, 16쪽 〈표 5〉 참조.

44 김은희, 〈《설문해자說文解字》 심부心部 수록자의 의미 분류와 감정 표현 한자 연구〉, 18쪽 〈표 6〉 '《說文解字》心部 수록자 중 '감정'류의 하위 분류' 참조.

45 "明恕而行, 要之以禮, 雖無有質, 誰能間之." 〈은공 3년〉, 《춘추좌전》.

이상의 사례들은 무엇을 알려주는가? 서를 다른 인간적인 요소들과 함께 실천해야 한다는 것이다. 충실함과 어짊이 동반되어야 하고, 때로는 공정함과 엄격함이 동반되어야 한다는 뜻이다. 나아가 때로 우리는 '이정서지以情恕之', 즉 인정 혹은 (보다 구체적으로) 어떤 감정적 기초를 서의 실천에 동원해야 하지만, 어떤 경우에는 '이리서지以理恕之', 즉 숙고와 반성적 사색의 결과로 나타나는 합리성을 동원해야 한다는 뜻이다.

물론 '이서理恕'를 '이리서지以理恕之'로 일반화할 수 있는지에 대해서는 의문의 여지가 있다. 왜냐하면 이 용례는 처음부터 관련 문맥이 모호하기 때문이다. 《운부》는 이 낱말의 출전을 《운급칠첨雲笈七籤》으로 간주하고 있는데[46] 정작 《운급칠첨》은 왕필의 《노자지귀약례老子指歸略例》의 다음 구절에서 출전을 찾는다.

형벌로 사람들을 단속하면 반드시 교묘한 거짓이 생기고, 명名에 의해서 사물을 규정하려고 하면 이해가(혹은 이치에 맞는 생각이) 사라지고[47]

번역자인 임채우는 이 문장의 의미가 모호하다는 것을 인정하고 주에서 다음과 같은 설명을 추가하고 있다.

역자의 생각으로 '이해해서 용서한다'는 뜻으로서, 현실의 실정에 대한 이

---

46 "老君指歸略例曰: (……) 名以定物 理恕必失." 張君房,〈道德部·總叙道德〉,《雲笈七籤》卷1, 文淵閣 四庫全書 vol. 1060, 4~5쪽.

47 왕필,《왕필의 노자주》, 임채우 옮김(한길사, 2005), 328쪽.

해 없이 명名만으로 실實을 규정하려는 형명가刑名家의 가혹한 형식주의에 대한 비판으로 보면 뜻이 통한다.[48]

임채우는 '이서'의 서를 '용서하다'로 읽는데, 앞에서 논의했던 용서의 난점을 고려하면 아마도 '헤아린다'는 일반적 용례로 읽는 편이 더 좋을 것 같다. 이렇게 보면 '이서'는 '이해와 헤아림'을 뜻하고, 보다 일반화하자면 '이치와 헤아림' 정도로 볼 수 있을 것이다. 이것을 '以理恕之'의 형태로 바꿔 읽으면 서의 실천에 동반해야 하는 이해 혹은 이치라는, 감정과는 구별되는 인지 작용을 뜻하게 된다. 이해와 이치는 감정 어휘라기보다는 이성 활동의 결과라고 보는 것이 더 합당하기 때문이다.

이런 주장은 서를 실천할 때 어떤 인간적 요소를 동반해야 하는가라는 질문에 대한 해답과 함께 이 해답의 일방성을 보여준다. 공평함, 자애로움, 청렴함, 도타움, 겸손함, 엄격함 등은 대부분 사람의 정서적 태도를 뜻하는 낱말들이다. 반면에 이서를 어떤 합리성[理]의 경유라고 해석할 경우 여기에 해당하는 낱말은 이서 자체를 제외하고 거의 찾아보기 힘들다. 이런 현상은 무엇을 의미하는가?

인지적 원형은 이디에?

서는 기본적으로 타인의 마음과 나의 마음의 동일함이나 이질성

---

48 왕필, 《왕필의 노자주》, 328쪽 각주 8.

에 대한 판단에 기초를 두고 있다. 그것을 대변하는 낱말이 바로 '헤아림'이다. 그렇다면 우리는 무엇에 기초해서 타인의 마음을 헤아리는가? 이성인가? 감정인가? 욕구인가? 규범인가? 지금까지의 논의는 서가 자신만의 고유한 범위를 가지는 고립된 용어가 아니라는 점을 보여준다. 아마도 서의 기초는 인간이 자기 자신에게서 발견할 수 있는 통속적이고 심리적인 능력 개념들—예를 들어 엄격함, 관대함, 충실함, 공정함 등등—에 광범위하게 퍼져 있다고 주장할 수도 있을 것이다. 결국 인간의 인지적 능력 일반을 매개로 서를 실천한다고 말해야 한다.

이런 활동의 인지적 원형은 무엇일까? 아마도 '정서'일 것이다. 감정 용어 중에 서와 결부되는 용어들이 많다는 사실이 이를 간접 증명하고 있다. 이런 시각에서 보자면 2장에서 보았듯이 최초의 서에 대한 정당화 담론이 맹자를 통해 유학의 역사에 나타났을 때 왜 그것을 '슬픔의 서'로 명명하자고 제안했는지를 이해할 수 있다. '슬픔'을 포함하는 상위 범주의 일반적 어휘로 감정 이상의 것이 없다는 점을 인정한다면, 우리는 맹자가 공자의 서를 맨 처음 '이정서지以情恕之'의 형태로 포착한, 동일한 의미에서 '정서'라고 할 수 있는 양식을 최초로 발명한 유가철학자라고 단정할 수 있다. 나아가 이 정서의 원초적 경험은 슬픔보다는 '따듯함'이라는 것도 받아들일 수 있을 것이다. 그리고 어째서 순자의 서를 공리성의 합리적 계산에 기초한다는 점에서 '날카로운 서'로 명명할 수 있는지를 이해할 수도 있을 것이다. 또한 그것이 맹자의 정서가 간과하고 있는 인간적인 서의 기초 가운데 하나를 가리키고 있다는 것도 명백하다. 순자는 서의 실천 과정에서 맹자의 주장이 결여하고 있는 어떤 지점을 포착하고 있는 것이다. 맹자에 대한 유학 내부의 최초 비판자로서 순자의 학술적 위상은 서의 개념사라는 측면에서도 선명하게 드러난다.

또한 같은 것을 보다 현대적인 어투로 묘사할 수도 있다. 에드워드 슬링거랜드Edward Slingerland의 최근 용어를 빌리자면 서는 '뜨거운 인지hot cognition'와 '차가운 인지cold cognition'라는 측면에서 서술할 수 있다.

> 지금의 일반적인 견해는 인간의 사고가 두 가지 구분되는 체계로 특징지어진다는 것이다. 첫 번째이자 가장 중요한 체계(무언의 뜨거운 인지, 즉 '체계 1')는 빠르고 자동적이고 힘들이지 않고 대체로 무의식적인 것으로, 이는 대략 우리가 '몸'으로 간주하고, 장자가 '천기'라고 부르는 것이다. 두 번째(명시적이고 차가운 인지, 즉 '체계 2')는 느리고 계획적이고 노력이 필요하고 의식적인 것으로서, 이는 우리의 의식적이고 언어적 자아인 '마음'이다.[49]

이 둘 가운데 어느 것이 더 원형적일까? 서의 신체적 기원은 이 책 8장에서 다루고 있지만, 미리 언급하자면 서는 그 원형적 의미에서 '뜨거운 인지'의 경험에 기초를 두고 있다고 주장할 수 있다. 나는 '뜨거움'의 보다 부드러운 표현으로서 '따뜻함'이 서의 신체적 기원이라고 할 것이다. 이런 관점에서 우리는 본능적으로 차가운 서보다는 뜨거운 서에 이끌린다. 그래서 서의 개념사에서도 여전히 맹자적 견해가 순자적 견해에 비해 직관적으로 더 나은 것처럼 여겨진다. 합리성이 우리의 인간

---

49 에드워드 슬링거랜드, 《애쓰지 않기 위해 노력하기》, 김동환 옮김(고반, 2018), 68쪽.

적 특징이라고 해도 여전히 보다 신속하고, 무의식적이며, 직관적인 감정의 발생과 이로 인한 신체의 상태 변화, 그리고 여기에 의해 동기화되는 행동 양식의 신속성은 앞으로도 계속 인간 행위의 중심을 이룰 것이다.

그렇다고 해서 이것이 순자적인 차가운 인지의 활동을 배제하는 것은 아니다. 오히려 이 양자는 인간의 자기 이해에 발맞춰 '서의 실천을 위한 방법론적 통로'가 유학의 초기 사유에서 어떻게 받아들여지고 있는지를 확인시켜주는 용례라고 할 수 있다. 정情과 이理라는 중국철학적 용어가 범주화하고 있는 인간 인지의 이중성이 오늘날 '뜨거운 인지'와 '차가운 인지'로 구분되어 재진술된다는 사실에서 이러한 상이한 방식의 서의 실천이 왜 인간에게 필수인지를 알 수 있다. 왜냐하면 우리는 여전히 이 두 가지 인지 체계의 상호작용에 의해 세계 내의 문제에 대처하기 때문이다. 비록 무위라는 특수한 경우를 예로 들고 있지만, 슬링거랜드의 다음 진술 내용은 서의 실천 과정에도 동일하게 요구된다고 할 수 있다.

> 무위의 목표는 이 두 자아를 부드럽고 효과적으로 함께 작동하도록 하는 것이다. 무위 상태의 사람에게 마음은 신체화되고 몸은 마음에 새겨진다. 뜨거운 체계와 차가운 체계, 빠른 체계와 느린 체계라는 이 두 체계는 완전히 통합되어 그 결과는 환경과 완전히 부합한 지적 자발성intelligent spontaneity이다.[50]

---

[50] 에드워드 슬링거랜드, 《애쓰지 않기 위해 노력하기》, 71쪽.

짧은 결론

따라서 나는 지금까지의 논의를 토대로 다음과 같은 결론에 도달하게 되었다. 서의 개념사에서 왜 맹자적인 '슬픔의 서'는 '날카롭고 차가운' 순자적인 서에 앞서 나타났는가? 거꾸로 왜 순자적인 서는 맹자적인 서에 뒤이어 '날카롭고 차가운' 형태로 나타났는가? 왜 유학사에서 서의 초기 형태는 '정서情恕'에서 '이서理恕'의 방향으로 나아갔는가? 신체화된 인지의 관점에서 볼 때 서와 같은 상호 주관성을 위한 개념 혼성은 개념 체계의 공활성화를 가정한다. 이러한 공활성화는 무의식적 수준에서 일어나는 다양한 정서 작용을 소재로 사용한다. 그리고 다음 단계에서 더욱 광범위한 개념 체계를 동원하는 공리적 계산이 뒤따른다. 즉 서의 원형으로서의 정서는 인간 인지의 일반적 특징인 광범위한 개념 체계의 혼성 작용에 의해 보다 의식적으로 차가운 합리성의 영역으로 확장해 나아갔다. 서의 개념사가 아닌, 뜨거운 인지와 차가운 인지의 개념적 분리에도 불구하고 이 두 가지 인지 영역의 공활성화에 의해 세계 내의 사태를 마주하고 문제를 해결할 수밖에 없는 인간의 인지 일반의 생물학적 기초가 서의 나아갈 방향을 예비했던 것이다. 서의 용례들 가운데서 감정적이고 정서적인 태도를 뜻하는 낱말들이 수반되는 경우가 압도적으로 많은 것은 바로 이러한 방향성의 근저에 여전히 우리의 감정적, 정서적 태도가 원형적으로 자리 잡고 있음을 증명한다.

〈부록〉 서의 이자류 용례

이 장에서는 《패문운부》와 《패문운부습유》에 나타난 서의 이자류 용례 마흔두 가지를 개괄했다. 본문에서 모든 용례를 다 소개할 수 없기 때문에 이제 이곳에 두 책에 나타난 이자류 용례 마흔두 가지를 용례, 해당 구절의 번역문과 원문 및 출전의 순서로 실어둔다. 두 개 이상의 원전에서 같은 용례가 발견되는 경우에는 제일 먼저 언급된 원문만을 표기했다.

용례	뜻과 원문	출전
강서强恕	서를 힘써서 행하면 인을 구함이 이보다 가까울 수 없다. 强恕而行, 求仁莫近焉.	〈盡心〉上 4章, 《孟子》
삼서三恕	군자에게는 세 가지 서가 있다. (자신의) 군주를 섬기지 못하면서 (자신의) 신하를 부리겠다고 하는 것은 (제대로) 헤아리지 못한 것이다. 君子有三恕, 君不能事, 有臣而求其使, 非恕也	〈三恕〉第9, 《孔子家語》
비서非恕	같은 곳	같은 책
정서情恕	사람들에게 부족한 점이 있어도 인정으로 헤아릴 수 있었다. 人有不及, 可以情恕	〈衛玠〉, 《列傳》第6, 《晉書》卷36
평서平恕	얼마 안 되어 대리승으로 옮겼다. 1년도 못 되어 묵혀두었던 옥사를 판단해준 것이 1만 7,000여 명이나 되었어도 당시 공평하게 헤아린다는 평가를 받았다. 稍遷大理丞 歲中斷久獄萬七千人, 時稱平恕.	〈狄仁傑〉, 《列傳》第40, 《新唐書》卷115
내서內恕	공자는 말했다. (……) 따로 본체랄 것이 없는 예는 행동이 느긋하고 상복을 입지 않은 초상에는 속으로 헤아려 매우 슬퍼한다. 無體之禮, 威儀遲遲, 無服之喪, 內恕孔悲.	〈孔子閒居〉, 《禮記》
불서不恕	자신의 몸에 간직한 것을 헤아리지 못하고서, 남을 깨우칠 수 있는 이란 있을 수 없다. 所藏乎身不恕, 而能喻諸人者, 未之有也.	《大學》傳9章
명서明恕	밝게 헤아려 행동하고 예의로 대한다면 인질이 없다고 한들 누가 사이를 갈라놓을 수 있겠는가? 明恕而行, 要之以禮, 雖無有質, 誰能間之?	〈隱公〉3年, 《春秋左傳》

충서忠恕	충실함과 헤아림은 도에서 멀리 떨어지지 않았다. 忠恕違道不遠	《中庸》13章
자서自恕	좌사 촉룡이 말했다. (······) 저는 발에 병이 나 뵙지 못한 지가 오래입니다. 스스로 헤아려보건대 태후의 옥체에 불편함이 있을까 걱정되어 뵙기를 바란 것입니다. 老臣病足, 不得見久矣, 竊自恕而恐太后體之有所苦也, 故 願望見太后.	〈趙世家〉第13, 《史記》 卷43.
다서多恕	유관이 (······) 남양태수가 되었다. 세 군을 거치면서 따 듯하고 어질었으며, 많이 헤아려주었다. 劉寬 (······) 爲南陽太守, 典歷三郡, 溫仁多恕.	〈劉寬〉,《卓魯魏劉列傳》 第15,《後漢書》卷25.
관서寬恕	위패가 (······) 거록의 태수가 되어 간단하고 질박하며, 넓은 헤아림으로 정사를 펼쳤다. 魏霸 (······) 太守鉅鹿, 以簡朴寬恕爲政.	〈魏霸〉,《卓魯魏劉列傳》 第15,《後漢書》卷25.
강서降恕	이응이 (······) 상을 올려 말했다. (······) (폐하께서) 헤아 려주시지 않는다면 원근의 사람들이 탄식할 것입니다. 李膺 (······) 奉疏曰: "(······) 不蒙降恕, 遐邇駭之歎息.	〈李膺〉,《黨錮列傳》第57, 《後漢書》卷67.
용서容恕	장민이 반박하는 글을 올려 말했다. "삶과 죽음을 결정하 는 것은 상하의 여론을 따라야 합니다. 이것은 한 해에 네 계절이 있어 (만물이) 살다 죽는 것과 같습니다. 만일 용 서하는 길을 내어주고, 정식 법제로 만든다면 이것은 일 부러 간사함의 싹을 틔우고 죄악이 나고 자라도록 만드 는 격입니다." 敏駁議曰: "夫死生之決, 宜從上下, 猶天之四時, 有生有殺, 若開相容恕, 著爲 定法者, 則是故設姦萌, 生長罪隙.	〈張敏〉,《鄧張徐張胡列 傳》第34,《後漢書》卷44.
인서仁恕	반표가 말했다. (······) 고조가 한나라를 세우게 된 것에 는 다섯 가지 이유가 있습니다. (······) 네 번째는 넓고 밝 으시며, 어질고 (잘) 헤아린다는 것입니다. 蓋在高祖, 其興也有五 (······) 四曰寬明而仁恕.	〈班彪〉,〈敍傳〉第70 上, 《後漢書》卷100 上.
가서可恕	(고유高柔가 상서해서 말했다.) 듣기로 공손황은 앞서 여 러 차례 동생인 공손연이 재앙의 씨앗이 될 것이라고 알 려왔다고 합니다. 비록 역적의 집안입니다만, 그의 마음 을 따져보면 헤아려볼 만합니다. 竊聞晃先數自歸, 陳淵禍萌, 雖爲凶族, 原心可恕.	〈高柔〉,《韓崔高孫王傳》 第24,《魏書》24,《三國 志》卷24.
선서善恕	황제께서 손자 孫資에게 조칙을 내려 말했다. (······) 하늘 과 땅은 크게 순응함으로써 덕을 이루고, 군자는 잘 헤아 림으로서 어짊을 이룬다. 天地以大順成德, 君子以善恕成仁.	〈劉放·孫資〉,《程郭董劉 蔣劉傳》第14,《魏書》40, 《三國志》卷40.
공시公恕	진량이 효종에게 글을 올려 말했다. (······) 어짊과 의로 움, 공정함과 헤아림으로 이 백성들의 삶을 도타이 하십 시오. 以仁義公恕厚斯民之生.	〈陳亮〉,《列傳》第195, 《宋史》卷436.
상서詳恕	구유는 (······) 옥사를 평결하면서 자세히 헤아려 많은 이 들이 목숨을 온전히 할 수 있었다. 讞獄詳恕, 多所全活.	〈仇愈〉,《列傳》第158, 《宋史》卷399

자서慈恕	정향程珦은 자애롭게 헤아리고, 군세고 결단력이 있었다. 珦慈恕而剛斷	〈程顥〉,《道學》1,《列傳》第186,《宋史》卷427, 12713쪽
염서廉恕	주집고는 조정에 있을 때는 파당을 짓는 법이 없었고 군을 다스리면서는 청렴하게 헤아려 순리의 기풍을 갖추고 있었다. 執羔立朝無朋比, 治郡廉恕, 有循吏風.	〈周執羔〉,《列傳》第147,《宋史》卷388, 11900쪽
긍서矜恕	(진종이 가까운 신하에게 이렇게 말한 적이 있었다.) 변곤은 (……) 큰 일이 있는 게 아니라면 불쌍히 여겨 헤아려주었다. 袞 (……) 非有大故, 所宜矜恕.	〈卞袞〉,《列傳》第36,《宋史》卷277
원서愿恕	삼가면서 헤아려 성으로 돌이킬 수 있다면 귀할 것이다. 愿恕反性, 則貴矣.	〈繆稱訓〉,《淮南子》[51]
반서反恕	자신으로 남을 헤아리는 것을 서恕라고 한다. 서에 반대되는 것은 황荒이다. 以己量人謂之恕, 反恕爲荒.	賈誼,〈官人〉,《新書》卷8
선서先恕	먼저 헤아린 뒤에 행동하기에 덕이 있다는 명성이 멀리까지 퍼졌다. 先恕而後行, 故德音遠也.	賈誼,〈大政〉上,《新書》卷9.[52]
칠서七恕	일곱 가지 서로 선을 나아가게 하고, 아홉 가지 사려로 악을 막는다. 七恕以進善, 九思以防惡.	虞世南,〈政術部·君道三〉,《北堂書鈔》卷29
독서篤恕	부드러움과 공손함 모두 아름다웠고, 밝고 진실했으며, 도타이 헤아렸다. 徽柔懿恭, 明允篤恕.	洪适,〈范式碑〉,《隷釋》卷19
실서失恕	여대방이 죄를 얻게 된 이유는 자신의 마음을 붙잡은 채로 헤아림을 잘못했고, 좋아하고 미워함을 인정에만 맡겼기 때문이다. 呂大防得罪之由, 只因持心失恕, 好惡任情.	呂祖謙 編,〈請放呂大防等逐便〉,《宋文鑑》卷52
유서宥恕	형옥을 용서하고 환과고독을 감싸고 보호해주었다. 宥恕刑獄, 懷保鰥寡.	呂祖謙 編,〈仁宗皇帝加上徽號册文〉,《宋文鑑》卷32
통서通恕	심하다! 성인은 천하를 대하면서 객관적이면서도 또한 헤아린다. 아침엔 도척이었다가, 저녁엔 백이가 된다고 해도 성인은 버리지 않는다. 甚哉! 聖人待天下之通且恕也, 朝而爲盜蹠, 暮而爲伯夷, 聖人不棄也.	蘇軾,〈問君子能補過〉,《東坡全集》卷50

---

51 《회남자》의 본문은《운부》의 인용과 다르다. "原心反性則貴矣"로 되어 있기 때문이다. 그러나 다른 유서들, 예를 들어《예문류취》와《태평어람》등의 인용은《운부》와 같다.

52 《신서》의 원문에 의하면 '故'는 '是以'가 되어야 한다.

겸서謙恕	이것은 타고난 자품이 겸손하게 헤아리는 데다, 깊고 지극한 계획을 생각해서 비춰보지 못한 것을 보충하기 때문입니다. 此天資謙恕, 思得深謀至計, 以補所未照也.	呂祖謙 編,〈制科策〉,《宋文鑑》卷110
엄서嚴恕	홍주 남창의 지현이 되었는데 그의 다스림은 정밀하고 엄격하게 헤아리면서도 도리를 다하는 데 힘썼다. 知洪州南昌縣, 其爲治, 精密嚴恕, 務盡道理.	呂祖謙 編,〈周茂叔墓誌銘〉,《宋文鑑》卷144
이서理恕	명名에 의해서 사물을 규정하려고 하면 이치와 헤아림이 틀림없이 잘못된다. 名以定物, 理恕必失.	張君房,〈道德部·總叙道德〉,《雲笈七籤》卷1
두서杜恕	두서의 자는 무백이고, 조정에 있으면서 남과 결탁하는 일은 하지 않았다. 恕字務伯, 在朝不事交結.	〈杜畿〉,《魏書》16,《三國志》卷16
노서路恕	노사공의 (……) 아들은 노서인데, 자는 체인이다. 路嗣恭 (……) 子恕, 字體仁.	〈路嗣恭〉,《列傳》第63,《新唐書》卷138
진서陳恕	〈진서전〉 (……) 진서의 자는 중언이다. 陳恕傳 (……) 恕字仲言.	〈陳恕〉,《列傳》第26,《宋史》卷267
유서劉恕	유서의 자는 도원이다. 劉恕字道源.	〈劉恕〉,《列傳》第203,《宋史》卷444
형서邢恕	형서의 자는 화숙이다. 邢恕字和叔.	〈邢恕〉,〈姦臣〉1,《列傳》第230,《宋史》卷255
귀서貴恕	(안사고는 이렇게 말했다.) 태왕의 어짊에 교화되어 그 지역의 풍속이 모두 성실함과 헤아림을 귀하게 여기는 것을 말한다. 言化太王之仁, 故其俗皆貴誠恕.	〈匡衡〉,〈匡張孔馬傳〉第51,《前漢書》卷81
성서誠恕	같은 곳	같은 책
유서惟恕	검소했기에 청렴함을 도울 수 있었고, 헤아렸기에 덕을 이룰 수 있었다. 惟儉可以助廉, 惟恕可以成德.	〈范純仁〉,《列傳》第73,《宋史》卷314
회서懷恕	안으로는 오상과 육위를 갖추는데 (……) 육위는 첫째 밝고 어질며 헤아릴 줄 아는 마음가짐을 갖는 것이다. 內備五祥·六衛 (……) 六衛, 一明仁懷恕.	孔晁,〈酆保解〉第21,《逸周書》卷3

제8장

죄수의 밥그릇 : 따듯함에 대한 사색

의미 원형을 찾아서

서는 친숙한 낱말이다. "내가 원하지 않는 것을 남에게 베풀지 말
라." 공자의 권고에서 이해하기 어려운 구석은 없다. 서는 유학적 용어
이지만 서가 뜻하는 인간적 현상은 보편적으로 나타난다. 시간이 흐르
면서 "추기급인"이나 "추기급물" 혹은 "이기체인以己體人"과 같은 용례들
이 서의 설명에 덧붙여졌다. 오늘날에도 많은 학자들이 이 단어에 함축
돼 있을 심오한 의미를 탐색하고 있다. 선진 유학에서 한국 유학에 이
르기까지,[1] 관용과 의무, 공감, 배신과 협력, 타자를 대우하는 원칙, 동

---

[1] 공자·맹자·순자에게서 나타나는 서의 동질성과 차이에 대한 연구는 이향준, 〈서恕: 잔인함에 맞
서서〉, 《범한철학》 5집(범한철학회, 2012), 2~30쪽; 〈맹자: 슬픔의 서恕〉, 《율곡사상연구》 24집
(율곡학회, 2012), 135~136쪽; 〈순자: 날카로운 서恕의 차가움〉, 《범한철학》 68집(범한철학회,
2013), 23~50쪽 참조. 주희 철학에서 서恕의 의미 지평에 대한 비교철학적 연구는 홍성민, 〈서恕
의 의무론적 특징과 양상—주자朱子와 다산茶山의 윤리학에서 서恕의 함의—〉, 《동양문화연구》

서 철학의 윤리적 입장 등의 주제에 이르기까지 많은 선행 연구들이 축적되고 있다.[2] 하지만 무엇보다 먼저 제기했어야 할 질문이 아직 남아 있는 것처럼 보인다. 이 낱말은 도대체 어디에서 왔는가?

이것은 '서의 의미 원형은 무엇인가'라는 질문으로 정식화할 수 있다. 나는 《강희자전》과 《설문해자》에 나타난 몇몇 서술을 중심으로 이 문제를 다루려고 한다. 두 가지 소학류 저술을 통해 흥미로운 논의의 주제를 발견했기 때문이다. 온皿이라는 낱말이 각기 다른 네 가지 낱말—서恕, 혜惠, 인仁, 온溫—과 밀접하게 연관되는 현상이다. '온皿'은 기본적으로 '죄수(囚)의 밥그릇(皿)'이라고 해석할 수 있다. 그런데 어떻게 이 낱말은 따뜻함(溫)이면서 인仁이고, 동시에 서恕이면서 은혜(惠)와 비슷한 말로 받아들여질 수 있는 것일까? 나는 여기서 이 모호한 다양성과 근친성을 해명하는 하나의 가설을 신체화된 마음embodied mind에 근거한 개념 혼성Conceptual Blending을 통해 제시하려고 한다.

이 추론에 따르면 '죄수의 밥그릇'이자 '따뜻함'이라는 이중 의미는

13집, 265~296쪽 및 〈서恕의 두 형태와 그 윤리학적 의미: 주자朱子와 대진戴震의 윤리학에서 서의 위상〉, 《철학연구》 129집(대한철학회, 2014), 341~366쪽 참조. 정약용의 서에 대한 탐구로는 안외순, 〈다산茶山 정약용丁若鏞의 관용-tolerance 관념: 서恕 개념을 중심으로〉, 《동방학》 19집, 235~262쪽 참조.

2 관용으로서의 서에 대해서는 신정근, 〈도덕원칙으로서 서恕 요청의 필연성〉, 《동양철학》 21집, 95~118쪽 참조. 의무론적 시각에서의 접근은 홍성민, 〈서恕의 의무론적 특징과 양상〉, 《동양문화연구》 13집, 265~296쪽 참조. 공감 능력의 생물학적 기초로서 거울뉴런이 서 및 반서와 가지는 관계에 대한 개괄은 이향준, 〈서恕, 반서反恕, 그리고 거울뉴런mirrorneuron〉, 《동양철학》 40집(한국동양철학회, 2013), 145~170쪽 참조. 칸트의 정언명법과 서의 비교 연구에 대해서는 김형철·문병도, 〈유가儒家와 칸트의 도덕판단 방법론 비교 연구—서恕와 정언명법을 중심으로—〉, 《철학》 77집, 325~329쪽 참조. 타자를 대우하는 원칙으로서 서를 논한 사례는 이선열, 〈타자 대우의 두 원칙: 관용과 서〉, 《율곡학연구》 24집, 73~106쪽 참조. 협력과 배신의 경계에 놓인 죄수의 딜레마를 서의 관점에서 논한 최근의 연구는 김재경, 〈서恕와 죄수의 딜레마〉, 《동양철학연구》 83집(동양철학연구회, 2015), 9~40쪽 참조.

'죄수의 감금 모형'과 '일반 가정의 식사 모형'이라는 두 가지 사건 구조의 혼성 속에서 파생된다. 두 개의 구별되는 사건 구조가 통합되어 '죄수에게 건네진 따뜻한 식사 한 끼'라는 사건의 구조를 창출하고, 이 속에서 그릇과 따뜻함은 의미론적 근친성을 획득하게 된다. 온溫과 혜惠, 그리고 서와 인은 이 가상적 사건의 구조 속에서 각자 의미론적 위상을 점유하고 있다.

중요한 것은 이 논의 속에서 감각 경험의 양상을 나타내는 낱말이 규범적 가치들을 뜻하는 낱말들과 같은 선상에 놓인다는 사실이다. 이것은 하나의 현대적 가설, 즉 편재적인 인간의 감각 경험은 규범적 가치를 포함하는 추상적 개념들의 뿌리일 수 있다는 주장을 상기시킨다. 이런 관점에서 이 글은 유가의 규범성에 관한 논의에 다음과 같은 일반적인 진술 하나를 추가한다. 평범한 인간의 감각 경험인 따뜻함은 인과 서라는 규범적 가치를 형성하는 최소한의 신체적 기원일 수 있다.

신체화된 인지

서의 의미 원형을 이루는 것은 무엇일까? 2500년을 넘어서는 낱말의 기원을 돌이켜볼 때 그 단서는 이미 우리의 시야에서 사라졌을지 모른다. 하지만 아직 희미한 서의 신체적 기원이라고 할 수 있는 것이 남아 있다. 적어도 인지과학에서 유래해서 최근의 철학적 언어학적 통찰을 대변하는 신체화된 마음과 개념 혼성이라는 두 논제의 측면에서는 더욱 그렇다.

신체화된 마음과 유사한 '신체화된 인지' 혹은 '신체화된 의미'라는 낱말들은 맥락에 따라 용례와 강조점이 다름에도 불구하고 한 가지 공통성을 강력하게 환기한다. 그것은 존슨의 다음과 같은 말에서 드러난다.

> 신체화된 관점은 생물학적 유기체가 환경과 상호작용하지 않고서는 존재할 수 없는 경험의 흐름 내에 의미를 자리매김한다는 점에서 자연주의적이다. 의미는 갈수록 복잡한 유기적 활동의 층위를 통해 '상향식'으로 발생한다. 즉 의미는 비신체화된 마음의 구성물이 아니다.[3]

의미가 유기체의 다종다양한 활동의 층위를 배경으로 상향식으로 발생한다는 주장은 의미의 원형을 파악하기 위해 우리가 하향적인 시각을 견지할 필요가 있다는 것을 의미한다. 그리고 이러한 하향식 접근의 가장 아래에는 우리의 생물학적인 몸과 세계의 상호작용, 이를 통해 나타나는 광범위한 경험의 세계가 놓여 있다. 이러한 관점에서 인간의 사유와 몸의 밀접한 연관에 대한 전통적인 관점과 대비되는 두 가지 논제가 도출된다.

> 가장 주목할 만한 두 가지 발견은, 먼저 인간의 의미와 개념화 사유 작용이 신체적 경험, 특히 감각 운동 경험에 근거한다는 것이며, 둘째, 이성의 이러한 신체화된 양식이 개념적 은유의 상상적 기제를 통해 추상적 사고에까지 이른다는 것이다.[4]

---

3 마크 존슨, 《몸의 의미》, 김동환·최영호 옮김(동문선, 2012), 42쪽.

철학적 사유가 개념화를 동반하는 사유 작용이기 때문에, 이러한 주장은 철학적 사유에 중요한 비판적 시각을 제공한다. 철학적 사유에 동원되는 거의 대부분의 도구는 개념적 사유의 결과로 나타난 것이다. 이것은 결국 우리가 사용하는 추상적 개념들이 우리 몸을 통한 감각 경험 운동에서 비롯되었다는 뜻이다. 이것은 레이코프와 존슨이 '이성의 이러한 신체화된 양식'이라고 표현하는 데서 가장 극명하게 드러난다. 개념적 사유는 신체화의 결과이고, 따라서 개념적 사유 능력이라고 이해되기도 하는 이성은 신체화에 의존해야만 한다.

> 이성은 전통이 대체로 주장해왔듯이 탈신체화된 것이 아니라, 우리의 두뇌, 몸, 그리고 신체적 경험의 본성에서 유래한다. (······) 이성 그 자체의 고유한 구조가 우리 신체화의 세부 사항에서 유래한다.[5]

철학적 주장의 급진성이라는 면에서는 이성에 대한 관점의 급격한 전환을 말하는 이성의 신체화가 중요하다. 하지만 구체적인 철학적 분석을 위해서 더욱 중요한 것은 감각 운동 경험이 추상적 사고에 이르는 과정의 구체적 내용이다. 레이코프와 존슨은 '개념적 은유conceptual metaphor'라는 용어로 정리했지만, 최근의 인지언어학적 성과는 이것을 한 단계 더 진보시킨 개념 혼성 모델을 제시했다.

---

4 마크 존슨, 《몸의 의미》, 13쪽.
5 마크 존슨, 《몸의 의미》, 26쪽.

개념 혼성

개념적 은유는 광범위하게는 인지과학을 배경으로, 좁게는 인지언어학과 분석철학의 융합에 의해 탄생한 체험주의를 배경으로 하고 있다. 이것이 동양철학 — 특히, 성리학 — 을 위한 새로운 분석 방법일 수 있다는 주장이 제기된 것은 그리 오래되지 않았다.[6] 그리고 최근 인지언어학은 개념적 은유 이론에서 한 걸음 더 나아간 이론적 모델을 정식화했다. 이는 정신 공간mental space이라는 추상적 모델을 기반으로 개념적 은유를 단일 및 다중 영역 간 횡단 사상으로 수용하는 개념 혼성 이론이라고 불린다.[7]

슬링거랜드의 표현을 빌리자면 "개념적 혼성 이론은 개념적 은유 이론을 포괄하지만, 그것을 넘어서서, 문자적 사고든 논리적 사고든 모든 인간의 인지가 정신 공간의 창조와 그것들 간의 사상을 포함한다고 주장한다".[8] 이런 주장에 뒤따르는 이론적 귀결은 분명하고 명료하다. 다시 말해 "사람들이 개념 X에 대해 어떤 생각을 하는지를 알고 싶다면, 그들이 해당 개념을 논의할 때 사용하는 은유와 혼성을 검토해야 한다."[9]

---

6 개념적 은유의 이론적 개요와 철학적 함축에 대해서는 G. 레이코프·M. 존슨, 《삶으로서의 은유》(수정판), 노양진·나익주 옮김(박이정, 2006) 참조. 개념적 은유 분석의 성리학적 적용에 대한 사례는 이향준, 《조선의 유학자들 켄타우로스를 상상하며 理와 氣를 논하다》(예문서원, 2011) 참조.

7 개념 혼성의 개요와 의의에 대해서는 김동환, 《개념적 혼성 이론》(박이정, 2002) 및 질 포코니에·마크 터너, 《우리는 어떻게 생각하는가》, 김동환·최영호 옮김(지호, 2009) 참조. 개념적 은유와 개념 혼성 이론의 동질성과 차이에 대한 상세한 설명에 대해서는 에드워드 슬링거랜드, 《과학과 인문학》, 김동환·최영호 옮김(지호, 2015), 273~330쪽 참조.

8 에드워드 슬링거랜드, 《과학과 인문학》, 31쪽.

9 에드워드 슬링거랜드, 《과학과 인문학》, 477쪽.

이러한 은유와 혼성은 어떻게 검토할 수 있는가? 개념 혼성의 경우 추상적 사고 내용을 분석할 때 중요한 것은 혼성 공간의 분해 가능성에 주목하는 것이다. "화자나 청자는 입력 공간, 공간들 사이의 사상이나 공간 안에서의 사상, 총칭 공간, 공간들 사이에서 수행되는 모든 작용을 재구성할 수 있어야 한다."[10] 이것은 결국 "은유 및 환유와 같은 주어진 표현의 완전한 내용을 이해하기 위해, 해석자는 그 표현을 해독할 때 혼성 공간을 이해하려면 입력 공간을 재구성해야 할 것"이라는 추론으로 이어진다.[11] 개념 혼성을 방법론으로 사용하는 철학적 분석은 하나의 추상적 개념 혹은 담론 체계를 다수의 입력 공간으로 재구성함과 동시에 재구성된 입력 공간의 주요 요소들의 사상 관계를 유추해 현재 텍스트의 내용을 진술할 수 있다는 것을 밝혀내야 한다는 뜻이다.[12] 여기에서도 변함없이 강조해야 할 것 가운데 하나는 이러한 혼성 공간을 구성하는 의미 체계를 뒷받침하는 일상적이고 방대한 신체적 차원이다.

　　여기에서의 핵심적 논점은 인간의 이해가 우리의 의미 있는 경험의 구조를 구성하는 모든 영향들(신체적, 지각적, 문화적, 언어적, 역사적, 경제적인)을

---

10 산드라 페냐, 《은유와 영상 도식》, 임지룡 · 김동환 옮김(한국문화사, 2006), 45쪽.

11 산드라 페냐, 《은유와 영상 도식》, 45쪽.

12 포코니에와 터너는 '산을 오르다 자기를 만난 승려'라는 수수께끼를 대상으로 개념 혼성의 모형화가 어떤 것인지를 보여주었다. 슬링거랜드는 같은 방법론을 맹자와 고자의 담론에 대한 분석에 적용했고, 이향준은 《주역》의 몇몇 내용들이 보다 광범위한 다중 범위 개념 혼성 체계의 일부라는 사실을 예시했다. 질 포코니에 · 마크 터너, 《우리는 어떻게 생각하는가》, 70~84쪽; 에드워드 슬링거랜드, 《과학과 인문학》, 310~330쪽; 이향준, 〈역학적 사유의 살아 있는 기원〉, 《동양철학》 41집(한국동양철학회, 2014), 1~25쪽 참조.

뒤섞는 은유적 구조들을 포함한다는 것이다. 은유는 명제적 차원 아래로 내려가 우리 존재의 이 방대한 신체화된 차원에까지 이른다.[13]

요약하자면, 신체화된 마음은 우리가 사용하는 추상적 개념의 신체적 근거를 시사한다. 개념적 은유와 개념 혼성은 감각 경험 운동의 결과들이 어떻게 추상적 개념들로 전환되는지를 추적할 수 있는 분석 통로가 있다는 점을 암시한다. 다양한 정신 공간들의 혼성 과정이 그것이다. 이 두 가지 가설에 따르면 서와 같은 고도화된 지적 개념은 신체화된 기원을 가져야 하는 동시에 서로 다른 정신 공간으로 구성된 혼성적 사유의 결과물이어야 한다. 결국 신체화된 마음과 개념 혼성은 은유적 사유, 혼성적 사유의 신체적 기원에 대한 관심을 환기시킨다. 이론상 우리가 사용하는 추상적 개념들은 신체적 기원을 가져야 한다. 서恕나 인仁과 같은 규범적 개념들 역시 이런 점에서 마찬가지다. 《논어》에서 서가 언급된 것만을 기준으로 해도 이미 2500여 년이 지난 지금, 서를 탐구하는 이는 이 신체화의 희미한 기원을 어디에서 찾을 수 있을까?

《강희자전》과 《설문해자》를 통해서

《강희자전》은 청나라 강희제 치세이던 1716년에 간행된 한자어 사전이다. 이 사전은 18세기 초반까지 중국 지성사에 수용된 다양한 서

---

13 마크 존슨 지음, 《마음 속의 몸》, 216~217쪽.

익 의미를 다음과 같이 전해준다.

《당운唐韻》《집운集韻》《운회韻會》에 의하면 서(商署切)로 읽는다. 《정운正韻》에 의하면 셰(商豫切)로 읽는다. 모두 거성去聲으로 썼다. 《설문》에서는 인仁이라고 했다. 〈전傳〉에서 "인자仁者는 반드시 서 이후에 실천한다(必恕而後行)"고 했고, 《예기》〈중용〉의 소疏에서는 "서恕는 헤아림(忖)이니, 남에게서 올바름(義)을 헤아리는 것"이라고 했다. 《논어》에서는 "서恕일 것이다. 내가 원하지 않는 것을 남에게 베풀지 말라"고 했는데, 정이의 주에서는 "서란 인을 베푸는 것"이라고 했고, 주희의 주에서는 "서恕란 짐짓 관대하게 구는 것(寬假)을 말하는 것이 아니다"라고 했으며, 또한 "자기를 미루어 외물에 미치는 것이 서"라고 했다. 《설문장전》에서는 "(너 나 할 것 없이) 같은 마음을 서라 하니 회의會意자다"라고 했다.[14]

인용문은 서에 대한 중요한 소학적 단서들, 즉 독음의 차이, 각기 다른 의미들, 글자를 만드는 원칙 등에 대해 알려준다. 이것들을 하나씩 따라가면 서의 다양한 측면들에 대해 더 많은 것을 알게 된다. 독음이나 사성과 관련된 음운론적인 내용을 제외한 의미 다양성이란 측면에서 보더라도 《강희자전》은 서에 관한 일곱 가지 진술을 함께 전달하고 있다. 경학적 전거, 권위자의 인용, 한 낱말을 대체 가능한 다른 낱말로 바꾸기, 낱말에 대한 서로 다른 서술의 병치를 통해 유사성과 차이를 드러내기 등이 눈에 띈다. 《설문》《논어》《예기》—구체적으로는

---

14 張玉書 外,《御定康熙字典》卷10, 文淵閣 四庫全書 vol. 229, 422쪽.

〈중용〉—《설문장전》 등이 경학적 전거들이다. 공자, 정이, 주희 등은 서에 의미를 부가하는 권위자들이다. 인仁, 촌忖, 여심如心 등은 서를 대체하는 낱말들이다. '남에게서 올바름을 헤아린다' '내가 원하지 않는 것을 남에게 베풀지 않는다' '인을 베푸는 것이다' '자기를 미루어 외물에 미치는 것이다' 등은 각기 미묘한 차이를 드러내는 서의 의미 다양성을 증거하는 서술들이다. 특히, 세 가지 의미 다양성은 주목을 끌기에 충분하다. 즉 서는 인仁이고, 헤아림[忖]이며, 너 나 할 것 없이 같은 마음〔如心〕을 뜻하기도 한다. 이렇게 다양한 의미가 얽혀 있는 것은 무엇을 말해주는가?

'서는 인이다'라는 주장을 살펴보자. 인 자체가 유학의 핵심어이기 때문에, 이런 서술의 사상적 근원에서 《논어》를 만나는 것은 자연스럽다.[15] 서는 《논어》에 충서忠恕라는 복합어로 한 번, 서恕 단독으로 한 번 이렇게 두 번 나타난다.[16] 서를 직접 언급하지는 않지만 사실상 동일한 의미를 서술하는 것으로 보이는 진술도 두 번 등장한다.[17] 공자는 분명한 어조로 "인자仁者는 내가 서고자 하면 남도 서게 해주고, 내가 통달하고자 하면 남도 통달하게 한다"고 말했고, 이것은 긍정적인 서에 대

---

15 《논어》를 제외한 선진 시대의 문헌에서 서가 직접 언급되는 사례는 《좌전》 4회, 《묵자》 1회, 《관자》 4회, 《전국책》 1회로서 산발적이다. 이 때문에 신정근은 "《논어》에서 서가 두 차례 나오고 그 사유가 격률의 형태로 네 차례씩이나 언급되는 것은 특기할 만한 점"이라고 말한다. 신정근, 〈도덕 원칙으로서의 서恕 요청의 필요성〉, 《동양철학》 21집, 102쪽 참조.

16 "曾子曰: 夫子之道忠恕而已矣." 〈이인〉 15장, 《논어》; "子貢問曰: 有一言而可以終身行之者乎? 子曰: 其恕乎. 己所不欲勿施於人." 〈위령공〉 23장, 《논어》.

17 "子貢曰: 我不欲人之加諸我也, 吾亦欲無加諸人. 子曰: 賜也, 非爾所及也." 〈공야장〉 11장, 《논어》; "夫仁者, 己欲立而立人, 己欲達而達人." 〈옹야〉 28장, 《논어》.

한 묘사로 알려져 있다.[18] 《강희자전》에 나타난 서의 첫째 서술은 명백하게 이러한 유가적 전통을 의식하고 있다.

이러한 유가적 전통을 소학 측면에서 수용해 서를 인으로 풀이하는 관행을 만들어낸 것은 《설문해자說文解字》이다. 이미 단옥재段玉裁는 이런 상관성을 자각하고 있었기 때문에 서와 인의 관계를 "나눠서 말하자면 구별되지만, 합쳐서 말하면 구별되지 않는다"고 설명하고 있다.[19] 서와 인은 처음부터 잘 구별되지 않은 채로 제시되었다는 뜻이다. 하지만 잘 구별되지 않는 것은 서와 인의 관계만이 아니다.

《설문해자》의 표제어 가운데 서恕, 혜惠, 온昷이라는 세 글자는 분명한 공통성 하나를 갖고 있다. 서술어가 모두 인仁이다. 현대의 학자들은 이 동질성을 발견하고 약간 당황한 것처럼 보인다. 서로 다른 세 글자의 서술어가 똑같이 인이라는 점을 문자 그대로 받아들이는 것이 마땅치 않다고 여긴 듯하다. 그 증거는 최근에 나타난 《설문해자》의 중국어 번역본이 보여준다. 여기에서는 똑같은 서술어의 번역이 서로 다르게 나타난다.

서恕는 인이다―서는 추기급인推己及人이다.[20]
혜惠는 인이다―혜는 인애仁愛이다.[21]

---

18 〈옹야〉 28장, 《논어》.

19 "析言之則有別, 渾言之則不別也." 許愼 撰, 段玉裁 注, 孫永淸 編著, 《說文解字: 最新整理全注全譯本》vol. 4(北京: 中國書店, 2010), 1685쪽.

20 "恕 (……) 仁也 (……) 恕, 推己及人." 《說文解字》vol. 4, 1684쪽.

21 "惠 (……) 仁也 (……) 惠, 仁愛." 《說文解字》vol. 2, 576쪽.

온昷은 인이다—온은 온인溫仁이다.[22]

    같은 서술어를 문맥상의 필요에 의해서, 혹은 의미를 섬세하게 변별하기 위해서 서로 다른 현대어로 번역할 수는 있다. 문제는 이런 방식이 일관성을 유지하기가 쉽지 않다는 점이다. 예를 들어 《광아廣雅》는 별다른 부연설명도 없이 "혜惠, 애愛, 서恕, 이利, 인人은 인仁이다"라고 설명하고 있다.[23] 이와 같은 번역 방식을 이利와 인仁에 적용하려는 이는 《맹자》의 첫 편에서 이利와 인의仁義가 날카로운 의미의 대립을 이루는 상황에 마주하게 된다. 그러니까, 이利가 인仁으로 서술되는 방식은 이미 《맹자》 이전에 사라진 의미론의 지평에서나 가능한 일이다. 이런 대립을 무릅쓰고 이利를 인仁을 뜻하는 현대어로 번역하려면 상당한 곤란이 뒤따른다. 이것은 서, 혜, 온, 이, 인이 《광아》의 맥락에서 모두 인을 의미한다는 사실을 평이하게 받아들이는 것만 못하다. 서, 혜, 온이 적어도 《설문해자》의 편찬 시기까지는 뜻이 유사했음을 인정하는 것이 더 낫다. 이런 점에서 문제는 번역어의 선택이 아니다. 중요한 것은 어떻게 서로 다른 용어들이 동일한 서술어를 가질 수 있는가 하는 것이다.

---

22 "昷 (……) 仁也 (……) 昷, 溫仁." 《說文解字》 vol. 2, 750쪽.

23 "惠愛恕利人, 仁也." 張揖, 《廣雅》 4, 文淵閣 四庫全書 vol. 221, 441쪽.

죄수의 밥그릇?

여기에서 지금까지 주목받지 못했던 것이 드러난다. 《설문해자》는 서恕와 혜惠에 대해 인仁이라고 서술할 뿐 추가 설명은 하지 않았다. 반면 온에는 "이것으로 죄수를 먹인다(以食囚也)"는 설명을 덧붙였다. 온皿이란 글자 자체가 죄인을 뜻하는 수囚와 그릇을 뜻하는 명皿이 결합한 것이므로, 온의 기본 의미는 '죄수에게 먹을 것을 담아 주는 그릇', 즉 '죄수의 밥그릇'이라고 추정할 수 있다. 서, 혜, 온이 모두 인을 뜻하는데, 죄수의 밥그릇은 이들과 무슨 상관관계가 있는가?

개념 혼성이라는 면에서 볼 때 추상적 사고들은 본질상 혼성적이다. 게다가 무의식적으로 형성될 가능성이 높다. 이런 관점에서 죄수의 밥그릇을 해석할 수 있다. 이때 이 그릇은 내부에 적어도 둘 이상의 입력 공간을 배경으로 새롭게 발현된 일련의 사상 관계에 의해 창조된 혼성 공간의 일부로 해석된다. 죄수의 밥그릇(皿)이 따뜻함(溫)을 의미하려면 적어도 세 가지 가설적 정신 공간이 필요하다. 표면상 죄수의 밥그릇은 '감옥에 갇힌 죄수의 밥 먹기'라는 평범한 장면을 묘사하는 것처럼 보인다. 감옥에 갇힌 죄수가 먹는 한 끼 식사와 그 도구로서 밥그릇에는 눈에 띄는 것이 없어 보인다. 하지만 이렇게 단순하게 보아서는 이후에 어째서 이 온皿이 따뜻함을 뜻하는 온溫으로 대체됨과 동시에 사라져버렸는지를 이론적으로 해명하기가 불가능해진다.

단옥재는 "온화溫和, 온유溫柔, 온난溫暖 등의 경우에는 모두 '온皿'으로 써야 한다"라고 하면서 "'온溫'이 널리 쓰이게 되면서 '온皿'은 사라졌다"고 설명하고 있다.[24] 이 설명을 통해 알 수 있는 것처럼 '죄수의 밥그릇'을 뜻하던 낱말은 '따듯함'을 뜻하는 낱말로 전화되었다. 이것은 도 대체 무엇을 의미하는가? 죄수의 밥그릇이 어떻게 인간의 감각 경험을 뜻하는 용어로 전화될 수 있단 말인가? 개념 혼성적 관점에서 실마리는 바로 이 이중성의 낯섦이다. 즉 그릇과 따듯함은 각기 다른 사유의 덩 어리들에서 나와 한 군데로 수렴된 정신 활동의 결과일 가능성이 높은 것이다. 이런 점에서 우리는 그릇과 따듯함을 따로따로 포함하는 두 개 의 가상적 장면들을 상상해볼 필요가 있다.

먼저 첫째 입력 공간에는 감옥에 갇힌 한 명의 죄수가 있다. 그의 죄목은 알 수 없지만 감옥이라는 낱말이 우리에게 주는 통속적 이미지 는 쉽게 떠올릴 수 있다. 감옥 생활은 의식주를 비롯한 모든 면이 열악 하다. 부실한 냉난방, 영양가 없는 식사, 갈아입을 옷 없는 단벌 등등. 우리는 영양가가 없을 뿐만 아니라 차갑게 식은, 맛에 대한 고려라고는 없는 그저 생존을 유지하는 수준에서만 제공되는 식사를 상상할 수 있 다. 이러한 감옥에 갇힌 익명의 죄수의 이미지가 첫째 입력 공간을 이 루고, 이것의 한 가지 구성 요소가 빈약한 식사를 담은 보잘것없는 죄 수의 밥그릇이다.

둘째 입력 공간에는 전혀 다른 것이 있다. 여기에는 한 가정이 있 다. 이 가정은 부모와 둘 또는 그 이상의 자녀로 구성된다. 이들은 한 식 탁에 둘러 앉아 식사를 한다. 어머니는 식탁에 갓 지은 밥과 반찬들을 내놓는다. 이 평범한 가정의 식사 모형을 구성하는 요소 가운데 하나가 방금 지은 음식들의 따듯함이다.

24《說文解字》vol. 2, 750쪽.

이제 이 두 가지 입력 공간의 내용들이 혼성되는 사건을 그려보자. 즉 누군가 집에서나 먹음직한 금방 만든 음식을 감옥에 갇힌 죄수에게 제공하는 것이다. 이 경우 이 식사는 인간의 호의가 담긴, 꽤나 독특한 성격을 띠게 된다. 감옥에 갇힌 죄수에게 이런 식사를 제공하는 것 자체가 인간적인 호의의 표시이기 때문이다. 이 식사는 또 감옥에 갇혀 있는 죄수가 동료에게 베풀 수 있는 것이 아니다. 즉 이 식사를 제공한 사람은 감옥에 갇혀 있지 않은 사람이다. 죄수는 이 음식을 제공하는 이에 비해 아주 열등한 위치에 놓여 있다. 그러므로 이 행위는 삶의 열등한 국면에 처한 이에게 그보다 나은 이가 은혜를 베푸는 것이다.

《설문해자》에서 발견되는 이 은혜 베풀기를 뜻하는 단어는 혜惠이다. 혜의 서술어는 인仁이고, 동시에 혜는 은恩, 애愛, 연姸의 서술어이기도 하다. 이 때문에 은과 혜는 병칭되고, 사랑〔愛〕은 의미상 은혜恩惠와 별로 구별되지 않는다. 그러므로 죄수에게 따듯한 식사 한 끼를 제공하는 것은 죄수의 열악한 처지에 공감해서 은혜를 베푸는 것이다. 은혜 베풀기의 도구로 따듯한 식사 한끼와 밥그릇을 이용한다는 진술에는 아무런 이상한 점이 없다. 죄수의 처지에 공감하고 그것에 기초해서 이처럼 식사를 제공하는 사유와 실천의 계열에 서라는 이름을 붙인다면, 이 식사는 은혜 베풀기를 구현하는 사례이며, 죄수의 밥그릇은 은혜 베풀기가 함축하는 한 끼 식사에 포함된 물리적인 따듯함을 의미하게 된다. 한 걸음 더 나아가면 이 식사가 포함하는 온기는 죄수가 느끼는 신체적 경험의 따듯함을 의미한다. 다시 이 전체 과정을 압축하면 자발적인 식사 제공자의 마음에서 죄수의 마음으로 전달된 것은 물리적인 한 끼 밥이 아니라, '따듯한' 인간애라고 말할 수도 있다.

결국 죄수의 밥그릇이 따듯함을 의미하려면 이러한 일반 가정의 식사 모형과 감옥에 갇힌 익명의 죄수의 감금 모형을 혼성해야 한다. 죄수에게 집밥 한 그릇을 대접하는 사람을 상상해야 하고, 한 끼 밥이 가져다주는 따듯함의 의미가 물리적인 차원에서 심리적인 차원으로 확장되어야 한다. 이렇게 할 때 죄수의 밥그릇과 따듯함이 한 낱말에서 공존하는 새로운 의미론적 현상이 생겨난다. 그러므로《설문해자》의 성립 시기를 전후해서 소학류 저술에 반영된 서의 원형적 의미는 대략 다음과 같다.

서의 의미 원형은 두 개의 통합된 사건 구조에서 유래하는 죄수의 밥그릇과 따듯함에 대한 신체적, 심리적 경험에 근거를 두고 있다. 즉 서는 인간적인 곤경에 빠져 있는 이에게 도움의 손길을 내미는 행위이자, 이런 행위에 동원되는 감각 운동 경험과 이어지는 사려 과정에 대한 묘사다. 이 낱말은 인, 온, 혜와 밀접한 연관이 있고, 가장 원형적인 시각 이미지는 감옥에 갇힌 죄수에게 자발적으로 따듯한 밥 한 그릇을 건네는 행위다. 이 상상적 행위 속에서 온은 죄수의 밥그릇과 따듯함이라는 이중의 의미를 획득함과 동시에 서의 감각 경험 운동의 기초가 무엇인지를 명확하게 가리키고 있다.

밥그릇은 어떻게 따듯해지는가

밥그릇〔皿〕이 따듯함〔溫〕을 의미하는 현상은 예외적인 것이 아니다. 똑같은 것이 서의 둘째 서술어인 '촌忖'에서도 일어났기 때문이다.

"서는 헤아림(忖)이다"라는 선언은 공영달의 《예기주소》에 나타난다. 한편 《설문해자》에 의하면 촌忖은 탁度이다. 이런 의미의 유사성 때문에 촌탁忖度은 병칭되는 경우가 흔하다. 《시경》〈교언巧言〉 편에서는 "남이 가진 마음을 내가 헤아린다(他人有心, 予忖度之〕"라는 용례가 일찍부터 발견된다. 《맹자》에서는 제사에 쓰일 소를 양으로 바꾼 일을 두고 맹자와 대화를 나누던 양혜왕이 같은 구절을 다시 한 번 반복하고 있다.[25] 전형적으로 공영달은 서를 설명하면서 이 두 낱말을 병행하고 있다.

> 충실함(忠)은 안으로 진심을 다하는 것이다. 서란 밖으로 외물을 속이지 않는 것이다. 서는 헤아림이다. 다른 사람에게서 그 의로움을 헤아리는 것이다. (……) 자기에게 베풀기를 원하지 않는 것을 또한 남에게 베풀지 않는 것이다. 제諸는 어於의 뜻이다. 다른 사람이 불선不善한 어떤 일을 나에게 행사하려고 할 때, 내가 그것을 원하지 않으면 또한 남에게 그것을 행사하지 않는 것이다. 다른 사람도 그것을 원하지 않기 때문이다.[26]

이에 따르면 우리가 직접 접근할 수 없는 다른 사람의 마음의 상태를 짐작하기 위해 유추하는 것이 촌탁忖度의 기본 의미다. 그런데 《강희자전》은 촌忖은 촌寸이라는 뜻이라고 진술하고 있다. 이 때문에 촌忖, 촌寸, 탁度이란 세 낱말은 서로 밀접한 연관이 있다. 이 관계의 밀접함

25 〈양혜왕〉 7장, 《맹자》 참조.

26 "忠者內盡於心 恕者外不欺物 恕 忖也 忖度其義於人 (……) 施諸己而不願 亦勿施於人者 諸 於也 他人有一不善之事 施之於己 已所不願 亦勿施於人人亦不願故也." 鄭玄 注, 孔穎達 疏, 〈中庸〉, 《禮記注疏》 卷52, 《十三經注疏》 vol. 15, 1673쪽.

은《한서》〈율력지〉에서 잘 나타난다. 애초에 촌寸은 도량형 가운데 길
이를 재는 도度의 한 단위였다.

> 도度란 분分, 촌寸, 척尺, 장丈, 인引을 단위로 삼아 길이를 재는 것이다. 본
> 래 황종의 길이에서 생긴 것이다. 중간 크기의 거서[秬黍] 낱알 한 알의 넓
> 이를 기준으로 90분分을 헤아리면 그것이 황종의 길이가 된다. (낱알 하나
> 를) 1분으로 삼으면, 10분은 1촌寸이고, 10촌은 1척尺이며, 10척은 1장丈이
> 고 10장은 1인引이 되어 다섯 가지 단위가 상세해진다. (……) 촌寸은 헤아
> 린다[忖]는 뜻이다.[27]

이러한 해석은 주희의《논어집주》가 등장하기 이전까지 왕필, 황
간, 공영달, 형병의 노선을 따라 유지되고 있다. 사실 왕필의 서恕에 대한
견해를 찾기는 힘들다. 본인의 직접 진술은 발견할 수 없고《논어집해의
소》에 간접 인용된 "충이란 마음을 극진히 하는 것이다. 서란 나의 마음
을 돌이켜 외물과 같게 하는 것이다"라는 구절이 있을 뿐이다.[28] 이 구절
을 인용한 이는 황간인데 이 인용문을 서에 대한 자신의 이해를 뒷받침
하는 논거로 사용했다. 인용문 앞에 나오는 그의 주장은 다음과 같다.

> 충이란 내면의 마음을 다 발휘하는 것을 말한다. 서란 나에게서 헤아린 것

---

27 "度者, 分·寸·尺·丈·引也, 所以度長短也, 本起黃鐘之長, 以子穀秬黍中者, 一黍之廣, 度之九十分,
黃鐘之長. 一爲 一分, 十分爲 寸, 十寸爲 尺, 十尺爲 丈, 十丈爲 引, 而五度審矣. (……) 寸者, 忖也."
〈律歷志〉第1 上,《前漢書》卷21 上.

28 "王弼曰: 忠者, 情之盡也; 恕者, 反情以同物者也." 何晏 集解, 皇侃 義疏,《論語集解義疏》卷2, 文淵
閣 四庫全書 vol.195, 372쪽.

으로 다른 사람에게서 재는 것을 말한다[恕, 忖我以度於人也]. 공자의 도란 다른 방법이란 없기 때문에 충서를 쓸 뿐인 것임을 말한 것이다.[29]

황간의 견해에서 중요한 것은 '다른 방법이란 없다'는 진솔한 고백이다. 다른 사람의 마음에 접근할 수 없는 한계를 솔직히 인정한 것이다. 공영달의 풀이는 같은 논법을 반복한 것이다. 이러한 관점에서 서를 이해하는 다른 사례들은 손쉽게 발견할 수 있다. 이미 《홍무정운》에서 "자기를 통해 남을 체인하는 것을 서라고 한다[以己體人曰恕]"라고 말할 뿐만 아니라,[30] 《성류聲類》에서는 "마음으로 외물을 헤아리는 것을 서라고 한다[以心度物曰恕]"라고 하였다. 이는 이정의 "추기급물"이라는 용례와 극히 유사하다. 가의賈誼의 《신서新書》에서 "자기로 남을 헤아리는 것을 서라고 한다[以己量人謂之恕]"라고 했는데 이것은 주희의 '추기급인'이라는 용례와 극히 유사하다. 그리고 이 모든 사례에 동원된 낱말, 즉 탁度·양量·추推는 모두 의미가 비슷해서 '헤아림'으로 번역된다. 이렇게 많은 용례들이 모두 헤아림이라는 의미를 가질 때 《강희자전》에서 헤아림을 대변하는 하나의 낱말로 수렴되는데 바로 촌忖이다.

나아가 《강희자전》은 심리적인 헤아림을 뜻하는 촌忖이 원래 물리적인 헤아림을 뜻하는 낱말이었다는 사실을 지적한다. 물리적 헤아림에서 심리적 헤아림으로의 도약은 외적으로는 겨우 마음 심心이란 부수 하나를 추가하는 것으로 나타났지만, 개념적 은유의 측면에서 보자

---

29 "忠, 謂盡中心也; 恕, 謂忖我以度於人也. 言孔子之道, 更無他法, 故用忠恕之心以已. 測物則萬物之理皆可窮驗也." 何晏 集解, 皇侃 義疏, 《論語集解義疏》卷2, 372쪽.

30 樂韶鳳 外, 《洪武正韻》卷11, 文淵閣 四庫全書 vol.239, 152쪽.

면 '심리적 사건은 물리적 사건', 결국 '마음은 몸'이라는 하위 은유를 구체화한 것이다. 여기에서 알 수 있는 것처럼 도량형의 기준이 되는 기장의 크기를 헤아리는 것과 밥그릇으로 죄수에게 따뜻한 밥 한 그릇을 먹이는 사건은 추상적 개념 체계의 원형을 이루고 있다.

어디에나 따듯함이 있었다

일반 가정의 식사 모형과 죄수의 감금 모형 그리고 이들을 입력 공간으로 삼아 정신 공간의 영역 횡단 사상에 의해 '죄수에게 가정에서의 식사 제공하기'라는 정신 공간이 창출된다. 이 상상의 공간에서 밥그릇과 따듯함이 혼성되고 이에 따라 하나의 낱말에 두 가지 의미가 동시에 부여된다. 이 따듯함이 포함된, 죄수에게 식사 제공하기라는 사건의 구조는 서로 다른 방식으로 서, 혜, 온에 의미를 부여한다. 이것은 서나 인과 같은 낱말의 밑바탕에 깔린 인간 조건을 분명하게 보여준다. 바로 고통에 대한 공감이다. 서는 이를 바탕으로 하는 은혜 베풀기의 한 종류다. 그리고 이러한 은혜 베풀기의 한가운데 자리를 잡고 자신의 역할을 묵묵히 수행하는 것은 평범한 감각 경험인 따듯함이다.

그러므로 여기에서 발견한 것은 엄격하게 말해서 서의 기원이 아니다. 우리가 도덕적 존재가 되기 위해서 주목해야 하는 무엇이다. 우리의 사적 생활에서 이 활동은 거의 의식되지 못한 채로 진행되고 있다. 바로 그것이 따듯함의 경험이다. 후대의 유학자들은 이 따듯함의 의미를 의식적으로든 무의식적으로든 더욱 확장해서 인간에 대한 사랑을 넘어 만물에 대한 사랑으로 나아갔다.

이런 관점에서 인仁은 봄[春]이다. 봄의 주요한 특징 가운데 하나가 따듯함이기 때문이다. 이것은 근본적으로 우리 자신의 일반화된 표현으로서 생명체가 가지는 신체의 따듯함이기에 생명 그 자체를 뜻하는 낱말로 이어졌다. 이 낱말은 애초에 어디에서 왔는가? 온溫에서 왔다. 그리고 온溫은 온昷을 대체하는 낱말이다. 그리고 서와 온의 술어는 공히 인이다. 이는 원초적으로 죄수의 밥그릇이다. 죄수의 밥그릇은 따듯함을 거쳐, 봄을 거쳐 인이 되고, 이 따듯함이 나와 남을 감싸고, 인간의 공동체와 동물, 식물을 거쳐 모든 존재의 공통 기반을 대표하는 천지에까지 확장될 때 드디어 인仁이란 '만물과 혼연한 일체'가 된다는 결론에 도달한다. 죄수의 밥그릇에 담긴 소박한 따듯함은 드디어 만물을 감싸는 거대하고 추상적인 따듯함이 되었다. 이 따듯함의 출발점은 밥그릇에 담긴 방금 지은 밥의 따듯함을 느끼는 손바닥의 감촉, 입안의 온기를 넘어서는 따듯함에 대한 질적 경험이다. 인간의 두뇌는 이를 바탕으로 모든 과거의 경험을 집약하고, 새로운 혼성을 통해 이전에 결코 존재한 적 없었던 자신의 상태를 창조했다. 이런 추론에 이르게 하는 하나의 풍경이 있다.

병아리를 보라.—여기에서 인을 볼 수 있다.—[31]

이 구절을 둘러싸고 적어도 세 가지 해석이 있다. 첫째는 병아리를

---

31 程顥·程頤,《河南程氏遺書》卷3, 二程集 vol. 1, 59쪽.

거론한 것이 우연이라는 해석이다. 둘째는 생성 의지〔生意〕, 특히 생명 현상의 초기에 발견되는 생성 의지에 주목해야 한다는 해석이다. 그리고 마지막은 병아리의 따뜻함에 주목해야 한다는 해석이다. 주희는 먼저 첫째 해석을 제시한다. 그는 인의 보편성 때문에 병아리라는 사례의 예외성을 진지하게 고려하지 않는다.

> "'병아리를 보라. 여기에서 인을 볼 수 있다'고 한 것은 무슨 말입니까?"
> "(인은) 모든 사물에서 다 볼 수 있다. 여기서는 우연히 병아리를 보고 말한 것일 뿐이다."[32]

사실 주희가 말하는 것은 둘째 해석과 연관되어 있다. 주희의 설명은 외적으로 병아리가 특별한 것이 아니라는 점에서 우연성에 기울고 있다. 그러나 병아리의 평범함은 천지의 생성 의지가 보편적이라는 사실과 결합되어 생성 의지인 인을 대변하는 위상을 가진다. 특히 병아리가 어린 새끼로서 생명 현상의 시작을 의미한다는 점에서 더욱 그렇다.

> "'병아리를 보라. 인을 알 수 있다'고 했는데, 여기에 반드시 뜻을 기울여야 하니, 이 말은 생성하는 의지가 처음 발현되는 곳을 말합니까?"
> "다만 병아리의 껍질이 얇아서 볼 수 있다는 것일 뿐이다. 큰 닭이라고 해서 인을 볼 수 없는 것은 아니지만, 다만 그의 껍질은 거칠기 때문이다."[33]

---

32 朱熹,《朱子語類》卷97, 朱子全書 vol. 17, 3267쪽.

33 朱熹,《朱子語類》卷96, 朱子全書 vol. 17, 3256쪽.

주희가 특히 강조하는 것은 원元과 봄[春], 그리고 병아리에게 공통되는 생명 현상의 시작[初底]이라는 위상이다. 그래서 작고 어린[嫩小底] 병아리의 모습에 인의 의미가 있다고 했던 것이다.[34] 사실 병아리의 껍질이 얇기 때문에 발견하기 쉬운 것은 호흡할 때 아랫배가 들썩이는 것이다. 이런 관점에서 이정은 "맥을 짚어보면 인을 가장 잘 체험할 수 있다"고도 했다.[35] 어린 동물에게서 발견되는 맥박의 쉼 없는 운동과 호흡의 지속성은 살아 있는 생명체의 대표적인 특징이다.

하지만 같은 구절에 대해 여남呂柟은 이렇게 말한다. "서로를 따뜻하게 해주는 것이다[相煦煦處也]."[36] 이것은 병아리들이 양지에서 서로에게 몸을 붙이고 한 자리에 옹기종기 무리를 지어 웅크린 장면을 떠올리게 한다. 즉 이들은 한 자리에 모여 서로 체온의 따뜻함을 나누고 있다. 여기에서 드러나는 것도 인과 따뜻함의 밀접한 상관관계다. 이 따뜻함은 어디에서 온 것일까? 보편성을 강조하는 주희의 추상적 어투와 달리 여남은 이정의 발언이 '인은 따뜻함'이라는 원형적 은유가 병아리를 소재로 나타난 것이라고 파악한다. 철학적 추상화라는 면에서는 주희가 더 나은지 모르겠으나, 직관적 이해의 측면에서는 여남의 해석이 훨씬 더 설득력이 있다. 그리고 여남의 해석이 주희와 같은 추상 차원으로 치닫게 되면 '생성 의지'의 다른 표현으로서 춘의春意라는 낱말이 나타나는 것도 전혀 이상한 일이 아니다.[37] 즉 봄은 애초에 순서가 없는

---

34 朱熹,《朱子語類》卷95, 朱子全書 vol. 17, 3181쪽 참조.

35 程顥·程頤,《河南程氏遺書》卷3, 二程集 vol. 1, 59쪽.

36 呂柟,《二程子抄釋》卷2, 文淵閣 四庫全書 vol. 715, 131쪽.

37 善便有一箇元底意思. "元者善之長", 萬物皆有春意, 便是"繼之者善也." 程顥·程頤,《河南程氏遺書》

네 계절의 시작으로 간주됨과 동시에 생명의 시작에 대한 은유이다. 이 서로 다른 두 가지 은유를 같은 것으로 만들어주는 것은 따듯함이라는 감각 경험이다. 이렇게 볼 때 인이란 모든 생명 현상의 시작에 주목해서 바로 이 따듯함을 느끼라는 독특한 제안이고, 서는 이 따듯함을 자신의 주변과 공유하라는 권고다.

결국, 죄수의 밥그릇과 병아리, 만물의 생성 의지를 관통하는 것은 말해지지 않고 전제되는 따듯함이다. 존슨은 이러한 것들의 가치를 "말해진said 것 아래와 그 속에는 의미된meant 것의 광대한 풍부함이 있으며, 이런 의미는 육체적 중요성으로 고동치고 있다"고 표현했다.[38] 서의 경우에 이 의미들의 육체성은 평범한 감각 경험인 따듯함이다. 그리고 따듯함은 편재하는 현상이다. 이와 관련한 경험이 우리가 사용하는 많은 개념 체계의 의미를 형성한다는 다른 증거는 '사랑'이라는 낱말에서 발견된다. 거의 모든 언어 현상에서 사랑을 범주화하는 개념적 은유 가운데 공통점이 발견된다. 바로 '사랑은 열 혹은 불'이라는 개념적 은유다. 적당한 불과 열은 따듯함의 기원이다. 이와 관련한 경험적 뿌리들은 도처에 널려 있다. 어릴 적 품에 안겨 느낀 어머니의 체온, 맞잡은 손의 온기, 호흡과 맥박의 증가가 가져오는 체온 상승 등이다. 우리는 일상적으로 따듯함을 경험한다. 대부분은 우호적인 인간관계에 동반되는 것들이다. 인지언어학은 이러한 신체를 통한 경험이 동서양의 언어에서 사랑에 공통된 개념적 은유를 부여한다는 것을 발견했다.[39] 문화적

卷2 上, 二程集 vol. 1, 29쪽.

38 마크 존슨, 《몸의 의미》, 336쪽.

39 한국어 및 일본어, 중국어, 영어와 헝가리어에 나타나는 '사랑은 불' 은유의 문화적 실재성에 대

인 차이를 감안하더라도 유사한 것이 세계의 다른 언어들에서도 나타날 것이라는 점은 손쉽게 예상할 수 있다.

인지언어학은 추상적 개념들이 신체화된 근원을 갖는다는 사실을 발견했고, 이에 영향을 받은 현대의 철학적 사색은 바로 이러한 범주화의 본질을 몸과 마음의 관계로 일반화해 '신체화된 마음'이라는 표현으로 포착했다. 이 신체화된 마음의 관점에서 보자면 서의 개념적 근원 역시 예외일 수 없다. '죄수의 밥그릇'은 서라는 개념 체계의 신체화된 뿌리를 가리키는 희미한 지표다.

따뜻함이 전부는 아니다

물론 따뜻함이 다는 아니다. 서의 가장 깊은 바탕에 인간의 또 다른 생물학적 조건이 놓여 있다는 것도 부정할 수 없기 때문이다. 그것을 대변하는 현 시대의 낱말은 거울뉴런mirror neuron과 이에 기반한 공감이다.[40] 이러한 발견은 정서적 공감이 없다면 도덕적 행동은 거의 불가능하다는 인식을 가져왔고, 철학적 반성은 칸트식의 도덕 이론이 실

한 탐구는 다음 자료를 참조하라. 나익주, 〈사랑의 개념화: 문화적 변이 가능성 탐구〉, 《담화·인지언어학회 학술대회 논문집》(담화·인지언어학회, 2008) 80~81쪽; 임지룡, 〈'사랑'의 개념화 양상〉, 《어문학》 87호(한국어문학회, 2005), 227~228쪽; 박수경, 〈일본어 속에서 '사랑'의 개념화 양상〉, 《일본어문학회 국제학술대회》(일본어문학회, 2006), 593쪽; 윤석훈, 〈한중 '사랑/愛情' 개념적 은유 표현 연구〉, 한국외국어대학교 석사학위 논문, 50~54쪽; 졸탄 쾨벡세스, 《은유와 감정》, 김동환·최영호 옮김(동문선, 2009), 231쪽 참조.

40 이향준, 〈서恕, 반서反恕, 그리고 거울뉴런mirror neuron〉, 《동양철학》 40집(한국동양철학회, 2013), 145~170쪽 참조.

패할 수밖에 없는 근거를 찾아냈다.

> 순수하면서도 냉혹한 합리성은 일상적인 의사결정에서는 거의 역할을 하
> 지 않는 것 같으며, 실제로 플라톤이나 칸트에게 있어서 이상적인 도덕적
> 행위자의 특징인 정서의 부재는 분명 우리 인간을 윤리적 무능력자로 바
> 꿔놓는다.[41]

그런데 최근에 제기된 서에 대한 새로운 해석은 죄수의 딜레마에
서를 접맥하는 참신함에도 불구하고, 이러한 칸트적인 방향성을 되풀
이하고 있는 것처럼 보인다. 정서의 부재와 순수한 합리성을 통해 서를
재해석하려고 하기 때문이다.

> 결국 "자기가 하고 싶지 않은 것을 다른 사람에게 행하지 말라"는 서의 실
> 천은 '사적 감정이 배제된 합리적 원칙[直]'의 집행을 뜻한다.[42]

애초에 서恕가 온慍과 거의 동의어였고, 온慍이 온溫으로 대체되는
언어적 현상을 거쳤음을 돌이켜본다면 서의 원형적 의미와 감각 경험
이 밀접하게 연관되어 있다는 사실을 부정하기는 힘들어 보인다. 이런
점에서 서에 과도한 합리성을 부여하려는 시도는 서의 원형적 의미를
형성했던 바로 그 질성質性을 박탈하는 결과를 초래할 것이라는 우려를

---

41 에드워드 슬링거랜드, 《과학과 인문학》, 87쪽.

42 김재경, 〈서恕와 죄수의 딜레마〉, 《동양철학연구》 83집, 28쪽.

낳는다. 이러한 반론을 서에서 합리성을 추방하라는 뜻으로 해석해서는 안 된다는 점이 중요하다. 반대로 적절한 수준의 합리성은 서를 위해 필수적이다. 다른 어떤 이유보다 "합리적이든 별난 것이든 감정적이든 실용적이든, 사고의 힘은 동일한 기본적 정신 작용"에 있기 때문이다.[43]

우리는 타인의 눈물에서 그의 슬픔을 느낀다. 하지만 그가 왜 슬퍼하는지는 알 수 없다. 보다 나은 행동 가능성을 열기 위해서라도 우리는 슬픔의 정도뿐만 아니라 슬픔과 연관된 내용과 상황에 정통할 필요가 있다. 그러므로 소설의 등장인물이 "슬픔이라는 건 어른이든 아이든 동물이든 간에, 모든 생물이 느낄 수 있는 가장 강력한 감정이에요! 그건 '좋은' 느낌이라고요"[44]라고 한 말은 절반만 맞다고 평할 수 있다. 거울뉴런으로 알려진 신경 시스템이 다른 사람의 슬픈 상태를 나의 신체 내부에 모방한다고 해서 그것이 곧바로 좋음으로 연결되지는 않는다.[45] 마르코 야코보니Marco Iacoboni는 솔직하게 이 난점을 고백하고 있다. "불행히도, 모든 복잡한 형태의 모방 행동이 당신이나 우리, 좀 더 크게는 사회에 반드시 좋은 것은 아니다."[46] 따라서 우리에게는 "그러한 모방 행동을 억제할 방법도 필요"한 것이다.[47]

죄수의 밥그릇도 마찬가지다. 원형적 의미에서 이 한 끼 식사는 명

---

43 질 포코니에·마크 터너 지음,《우리는 어떻게 생각하는가》, 245~246쪽.

44 필립 K. 딕,《흘러라 내 눈물, 경관은 말했다》, 박중서 옮김(폴라북스, 2012), 215쪽.

45 동일한 통찰을 반대의 관점에서 묘사할 수도 있다. 즉 낮은 공감 능력은 잔인한 행동의 필요조건이지만 충분조건은 아니다. 사이먼 배런 코언,《공감 제로》, 홍승효 옮김(사이언스북스, 2013), 30쪽 참조.

46 마르코 야코보니,《미러링 피플》, 김미선 옮김(갤리온, 2009), 213쪽.

47 마르코 야코보니,《미러링 피플》, 220쪽.

316

확한 한계가 있다. 즉 죄수에게 밥 한 그릇 주는 것은 인간적인 행위이지만, 죄수의 석방에 아무런 영향을 끼치지 못한다. 그가 감옥에 갇힌 이유와 죄의 유무에 대한 판단은 다른 곳에서 찾아야 한다. 설령 공감에만 국한한다고 하더라도 우리는 타인의 고통을 어디까지 헤아려야 하는가? 상대와 내가 느끼는 바가 어느 정도 균형을 이룰 때까지다. 이런 의미에서 서는 너와 내가 똑같이 느끼는 마음(如心)을 뜻할 수 있다. 당연히 여기에도 타인의 고통을 짐작한다는 점에서 상상의 능력, 즉 도덕적 상상력이 필요하다.[48] 동시에 비합리적일 정도로 과도한 공감을 배제한다는 점에서 사유와 행위를 조정할 합리적이고 반성적인 사유 능력, 즉 상상적 합리성imaginative rationality 역시 요구된다. 따뜻함을 기반으로 서를 헤아림으로 해석할 때, 이는 공감의 내용과 상황의 적절성에 대해 숙고하라는 요구를 필연적으로 포함하는 것이다. 선행 연구가 '차갑고 날카로운 서'의 발명자로서 순자를 제안했을 때, 이 합리성이 이미 서의 의미 구조 속에 들어와 있다는 것 또한 분명하다.[49] 이 차가움은 주희가 "지각知覺에도 생성 의지의 의미가 내포되어 있습니까"라는 제자의 질문에 "진실로 그렇기는 하지만, 지각을 가지고 말한다면 차가운 느낌이 든다. 깨달음(覺)은 지혜와 가깝다고 할 수 있지만 인仁과는 거리가 있다. 인은 온화하다(和)는 뜻이다"라고 대답했을 때도 얼핏 모습을 드리내고 있다.[50]

---

48 이향준, 〈서恕: 도덕적 상상력〉, 《범한철학》 57집, 56쪽 참조.

49 이향준, 〈순자: 날카로운 서恕의 차가움〉, 《범한철학》 68집, 23~48쪽 참조.

50 "問: 知覺亦有生意. 日: 固是. 將知覺說來冷了. 覺在知上卻多, 只些小搭在仁邊. 仁是和底意." 朱熹, 《朱子語類》卷6, 朱子全書 vol.14, 261쪽.

서 개념의 핵심에 있는 상상력에 주목하는 이상, 상상의 확장은 개념의 확장을 의미한다. 즉 서 개념은 우리의 윤리적 필요에 따라 확장될 가능성을 포함한다. 동일시는 인간을 넘어 사물에 이르고, 나아가 세계 자체에까지 이른다. 여기까지 확장된 서는 천지만물과 일체가 된다는 인과 동의어가 된다. 하지만 우리가 잊지 말아야 할 것이 있다. 바로 서의 신체적 기원이 희미하다는 사실이다. 모든 환경이 열악한 감옥에 갇혀 있는 사람에게 내가 집에서 제때 먹는 따뜻한 밥 한 그릇을 제공하기 위해 천지만물과 일체를 느껴야 할 필요가 있는가? 그저 우리는 그의 인간적 고통에 공감하는 것으로 충분하다.

타인의 고통을 더는 데 일말의 도움도 되지 않는 천지만물과의 일체를 가정해보면 이런 행동의 의미는 분명하다. 이것은 성리학이 비난한 '자사자리自私自利'의 전형적인 사례에 속할 것이다. 즉 최대한으로 커진 이기주의의 한 전형이다. 누구도 이러한 이기주의의 극치를 천지만물과의 일체라고 묘사하지 않는다. 다시 말해 천지만물과의 일체는 서가 가장 크게 확장된 것이다. 그렇지만 일상에서 타인의 고통에 대해 느끼는 감수성이 전제되지 않는다면 서와는 상관없는 어떤 것으로 변하고 말 것이다.[51]

---

51 왕양명王陽明은 동일한 통찰을 다음과 같이 말하고 있다. "천지만물은 본래 나와 일체다. 생민生民의 온갖 종류의 고통(困苦茶毒)이 어느 것인들 내 몸에 절실하지 않은 것이 있겠는가! 그러므로 (이러한 만물의 고통이) 내 몸의 고통인 줄을 알지 못하는 이는 시비를 가릴 수 있는 마음(是非之心)이라고는 없는 사람인 것이다." 王守仁, 〈答聶文蔚〉, 《語錄》 2, 《王陽明全集 上》 卷2(上海: 上海古籍出版社, 1992), 79쪽.

뿌리가 살아 있는 한

내가 보기에 서를 비롯한 몇 가지 낱말들은 '죄수의 밥그릇'으로 명명할 수 있는 원형적인 사건 구조에서 발견되는 구체적인 인간 행위의 특정 양상에 주목함으로써 설명할 수 있다. 서, 혜, 온은 고통에 대한 공감, 자발적 은혜 베풀기, 따듯함, 죄수의 밥그릇 사이에 생성되는 의미론의 차원을 대표하는 낱말들이다. 특히 따듯함은 이러한 연관된 사유와 행위들의 조건을 인간의 감각 경험 차원에서 뒷받침하고 있다.

서는 이 원형적 의미에서 출발해 비슷하면서도 다른 몇 가지 계열체의 고리를 따라 의미의 다양성을 구축해왔다. 인, 헤아림(忖), 같은 마음(如心)은 바로 이런 계열체의 꼭짓점들이다. 이는 현대의 철학적 통찰로 얻은 결론을 만족시킨다. 즉 어떤 개념 체계의 안과 밖을 명료하게 가르는 범주의 경계선은 존재하지 않으며, 개념 체계는 인간의 신체화된 뿌리와 문화적 역사적 영향을 받아 자신의 영역을 방사상으로 확장해나간다. 따라서 《강희자전》이 서에 대한 서로 다른 일곱 가지 서술을 포함할 수밖에 없는 것은 당연하다. 그들은 서의 개념 체계를 형성하는 데 나름의 방식으로 기여하고 있지만, 어떤 것도 절대적인 지위를 차지할 수 없고 서의 전체 의미를 포괄하지도 못한다. 나아가 이러한 개념 체계는 지금도 확장되고 있다.

이런 결론은 현대의 유학자들이 서의 개념 체계에 주목하고 그것을 이론적으로 더 세심하게 다듬어야 할 필요성이 있음을 증명한다. 온갖 구실을 붙여 불평등과 억압을 강제하는 우리의 현실에 비춰볼 때 이런 필요성은 더욱 증대된다. 우울한 사실은 우리가 살고 있는 시대가 경쟁과 이유 추구라는 특정 낱말에 중요성을 부여하는 반면, 서와 같은 낱말이 가지는 의의와 가치는 무시하라고 부추긴다는 점이다. 반면에 낙관적인 것은, 따듯함이란 신체 경험이 존재하는 한 늘 그에 걸맞은 심리적 충만감을 불러일으키는 무의식적 충동 역시 살아 있을 것이라는 점이다.

제9장

거울뉴런의 세계: 서와 반서의 딜레마

거울뉴런을 거쳐서 물어보자

이 장에서는 서—때로는 황금률이라고 칭하기도 한다—를 이해하기 위해 현대의 경험과학적 탐구를 거치는 낯선 질문을 던지고자 한다. 과연 인지과학이 발견한 거울뉴런은 유학의 서를 현대적으로 정당화할 수 있는 생물학적 기초일까? 나아가 거울뉴런에 근거를 두고 서를 해명한다는 것은 철학적으로 무엇을 의미하는 것일까?

이러한 질문을 던지게 된 계기는 무엇보다 거울뉴런이 타인의 마음을 이해하고, 그들의 감정에 공감하는 생물학적 능력의 기초로 작용하는 뇌 시스템이라는 점에서 서와 밀접하게 연관돼 있을 것으로 추정되기 때문이다. 만일 공자가 말했던 것처럼 "내가 원하지 않는 것을 남에게 베풀지 말라"는 서의 원칙이 거울뉴런 같은 생물학적 기초를 배경으로 한 타인의 마음에 대한 이해 능력에 의존하는 것이라면 서에 대한 기존 논의의 방향이 완전히 달라질 것이다. 이 방향 전환의 가능성은 칸트가 암시하는 것처럼 '당신이 감옥에 가고 싶지 않다면 나를 감옥에 보내서는 안 된다'는 범죄자의 항변을 고려할 때 중요성이 더욱 커진다.[1] 공자의 말이나 자신의 범죄 행위를 고려하지 않는 범죄자의 말이나 똑같이 자신과 타인 마음의 동질성을 배경으로 하고 있다.

전자는 서의 대표적인 사례로 알려진 것이다. 그렇다면 후자는 뭐라고 불러야 하는가? 일종의 역전된 서, 즉 반서反恕라고 명명할 수 있을 것이다. 이 주장을 논리적으로 따라가면 "우리가 자신을 구하고자 타인을 구한다면 마찬가지로 자신을 죽이고자 그들을 죽일지도 모르고, 자신이 고문당한다는 이유로 그들을 고문할지도 모른다"는 결론에도 이를 수 있다.[2] 서에 대한 기존 논의들은 바로 이 딜레마 때문에 이론적 곤경에 빠지곤 했다. 이렇게 본다면 거울뉴런은 서의 기초일 뿐만 아니라, 동시에 반서의 기초일 가능성이 높다. 거울뉴런은 부분적인 의미에서는 도덕적 행위의 기초지만, 다른 각도에서 보면 반도덕적 행위의 기초일 수도 있다. 서를 도덕의 환원주의적 기초로 간주하는 듯한 통속적 견해는 이런 점에서 불충분한 주장이다.

결국, 서와 반서 그리고 거울뉴런의 상관성은 전혀 다른 규범성에 대한 탐구 가능성을 제시한다. 도덕이 어떻게 우리의 생물학적 능력에 근거를 두고 인간 삶의 주요한 측면으로 구성되는지, 또 이것이 인간의 삶에서 갖는 가치와 의미가 무엇인지를 경험의 한계 안에서 서술하고

---

1 임마누엘 칸트, 《윤리형이상학 정초》, 150쪽 참조.
2 찰스 프레드 앨퍼드, 《인간은 왜 악에 굴복하는가》, 106~107쪽.

비판하는 작업을 해야 하기 때문이다. 현대의 유학은 손쉬운 선험적 환원 혹은 초월적 환원이라는 방식으로 도덕성의 원천을 신비화하는 대신에 우리가 이해하고 파악한 우리 자신에 대한 앎을 바탕으로 우리가 추구하는 도덕적 삶의 모습을 구체화하고 정당화할 수 있어야 한다.

보통 거울뉴런은

서는 대략 기원전 5세기를 즈음해서 유학을 대표하는 공자가 제시한 오래된 개념이다. 반면에 거울뉴런은 20세기 말엽에 인지과학의 영역에서 발견된 새로운 경험과학적 낱말이다. 따라서 거울뉴런에 기초한 서의 의미 해석은 유학과 인지과학이라는 두 이질적인 학술 분야를 통관점적transspective 관점에서 결합해 사유하려는 성격을 띤다. 이와 같은 탐구가 낯설기는 하지만 축적된 선행 연구가 적지는 않다. 그것들은 크게 세 가지로 범주화할 수 있다. 첫째 거울뉴런 혹은 인지과학의 철학적 함의에 관한 연구들이다. 둘째 인지과학을 동양철학적 주제들과 혼성해서 탐구한 학제적 연구의 성과물들이다. 셋째 인지과학과 상관없이 이루어진 서에 대한 연구들이다.

먼저 거울뉴런 및 인지과학의 철학적 함의에 관한 선행 연구 가운데 대표적인 두 가지를 들 수 있다. 마르코 야코보니는 마카크 원숭이에 대한 실험 과정에서 우연하게 발견된 거울뉴런 시스템의 인지과학적 의미와 기능, 그리고 이를 염두에 둔 철학적 사유의 가능성을 암시하고 있다. 한편, 서를 염두에 두지는 않았지만 비토리오 갈레세Vittorio

Gallese와 앨빈 골드먼Albin Goldman은 거울뉴런이 다른 사람의 마음을 이해하는 데 필수적인 모사 과정의 신경 상관물neural correlate일 것이라는 추론을 학계에 제시했다.[3] 이들의 추론에 따르면 다른 사람의 마음을 모방하고 이해하는 신경생물학적 기초는 거울뉴런이며, 이러한 관점에서 거울뉴런은 서에 포함된 다른 사람의 마음을 나와 같은 것으로 공감하는 일반적 활동과 밀접하게 연결된 인지적 상관물이다. 서의 기초 가운데 하나가 나와 다른 사람의 정서적 공감이라고 한다면, 공감의 생물학적 기초로서 거울뉴런이 이론적으로 호명될 개연성은 충분할 것이다.

이러한 성과를 바탕으로 국내에서 나타난 일련의 연구 경향을 발견할 수 있다. 먼저 장대익은 타인의 행위와 의도에 대한 공감과 모방의 기초로서 거울뉴런의 이론적 특징을 간략하게 소개하고 있다.[4] 공감의 의학적 중요성 때문에 의학 측면에서 거울뉴런 시스템을 다룬 논문들은 다수 존재하는데, 그 가운데 고광문, 이문규, 김종만, 박민의 사례를 언급할 수 있다.[5] 드물기는 하지만 거울뉴런이 학제적 관심의 대상이

---

[3] Gallese, V. · Goldman, A., "Mirror neurons and the simulation theory of mind-reading", Trends in Coginitive Sciences vol. 2, no. 12(ELSEVIER SCIENCE, 1998), 493~500쪽.

[4] 장대익, 〈거울뉴런에 대한 최근 연구들: 모방과 공감을 중심으로〉, 《정보과학회지》30권 12호(한국정보과학회, 2012), 43~51쪽; 〈호모 리플피쿠스〉, 《인지과학》23권 4호(한국인지과학회, 2012), 517~551쪽.

[5] 고광문은 "The Clinical Functions of the Mirror Neuron System", 《한국정신과학회지》13권 2호(한국정신과학회, 2009), 1~13쪽을 통해, 거울뉴런 시스템의 결함에 의한 증상 가운데 하나로 자폐증을 거론하면서 신경재활 분야에서 거울뉴런에 대한 임상적 연구의 필요성을 제기했다. 이문규 · 김종만은 〈거울신경 세포 시스템과 동작 관찰 훈련: 뇌졸중 재활에 주는 의미〉, 《한국신경재활학회지》1권 1호(한국신경재활학회, 2011), 51~62쪽에서 뇌졸중과 거울뉴런 시스템의 연관성에 대해 논했다. 박민은 독특하게 〈인지적 공감과 정서적 공감〉, 《재활심리연구》19권 3호

되고 있다는 점을 증명하는 연구들도 있다. 한일조와 반신환, 양승훈 등의 연구가 대표적인 사례이다. 세 사람은 각각 도덕 교육과 신학, 그리고 관광에 이르기까지 거울뉴런에 기초한 논의 영역을 확장하고 있다.[6]

    범위를 넓혀 광범위한 인지과학적 탐구의 귀결들을 철학적 질문들과 접맥한 선행 연구도 많다.[7] 이들은 언어학에서 정서 연구, 인간 인지의 특징, 신체화된 인지 이론에 근거한 도덕성과 미학 이론, 시냅스 가소성에 기반을 둔 인간 정체성에 대한 새로운 해명에 이르기까지 분야는 다르지만 공통적으로 인지과학적 발견과 이론적 귀결들이 기존의 지식과 개념 체계에 가져다주는 변화와 전환점을 언급한다. 즉 인지과학의 광범위한 탐구 결과가 다른 학술 영역의 연구와 뒤섞여 변형되고

(2012), 387~405쪽을 통해 두 가지 구별되는 공감의 결함에서 발생하는 심리 장애를 개괄하면서 거울뉴런 시스템에 근거한 공감 훈련이 공감의 장애를 극복하는 중재 기법으로 유용할 수 있을 것이라고 제안하고 있다.

6 한일조는 〈거울뉴런Mirror Neuron과 공감과 도덕 교육〉, 《교육철학》 41집(한국교육철학회, 2010), 521~548쪽에서 거울뉴런의 특징과 이론적 논쟁점을 소개하고, 그것이 공감의 신경생리학적 기초일 수 있는 가능성에 주목한다. 이에 따라 도덕 교육에서 이론 교육에 치우친 주지주의적 편향성을 극복할 수 있는 대안으로 행동과 실천적 측면의 중요성을 옹호할 수 있는 생물학적 기전으로 거울뉴런의 적용 가능성을 타진하고 있다. 반면 반신환은 〈거울뉴런Mirroring Neurons에 근거한 공감 훈련의 원리〉, 《신학과 실천》 24권 2권(한국실천신학회, 2010), 87~108쪽에서 신학적인 목적에서 성직자나 상담자가 내담자와 상담할 때 필요한 정서적 공감 훈련의 다섯 가지 원리를 거울뉴런의 기능과 역할로부터 도출한다. 가장 독특한 연구는 양승훈의 것으로 〈관광 행동의 거울신경적 접근을 위한 시론: 드라마 〈거울연가〉에 대한 일본 팬의 모방과 공감을 중심으로〉, 《ceri 엔터테인먼트 연구》 8권(한국엔터테인먼트산업연구원, 2007), 53~68쪽에서 드라마 〈겨울연가〉에 대한 일본 팬의 관광 행동을 거울뉴런에 기초한 신경학적 관점에서 분석하고 있다.

7 이 글의 이론적 배경을 위해 동원한 것들만 손에 꼽아본다면 인지과학에 근거를 두고 독자적인 철학적 탐구의 가능성을 추구하는 G. 레이코프·M. 존슨, 《삶으로서의 은유》; G. 레이코프·M. 존슨, 《몸의 철학》, 임지룡 외 옮김(박이정, 2002); 마크 존슨, 《도덕적 상상력》; 마크 존슨, 《몸의 의미》; 질 포코니에·마크 터너, 《우리는 어떻게 생각하는가》; 마이클 가자니가, 《윤리적 뇌》; 안토니오 다마지오, 《스피노자의 뇌》, 임지원 옮김(사이언스북스, 2007); 조지프 르두, 《시냅스와 자아》, 강봉균 옮김(동녘사이언스, 2005) 등을 들 수 있다.

새롭게 해석되는 이론적 가능성을 구현하고 있는 것이다.

소수이기는 하지만 국내외 동양철학 연구자들 역시 이러한 인지 과학적 성과를 받아들여 남다른 연구를 진행하고 있다. 몇몇 동양철학 연구자들은 넓은 의미에서 인지과학, 혹은 인지언어학이나 체험주의라고 불리는 새로운 철학적 조류를 배경으로 도가철학이나 중국 유학, 혹은 조선 후기의 실학 등을 어떻게 재해석할 수 있는지를 보여주고 있다.[8] 하지만 여전히 서와 거울뉴런이 어떻게 연관돼 있는지를 다룬 선행 연구는 발견되지 않고 있다.

희미한 연관들

한편 서에 관한 기존 연구는 기본적으로 한 가지 논점을 두고 대립한다. 다시 말해 서의 규범적 보편성에 관한 논쟁이다. 황갑연과 금희경 같은 연구자들은 서의 유학적 고유성과 독창성을 강조한다.[9] 그러나 이러한 논의들은 서를 보편 윤리적 차원에서 논의하는 이론적 가능

---

8 Edward Slingerland, *Effortless Action: wu-wei as conceptual Metaphor and Spiritual Ideal in Early China*(New York: Oxford University Press, 2003); 정석도, 《하늘의 길과 사람의 길》(아카넷, 2009); 설영형, 〈맹자 성선설의 체험주의적 분석〉, 성균관대학교 석사학위 논문(2009); 이향준, 《조선의 유학자들 켄타우로스를 상상하며 리와 기를 논하다》; 장수, 〈유가 도덕 이론의 체험주의적 해석: 공맹과 주희의 도덕 이론을 중심으로〉, 전남대학교 박사학위 논문(2012); 서영이, 〈조선 후기 실학의 도덕 이론에 대한 체험주의적 해명〉, 전남대학교 박사학위 논문(2012).

9 황갑연, 〈선진 유가 철학에서 '서'의 의미〉, 《공자학》 4집(한국공자학회, 1998), 151~183쪽; 금희경, 〈유가 윤리적 실천 원칙으로서 서恕에 대한 변명〉, 《철학연구》 28집(서울대학교 철학과, 2000), 217~293쪽 참조.

성을 사전에 차단한다는 약점이 있다. 대다수 연구자들은 서를 유학의 범주를 넘어서 윤리적 보편성을 가진 규범적 원리로 받아들인다. 문제는 이러한 보편성의 수용이 서와 반서의 딜레마를 해결하는 데 무기력하다는 것이다. 이 때문에 이선열과 같은 연구자들은 "서의 원칙을 통해 타자를 정당하게 대우하는 완전하고도 객관적인 실천적 지침을 얻을 수는 없다"고 단언하는 것이다.[10] 대신에 그는 서가 "공동체의 유지와 지속을 가능케 하는 존립 근거가 된다는 믿음"이라는 철학적 가정을 바탕으로 "상대방에 대한 이해와 배려의 폭을 넓히려는 장려할 만한 태도"라는 입장으로 후퇴한다.[11]

이러한 후퇴에 맞서는 논변은 홍성민에게서 찾아볼 수 있다. 그는 서의 보편화 가능성에 이론적 약점이 있음을 인정하면서도 두 가지 철학적 전제를 도입함으로써 여전히 보편화 가능성이 유지될 수 있다고 주장한다. 첫째는 서를 보충하는 충忠의 개념을 상호 연관 짓는 것이고, 둘째는 이러한 충의 개념에 존 롤스John Rawls가 주장한 공정한 관찰자 impartial spectator라는 가상의 캐릭터를 도입해서 서의 보편화 가능성을 이론적으로 확보할 수 있다고 주장하는 것이다.[12] 이 철학적 캐릭터는 "다른 사람들의 욕구를 자신의 욕구인 것처럼 경험하고 동일화할 수 있는 합리적인 개인"이라는 것이다.[13]

---

10 이선열, 〈타자 대우의 두 원칙: 관용과 서〉, 《율곡사상연구》 24권, 96쪽.

11 이선열, 〈타자 대우의 두 원칙: 관용과 서〉, 96~97쪽 참조.

12 홍성민, 〈주자철학에서 서의 보편화 가능성 문제〉, 《철학연구》 125집(대한철학회, 2013), 362쪽 참조.

13 존 롤스, 《정의론》, 황경식 옮김(이학사, 2003), 64쪽.

한쪽에서는 막연한 믿음을 그리고 다른 한쪽에서는 가상적인 철학적 캐릭터를 서의 해명을 위한 이론적 장치로 도입하고 있다. 하지만 이런 논의에서 눈을 돌리면 제3의 입장이 존재한다는 것을 알 수 있다. 이 글이 따르고자 하는 이런 선행 연구들은 서의 이론적 기초가 되는 일관된 특징을 지적하는 낱말들을 반복해서 사용한다. '뒤집어볼 수 있음reversibility'[14] '역할 전환role reversal 테스트'[15] '시적 상상력' 혹은 '전이적 상상력'이란 개념들은 모두 동일한 것을 가리킨다.[16] 같은 이유로 신정근은 니비슨의 영어 표현을 '입장 바꿔 생각하기reversibility'라고 번역한다.[17] 이 때문에 니비슨에서 신정근에 이르는 연구자들이 사용하는 핵심어들을 존슨이 제시한 도덕적 상상력이라는 낱말로 수렴하려는 선행 연구가 바로 서장에서 다룬 내용이다.[18]

이제 한 걸음 더 나아가 도덕적 상상력, 나아가 인간 인지의 일반적 상상력의 경험적 뿌리 가운데 하나로 거울뉴런을 제시할 수 있다는 점을 지적하고, 이것을 서와 반서 개념에 결부해 논의하고자 한다. 소박한 요청적 믿음과 가상의 캐릭터를 도입하는 대신 현대 인지과학의 통찰에 힘입어 유학의 전통적인 개념을 현대적으로 재해석한 사례를 제시하고자 한다.

---

14 데이비드 S. 니비슨, 〈중국 도덕철학에서의 황금률 논변〉, 《유학의 갈림길》, 140쪽 참조.

15 문병도, 〈공맹孔孟의 서恕의 도덕 판단 방법론에 관한 소고小考〉, 184쪽.

16 문병도, 〈공맹孔孟의 서恕의 도덕 판단 방법론에 관한 소고小考〉, 107쪽.

17 문병도, 〈공맹孔孟의 서恕의 도덕 판단 방법론에 관한 소고小考〉, 112쪽.

18 이향준, 〈서恕: 도덕적 상상력〉, 《범한철학》 57집, 33~60쪽 참조.

공감이 필요하다, 하지만

간단히 말해서 서는 특정한 유형의 행위를 권유하기 위한 진술이다. '내가 바라지 않는 것을 남에게 베풀지 말라'는 말이 함축하는 행위가 이 원칙에서는 아직 결정되지 않았다.[19] 하지만 문명화된 인간들이 있는 곳이라면 어디에서든 유사한 것이 관찰되기 때문에 이를 구체적으로 확인하기는 어렵지 않다.

내가 원하지 않는 것을 남에게 베풀지 말라.[20]
남에게 대접을 받고자 하는 대로 너희도 남을 대접하라.[21]

나는 생각한다. 만일 누가 나를 죽이려 하면 나는 좋아하지 않는다. 내가 좋아하지 않는 것이면 남도 그럴 것이다. 그런데 어떻게 남을 죽이겠는가.[22]

각각 유학, 기독교, 불교 전통을 대변하는 세 가지 진술은 모두 똑같은 것을 언급하고 있다. 나와 남이 원하는 혹은 원하지 않는 것을 동일시하고 이러한 동일시에 근거한 균형 잡힌 행동 양식을 강조하고 있

---

19 문병도는 하이너 로에츠Heiner Roetz를 인용해서 이렇게 말한다. "서恕의 원리는 어떤 구체적 내용을 담지하는 것이 아니라 도덕 판단의 방법만을 나타내는 '형식적 원리formal principle'라는 것이다." 문병도, 〈동양에서 서양 바라보기〉, 《동서철학연구》 36집(한국동서철학회, 2005), 364쪽.
20 〈위령공〉 23장, 《논어》.
21 《마태복음》 7장.
22 고익진 편역, 〈비뉴다라경〉, 《한글 아함경》(동국대출판부, 1991), 344쪽.

다. 불교의 경우에는 똑같은 원칙이 적용되는 구체적인 사례들을 섬세하게 열거하고 있다.[23] 느슨하게 보자면 서는 사태의 인지적 파악과 상상적 공감에 근거한 추론 및 이를 배경으로 하는 일종의 '균형 도식'에 근거한 행위의 필요성을 주장한다.[24] 이 가운데 상상적 공감은 내가 바라는 것과 남이 바라는 것의 동질성, 내가 좋아하지 않는 것과 남이 좋아하지 않는 것의 동질성을 전제한다. 이 세 가지 요소에 대해서 오랫동안 비중 있는 진술들이 이어졌지만, 공감의 상상적 성격과 생물학적 기초에 관한 부분은 불투명한 채로 전제되었을 뿐이다.

흥미롭게도 이 동질성의 기원을 공감을 위한 상상적 능력으로 받아들인 사람은 철학자라기보다는 경제학자로 더 잘 알려진 애덤 스미스였다. 그는 인간에게 존재하는 공감 능력을 인정하고, 이것의 작동 방식을 정교하게 서술했다.

상상을 통해 우리는 우리 자신을 타인이 처한 상황에 놓고 우리 자신이 타인과 같은 고통을 겪는다고 상상한다. 우리가 타인의 고통을 인식하는 방식은 마치 우리가 타인의 몸속으로 들어가서 어느 정도 그와 동일인同一人이 되고, 그럼으로써 타인의 감각에 대한 어떤 관념을 형성하며, 비록 그 정도는 약하다 할지라도, 심지어는 타인의 것과 유사한 감각을 느끼게 되

---

23 〈비뉴다라경〉이 언급하는 구체적 사례는 살인을 비롯해서 도둑질, 타인의 아내에 대한 간음, 사기, 친구 사이의 이간질, 타인에 대한 비난, 왜곡하는 말 등이다.

24 "추기급인推己及人' 혹은 '추기급물推己及物'로 흔히 묘사되는 서는 사실상 윤리적 행위를 위해 어떤 상상적 추론(推)을 활용하라는 권고로 이해할 수 있다. 이러한 점에서 서는 사태의 인지, 동일시를 포함하는 상상적 추론, 행위라는 세 단계로 구조화되어 있다." 이향준, 〈서恕: 도덕적 상상력〉, 《범한철학》 57집, 34쪽.

는 것과 같다.[25]

　　그러나 스미스도, 우리도 '타인의 몸속으로 들어갈' 방법이 없다는
것은 잘 알고 있다. 그는 인간들이 일반적으로 "타인의 것과 유사한 감
각"을 느낀다는 사실과 이런 방식이 상상적 성격을 갖는다고 진술함으
로써 시대를 뛰어넘는 통찰을 보여주었다. 반면에 이러한 상상적 성격
으로 인해 이런 감각을 어떻게 개념화할 것인지를 두고는 혼란스러워
했다. 그는 연민pity과 동정심compassion을 천성天性, principles에 속한
다고 보았으며, 때로는 동류의식fellow-feeling이라고 불렀다.[26]

　　유사한 사례를 흄의 도덕 이론에서 발견할 수 있다. 그가 사람은
누구나 공감에 따라 행동한다고 보았다는 사실은 도덕 이론을 논할 때
드러나는 공감의 중요성을 잘 보여준다.

　　　정의는 일종의 묵계나 (상호 간의) 호응을 통해 스스로 확립된다. 다시 말하
　　　자면 모든 사람에게 공통적이라고 상정되는 이익에 대한 감각을 통해 정
　　　의가 스스로 확립된다. 그리고 이 경우에 모든 개별적 행동은 다른 사람들
　　　도 똑같이 행동하리라는 기대 속에 수행된다.[27]

　　　자기 이익self interest은 정의를 확정하는 근원적 동기이지만, 그러나 공공
　　　이익에 대한 하나의 공감은 (정의라는) 이 덕에 수반되는 도덕적 찬동moral

25 애덤 스미스, 《도덕감정론》, 박세일·민경국 옮김(비봉출판사, 2009), 4쪽.

26 애덤 스미스, 《도덕감정론》, 3~5쪽 참조.

27 데이비드 흄, 《도덕에 관하여》(수정판), 이준호 옮김(서광사, 2009), 79쪽.

approbation의 원천이다.[28]

스미스와 흄이 같은 것을 말하고 있다는 점에는 의심의 여지가 없다. 이것은 불교와 유교, 기독교에서도 발견된다. 다시 말해 이 보편성은 더 이상 부정할 수 없다. 스미스와 흄의 통찰은 현대에 이르러 존슨에게서 '도덕적 상상력'이라는 이름을 얻게 되었다.

인지과학에서 최근의 경험적 탐구는 개념들과 그 개념들에 대한 우리의 사유가 신체적 경험의 본성에 근거하고 있으며, 다양한 종류의 상상적 과정에 의해 구조화되어 있다는 것을 보여준다. 결과적으로 도덕적 추론이 이러한 동일한 일반적 인지 능력을 사용하기 때문에 도덕적 추론 또한 의미의 신체화된 구조들에 근거하고 있으며, 따라서 일관되게 상상적이다. 이것은 도덕적 이해와 숙고의 질이 도덕적 상상력의 함양에 결정적으로 의존하고 있다는 것을 의미한다.[29]

존슨이 도덕적 상상력을 언급할 때 두드러지는 것은 도덕적 추론에서 발휘되는 도덕적 상상력이 '일반적 인지 능력'임을 가정한다는 점이다. 다시 말해 도덕만을 위한 상상적 능력이 존재하는 것이 아니라, 인간의 일반적인 인지 능력으로서 상상력이 도덕적 추론에 사용된다는 것이다. 즉 스미스가 막연하게 천성, 혹은 동류의식이라고 언급했던 것

---

28 데이비드 흄, 《도덕에 관하여》, 81쪽.

29 마크 존슨, 《도덕적 상상력》, 28쪽.

이 이제는 '인간 인지의 일반적 상상적 능력'으로 보다 선명하게 서술되고 있는 것이다. 내가 서장에서 상상력이 서의 실행에 필수적인 기제라고 서술했을 때 스미스와 흄의 통찰이 존슨을 경유해서 모습을 다시 드러낸 것이다.

어떻게 이런 일이 가능한가? 나와 신체적으로 단절된 타인의 마음을 느끼고, 공감하도록 만들어주는 것의 신체적 뿌리는 어디에 있는가? 놀랍게도 대답은 철학이 아닌 인지과학이 내놓았다. 더욱 놀랍게도 이러한 발견은 인간의 도덕성의 기원과도 아주 밀접하게 연관돼 있는 것처럼 보인다. 그래서 야코보니는 이렇게 말한다

> 우리가 괴로워하거나 아파하는 다른 누군가를 볼 때, 거울뉴런은 우리를 도와 우리가 그의 얼굴 표정을 읽고 실제로 타인의 고통을 자신의 고통처럼 느끼게 한다. 이런 순간들이 바로 공감empathy의 기초이다. 자, 이제 나는 이러한 메커니즘이 어쩌면 우리가 알고 있는 도덕성의 기초인지도 모른다고 주장할 것이다.[30]

거울뉴런이 중심이 되는 일련의 기제가 공감의 생물학적 기초라는 사실에 근거해서, 공감에 기초한 도덕적 사유와 실천이 가능하다고 주장함으로써, 마침내 거울뉴런이 도덕성의 기초일 수 있다는 결론에 이르렀다. 과연 이것을 강하게 주장할 수 있을까? 다음 논의에서는 이런 주장이 철학적으로 왜 위험한지에 대해서 살펴보겠다.

---

30 마르코 야코보니, 《미러링 피플》, 13쪽.

내재적 문제점

엄밀하게 말하면 야코보니는 거울뉴런이 도덕성의 기초라고 하지
않았다. 그는 거울뉴런이 연관되어 공감이 발생하는 일련의 메커니즘
전체를 도덕성과 연결했기 때문이다. 그러나 야코보니의 이러한 섬세
한 진술과는 달리 일종의 환원주의적 견해라고 부를 수 있는 통속적 사
고가 상당히 널리 유포되어 있다. 이 주장은 간단하게 말해서 거울뉴런
이 공감의 생물학적 배경이고, 나아가 타인의 고통에 대한 공감이 도덕
의 기초라고 주장한다. 이 때문에 야코보니의 진술과 동어반복으로 보
이지만 미묘한 차이를 드러내는 진술들을 발견할 수 있다.

> 사회 및 도덕 분야에서 공감이 중요한 것은 그것이 '타자가 느끼는 것과 꼭
> 같은 정서를 느끼는 것'으로 타자 행위의 의미 이해와 타자 복지(타자가 좋
> 아하는 것)를 위한 이타성의 조장에 필수적인 것이기 때문이다. 타인의 행
> 동을 따라 하게 하는 기제로서의 거울뉴런은 이러한 사람들 사이의 공감
> 을 가능하게 하는 기초가 될 수 있다.[31]

> 우리는 거울뉴런계를 통해 타인의 행동을 관찰하는 것만으로도 그의 행
> 동을 온몸으로 이해할 수 있으며, 그 행위를 나의 운동 계획과 비교해 실
> 행으로 바꾸는 과정을 용이하게 함으로써 타인의 행동에 대한 모방을 가
> 능하게 한다. 전자는 공감에 관한 것이며 후자는 모방 능력에 관한 내용이

---

[31] 한일조, 〈거울뉴런과 공감과 도덕 교육〉, 《교육철학》 41집, 529쪽.

다. 공감은 도덕성의 기초이고 모방은 문화의 동력이다.[32]

한일조와 장대익의 말은 거울뉴런과 도덕성의 상관관계에 대한 통속적 환원주의의 양상을 보여준다. 물론 장대익은 단순한 공감이 아니라 고통에 대한 공감이 특히 도덕적으로 중요하다는 점을 예리하게 지적하고 있다.

타인의 감정과 고통을 내 것처럼 이해하는 것은 도덕관념의 시작이다. 거울뉴런은 타인의 감정과 고통이 어떻게 '내 것'처럼 이해될 수 있는지에 대해서도 새로운 통찰을 준다. 도덕관념이 문화에 따라 다소간의 차이를 보일 수 있으나 기본적인 도덕 법칙들은 보편적이며, 그러한 것들은 대체로 타인의 감정 및 고통과 깊은 연관을 가진다.[33]

표면적으로 장대익의 말에는 사실 반박의 여지가 별로 없어 보인다. 실제로 서장에서 나도 상대방의 고통에 대한 상상적 공감이 서와 밀접하게 연관돼 있다고 주장했고 이를 묘사했다. 실재하는 거울뉴런 시스템이 어느 면에서는 서의 실행을 위한 필요조건이라고 간주할 수 있다. 느슨하게 말한다면 장대익이 말하는 것처럼 "공감은 도덕성의 기초이고 모방은 문화의 동력"이라고 할 수도 있는 것이다.

그러나 이러한 주장이 거울뉴런이 서의 환원주의적 기초라는 철

---

32 장대익, 〈호모 리플리쿠스〉, 《인지과학》 23권 4호, 530쪽.

33 장대익, 〈거울뉴런에 대한 최근 연구들〉, 《정보과학회지》 30권 12호, 47쪽.

하저 주장을 만족시키는 충분조건은 아니다. 공감에 기초한 행위는 도덕적일 수 있지만 꼭 그런 것만도 아니기 때문이다. 일종의 반서라고 이름 붙일 수 있는 행위 양식이 똑같이 타인의 고통에 대한 공감에 기초를 두고 발생할 수 있다. 반서라는 생소한 낱말의 가능성을 암시했던 철학자는 다름 아닌 칸트였다.

여기서 '사람들이 네게 함을 바라지 않은 것을 남에게 하지 말라'는 등의 상투적인 말이 준거나 원리로 쓰일 수 있을 것이라는 생각은 하지 말 일이다. 왜냐하면 이런 말은, 비록 여러 가지 제한과 함께이기는 하겠지만, 단지 저 원칙으로부터 파생된 것일 뿐이기 때문이다. 그것은 보편적 법칙일 수가 없다. (……) 왜냐하면 범죄자는 바로 이 근거를 가지고서 그에게 형벌을 내린 재판관에 대항하여 논변할 터이니 말이다.[34]

칸트는 예를 들어 범죄자와 재판관 사이에 다음과 같은 상황이 발생할 수 있다는 우려를 표한 것이다. 즉 어떤 범죄자가 자신의 범죄를 이유로 재판을 받게 되었을 때, 재판관이 역지사지의 관점에서 범죄자 입장이 되었다고 가정해보자는 것이다. 이 경우 그는 범죄에 대한 벌을 받는 것이 옳긴 하지만 동시에 감옥에 가지 않고 풀려나는 것을 바랄 수도 있다. 서의 원칙에 따르면 이렇게 판단한 재판관은 '내가 감옥에 가고 싶지 않다면, 범죄자도 감옥으로 보내서는 안 된다'는 원칙에 근거해서 그를 석방하도록 명령해야 한다는 것이다. 이러한 상황이 서와 도덕성

---

34 임마누엘 칸트, 《윤리형이상학 정초》, 150쪽.

의 논의에 미치는 의의에 대해서는 다음과 같이 설명할 수 있을 것이다.

> 이러한 예에서 칸트가 말하고자 하는 바는 서恕2가 우리의 도덕적 직관과
> 어긋나는 행위를 명할 수 있다는 단지 그 이유 때문에 이를 거부하는 것이
> 아니라, 서2는 이를 반드시 따라야 할 필연성을 확보하지 못하고 있기 때
> 문에 거부한다는 것이다. 이런 등의 이유로 해서 칸트는 서2 혹은 일반인
> 들이 통상적으로 이해하고 있는 '황금률the Golden Rule'은 정언명법을 단
> 순하게 적용한 것으로 '하찮은trivial' 것으로 평가하고 있다.[35]

서와 정언명법을 비교할 때 나타나는 유사성과 차이에 대해 백종
현도 비슷하게 인식한다. 그는 "선행은 어떤 결과를 고려하는 마음이나
자연적인 마음의 쏠림 혹은 결과적인 이해의 타산에서 나온 행위가 아
니라, 도덕의 이념 그 자체에 대한 존경에서 나온 행위"라는 칸트적 입
장에서 서를 평가한다.[36] 요컨대 칸트의 실천이성의 원칙—'너의 이성
의 준칙이 항상 동시에 보편적 법칙 수립의 원리로서 타당할 수 있도
록, 그렇게 행위하라'—이 《대학》에서 말하는 혈구지도와 취지가 같지
만, "혈구지도는 모든 역지사지易地思之·추기급인推己及人, 예컨대 심리
적 경향이나 이해관계의 상황에도 적용될 수 있기 때문"에 양자의 동일
시를 주장할 때 주의해야 한다는 것이다.[37]

---

35 김형철·문병도, 〈儒家와 칸트의 도덕 판단 방법론 비교연구 — 恕와 정언명법을 중심으로—〉,
348쪽.

36 백종현, 〈실천적 자유와 도덕법칙〉, 임마누엘 칸트, 《실천이성비판》(아카넷, 2009), 373쪽.

37 백종현, 〈실천적 자유와 도덕법칙〉, 373쪽 각주 5.

결국 심리적 경향으로서의 공감이 보편성을 띨 수 없다는 주장과 보편 도덕의 이념에 의해 동기화되지 않는 행위를 선으로 받아들일 수 없다는 칸트의 주장은 사실 동전의 앞뒷면과 같다. '오직 도덕적 이념만이 보편적이다'라는 전제를 공유하기 때문이다. 더욱 중요한 생각은 이러한 보편적 이념은 공감과 같은 심리적 경향성에 의존하는 것이 아니라, '실천이성'이라는 용어를 사용하는 데서 알 수 있는 것처럼, 일종의 이성에 근거를 둔다.

칸트의 비판에는 재판관에게 당신이 감옥에 가기를 원치 않는다면 나를 풀어줘야 한다고 주장하는 범죄자의 진술을 우리가 수용하지 않아야 한다는 전제가 포함되어 있다. 그런데 바로 이 주장이 서의 원칙에 의해 주장된 범죄자의 발언을 반박한다는 점이 문제다. 즉 서의 원칙은 그대로 받아들이기에는 뭔가 거북한 것이 포함되어 있다. 범죄자를 풀어주지 않아야 한다는 재판관의 상식적 판단이 타당하다면 범죄자의 주장에는 무언가 어긋난 것이 포함되어 있고, 그것은 범죄자가 제시한 서의 원칙 자체에 뭔가 문제가 도사리고 있음을 의미한다. 도대체 무엇이 문제인 것일까?

때로는 서도 차가워질 수 있다

칸트의 비판은 서가 보편적인 만큼 반서 역시 보편적이라는 사실을 우리가 망각하고 있다는 점을 상기시킨다. 그리스 신화에 따르면 나르키소스를 사랑했으나 거절당한 이 가운데 한 사람은 그가 거절당한 사랑의 고통과 비참함을 깨닫도록 이렇게 기도했다고 한다.

> 저희가 그를 사랑했듯이, 그 역시 누군가를 사랑하게 하소서. 하시되 이
> 사랑을 이룰 수 없게 하소서. 이로써 사랑의 아픔을 알게 하소서.[38]

복수의 여신은 이 말의 의미를 확실하게 알아들었다. 나르키소스
에 대한 에코의 사랑이 철저한 무관심 속에 외면을 받았던 것처럼, 자
기 이미지에 대한 나르키소스의 사랑은 철저히 외면당했다. 그는 끝까
지 자신의 이미지에 도달하지 못했다. '내가 겪은 것을 타인도 똑같이
겪어야 한다'는 선언은 '내가 바라는 것을 남도 원할 것이다'라는 말과
정확하게 대응한다. 얼핏 보면 '내가 겪었거나 겪고자 하는 것이 남도
바라는 것'일 경우, 예를 들어 내가 누군가에게 사랑받기를 원해서 사랑
받았다면 나도 누군가를 사랑해야 한다는 말에는 문제가 없어 보인다.

> 합류적 사랑은 감정적인 기브 앤 테이크(give and take: 말하자면 '내가 너를 사
> 랑하는 것만큼 너도 나를 사랑해야 하고, 네가 나를 사랑하는 만큼 나도 너를 사랑해준
> 다' 같은 생각―옮긴이)에서 평등을 선취하는데, 사랑의 유대love tie가 순수
> 한 관계의 원형에 가까우면 가까울수록 더욱 그러하다.[39]

반면에 나를 사랑하지 않는 이에게, 내가 너를 사랑하는 만큼 너

---

38 이윤기,《이윤기의 그리스 로마 신화 2》(웅진지식하우스, 2002), 215쪽.
39 앤소니 기든스,《현대 사회의 성·사랑·에로티시즘》, 배은경·황정미 옮김(새물결, 2001), 109쪽.

도 나를 사랑하라고 요구하는 것은 틀림없이 크게 어긋난 요구일 터다. 한 걸음 더 나아가 내가 원하지 않는 고통을 겪었기 때문에 다른 누군가도 이와 똑같은 고통을 겪어야 한다고 말할 때, 우리는 한 측면에서는 서와 완전히 똑같으면서도 다른 측면에서는 전혀 상반되는 어떤 것에 부닥치게 된다. 서는 타인이 고통에서 해방되기를 바라는 마음을 바탕에 두고 있는 데 반해, 이것은 명백하게 타인의 고통을 원하고 있다. 서는 타인의 감정을 내가 느끼는 공감에 두는 반면, 이 행위 양식은 내가 느꼈던 것에 남도 공감하라고 요구하고 있다. 이럴 경우 이 주장은 철저하게 복수를 정당화하는 논변의 중심에 서게 된다. 이것은 '내가 당한 만큼 너도 당해야 한다'는 뜻이기 때문에, 고전적인 함무라비 법전의 '눈에는 눈, 이에는 이'를 정당화하는 논법이다. 서를 주창한 이들이 상상했던 것이 이런 것이었을까?

여기에서 한 걸음을 더 나아가면 더욱 가혹한 결과에 다다르게 된다. 만일 내가 원하는 것이 죽음이라면 우리는 그것을 상대방에게 요구할 수 있을까? 찰스 프레드 앨퍼드는 자신의 아이들을 익사시킨 사건으로 유명한 수전 스미스의 경우를 예로 들어 이렇게 말한다.

자신의 아이들을 익사시키고 유명해진 수전 스미스는 사실 자살하려 했던 것이라고 말했다. 만약 우리가 자신을 구하고자 타인을 구한다면 마찬가지로 자신을 죽이고자 그들을 죽일지도 모르고, 자신이 고문당한다는 이유로 그들을 고문할지도 모른다. 희생자를 고문한 한 재소자는 마치 자폐-인접적으로 변형된 〈오프라 윈프리 쇼〉의 출연자인 양 "난 그저 내가 느끼는 감정을 공유하고 싶었던 거요"라고 말했다.[40]

이처럼 내가 느낀 것을 타인도 느껴야 한다는 이유에서 나의 고통을 타인에게 전가하는 행위는 과연 무엇이라고 불러야 하는가? 공감에 기초한다는 점에서는 서와 똑같지만, 타인에게 고통을 요구한다는 점에서 서의 원칙과는 전혀 상반된다. 그것은 다름 아닌 반서이다.

거울뉴런이 존재한다는 것은 우리가 타인의 고통을 목격할 때, 우리의 신체 상태가 이와 유사한 경험을 한다는 것을 의미한다. 아마도 서는 이러한 신체적 체험에 근거를 두고 제시된 행위 원칙일 것이다. 하지만 같은 의미에서 반서의 행위 원칙도 제시할 수 있다. 거울뉴런의 존재를 인정하더라도 우리는 서와 반서라는 상반된 행위를 할 수 있음을 알게 된다. 이런 양상에도 불구하고 우리는 거울뉴런이 유독 도덕과 연관이 있다고 주장할 수 있을까?

칸트의 황금률에 대한 비판은 이러한 공감의 서로 다른 가능성을 염두에 둔 것이다. 칸트의 범죄자는 이미 범죄를 저질렀다는 점에서 '다른 사람이 원하지 않았을 고통을 (자신만의 이유로) 타인에게 전가한' 사람이다. 즉 그는 일차적으로 서를 위반한 것이다. 이러한 사실을 팽개친 채 자신이 감옥에 가서 고통받기를 싫어하는 것처럼 재판관도 그럴 것이라고 가정하고, 나아가 이러한 동질성에 근거해서 재판관이 원하지 않는 것을 자신에게 실행하지 말라고 요구할 때, 이 범죄자는 사실상 반서의 행동을 서의 외양으로 뒤덮으려는 시도를 하고 있다. 그는 자신의 범죄 행위와 요구 사이에 존재하는 딜레마는 외면한 채로, '내가 원하지 않는 것을 (당신도 원하지 않을 것이기 때문에) 내게 실행하지 말라'고 요구

---

40 찰스 프레드 앨퍼드, 《인간은 왜 악에 굴복하는가》, 106~107쪽.

하고 있기 때문이다. 서에 내포된 이런 위험성 때문에 칸트는 명확하게 도덕적 판단과 행위가 '실천이성'이라는 주어를 가져야 한다고 주장했다. 즉 도덕적 사유와 행위의 중심에 이성을 놓음으로써 실질적으로 감정에 의해 동기화되지 않는 선의 가능성에 대해서 언급했던 것이다.[41]

존재가 아니라 사용이다

거울뉴런은 공감의 생물학적 기초이다. 이것을 곧장 도덕성의 기초로 간주하는 것은 크게 보자면 일종의 도덕감정론을 주장하는 것이다. 그러나 이 주장은 이어지는 몇 가지 질문들에 대답하기 곤란하다는 약점이 있다. 즉 이러한 공감에 의해 동기화되지 않은 모든 행위는 비도덕적이거나 반도덕적인가? 이 공감 능력이 결여된 이들은 모두 악한 인간이라는 뜻인가? 그리고 이 결여가 생물학적인 구조의 문제라면, 이들의 행위에 대해서는 어떤 도덕적 이론異論이나 비판을 제기할 수 없다는 뜻인가?

공감의 생물학적 기초를 결여한 이들, 그래서 타인의 고통에 공감하지 못하는 사람들을 '사이코패스'라고 한다. 사이먼 배런 코언의 용

---

[41] 칸트가 예상한 것과 같이 인간의 공감에 기초하지 않은 순수하게 이성적인 차가운 도덕이 이론적으로나 실천적으로 가능할까? 이것은 여전히 별도의 논의를 필요로 하는 철학적 주제다. 김형철과 문병도의 다음 진술은 강한 칸트주의적 견해의 난점을 이렇게 표현하고 있다. "칸트는 어떤 예외도 허용되지 않는 완전의무를 정언명법으로부터 도출할 수 있다고 보았는데 이는 명백한 오류다." 김형철·문병도, 〈유가儒家와 칸트의 도덕 판단 방법론 비교 연구—서恕와 정언명법을 중심으로—〉, 358쪽.

어를 빌리자면 '감정이입의 제로 지대Zero Degrees of Empathy'를 늘 경험하는 사람들이다. 거울뉴런 시스템이 도덕성의 기초라는 주장이 옳다면 이들은 도덕성의 기초를 전혀 가지지 못한 사람들이다. 즉 그들은 도덕의 영역 바깥에 있는 사람들이고, 그들의 행위에 대한 도덕적 판단은 중지되어야 하는 것이다. 하지만 코언은 도덕적 잔인함이란 생물학적 기원에 못지않은 사회적이고 환경적인 기원, 즉 부모의 태만, 학대, 그리고 심각한 불신의 경험 등에서 말미암는 경우가 많다고 지적한다.[42] 여기에 조지프 르두가 말한 시냅스 가소성plasticity이라는 개념을 추가해도 좋을 것이다.[43]

르두가 말하는 시냅스 수준의 가소성과 사이먼이 말하는 도덕적 행위에서 사회적이고 환경적인 기원의 중요성에 대한 주장을 고려하면 거울뉴런에서 도덕성으로 이어지는 일련의 인과관계를 주장하는 이론은 지나치게 단순화된 것이다. 우리에게는 여전히, 그가 사이코패스인지 아닌지와 상관없이, 타인에 대한 비도덕적 행위에 대해 묻고 따질 논거가 남아 있다. 게다가 우리가 더욱 주의해야 하는 사실은 규모가 크고 치명적인 비도덕적 행위들은 여전히 사이코패스가 아니라 공감

---

[42] 코언의 주장은 '유전자인가, 환경인가?'라는 고전적인 사회생물학적 논쟁을 상기시킨다. 여기에 대한 논의는 잠정적으로 다음과 같은 진술 속에서 현대적 결론의 일단을 내비치고 있다. "우리는 이를 유전자—문화 공진화라 불렀다. 이는 복잡하면서도 흥미를 끄는 상호작용으로, 생물학적 지령에 의해 문화가 탄생하여 모양이 갖추어지고, 문화 혁신에 호응하여 유전적 진화를 통해 생물학적 특성의 변화가 일어나는 진화 과정을 말한다." 에드워드 윌슨·찰스 럼스덴,《프로메테우스의 불》, 김성한 옮김(아카넷, 2010) 37~38쪽; Simon Baron-Cohen, *The Science of Evil: on Empathy and the Origins of Cruelty*(New York: Basic Books, 2011) 참조.

[43] "뇌의 대부분의 시스템들은 가소적plastic이다. 말하자면 경험에 의해 변형될 수 있다. 이 말은 여기에 가담된 시냅스들이 경험에 의해 변화된다는 것을 의미한다." 조지프 르두,《시냅스와 자아》, 27쪽.

능력을 가지고 있다고 가정된 대다수 사람들이 저지른다는 것이다.

거울뉴런의 역할은 지금 타인의 신체에서 일어나고 있는 일의 성격을 나에게 이해시키기 위한 작동 기전으로 받아들이는 것이 훨씬 설득력이 있어 보인다. 그것이 서의 생물학적 원천이라고 주장하려면, 똑같이 반서의 원천이라고도 주장해야 한다. 따라서 거울뉴런, 공감, 서, 도덕적 행위라는 선형적 인과관계는 사태가 벌어진 뒤에 상상된 것이다. 타인의 고통을 목격하고 그의 고통을 경감하려는 노력을 기울인 사람은 거울뉴런이 가져다준 공감의 내용을 자신의 행동을 설명하기 위한 인과관계의 도식 속에 넣는다. 공감이 타인의 고통을 배제하기 위한 행동을 선으로 만드는 게 아니다. 타인의 고통을 경감하기 위한 행동을 도덕적 행동이라고 간주하기 때문에 이런 행위를 동기화하는 공감을, 나아가 거울뉴런을 도덕의 기초라고 주장하는 것이다. 그러나 반서를 실천한 이라고 해서 이와 다른 것이 아니다. 그들도 똑같이 그렇게 한다.[44]

이런 점에서 볼 때 비트겐슈타인의 언어철학적 통찰을 생물학적으로도 비슷하게 진술할 수 있다. 즉 중요한 것은 거울뉴런의 존재라기보다는 그것의 사용이다. 거울뉴런의 존재 자체는 자신의 도덕적 의미를 결정하지 못한다. 우리가 거울뉴런의 활동과 결과물로서 타인이 겪는 일과 유사한 신체 활동의 활성화를 경험하고—같은 말이지만 타인의 감정에 공감하고—이 경험을 도덕적 맥락을 구성하기 위해 동원하

---

44 "서란 상상적 추론을 도덕적 목적을 위해 사용하는 방식에 대한 이름인 것이다. 하지만 이러한 도덕적 상상력을 인정한다는 것이 비도덕적 상상력을 원천적으로 봉쇄한다거나, 불가능한 것으로 만드는 것은 아니다. 우리는 타자의 상태에 대한 이해, 그리고 상상적 추론을 통한 동일시를 근거로 타자에 대한 배려로 나아갈 수도 있고, 타자에 대한 억압으로 나아갈 수도 있다." 이향준, 〈서恕: 도덕적 상상력〉, 《범한철학》 57집, 56쪽.

고 사용할 때, 비로소 도덕적 의미를 획득하게 된다. 이 과정에 포함된 공감의 질적, 양적 특징이 도덕적 행위를 위한 충분조건은 아니다. 하지만 공감을 포함하는 도덕적 맥락이 구성되는 과정을 돌이켜보면 도덕의 영역에서 공감의 역할을 축소하기는 더욱 어려울 것으로 보인다. 간단하게 말해서 공감이 도덕의 충분조건이라고 말할 수는 없겠지만, 거의 필요조건에 해당하는 것이다. 더욱 중요한 것은 그것이 유일한 필요조건이 아니라는 점이다. 바로 이 필요하면서도 불충분한 도덕적 의미의 불투명성 때문에 과잉되거나 혹은 지나치게 낮은 공감에 대한 비판적 해석, 도덕적 행위를 위한 감정의 억제 혹은 확산의 필요성은 늘 요구된다. 인간의 행위와 사유에서 나타나는 인지적 이해—전통적인 용어로는 이성적 사유 혹은 반성—와 감정의 복잡하고 미묘한 상호작용의 필요성은 지속적으로 요구된다. 어떤 영역에서든 이런 상호작용이 필요하다는 것은 유사한 통찰이 현대의 인지과학적 진술 속에서 주장된다는 점에서도 잘 알 수 있다.

> 가장 분명한 이유는 인간 뇌의 진화적 현 단계에서 인지 시스템들과 감정적 시스템들 간의 연결이 불완전하기 때문이다. (……) 아직 우리의 뇌는 복잡한 사고 작용을 가능하게 하는 새로운 시스템이 우리의 기본적인 욕구와 동기를 일으키는 구체제를 쉽게 조절할 수 있을 정도까지 진화하지 못했다. (……) 올바른 일을 '한다는 것'은 무엇이 올바른 것인지를 '아는 것'으로부터 항상 자연스럽게 흐르는 것은 아니다.[45]

---

45 조지프 르두, 《시냅스와 자아》, 527쪽.

르두의 통찰은 우리의 두뇌 속에 존재하는 두 개의 커다란 시스템들이 완전한 이론적 모형에 따라 축조된 것이 아니라, 기존의 조야한 시스템에 다른 시스템이 덧대어지고, 다시 그 과정에서 나타난 문제를 해결하기 위해 또 다른 시스템이 덧대어지는 진화의 과정에서 얼기설기 엮인 누더기와 비슷하다는 것을 암시한다. 그 가운데 가장 원형적인 것이 인지와 정서의 충돌이다. 이것은 결국 사유와 행위의 도덕적 의미를 결정하기 위해서는 인지-정서 활동의 광범위한 협력 체계가 필수적으로 작동해야 한다는 것을 함축한다. 르두식으로 말하자면 무언가를 느낀다고 해서 항상 올바른 것이 무엇인지를 알게 되는 것은 아니고, 올바른 것을 안다고 해서 늘 올바로 행동하게 되지도 않는다.

거울뉴런이 가르쳐주는 것

당대의 경험과학적 성과를 철학적 사고와 혼성할 때 우리는 가끔 강한 환원주의적 유혹에 시달린다. 철학적 논쟁이 경험과학적 발견에 의해 '해소'되는 사태를 종종 목격했기 때문에 이 유혹은 상당히 호소력이 있다. 거울뉴런을 도덕성의 기초로 삼으려는 충동도 이와 유사한 것이다. 이러한 환원주의는 압축적 사고와 일종의 동질성 가설에 바탕을 둔 인과관계의 성립을 주장한다. 어쩌면 이런 식의 사고는 우리 사유의 특징일지도 모른다. 실제로 포코니에와 터너는 사유 과정에서 인과관계와 같은 중추적 관계라고 부르는 중요한 개념적 관계들이 강한 압축적 사고를 통해 반복적으로 나타난다는 점을 지적하고 있다.[46]

복잡한 요소들의 상호작용이 강한 압축적 사고를 거쳐 단순한 인과관계의 도식을 형성하고, 이 도식에 원인-결과 동질론을 적용하면 결과는 원인에 의존하고, 원인과 결과는 질적 속성이 같다는 결론이 나온다. 이러한 이론 모형이 도덕 차원에 혼성될 때 도덕적 결과는 도덕적 원인에 의존한다는 주장이 나오는 것이다. 행위를 결과로, 본성(性)을 원인으로 간주할 때 우리는 마침내 도덕적 행위의 내적 원인으로서 본성이라는 개념에 도달한다. 이것은 외적으로는 고상해 보이지만 "콩 심는 데 콩 나고 팥 심는 데 팥 난다"는 속담의 철학적 변형에 불과하다. 압력의 원인이 열일 수 있는 것처럼, 물이 기화되는 것은 높은 열 때문이지만 드라이아이스는 오히려 차가움 때문에 기화된다고 말할 수 있는 것처럼 언제나 이런 주장이 정당화되는 것은 아니다.

가장 나쁜 점은 이런 환원주의적 주장들이 우리 삶의 세포적 수준에까지 스며들어 있는 가소성과 자신의 삶을 구성하려는 인간적 노력의 가치를 폄훼한다는 사실이다. 환원주의적 기초로 가정된 어떤 것이 가리키는 신비한 삶의 방향을 제외한 다른 삶의 가치들에 대한 평가절하가 뒤따르기 때문이다. 거울뉴런 때문에 우리가 공감을 하게 된다고 해서, 공감의 수준과 내용을 비판적으로 재검토하는 인지적 노력을 기울이지 말아야 할 이유는 어디에도 없다. 이 때문에 맹자의 '확이충지擴而充之'가 공감의 확장 필요성에 대한 진술이라면, '동심인성動心忍性'은 동일한 것의 억제 필요성에 대한 진술이라고 말해도 그리 터무니없

---

46 "원인과 결과 같은 개념적 관계는 개념적 혼성으로 인한 압축에서 반복적으로 나타난다. 우리는 가장 중요한 이런 개념적 관계를 '중추적 관계vital relation'라고 부른다." 질 포코니에·마크 터너, 《우리는 어떻게 생각하는가》, 139쪽.

는 해석은 아닌 것이다.

결과적으로 나는 거울뉴런의 역할을 과장하거나 축소할 필요가 없다고 생각한다. 똑같은 의미에서 이러한 논의 과정에서 얻게 되는 다음과 같은 작은 통찰도 부정할 필요가 없어 보인다. 거울뉴런의 존재를 무시하고 서와 반서를 논의하는 것은 자동차의 구조를 무시하고 운전하는 습관이 있는 운전자와 비슷하다. 운전자가 자동차의 구조를 전문 수리공처럼 알고 있어야 할 필요는 없다. 그러나, 어떤 운전자가 자동차의 구조를 무시하는 운전 습관을 갖고 있다면, 그의 자동차는 언젠가 멈추고 말 것이다. 이와 마찬가지로 철학자가 '과학자가 아는 것만큼 경험과학적 지식을 갖추어야 할' 필요는 없다. 그러나 당대의 경험과학이 발견한 성과를 무시하는 철학은 오래지 않아 막다른 벽에 부딪힐 것이다. 인지과학의 발달은 인지과학적 발견의 성과와 조응하는 철학적 탐구의 방향 전환을 촉구하고 있다.[47] 거울뉴런과 서에 대한 이 짤막한 탐구 또한 이러한 주장의 타당성을 강하게 뒷받침한다.

---

47 국내외에서 이루어진 이러한 방향 전환의 가능성을 시사하는 최근의 탐구는 다음을 보라. Edward Slingerland, *What Science Offers the Humanities: Integrating Body and Culture* (New York: Cambridge University Press, 2008); 노양진, 《몸이 철학을 말하다: 인지적 전환과 체험주의의 물음》(서광사, 2013) 참조.

제10장

서, 환대, 인정투쟁

진식의 양상군자

진식陳寔(104~187)의 집에 도둑이 든 것은 후한 환제 시절이었던 연희延熹 9년(166) 무렵이었다. 도둑은 대들보 위에 숨어 집 안 사람들이 잠들기를 기다리고 있었던 것 같은데 공교롭게도 진식에게 들키고 말았다. 이때 도둑을 발견한 진식의 태도가 사람들에게 강한 인상을 남겼다.《후한서》는 당시의 상황을 이렇게 기록하고 있다.

도둑이 (진식의) 집에 들어와 대들보 위에 숨어 있었다. 진식은 가만히 알아차리고서 일어나 주변을 정돈하고 자손들을 불러 정색을 하고 말했다. "사람이란 스스로 힘쓰지 않아서는 안 된다. 선하지 못한 이라도 본래부터 악한 것은 아닐 것이다. 습관이 성품이 되어 결국 이렇게까지 된 것이니, (저) 들보 위의 군자가 이런 경우라고 할 것이다." 도둑은 깜짝 놀라 바닥으로 내려와 이마를 조아리고 죄를 청했다. 진식은 차분하게 그를 일깨우면서 말했다. "그대의 모습을 보면 악한 사람처럼 보이지 않으니 깊이 스스로를 극복하고 선으로 돌이켜야 할 것이다. 그러나 (이렇게 된 것은) 가난 때문일 것이다." 그래서 (진식은) 비단 두 필을 주어 돌려보냈고, 이때부터 현에 다시는 도적이 없게 되었다.[1]

잘 알려진 양상군자梁上君子라는 사자성어는 이 일화에서 유래했다. 하지만 나의 관심사는 그것이 아니다. 도둑과 마주친 상황을 타개하기 위해 진식이 취한 행동 양식을 떠올려보자. 간단하게 말해 진식은 집 안에 든 도둑에 맞서 '싸우는' 대신, '맞아들여' 그와 대화를 나눈 다음에, 도둑이 원할 만한 것을 '주어서' 돌려보냈다. 우리는 여기에서 인간 삶의 상호 주관적 특징을 대변하는 세 가지 구별되는 양식을 발견하게 된다. 적과 싸우기, 손님을 맞이하기, 그리고 주고-받기의 한 축으로서 '주기'이다. 이들은 공동체를 이루는 삶에서 타자와의 마주침이 회피할 수 없는 '궁극의 상황'[2]이라고 할 때 우리가 선택할 수 있는 대응 방안들이다. 싸울 것인가? 맞아들일 것인가? 무엇을 먼저 줄 것인가?

상호 주관적 삶에 대한 서로 다른 세 가지 접근법을 뜻하는 낱말들이 여기에 대응한다. 서恕와 환대歡待, 그리고 인정투쟁認定鬪爭이다. 나는 이 세 낱말을 인지유학적認知儒學的 관점에서—구체적으로 영상 도식, 개념적 은유, 그리고 개념 혼성의 측면에서—비교 검토하려고 한

---

1 〈陳寔〉,〈荀韓鍾陳列傳〉第52,《後漢書》卷62, 2067쪽.

2 에마뉘엘 레비나스,《전체성과 무한》, 김도형 외 옮김(그린비, 2018), 109쪽 참조.

다.[3] 이를 통해 상호 주관적 삶의 양식에 담겨 있는 은유적 특징들을 확인하고, 최종적으로 유학의 용어인 서가 대표하는 상호 주관성의 양식이 무엇을 의미하는지를 '서의 수열數列'이라는 구분 방식을 통해 제시하려고 한다.

서, 세상은 시장이다

상호 주관성을 뜻하는 유학의 용어인 서에 대한 연구는 많이 쌓여 있다. 성서적 전통을 가진 황금률 및 칸트와의 비교 연구가 대표적이고,[4] 최근에는 죄수의 딜레마, 환대와의 비교 연구 등으로 범위가 확장되고 있다.[5] 8장에서 나도 인지적 차원에서 서의 기초를 따듯함이라는 감각 경험과 연관시켜 다루기도 했다. 그러나 여기에서 한 걸음 더 나아가 은유적 사유를 위한 기본 도구로서 서와 연관된 영상 도식과 이들을 기초로 나타난 개념적 은유, 나아가 개념 혼성의 측면에서 서를 다룬 선행 연구의 성과는 여전히 불충분해 보인다. 비록 내가 서장에서

---

3 이향준, 〈인지유학認知儒學: 오늘도 가능한 유학의 미래〉, 《유교사상문화연구》 64집(한국유교학회, 2016), 153~182쪽 참조.

4 문병도, 〈공맹孔孟의 서恕의 도덕 판단 방법론에 관한 소고小考〉, 《동양철학》 8집, 169~207쪽; 데이비드 S. 니비슨, 〈중국 도덕철학에서의 황금률 논변〉, 《유학의 갈림길》, 125~161쪽; 김형철·문병도, 〈유가儒家와 칸트의 도덕 판단 방법론 비교 연구─서恕와 정언명법을 중심으로─〉, 《철학》 77집, 325~360쪽; 유일환, 〈칸트의 황금률 비판과 유가의 충서忠恕 개념〉, 《철학사상》 53호, 3~25쪽.

5 김재경, 〈서恕와 죄수의 딜레마〉, 《동양철학연구》 83집, 9~40쪽; 설준영, 〈서恕와 진성측달眞性惻怛로 본 동서양의 환대 개념〉, 《유학연구》 43집(충남대학교 유학연구소, 2018), 277~298쪽 참조.

서의 기본 구도에 내재한 '균형 도식'의 존재를 언급하기는 했지만, 서의 전체 구도를 전면적으로 지배하는 것이 주고-받기를 뼈대로 하는 '교환 도식'이라는 점은 아직까지 명시적으로 주장되지 않았다. 이제 이 부분을 보다 명확히 해보기로 하자.

일반적으로 서는 타인의 마음과 나의 마음 사이에 일종의 동질성이 있다는 가설을 전제한다.[6] 이것이 무엇을 의미하는지를 이해하기 위해서는 다음과 같은 주장을 살펴보는 것이 도움이 된다.

> 남의 나라 보기를 자기 나라 보듯 하고, 남의 집 보기를 자기 집 보듯 하며, 남의 몸을 보기를 자기 몸 보듯 하는 것이다. (……) 남을 사랑하는 사람은 남도 반드시 따라서 그를 사랑하게 되며, 남을 이롭게 하는 사람은 남도 반드시 따라서 그를 이롭게 해줄 것이다. 남을 미워하는 사람은 남도 반드시 따라서 그를 미워할 것이며, 남을 해치는 사람은 남도 반드시 따라서 그를 해치게 될 것이다. 여기에 무엇이 어려운 게 있는가?[7]

이 동질성 가설은 특정한 행위의 '교환'을 전제하고 있다는 것을 알 수 있다. 시각의 비유를 따르자면 내가 남을 '보는 것'은 남이 나를 '보는 것'에 대응한다. 사랑도, 미움도, 남을 이롭게 하거나 해치는 것도 모두 그렇다. 그런데 우리는 어떻게 행위의 교환을 말할 수 있는가? 우리가 교환할 수 있는 것은 사물들이다. 따라서 행위의 교환은 '행위는 사물'

---

6 물론 나는 5장에서 서술한 왕부지의 서에 관한 연구를 통해 이와 반대로 나와 타인의 욕망의 이질성 가설을 근거로 서가 주장될 수도 있다는 점을 보였다.

7 〈겸애〉 상, 《묵자》.

이란 개념적 은유와 주고-받기라는 '교환 도식'이 함께 적용될 때 가능해진다. 나아가 그 이상의 은유적 유추도 할 수 있게 된다. '행위가 하나의 사물'이고, 그 가운데서도 '그릇'이라면 이제 '그릇 도식'을 적용함으로써 그릇과 그릇에 담긴 내용물의 분리가 가능해진다.

선한 사마리아인의 행위는 타인의 고통을 제거하기 위한 행위이지만, 거기에는 어떤 내용이 담겨 있다. 다시 말해 인간적 호의, 보편적 인간애, 배려 같은 덕목이다. 인간은 행위할 뿐만 아니라 자신의 의도와 중요하게 여기는 인간적 가치를 상대방에게 건네는 것이다. 이것은 타인이 나에게 상응하는 것을 되돌려줄 것이라는 암묵적 '받기'를 전제하고 있다. 통상적인 관점에서 말하자면 "문명은 우리가 다른 사람들로부터 적절한 수준의 신뢰를 기대하고 다시 우리가 그들이 우리를 신뢰할 수 있게 하는 방식으로 행동할 것을 요구한다"[8]고 말하는 것이 자연스럽기 때문이다.

이러한 교환이 이루어지는 일상의 공간을 떠올린다면, 시장의 이미지가 형성된다. 이 상상된 정신 공간에서 '사회는 시장'이며, '인간은 상인'이다. 시장 사회가 탄생하는 것이다. 오늘날의 사회는 '시장경제'라는 표현과 '경제적 인간'이라는 표현을 통해 '사회는 시장'이 현대사회의 지배적 은유라는 점을 잘 보여주고 있다.

사회적 시장 은유는 사회를 개인과 집단들이 맺는 정교한 교환 관계의 네트워크로 묘사한다. (……) 이 은유는 자본주의를 지배하는 가정을 반영하

---

8 대니얼 리그니, 《은유로 사회 읽기》, 박형신 옮김(한울아카데미, 2018), 221쪽.

고 있으며, 우리로 하여금 사회적 관계를 보상과 비용에 대한 이기적 계산에 기초한 거래로 볼 것을 촉구한다.[9]

그러나 여기에서 간과해서는 안 되는 점이 있다. 리그니는 스미스와 마르크스류의 합리적, 경제적 인간이라는 존재를 가정하고 '사회는 시장' 은유를 다룬다. 하지만 이 글에서 문제가 되고 있는 교환과 시장은 경제적 인간이 아니라 도덕적 인간에 대한 담론이다. 다시 말해 스미스와 마르크스류의 경제적 시장이 아니라, 주로 도덕적인 의미를 지니는 추상적 가치의 시장이라는 의미에서 서가 전제하는 교환과 시장은 니체적 의미에 가깝다.

죄의 감정과 개인적인 의무의 감정은 이미 우리가 보아왔듯이, 그 기원을 존재하는 가장 오래되고 근원적인 개인 관계에, 즉 파는 자와 사는 자, 채권자와 채무자의 관계에 두고 있다. (……) 값을 정하고 가치를 측정하고 등가물을 생각해내며 교환하는 것—이것은 어떤 의미에서는 사유라고 할 수 있을 만한 인간의 원초적 사유를 미리 지배하고 있었다.[10]

파는 이와 사는 이, 혹은 채권자와 채무자의 교환 관계가 도덕성의 기원일 수 있다는 니체의 진술은 오늘날의 관점에서 보자면 시사하는 바가 크다. 니체가 강조했던 것은 인지과학과 인지언어학이라는 학술

---

9 대니얼 리그니, 《은유로 사회 읽기》, 26쪽.
10 프리드리히 니체, 《선악의 저편·도덕의 계보》, 김정현 옮김(책세상, 2009), 412쪽.

적 바탕 위에서 레이코프와 존슨이 '도덕적 회계moral account'라고 불렀던 은유적 사유의 핵심을 지적하고 있기 때문이다.[11] 신체화된 경험의 반복적 성격, '인간의 원초적 사유'로서 영상 도식적 관계, 도덕 영역과 회계 영역 사이의 개념 혼성 등이 그것이다. '도덕적 회계'는 단순한 교환 행위에서 나타나는 균형의 문제를 도덕적 가치의 교환에서 나타나는 균형의 문제로 간주하는 은유적 사유 양식이다.[12]

따라서 간단한 유추가 가능해진다. 기본적으로 서는 교환 행위를 가정한다. 교환이 벌어지는 가장 일상적인 공간으로 시장을 가정한다면, 서를 이루는 개념적 은유들은 '세계는 시장' '인간은 상인' '행동은 교환'이다. 이렇게 볼 때 '네가 대접받기를 원하는 대로 남을 대접하라'는 말의 건너편에는 하나의 거울상이 있다. "법이 아무것도 규제하지 않을 경우에도, 자신의 앞뒤 쪽을 돌아보고, '네가 나에게 하는 대로 나도 너에게 그렇게 대한다'는 균형을 고려하는 저 섬세한 마음"[13]이라는 거울상이다. 낯선 이에게 악수하려고 손을 내미는 것은 비적대적인 의도를 드러내는 행위이자 당신도 내게 손을 내밀 것이냐고 묻는 질문이기도 하다. 손을 내미는 동작을 그릇 삼아 거기에 나는 당신을 적대하고 싶지 않다는 내적 의도를 담음으로써, 암묵적으로 상대에게 유사한 정도

---

11 G. 레이코프·M. 존슨, 《몸의 철학》, 430~440쪽 참조.

12 이 은유는 〈서명西銘〉과 같은 유학적 텍스트에서 효孝의 정당화를 위한 기제로 사용되었을 뿐만 아니라, 최근 우리 사회를 떠돌고 있는 '적폐 청산'이라는 낱말의 의미화에도 기여하고 있다. 이향준, 〈〈서명西銘〉의 은유적 구조〉, 《철학》 84집(한국철학회, 2005), 7~32쪽; 나익주, 〈도덕성 은유와 프레임 전쟁: 적폐 청산을 중심으로〉, 《담화와 인지》 26권 2호(담화·인지 언어학회, 2019), 1~25쪽 참조.

13 프리드리히 니체, 《인간적인 너무나 인간적인 II》, 김미기 옮김(책세상, 2008), 250쪽.

의 의도와 행위를 돌려받기를 기대하기 때문이다.

이런 해석을 가로막는 질문이 하나 있다. 서가 주고-받기를 가정한다는 전제에 대한 의문이다. 왜냐하면 '내가 원하지 않는 것을 남에게 베풀지 말라'는 진술의 표면에는 '남의 행위'에 대한 추가 서술이 나타나 있지 않기 때문이다. 따라서 서에는 상대방인 타자에게 기대되는 행위가 분명히 정의돼 있지 않다. 일반적으로 우리는 '균형 도식'에 근거해서 무언가를 주었다면 어쨌든 내가 준 것에 상응하는 것을 되돌려받기를 원한다. 교환에서 균형을 어떻게 정의하고 측량할 것인가의 문제가 여전히 남아 있기는 하지만, 상대방의 행위에 대한 언급이 서의 실천에 대한 진술의 표면에 명시적으로 존재하지 않는 것은 사실이다.

사마리아인은 위험에 처한 사람을 발견하고, 그를 돌보는 데서 그치지 않고, 길가에 쓰러진 그를 숙소에 데려다주었다. 나아가 숙소의 주인에게 쓰러진 이를 돌봐달라고 부탁하고, 자신의 실천에 어떤 대가도 바라지 않은 채 떠나버렸다. 그가 '되돌려받기'를 기대하지 않는 이상 서의 인지적 이해에 교환 관계를 가정하는 것은 불합리하지 않은가? 이 문제는 뒷부분에서 서의 수열數列이라고 이름 붙인 방식을 통해 살펴보겠지만, 우리는 먼저 인정투쟁과 환대라는 낱말을 경유해야 한다.

인정투쟁, 인생은 전쟁이다

홉스의 '만인 대 만인의 투쟁'이라는 표현은 잘 알려져 있다. 그러나 이런 생각을 그가 처음 밝힌 것은 아니다. 고대 그리스의 철학자 헤라클레이토스는 "전쟁polemos은 공통된 것이고, 투쟁eris이 정의이며, 모든 것은 투쟁과 필연chreōn에 따라서 생겨난다는 것을 알아야만 한다"[14]고 설파했다. 세계 혹은 사회에서 대립 요소의 갈등을 상수로 파악하고, 갈등의 해결을 위한 수단으로 전쟁을 선택하는 것을 보편적인 현상으로 간주하는 사고방식은 이미 여기에서 잘 드러나 있다.

'논쟁은 전쟁'[15]이라는 표현에서 보듯, 전쟁은 삶의 다양한 측면을 묘사하기 위해 상당히 많이 동원되는 원천 영역source domain이다. 이 원천 영역이 인생을 목표 영역target domain으로 설정할 때 '인생은 전쟁'이란 은유가 나타난다. 박노해의 시 〈노동의 새벽〉 서두는 "전쟁 같은 밤일을 마치고 난 새벽 쓰린 가슴 위로 차거운 소주를 붓는다"고 함으로써 삶의 일부인 노동을 전쟁이란 개념 체계를 배경으로 이해할 것을 강하게 요청하고 있다. 이 은유가 개인의 차원을 넘어 공동체로 확산될 때, 사회의 기본 모형으로서 '사회는 전장戰場'이라는 보다 큰 규모의 은유가 된다. 이 변형은 목표 영역이 개인에서 사회로 확장되면서 나타난 자연스러운 귀결이다. 이러한 인식을 반영하는 사회의 기본 모형은 다음과 같이 묘사할 수 있다.

> 기계로서의 사회 이미지보다도 더 격렬한 것이 사회를 전쟁터로 보는 아주 사나운 이미지이다. 기기시 적들은 희소자원과 가치 있는 자원을 놓고 끊임없이 투쟁한다. (……) 전장 은유는 인간 역사와 사회적 삶의 많은 모

---

14 탈레스 외, 《소크라테스 이전 철학자들의 단편 선집》, 김인곤 외 옮김(아카넷, 2005), 249쪽.

15 G. 레이코프·M. 존슨, 《삶으로서의 은유》(수정판), 21~25쪽 참조.

진 측면을 적절하게 묘사한다.[16]

인용한 헤라클레이토스의 발언은 '사회는 전장'이란 은유를 한 번 더 확장해서 '세계는 전장'이라는 은유로 나아간 것이다. 개인이 사회의 일부이고, 사회는 보다 큰 세계의 일부이기 때문에 이러한 '포함 도식' 관계는 개념적 은유의 형성에 상호 연관성을 부여해서 연관된 은유를 생산해낸다. 연관된 은유를 생산하는 일종의 은유 문법이 작동하는 것이다.

이 은유 문법은 크게 네 가지 층위에서 연속적인 은유의 망을 형성한다. 먼저 세계와 사회는 전투가 벌어지는 장소로서 전쟁터, 즉 전장이다. 둘째 개인은 전쟁에 참여하는 구성원으로서 전사戰士이다. 당연히 개인들의 삶의 주된 내용은 전쟁이고, 여기서 인간들은 전쟁에 동기를 부여하는 주된 갈등의 양상에 따라 구별되는 적대 관계에 놓여 있다. '세계는 전장' '인간은 전사' '관계는 갈등' '행동은 전쟁'이라고 요약할 수 있다. 일단 이런 은유적 관계망을 파악하게 되면 투쟁을 사회 갈등을 해소하는 수단으로 보는 특정 이론들의 근본 특징을 선명하게 포착할 수 있다. 특정 이론이 투쟁을 제안할 때, 무엇을 둘러싼 어떤 갈등이 어떤 형태의 전쟁을 초래했는가라는 측면에서 은유적 추론이 가능하기 때문이다.

헤겔에게서 유래해서 악셀 호네트Axel Honneth가 확립한 인정투쟁이란 개념에 대해서도 마찬가지로 말할 수 있다. "상호 인정이라는

---

16 대니얼 리그니, 《은유로 사회 읽기》, 25쪽.

상호 주관적 상태를 목표"[17]로 하는 사회적 투쟁을 옹호하는 개념으로서 인정투쟁은 분명하게 '인생은 전쟁' 은유의 특수한 형태를 제안한다.

> 우리는 모든 사회적 투쟁과 갈등의 형태를 원칙적으로 인정투쟁이라는 동일한 유형에 따라 이해할 수 있을 것 같다. 저항이나 봉기 같은 집단적 행위는 그것의 발생에서 일정한 도덕적 경험이라는 틀로 환원될 수 있으며, 이 틀 속에서 사회현실은 역사적으로 변화하는 인정과 무시의 형식론에 따라 해석된다.[18]

이 용어의 가장 큰 특징은 "도덕적 동기가 부여된 투쟁"[19]을 옹호한다는 점이다. 서의 교환이 도덕적 교환이라고 했는데, 이러한 은유적 차원에서 볼 때 인정투쟁은 인생의 주된 내용이 도덕적 전쟁이라고 가정하는 것이다. 이런 점에서 서와 인정투쟁은 유사성을 가진다.

전쟁 자체가 일종의 '힘'의 충돌이기 때문에 도덕적 전쟁이라는 표현 속에는 '도덕성은 힘'이라는 은유가 전제되어 있다. "인간의 사회적 생활 현실 내부에서 발전과 진보를 가능하게 하는 도덕적 힘이 인정투쟁"[20]이라는 주장에서, 또 청년 헤겔과 G. H. 미드가 "사회적 투쟁이 사회의 도덕적 발전 과정에서 구조 형성적 힘이 될 수 있다"[21]고 제안했다

---

17 악셀 호네트, 《인정투쟁》, 문성훈·이현재 옮김(사월의책, 2015), 15쪽.

18 악셀 호네트, 《인정투쟁》, 303쪽.

19 악셀 호네트, 《인정투쟁》, 27쪽.

20 악셀 호네트, 《인정투쟁》, 267쪽.

21 악셀 호네트, 《인정투쟁》, 184~185쪽.

고 주장하는 대목에서 이런 점이 분명히 드러난다. 그리고 호네트가 보기에 이 도덕적 전쟁을 통해 달성하고자 하는 것들은 바로 사랑, 권리, 사회 연대라는 인정 형식들이다.[22]

개념적 은유의 관점에서 이 모델의 특징은 두 가지다. 하나는 이 관계 자체가 '인정'이라는 추상적 개념을 중심으로 상황을 구성하고 있다는 점이다. 둘째는 투쟁이 발생하는 양상이 후행적이라는 점이다. 일반적인 전쟁은 어느 한 쪽이 먼저 공격하고, 다른 쪽이 반격하는 양상으로 진행된다. 인정투쟁은 선제적 능동적 행동이 아니다. 먼저 가치의 불인정, 즉 무시가 선행되어야 한다. 무시가 정서적 반응을 불러일으키고, 이 정서적 반응, 즉 도덕적 분노가 사회적 투쟁을 유발하기 때문이다.

이것은 인정투쟁이 매우 독특하게 구조화된 특정한 상황을 가정하고 있음을 의미한다. 유학의 서는 나와 타인의 만남이 어떤 상황 속에서 벌어지는지를 특별하게 규정하지 않는다. 그저 타자와의 '만남'만을 가정한 뒤 선행적으로 행동 혹은 비행동을 권장할 뿐이다. 이와 비교하면 인정투쟁의 성격과 의미를 잘 알 수 있다. 투쟁이 뒤따름으로써 나타나는 이론적 효과가 명백하기 때문이다. 그것은 바로 이 투쟁의 '도덕적 성격'을 충족시키기 위한 조건이다.

우리의 일상적 언어 사용에서 자명한 것으로 알려진 사실은, 인간의 존엄성이 비록 겉으로 드러나지는 않지만 우리가 지금까지 구별하려 했던 인정 형태들에 의존하고 있다는 점이다. 왜냐하면 타인에게 부당하게 대접

---

22 악셀 호네트, 《인정투쟁》, 319쪽 참조.

받고 있다고 느끼는 사람들이 자신을 묘사할 때 오늘날까지 지배적인 역할을 수행해온 도덕적 범주들은 '모욕'이나 '굴욕' 같은 무시의 형태 또는 거절된 인정의 형태와 관련이 있기 때문이다.[23]

호네트는 '한 개인의 기본적인 자기 믿음을 파괴하는 신체적 학대'를 첫째 형태의 무시로, '한 개인의 자기 존중을 훼손하는 굴욕에 대한 경험'을 둘째 형태의 무시로 묘사한다.[24] 굴욕의 마지막 형태는 '개인이나 집단의 사회적 가치에 대한 부정'이다.[25] 바로 이러한 "무시에 대한 경험에 심리적으로 동반되는 부정적 감정 반응은 바로 인정투쟁의 동기가 근거를 둔 정서적 추진 토대일 수" 있다고 그는 제안한다.[26] 이런 주장은 묵가가 주장한 수비 전쟁의 개념과 유사한 특징을 띤다. 평화주의에 입각한 묵가는 전쟁 자체를 반대한 것이 아니라 비공非攻, 다시 말해 침략 전쟁에 반대한 것이었다. 침략자의 선제 공격이 없다면 수비 전쟁이 무의미하듯, 모욕과 굴욕이 선행하지 않는다면 투쟁을 동기화하는 도덕적 분노는 정당성이 아니라, 아예 발생 근거 자체를 상실한다.

다루는 영역이 무엇이든 전쟁 모델에는 주된 약점 두 가지가 있다. 이 은유 모델은 두 가지 은유적 유추를 내포한다. "Winner Takes it all"이라고 불리는 원칙이 첫째이고, 니체가 불길하게 언급한 것처럼 "전쟁의 영광이라는 나무는 단 한 번에, 즉 한 번의 번개로 쓰러질 수가 있

---

23 악셀 호네트, 《인정투쟁》, 250쪽.

24 악셀 호네트, 《인정투쟁》, 253쪽.

25 악셀 호네트, 《인정투쟁》, 255쪽.

26 악셀 호네트, 《인정투쟁》, 257쪽.

다"[27]는 위험성이 둘째다. '승자 독식'이라고 알려진 첫째 은유적 유추는 전쟁이 사회관계의 변형에 작용하는 영향력을 가장 노골적으로 표현하고 있다. 가장 단순하게 말해서 10과 10의 재화를 가진 개인 혹은 공동체가 전쟁을 했을 때 재화는 결국 20 대 0으로 재분배된다는 것이 이 원칙의 골자다. 그리고 전쟁이 계속될수록 승자의 몫은 점점 증대한다.

하지만 전쟁이 반복된다면 이윽고 둘째 문제점이 나타나기 시작한다. 누군가 많은 전쟁에서 이길 수는 있겠지만, 모든 전쟁에서 이기는 것은 거의 불가능하다. 따라서 전쟁의 승자는 언젠가는 패자가 될 것이라는 위험에 늘 노출되어 있다. 그리고 한 번이라도 패배하면 첫째 원칙을 불러와서, 이전의 승리를 통해 차지한 모든 것을 새로운 상대에게 넘겨주는 계기가 될 것이다.

따라서 이 은유적 이해 방식을 채택한 사회는 늘 불안감에 시달릴 수밖에 없다. 알 수 없는 미래에 맞닥뜨릴 익명의 적대자와 그의 역량의 불확실성이 늘 언젠가 발생할지 모를 한 번의 패배를 함의하기 때문이다. 리그니가 사회적 전쟁터 은유의 위험성을 언급하면서 다음과 같이 출구를 제시할 때도 동일한 우려가 엿보인다.

우리는 사회적 전쟁터 은유가 자주 인간 역사에 적합한 은유였다는 것을 부정하지는 않는다. 하지만 중요한 것은 사회적 삶에 분명 만연한 사회적 갈등을 가능한 한 비폭력적으로 승화시킴으로서 그 은유가 더 이상 적절하지 않은 사회를 창조하는 것이다. 이것 역시 사회적 갈등을 역사의 중심

---

27 니체, 《인간적인 너무나 인간적인 II》, 396쪽.

동학으로 인정한다는 점에서 일종의 갈등 이론이지만, 그것의 핵심 은유로 전쟁보다는 오히려 비폭력 저항을 취한다. 이것이 바로 사회적 부정의 뿐만 아니라 전쟁 은유에도 도전했던 모한다스 간디Mohandas Gandhi와 마틴 루서 킹Martin Luther King 같은 역사적 인물들이 진전시킨 전통이다.[28]

환대, 우리 집으로 오세요!

간디와 킹 말고도 이러한 전쟁터로서의 사회상을 벗어나서 상호주관성에 대한 철학적 사유를 진행하려 했던 철학자가 있었다. 바로 에마뉘엘 레비나스Emmanuel Lévinas이다. 그는 《전체성과 무한》에서 타자에 대한 환대의 사유를 펼쳐 보인다. 레비나스는 분명하게 그리스적 사유를 전쟁의 철학으로 간주하면서 "전쟁에서 보이는 존재의 면모는 서양 철학을 지배하는 전체성 개념 속에 자리 잡는다. 여기서 개인들은 자신들이 모르는 사이에 그들에게 명령하는 힘들의 담지자로 환원된다"[29]고 비판했다. 그는 분명하게 헤라클레이토스적인 전쟁 모델을 따르지 않았던 것이다. 그리고 자신의 철학적 방향성을 바로 이 전체성을 깨트리는 방향으로 추동시키려고 했다.

철학을 종말론으로 대체하지 않고도, 종말론적 '진리들'을 철학적으로 '증

---

28 대니얼 리그니, 《은유로 사회 읽기》, 139쪽.
29 에마뉘엘 레비나스, 《전체성과 무한》, 8쪽.

명하지' 않고도, 우리는 전체성의 경험으로부터 출발하여 전체성이 깨지는 상황으로 나아갈 수 있다. 그래서 이 상황이 전체성 자체를 조건 짓게 하는 데로 나아갈 수 있다. 이러한 상황은 타인의 얼굴에 나타난 외재성의 섬광이거나 초월의 섬광이다. 이 초월의 개념을 엄밀하게 발전시켰을 때 우리는 그것을 무한이라는 말로 표현하게 된다.[30]

레비나스에 의하면 삶의 궁극적 사태는 피할 수 없는 상호 주관적 관계로서 "타자와 동일자의 관계, 타자에 대한 나의 맞아들임"이다.[31] 이런 방식의 사유에서 타자와 형이상학의 밀접한 이론적 연관이 발생한다.

사유의 역사 속에서 형이상학이 취했던 가장 일반적인 형태로 볼 때, 형이상학은 우리에게 친숙한 세계로부터 출발하여, 즉 우리가 살고있는 '자기 집chezsoi'으로부터 출발하여 낯선 자기-의-바깥hors-de-soi으로 나아가는, 저-쪽là-bas으로 나아가는 운동으로 나타난다.[32]

이러한 운동의 도달점인 다른 데 있는 것 또는 다른 것은 탁월한 의미에서 타자라 불린다. 어떠한 여행도, 어떠한 기후의 변화와 환경의 변화도 타자로 향하는 욕망을 만족시키지 못한다.[33]

---

30 에마뉘엘 레비나스, 《전체성과 무한》, 13쪽.

31 에마뉘엘 레비나스, 《전체성과 무한》, 102~103쪽.

32 에마뉘엘 레비나스, 《전체성과 무한》, 26쪽.

33 에마뉘엘 레비나스, 《전체성과 무한》, 26쪽.

형이상학은 타자로의 나아감이며, 이것은 전체성의 틀에서 벗어나 무한으로의 나아감이다. 이런 사유 속에서 주체성은 타인의 지속적 인정이 아니라, "타인을 맞아들이는 것으로서, 즉 환대hospitalité로서 제시"된다.[34] 레비나스의 진술에서 두 가지 용어가 두드러진다. 하나는 '자기 집'이며 다른 하나는 맞아들임, 즉 환대이다. 환대를 위한 전제로서 레비나스는 세계 내의 자아를 정주자로 규정한다. 나아가 그것을 자아의 존재 방식 그 자체로 격상시킨다. 이것은 '세계는 다수의 장소'이며 여기에서 하나의 장소를 '더욱 특별한' 장소로 특권화하는 방식이다.

> 세계와 자아 사이의 참되고 근원적인 관계는 세계 속에 체류séjour로서 생산된다. 세계의 '타자'에 맞서는 자아의 방식은 세계 속에서 자기 집에 실존함으로써 체류하고 자신을 동일화하는 데에 있다. 처음부터 타자인 세계 속에서 자아는 그럼에도 불구하고 토착민이다. 그는 이 변화의 방향 전환 바로 그 자체다. 그는 세계 속에서 하나의 자리를, 집을 마련한다. 거주한다는 것은 스스로를 유지하는 방식 자체다.[35]

그러니까 세계는 장소들이고, 자아는 장소를 점유하고 있는 이, 즉 집의 거주자이다. 당연히 타인은 집을 찾아오는 여행자이고, 나의 관점에서 볼 때 삶의 주된 행동 양식은 손님을 맞이함이다. 그런데 이것은 '인생은 여행'의 변형된 형태다. 일반적인 '인생은 여행'이라는 은유

---

34 에마뉘엘 레비나스, 《전체성과 무한》, 16쪽.
35 에마뉘엘 레비나스, 《전체성과 무한》, 33~34쪽.

는 길과 길을 따라 이동하는 사람, 이동의 형태나 과정 등에 은유적 초점을 맞춘다. 동양철학의 핵심 개념인 도道의 경우가 대표적이다.[36] 반면에 환대의 구조는 조금 특수하다. 전형적인 구도와 마찬가지로 '세계는 (다수의) 장소'이고, '인간은 여행자'이다. 여행자로서 인간은 장소와 장소를 이어주는 길을 따라 여행을 한다고 가정된다. 환대 모델의 독창성은 이 은유의 구조를 시점 전환을 통해 변형해서 이용한다는 점이다. 통속적인 '인생은 여행'이라는 은유는 여행하는 이에게 초점을 맞춘다. 반면에 환대는 여행하는 이가 찾아가는 장소들에 이미 '자아'라는 거주자가 살고 있다고 가정하고, 이 거주자가 자기를 찾아오는 여행객을 맞이하는 상황에 초점을 맞춘다. 여행하는 인간은 '타자는 방문자' '자아는 거주자'로 양분되는 것이다. 전자에서 문제가 되는 것은 여행의 여정이지만, 후자에게서 문제가 되는 것은 낯선 방문객을 어떻게 맞이할 것인가 하는 것이다. 즉 여행객을 맞이하는 거주자의 시각에서 방문객인 타자를 맞이하는 매우 특수한 상황에 놓인 것이다.

레비나스의 환대가 의미하는 것은 빅토르 위고의 소설 한 구절이 잘 대변하고 있다. 미리엘 주교는 자신의 사제관을 찾아온 장 발장에게 이렇게 말했다.

당신은 당신이 누구인지를 내게 말하지 않아도 좋았소. (……) 이 집의 문은 들어오는 사람에게 이름을 묻지 않고, 그에게 고통이 있는가 없는가를

---

36 '인생은 여행'과 도道 개념의 밀접한 연관과 의미화 양상에 대한 연구는 이향준, 〈도를 아십니까?〉, 《인지유학의 첫걸음》(발해그래픽스, 2018), 67~100쪽 참조.

물을 뿐이오. 당신은 고통받고 굶주리고 목마른 사람이므로, 잘 오셨소. (……) 당신에게, 지나가는 당신에게 이 말을 하겠는데, 여기는 나의 집이라기보다는 당신의 집이오. 여기 있는 모든 것은 당신 것이오. 어찌 내가 당신의 이름을 알 필요가 있겠소?[37]

주교는 처음 찾아온 장 발장의 이름도 묻지 않고 그를 받아들였다. 레비나스의 환대 개념을 이어받은 자크 데리다가 미리엘 주교를 염두에 두었는지는 알 수 없다. 하지만 그의 진술은 소설 속의 이 구절에 대한 더할 나위 없는 철학적 주석처럼 보인다.

절대적 환대는 내가 나의-집을 개방하고, 이방인(성을 가진, 이방인이라는 사회적 위상 등을 가진 이방인)에게만이 아니라 이름 없는 미지의 절대적 타자에게도 줄 것을, 그리고 그에게 장소를 줄 것을, 그를 오게 내버려둘 것을, 도래하게 두고 내가 그에게 제공하는 장소 내에 장소를 가지게 둘 것을, 그러면서도 그에게 상호성(계약에 들어오기)을 요구하지도 말고 그의 이름조차도 묻지 말 것을 필수적으로 내세운다.[38]

받아들이는 주인hôtehost, 초대되거나 받아들여진 손님hôteguest을 맞아들이는 자, 스스로를 장소의 소유자로 생각하는 맞아들이는 주인은 사실, 자신이 소유한 집에 받아들여진 손님/주인hôte입니다. (……) 주인host으

---

37 빅토르 위고, 《레 미제라블 1》, 정기수 옮김(민음사, 2014), 143~144쪽.
38 자크 데리다, 《환대에 대하여》, 남수인 옮김(동문선, 2004), 70~71쪽.

로서의 주인hôte은 손님guest인 것이죠.³⁹

문제는 환대 속에 포함된 타자의 '절대성'에 대한 논란이다. 도대체 우리가 '공동체적 삶을 영위하는 데 절대와 무한이라는 철학적 용어가 필요하기나 한가?' 이런 질문에 우리는 어떤 대답을 할 수 있을까? 타자가 나의 주체성과 "전체화되지 않는다"[40]는 말은 설득력이 있어 보인다. 하지만 타자성이 절대적이라는 것은 자아가 절대적 동일자라는 말만큼이나 논란의 여지가 있는 가정이다. 질 들뢰즈와 펠릭스 가타리가 "정주성이 아니라 유목"[41]에 주목하자고 제안하면서, 다음과 같이 말했을 때 그들이 비판하고 싶었던 것은 타자의 절대성에 앞서 가정되는 정주하는 자아의 절대적 동일성에 대한 레비나스류의 관점이라고 보아도 그리 틀리지 않을 것이다.

사람들은 역사를 쓴다. 하지만 사람들은 언제나 정주민의 관점에서, 국가라는 단일 장치의 이름으로, 아니면 적어도 있을 법한 국가 장치의 이름으로 역사를 썼다. 심지어는 유목민에 대해 말할 때조차도 그런 식이었다. 여기에는 역사의 반대물인 유목론이 빠져 있다.[42]

그리고 이러한 지적에 다음과 같은 니체의 예언적 비판을 덧붙일

---

39 자크 데리다, 《아듀 레비나스》, 문성원 옮김(문학과지성사, 2016), 85쪽.
40 에마뉘엘 레비나스, 《전체성과 무한》, 31쪽.
41 질 들뢰즈·펠릭스 가타리, 《천 개의 고원》, 김재인 옮김(새물결, 2003), 53쪽.
42 질 들뢰즈·펠릭스 가타리, 《천 개의 고원》, 52쪽.

수도 있다.

> 일반적으로 부정확한 관찰은, 대립이 아니라 정도의 차이만 있는 자연 속
> 에서 대립을 발견한다. 이러한 나쁜 습관은 이번에는 내적 자연, 즉, 정신
> 적-도덕적 세계조차도 그러한 대립 관계에 따라서 이해하고 분석하고 싶
> 도록 우리를 더 강하게 유혹한다. 형용할 수 없는 많은 고통 (……) 냉정함
> 은, 인간이 경과를 보는 대신 대립만을 보는 것이라고 생각함으로써 인간
> 의 감정에 유입되었다.[43]

말하자면, 자아와 타자 사이에 존재할 '정도의 차이'를 인정하는
것이 절대적 동일성과 타자를 대비시키는 것보다 더 사려 깊은 방식이
자 현실적인 대안일 수 있다. 왜냐하면 어떤 것에 대해 '절대'라는 말을
사용하는 것은 철학에 가장 나쁜 결말을 가져오기 때문이다. 어떤 것
을 '절대'라고 가정할 경우 그것을 둘러싼 토론 가능성은 원천적으로 막
혀버린다. 이것은 환대에 대해서도 마찬가지다. 그래서 리처드 커니
Richard Kearney는 "문제는 환대가 절대적으로 정당하다면 유입되는 모
든 이방인을 환대할 것인지 아닌지의 여부를 결정할 수 없게 된다는 것
에 있다"[44]고 말하는 것이다.

---

43 프리드리히 니체,《인간적인 너무도 인간적인 II》, 273쪽.
44 리처드 커니,《이방인, 신, 괴물》, 이지영 옮김(개마고원, 2004), 126쪽.

하나의 세계, 이해의 중복

서와 환대, 인정투쟁의 상호 대조가 흥미로운 점은 이들을 세계와 인간, 삶의 내용으로 구분되는 세 층위에 대한 각기 다른 은유적 개념화와 개념 혼성의 결과로 이해할 수 있기 때문이다. 서는 '인간은 상인'이란 은유를 전제한다. 환대는 '인간은 여행자'라는 은유를 따르고, 인정투쟁은 '인간은 전사'라는 은유를 따른다. 이에 따라 인간을 포함하는 사회는 '사회는 시장' '사회는 장소들의 집합' '사회는 전장'이라는 형태로 은유적으로 정의된다. 인간 삶의 주요한 측면인 상호 관계는 '교환'과 '방문', 그리고 '전쟁'의 관점에서 다루어진다. 이것이 인간들 사이의 상호작용 방식으로 구체화될 때 주고-받기, 방문-맞이, 공격-반격의 형태로 재배치된다. 즉 은유적 시장에서 만난 타인에 대한 행동 양식이 서이고, 은유적 여행에서 방문객을 맞이하는 주인의 행동 양식이 환대이며, 은유적 전장에서 공격을 당했을 때의 행동 양식이 인정투쟁이라고 할 수 있다.

개념적 은유의 특성은 목표 영역을 부분적으로 구조화한다는 점이다. 이것은 인간의 삶에서 상호 주관성이 갖는 의미들이 이들 세 낱말에 각기 파편적으로 구비되어 있음을 의미하기에 여기에 함축된 행동 양식들은 미묘하게 상호 연관된다. 동일한 개념 체계에 대한 부분적인 의미화 작용 탓에 서로가 단절과 연속성의 측면을 갖기 때문이다. 예를 들어 서 혹은 황금률은 선행적인 비행동 혹은 행동을 요구한다. 이에 반해 환대는 낯선 이의 방문을 가정한다. 만일 방문객이 서의 실천자이고, 거주자가 환대의 실천자라면 서와 환대는 더할 나위 없이 잘

맞물리게 될 것이다. 서의 측면에서 보자면 환대의 실천자는 서를 실천하는 이의 이상적인 타자이고, 반대로 환대의 실천자에게는 서를 실천하는 방문자가 이상적인 타자인 셈이다. 이러한 점에서 서와 환대는 공히 하나의 덩어리로 묶여 인정투쟁이 함축하는 전쟁 은유에 대한 반대로 읽힐 수도 있다.

그러나 이 반대 또한 단순하지 않다. 어떤 연속과 전도를 통해서 독해할 필요성이 있기 때문이다. 시장과 전장의 교차, 즉 전장으로서의 시장 혹은 교환이 이루어지는 전장을 상상하면 이런 관계를 손쉽게 파악할 수 있다. 인정 자체에 내재한 상호성의 관점은 인정을 상호 교환의 대상으로 간주하도록 만든다. 나는 상대방을 인정하고, 상대방은 호혜성에 입각해서 나를 인정한다. 그가 내게 '주는' 인정의 정도에 비례해서 나도 그에게 상응하는 '인정'을 준다. 이것은 '인정의 서'라고 표현할 수 있다. 반면에 인정을 위한 '투쟁'은 세계를 전장으로, 인정을 전리품으로 간주하게 만든다. 인정은 내가 투쟁을 통해 상대방에게서 강제로 '빼앗는' 것이다. 도덕적 분노는 이 탈취에 정당성을 부여하기 위한 매개인 셈이다. 이처럼 '교환하는 것'과 '빼앗는 것'의 동시적 동거, 즉 '세계는 시장'과 '세계는 전장'의 동시적 주장이 바로 인정투쟁의 은유적 기초다. 불인정과 무시의 존재는 인정의 서가 통용되지 않는 사회적 공간을 가정하는데, 바로 어기서 인정투쟁의 당위성이 생겨난다. 그러므로 이 연속적이고 중첩된 세계의 구성원은 생산자이자 소비자이며, 인정을 가운데 두고 상호 투쟁하는 전사들이다. 그들은 또한 승리자 또는 패배자가 될 것이다.

중요한 것은 시장과 전장의 공존이라는 점에서 서와 인정투쟁이 연속적인 계열체 관계에 놓여 있다는 점이다. 즉 인정투쟁의 후행성은 서가 가정하는 공정한 도덕적 가치의 교환이 불가능한 상황을 선행적 조건으로 요구한다. 무시와 경멸로 인해 상호 인정의 균형이 무너졌을 때, 인정의 비대칭성이 나타났을 때 비로소 인정투쟁은 발생한다. 공정한 교환으로서 상호 인정이 풍요로운 공간에서 투쟁이 발생할 수는 없다. 이것은 환대와 인정투쟁에 대해서도 마찬가지로 적용된다. 환대가 아닌 적대에 마주친 방문자가 할 수 있는 행동의 선택지 가운데 하나가 인정투쟁인 것이다. 서와 환대의 유사성과 인정투쟁과의 강한 대비는 결국 이들의 긴밀한 연속성 속에서 나타난 결과이다. 인정투쟁은 서와 환대의 이면에 놓인, 그들이 결코 말하지 않는 상호 주관성의 주된 선택지 가운데 하나인 것이다. 거꾸로 얘기하자면 투쟁을 피하려는 상호 주관성의 구현 양식 가운데 대표적인 것이 서와 환대라고 할 수도 있는 것이다.

그러므로 반복과 수정은 피할 수 없는 현상이다. 반복이라기보다는 차라리 일종의 건너뛰기라고 부르는 편이 더 나을 것 같다. 사회적 삶에서 획득한 위상과 나와 남에 대한 이해에 기초한 실천의 필요성들이 다양한 형태의 관계 형성을 요구하기 때문이다. 마주치는 삶의 다양성은 그에 어울리는 행동 양식과 태도 수정을 요구한다. 이런 불확정성은 죄수의 딜레마에 개입된 협력과 배신의 사례를 분석했던 마틴 노왁 Martin Andreas Nowak과 로저 하이필드Roger Highfield의 다음과 같은 고백 속에 잘 담겨 있다.

어떠한 전략도 진정으로 안정적일 수 없으며 따라서 영원토록 성공적일 수 없다. 영원한 교체가 있을 뿐이다. (……) 협력이라는 천국 뒤에는 배신의 지옥이 뒤따른다. 협력의 성공은 얼마나 오래 지속되느냐 그리고 얼마나 자주 또다시 꽃을 피워 한 번 더 부상할 수 있느냐에 달려 있다. (……) 이 딜레마를 어떻게 풀 것인지에 대한 우리의 분석은 결코 완결될 수 없다. 죄수의 딜레마에 종결이란 없다.[45]

관계의 다양성과 변주를 법칙적으로 통일하는 것이 불가능하다는 통찰을 제외하고도 이 주장 속에는 또 하나 주목할 만한 함의가 있다. 미리엘 주교가 처음 장 발장을 받아들인 것과 두 번째로 받아들인 것 사이에는 어떤 차이점이 있다. 사랑을 위한 투쟁과 권리를 위한 투쟁은 다르다. 그렇다면, 서의 실천도 이와 마찬가지여야 하는 것이 아닌가? 서라는 용어의 단일성 이면에는 어떤 차이가 내재되어 있는 것이 아닌가? 이런 시각에서 말하자면 '서의 수열'을 살펴볼 필요가 있다.

서에는 수열이 있다

서를 연구하는 연구자들이 많음에도 전혀 고려의 대상으로 삼지 않는 주제가 하나 있다. 모두 다 서라고 칭하기 때문에 학자들은 서의 반복 실천으로 미묘한 의미의 차이가 초래된다는 것을 전혀 파악하지 못하고 있다. 나는 이것을 서의 수열이라고 이름 붙이고 싶다. 다시 말

---

45 마틴 노왁·로저 하이필드, 《초협력자》, 허준석 옮김(사이언스북스, 2012), 96쪽.

해 서의 실천 양상들은 대략 네 가지로 구별된다. 첫 번째 서, 두 번째 서(보다 일반화해서 n번째 서라고 부를 수 있다), 마지막 서, 그리고 무한의 서이다. 이런 구분은 타자와의 접촉을 방문-맞이의 특수한 상황 속에서 재구성한 환대에 대해서도 적용될 수 있다.

첫 번째 서의 실천은 처음 만나는 타자를 가정한다. 이 타자는 레비나스가 말하는 절대적 타자에 가깝다. 원론적으로 우리는 그에 대한 사전 정보가 전혀 없다. 무지의 베일에 가려져 있는 것이다. 환대의 경우라면 우리의 집을 찾아오는 타자의 성격이 가려져 있는 것과 같다. 서나 환대의 원초적 진술들은 바로 이런 상황에서 인간이 어떻게 행동할 것인지를 가리킨다. 즉 나는 상대방이 어떻게 반응할지를 확실히 모르는 채, 서나 환대를 실천한다. 선한 사마리아인과 장 발장을 맞이한 미리엘 주교의 대처가 이것을 가리키고 있다.

최초의 서가 상대방의 행동에 대한 진술을 생략하고 있는 것은 사실이다. 필요 없어서가 아니라, 나의 행위를 거론하는 것만으로 상대에게 기대되는 것이 무엇인지가 너무 자명하기 때문이라고 해석할 수 있다. 이 자명성에 비해서 상대방의 행위 가능성은 여전히 서의 초기 진술에 비춰볼 때 불투명성 속에 놓여 있다. 따라서 첫 번째 서는 불확실성을 포함한 채로 어느 정도 통상적인 기대 속에서 상대에게 베푸는 실천이라는 성격을 갖는다.

미묘한 차이는 두 번째 서 혹은 n번째 서에서 발생한다. 이들은 서의 반복 실천에서 오는 문제점을 갖고 있다. 이들이 첫 번째 서와 결정적으로 다른 점은 두 가지다. 첫 번째 서의 실천이 가져오는 결과가 알려진다는 점과, 타자의 성격을 감추고 있는 무지의 베일이 점점 벗겨진다는 점이다. 전자는 호메로스의《오디세이아》에서, 후자는《레 미제라블》에서 발견된다.

나우시카아로 대표되는 파이아케스족의 나라에 도착한 오디세우스는 그들의 환대 속에, 심지어 잠이 든 채로 고향인 이타카에 도착하게 된다. 그런데 자신들의 땅에 도착한 오뒷세우스를 발견한 나우시카아의 입을 통해 나타나는 그들의 첫 번째 태도는 이런 것이었다.

> 올림포스의 제우스께서는 나쁜 사람이든 좋은 사람이든
> 모든 인간들에게 마음 내키시는 대로 행복을 나누어주시지요.
> (……)
> 지금 그대는 우리 도시와 나라에
> 왔으니 옷은 물론이고 불운한 탄원자가 도움을 베풀 수 있는 사람을
> 만났을 때 당연히 받게 되어 있는 그 밖의 다른 것도 무엇이든
> 받게 될 거예요.[46]

서동욱이 말하고자 했던 것이 바로 이것이었다. 서동욱은 오디세우스를 전체성을 대표하는 사례로 독해하려는 레비나스에 반대하면서《오디세이아》를 독해하려고 시도했다. 전체성의 관점에서가 아니라 환대의 관점에서 이 텍스트를 읽겠다는 것이었다.

우리가 보려고 하는 것은, 존재자가 자신의 존재함에 몰두하는 일, 재유지

---

[46] 호메로스,《오뒷세이아》, 천병희 옮김(숲, 2012), 144쪽.

로 귀결되는, 자신의 욕구besoin를 만족시키기 위해 세상의 타자들을 자신의 먹거리로 이용하는 일, 바로 저 존재의 일반 경제가 그리스인의 근본 관심사가 아니라, 존재의 일반 경제를 방해하고 간섭하는 환대가 그리스인의 관심사의 핵심에 있다는 것이다.[47]

나우시카아의 태도는 서동욱의 논조에 일리가 있다는 점을 보여준다. 하지만 그의 논의는 한 가지 점을 빠트리고 있다. 그것은 환대를 받는 이가 아닌 환대하는 이가 처한 상황의 곤란함이다. 나우시카아 일족이 처한 상황이 바로 이런 곤란함을 대변한다. 왜냐하면 바다의 신 포세이돈은 자신의 핏줄이라고 할 수 있는 파이아케스족이 오디세우스를 편히 고향으로 운송했다는 사실에 화가 나서 항구로 돌아오는 파이아케스족의 배를 "돌로 바꾸고, 손바닥으로 내리쳐서 밑에다 뿌리내리게"[48] 하고 말았기 때문이다. 이때 도시의 지배자이자 나우시카아의 아버지인 알키노오스는 이렇게 말했다.

자, 우리 모두 내가 말하는 대로 합시다.
어떤 사람이 우리 도시에 오더라도 그대들은 호송하기를 그만두시오.
그리고 우리는 혹시 포세이돈께서 우리를 불쌍히 여기시어
우리 도시를 더없이 긴 산으로 둘러싸시지 않도록
그분께 정선된 황소 열두 마리를 제물로 바치도록 합시다.[49]

---

47 서동욱, 〈그리스인의 환대—손님으로서 오뒷세우스〉, 《철학논집》 32집(서강대학교 철학연구소, 2013), 49쪽.

48 호메로스, 《오뒷세이아》, 291쪽.

오디세우스에 대한 파이아케스족의 환대는 결과적으로 환대의 주체들에게 마법적인 피해를 가져다주었다. 신이 이러한 피해를 안겼다는 사실이 확실해지자, 이들은 자신들이 견지했던 환대의 원칙을 철회했다. 첫 번째 환대는 환대의 주체들에게 피해를 가져왔고, 그 결과가 알려지자 이제 환대의 주체들은 환대의 원칙을 포기하기로 결정한 것이다.

두 번째 문제는 《레 미제라블》에서 잘 나타난다. 이 작품에서 미리엘 주교는 두 번에 걸친 환대를 실천한다. 첫 번째로 감옥에서 갓 나온 장 발장에게 숙소와 음식을 제공한다. 하지만 이 환대는 장발장이 그의 은촛대를 훔치는 행위로 귀결된다. 그리고 장 발장은 절도 혐의자로서 타의에 의해 주교의 숙소를 다시 한 번 방문하게 된다. 이 장 발장은 레비나스의 절대적 타자처럼 무지의 베일에 가려 있는 이가 아니다. 최소한 한 가지 사실이 알려진 존재로서 미리엘 주교 앞에 나타나게 되었다. 이 부분적으로 알려진 타자의 속성을 마주하고 소설 속의 주교는 어떻게 행동했는가? 잘 알려진 것처럼 그는 다시 한 번 은 그릇을 주면서 다음과 같이 말했다.

자, 편히 가시오. 아 참, 다시 우리 집에 들르실 때는 정원 쪽으로 돌아오실 필요 없소. 인세든지 한길 쪽 정문으로 출입해도 좋소. 문은 밤이는 낮이든 걸쇠만 걸어서 닫아놓고 있으니.[50]

---

49 호메로스, 《오뒷세이아》, 292쪽.

50 빅토르 위고, 《레 미제라블 1》, 192쪽.

미리엘 주교는 분명 두 번째 서 혹은 두 번째 환대를 실천했다. 다행히 위고는 미리엘 주교를 평균 이상의 고매한 인간으로 묘사하는 바람에 우리는 두 번째 환대의 아름다운 결과를 잘 알고 있다. 장 발장의 인격 전환은 사실 첫 번째 환대가 아니라 바로 이 두 번째 환대의 순간에 이뤄졌기 때문이다.

《오디세이아》와 《레 미제라블》은 두 번째 혹은 n번째 서의 가능성과 곤란함을 잘 보여준다. 서와 환대를 반복 실천하는 자로서 나는 내가 실천한 서와 환대의 결과에 영향을 받는다. 그리고 타인과 나의 마주침 혹은 그의 방문 횟수가 증가할수록 상대에 대한 정보가 많아진다. 나는 점점 더 그에 대해 더 잘 알게 된다. 여기에서 두 가지 행동 양식의 가능성이 교차한다. '~때문에'와 '~그럼에도 불구하고'의 차이다. 나우시카아 일족이 마주친 것이 바로 이 '때문에'의 행동 양식이다. 환대의 결과가 신의 징벌을 가져왔기 때문에 환대의 원칙은 정지되었다. 미리엘 주교의 행동은 '그럼에도 불구하고'를 가리키고 있다. 상대방이 도둑이라는 사실이 알려졌음에도 불구하고 그는 다시 한 번 자신의 원칙을 관철했다. 첫 번째 서와 환대에는 '~때문에'와 '그럼에도 불구하고' 사이의 긴장과 갈등이 없다. 그러나 두 번째부터는 분명 이런 긴장이 개입한다.

마지막 서는 닫혔는가

서의 수열에서 세 번째에 위치하는 것은 마지막 서라고 부를 수 있는 것이다. 우리의 상호 관계는 어딘가에서 끝을 맺는다. 따라서 서를 일종의 '주기'로 이해한다면 '우리가 타인에게 마지막으로 줄 수 있는 것은 무엇인가?'라는 질문이 나타난다. 이 최종 '주기'의 사례들은 매우 많은 텍스트 속에서 반복해서 나타났다. 영화 〈블레이드 러너〉의 마지막 부분에서 안드로이드로서 삶의 마지막에 다다른 로이(룻거 하우어 분)는 자신을 퇴역시키려다 거꾸로 건물 옥상에 매달린 블레이드 러너 데커드(해리슨 포드 분)를 끌어 올려준다. 자신의 적은 살려주고 자신은 죽음을 맞이한 것이다. 한국 영화 〈공공의 적〉에서 조규환(이성재 분)의 어머니는 자식의 손에 살해를 당하면서도 자신을 칼로 찌른 아들의 손톱을 삼켜서 증거를 없애려고 시도한다. 또한 《아낌없이 주는 나무》에서 밑둥만 남은 나무는 이제는 너무 늙어버린 소년에게 이렇게 말한다.

> 아무튼 미안해. 뭔가 네게 주긴 줘야겠는데……
> 내게 남겨진 거라곤 아무것도 없지 뭐니,
> 한낱 나무 밑둥에 지나지 않아,
> 미안하기만 할 따름이야……[51]

물론 이 다음 장면에서 나무는 피곤해하는 늙은 소년을 자신의 밑둥에 앉혀주었다. 그리고 나서도 어쩌면 자신의 뿌리를 포함한 밑둥까지도 또 다른 이유로 소년에게 줄 수 있었을 것이다. 하지만 거기까지다. 더 이상 줄 수 없는 순간은 언젠가 찾아온다. 왜냐하면 마지막 서는

---

51 쉘 실버스타인, 《아낌없이 주는 나무》, 김제하 옮김(소담출판사, 2003), 65쪽.

특정한 서의 실천을 지칭하는 것이 아니라, 그 서의 실천자가 이제 더이상 세상에 존재할 수 없는 순간을 염두에 둔 용어이기 때문이다. 인간의 경우에 우리가 타인을 위해 마지막으로 내놓을 수 있는 것으로 생명보다 더 귀한 것은 없다. 이러한 자기 희생을 통해 서를 실천하는 것은 단 한 번, 돌이킬 수 없는 방식으로만 가능한 것이다. 따라서 마지막 서인 자기희생의 수혜자들은 되돌려줄 수 없는 은혜 베풀기의 덫에 걸린다.

이 마지막 서의 실천자가 자신의 실천 내용이 무엇이 되었든 누군가에게 무언가를 '주고' 사라졌을 때, 서의 상대방은 '받기'만 하고 그것을 되돌려줄 대상을 상실하게 된다. 서의 영상 도식적 구조로서 '주고-받기'의 '교환 도식'과 '균형 도식'은 무너지는 것처럼 보인다. 이것은 원초적 서의 인지적 지반을 '주고-받기'의 '교환 도식'으로 파악하는 것이 잘못이라는 뜻인가? 바로 이 지점에서 서에 대한 논의를 한 단계 도약시키는 새로운 서의 의미 차원, 즉 무한의 서라는 개념이 들어선다.

무한의 서가 어떻게 마지막 서의 일방성을 회복시키는지를 이해하기 위해서는 노왁과 하이필드가 구분한 상호성의 두 양상, 즉 직접 상호성과 간접 상호성의 구분을 참조할 수 있다.

> 직접 상호성은 단순하게 표현하면 '주고받는 원칙principle of give-and-take'이다. 내가 너의 등을 긁어주면, 나는 네가 보답으로 나의 등을 긁어줄 것으로 기대한다. [52]

---

52 마틴 노왁·로저 하이필드, 《초협력자》, 54쪽.

간접 상호성은 이제 다음과 같이 표현될 수 있을 것이다. "내가 당신의 등을 긁어주면 내가 보인 모범을 통해 다른 이들도 이렇게 하게 될 것이고, 물론 우연한 것이겠지만, 누군가가 나의 등을 긁어주게 되리라."[53]

곧바로 알 수 있는 것은 전자의 단순함과 후자의 복잡함이다. 즉 참가자가 두 사람밖에 없는 경우와, 참가자가 둘 이상인 경우 상호작용의 양상이 직접 상호성과 간접 상호성을 특징짓는 핵심이다. 그리고 전자는 서의 원초적 형식에 부합한다. 따라서 간접 상호성은 서의 중첩된, 혹은 고도화된 형태라고 말할 수 있다. 다른 측면에서 보면 직접 상호성은 상호 주관성을 가장 원초적인 수준으로 단순화한 모델이라는 점에서 비현실적이다. 사회의 실제 모습은 단순한 전자보다는 오히려 후자에 가깝다.

어떤 사회의 사람들이 간접 상호성에 기반을 둔 경제적 교환에 의지하게 되면 이 사회는 보다 거대하고 복잡하며 상호 연결된 사회로 쉽게 진화할 수 있다. 오늘날, 이는 우리의 일상사를 행하고 협력하는 데 있어 중심적인 것이다.[54]

문제는 이 간접 상호성의 사슬이 어떤 한계를 지니고 있다는 점이다. 가장 단순화해서 A-B-C의 관계를 가정해보자. A는 B의 등을 긁어

---

53 마틴 노왁·로저 하이필드, 《초협력자》, 102쪽.
54 마틴 노왁·로저 하이필드, 《초협력자》, 99쪽.

주고, B는 C의 등을 긁어주며, C는 A의 등을 긁어준다. 하지만 이 모델은 행위의 결과가 결국 최초의 행위자에게 되돌아온다는 것을 가정한다는 점에서 '닫힌 모델'이다. 그리고 마지막 서는 이 '닫힌 모델'에 균열을 일으킨다. A는 B의 등을 긁어주지만, 그 후 이 사슬에 A는 더 이상 존재하지 않기 때문이다. 동시에 참가자의 숫자를 늘리면 규모는 확대되지만, 폐쇄적 성격은 여전히 변하지 않는다. 이 폐쇄성을 전체성으로 전환하면 타자에 대한 레비나스의 환대는 어느 의미에서 이 닫힌 모델에서 탈출하는 것이다. 과연 서의 의미 체계도 환대와 같은 양상을 보일 수 있을까?

무한의 서가 있다면

도덕적 개념인 책임과 회계 개념인 부채의 밀접한 연관에 대한 니체의 강조를 떠올려보자. 이것은 '사회는 도덕적 시장'이라는 규정을 배경으로 한 관계로서 교환의 원형적 관념을 잘 보여준다. 니체는 반복해서 도덕적 어휘들이 같은 종류의 인간 경험에서 유래했을 가능성을 지적했다.

> 지금까지의 이들 도덕의 계보학자들은, 예를 들어 '죄Schuld'라는 저 도덕의 주요 개념이 '부채Schulden'라는 극히 물질적인 개념에서 유래되었다는 것을 막연하나마 생각해본 적이 있었던가?[55]

    사실상 니체의 말은 개념적 은유 이론이 '도덕적 회계'라고 불렀던
것의 전조에 해당한다. 이 비판적 진술에서 의미심장한 것 가운데 하나
가 바로 이타주의에 대한 분석이다.

    이타주의란 일반적인 주고-받기와는 달리 상대방에게 무언가를 주면서
    거기에 상응하는 보답을 받지 않겠다고 선언하는 것이다. 자원봉사가 가
    장 대표적인 경우이다. 자원봉사를 통해 나는 타인이나 사회에 어떤 긍정
    적인 가치를 주지만 '도덕적 회계'에 근거한다면 당연히 타인이나 사회로
    부터 받아야 할 보상을 거부한다. 그런데 이 경우 자원봉사자는 정말로 아
    무것도 얻는 것이 없는가? 그렇지 않다. 이중적인 의미에서 보상이 발생
    하기 때문이다. 이타주의적인 자원봉사의 대상이 된 타인과 사회는 자원
    봉사자에게 갚을 수 없는 일종의 빚을 지게 된다. 반면에 자원봉사자는 받
    아야 할 것을 포기하는 대신 다른 것을 획득하게 되는데 그것은 일종의 도
    덕적 신용이다. [56]

    여기에서는 얼핏 보아 '도덕적 회계'의 기본 구도인 주고-받기가
무너진 것 같다. 그러나 실제로 이타주의는 '도덕적 회계'의 변형된 형
태로 이해할 수 있다. 마지막 서의 폐쇄성을 어떻게 극복할 것인가? 이
에 대한 해답은 바로 이 변형 속에 담겨 있다. '도덕적 회계'의 방식을 따
르자면 마지막 서의 실천자는 한 가지 면에서 이타주의자와 똑같다. 그

55 프리드리히 니체, 《선악의 저편 · 도덕의 계보》, 402쪽.

56 이향준, 〈《서명西銘》의 은유적 구조〉, 《철학》 84집, 14쪽.

는 타인과 사회에 어떤 빚을 지운다. 또 다른 면에서 그는 타인과 사회가 그 빚을 '자신에게' 갚을 수 있는 통로를 원천적으로 차단한다. 도덕적 신용조차도 그의 존재 소멸로 인해 사후의 명예로 남을 수밖에 없기 때문에, 사회는 이 빚을 갚기 위한 도덕적 의무를 지게 되는데, 이를 해결할 수 있는 유일한 방식은 채권자를 변경하는 것뿐이다. 즉 채권자는 마지막 서를 실천했던 사람에서 낯설고 생소한 타인으로 변경된다.

채권자가 이렇게 변경되는 순간 두 가지 효과가 발생한다. 첫째, 마지막 서의 폐쇄적 사슬이 끊어진다. 대신에 첫 번째 서의 실천 대상자로서 낯선 타인의 존재가 다시 등장한다. 마지막 서의 수혜자였던 나는 내가 마주한 타자에게 마지막 서의 실천자에게 받았던 것과 유사한 것을 준다. 그가 이 사슬을 이어갈지는 알 수 없다. 막연한 기대만 남아 있을 뿐이다. 나는 빚을 갚았고, 이제 공은 그에게 넘어갔다. 만일 그 사람이 나와 같은 생각으로 비슷하게 행동한다면, 마지막 서의 실천자가 뿌린 서의 씨앗은 나와 타자를 포함하는 수많은 공동체의 구성원들 사이를 '흘러 다닐' 것이다. 구성원은 바뀌고, 사람은 나고 죽지만 이 씨앗은 '밈Meme'으로서 주체를 바꿔가면서 영원히 유전하게 될 것이다. 무한의 서는 이렇게 해서 하나의 인간적인 호의에서 나온 행위가 어떻게 공동체를 유지시키고, 확산시키며, 상호 주관적 정체성과 타자성의 형성과 변형에 기여하는지를 보여준다. 그리고 동일한 것을 공동체의 바깥에서 유입된 또 다른 타자에게 도달할 수 있게 한다면, 이를 환대라고 바꿔 불러도 좋을 것이다.

그렇지 않을 경우 이 유전자의 움직임은 어딘가에서 멈춘다. 바로 그때 누군가는 인정투쟁의 가능성을 모색할 수도 있겠지만, 누군가는 처음부터 다시 시작할 수도 있다. 결말을 알 수 없는 상황에서 내가 원하지 않는 것을 낯선 타자에게 베풀지 않는, 혹은 내가 대접받고 싶은 대로 남을 대접하는 행동이 시작된다. 이것은 첫 번째 서의 행동 양식 그 자체를 뜻한다. 이렇게 무한의 서는 나머지 서에 또 하나의 의미론적 층을 부여한다. 무한의 서를 배경으로 할 경우 모든 서는 처음부터 주고-받기의 당사자를 두 사람에 국한하는 것이 아니라 미지의 타자로까지 확장하는 것이다.

따라서 무한의 서는 두 가지 의미를 가진다. 단순하게는 마지막 서에서 이어지는 서의 수열에서 마지막 양상을 가리킨다. 동시에 '무한'이라는 용어의 의미가 그런 것처럼 서의 수열에 놓인 모든 서의 양상들이 한 공동체의 '밈'으로 발전할 수 있는 열린 가능성 자체를 뜻하기도 한다.

초월, 위가 아니라 옆으로

서, 환대, 인정투쟁은 인간의 상호 주관성을 설명하는 용어들이다. 이들이 의미화되는 방식은 은유적이다. 이것을 상호 주관성의 은유적 형식들이라고 부를 수 있다. 개념적 은유의 차원에서 볼 때 서는 '인간은 상인', 환대는 '인간은 여행자', 인정투쟁은 '인간은 전사'라는 은유에 각각 기초를 두고 있다. 인생이란 개념 체계가 시장, 장소, 전장이라는 개념 체계와 뒤섞인 결과 이런 개념적 은유가 나타난 것이고, 이런 혼성의 구성 요소들 사이의 상호 관계는 인생에서 겪는 상호 관계의 특징들을 파악하는 방식으로 제안된 것이다. 주고-받기와 방문-맞이, 공격-

반격의 행동 양식이 상호 관계의 부분적 양상들의 원천으로 동원되었다. 그리고 이 기본 구조들에 대한 변형을 통해 자신의 의미 체계를 정교화하고 깊이와 의미 다양성을 부여했다.

서의 경우 이 의미 다양성은 서의 수열이라는 네 가지 양식으로 구별되었다. 첫째 서는 알려지지 않은 타자의 행위 가능성에 대한 불확실성 속에서 실천된다. 이후의 서는 이전 서의 실천이 가져다주는 재귀적 영향과 점점 알려지는 타자의 성격을 고려하는 가운데 실천된다. 마지막 서는 자기희생을 통해 타자의 재귀적 행위 가능성을 봉쇄하는 일방적인 '은혜 베풀기' 양상으로 나타난다. 남아 있는 타자들은 이 되돌려줄 수 없는 불가능성을 또 다른 타자에 대한 서의 실천으로 극복해낸다. 이렇게 해서 '밈'으로서 인간들 사이를 '흐르는' 무한의 서의 가능성이 나타나게 된다.

가장 근본적이고 중요한 것은 이 모든 은유적 구도에서 나와 타자의 존재가 필수적이라는 원초적 사실이다. 환대와 인정투쟁의 존재는 나와 타자를 연결하는 인간의 징검다리가 여러 가지라는 것을 보여준다. 서 또한 유학의 역사에서 길어 올린 인간의 징검다리 가운데 하나이다. 이 징검다리에 발을 내딛는 순간 나는 개체라는 차원을 넘어 '우리'라는 삶의 양식을 경험하는, 수평적 초월horizontal transcendence[57]의 세계에 한 발을 내딛는다.

---

[57] 마크 존슨,《몸의 의미》, 425~426쪽 참조.

맺는말

유학에는 많은 낱말들이 있다. 이 책에서 나는 그 가운데 하나인 서의 여러 측면을 구체화하려고 노력했다. 서의 현대적 논의 가능성을 발견한 이후 내가 파악할 수 있었던 범위의 내용을 서술했다. 이 책에 실린 열한 편의 글을 쓰기까지 2010년부터 2019년까지 정확하게 10년이 걸렸다. 내가 이런 종류의 책을 쓰게 될 것이라고 미처 예상하지 못했지만, 어쨌든 지난 시간 동안 유학 전공자로서 모색해온 내 사색의 결과물들이 여기에 담긴 셈이다. 이 책에서 나는 인간이 나와 남이라는 개별적 차원을 넘어 '우리'라는 공동체를 창조하고, 새로운 삶의 영역을 개척하는 유학적 통로인 서의 의미를 해명하려고 했다. 그것은 '인간의 징검다리'라는 표현으로 집약되었다. 인간이 바다에 떠 있는 섬이라면, 서는 바로 그 섬들을 연결하는 위태로운 징검다리라고 제안했다.

나는 서의 어떤 측면들을 제법 그럴듯하게 재구성해서 설명했다고 생각한다. 서라는 단일한 용어의 중층적 의미들이 지성사에 축적되어 있다는 증거들을 제시하면서, 그것들의 이론적 실천적 특징들을 명명할 수 있었던 것도 괜찮은 성과였다. 서를 잔인함에 맞서는 삶의 전략으로 이해할 수 있다고 제안했고, 맹자와 순자의 사유에 나타나는 정서적 요소와 공리적 계산의 긴장 관계가 서의 담론 차원에서 반복된다는 점도 확인했다. 서의 의미 다양성이 당위의 서, 욕망의 서, 사랑의 서 등으로 모형화될 수 있다는 것도 지적할 수 있었다.

반면에 이와 대조되는 몇몇 부분에 대해서는 여전히 불만스러운 것이 사실이다. 《패문운부》를 인용해 서의 용례를 다루면서 '정서'와 '이서'라는 형태로 범주화한 것은 그럴듯했지만, 구체적인 용례들에 대한 명확한 이해와 정리는 여전히 불충분해 보인다. 서와 환대, 인정투쟁의 상호 연관을 개념적 은유의 형식을 통해 비교 대조한 것도 표면만을 스치고 지나갔다는 비판을 피할 수 없을 것이다. 책임과 부끄러움이 교차하는 것은 어쩔 수 없는 일이다. 유학의 역사에서 그다지 주목받지 못했던 개념을 다룬 단행본을 출간함으로써 연구자로서 조그마한 몫을 해냈다는 안도감이 없지 않다는 것으로 위안을 삼을 뿐이다.

그리고 남은 과제들을 떠올리게 된다. 그것은 '서 이후'의 세계에 관한 사색과 탐구이다. 나는 서가 어떤 원초적 상태에서 마주친 두 사람이 '우리'를 창조하는 순간을 다루고 있다고 생각한다. 그러니까 서는 사실상 인간의 상호 주관성을 가장 단순하게 표현하고 있는 모델 가운데 하나인 셈이다. 여기에는 사회적 역사성이 결여되어 있다. 보다 구체적인 인간의 사회적 조건들이 추가된다면 서의 담론은 필연적으로 보다 새롭고 넓은 측면으로 스스로를 발산할 수밖에 없을 것이다. 따라서 '서 이후'를 다루려는 연구자는 구체적 역사를 더한 더욱 폭넓은 탐구의 영역을 개척할 필요가 있다. 사회라는 공동체의 존재는 서의 담론을 확장하려는 이에게는 피할 수 없는 이정표다.

　문제는 오늘날의 사회가 단순히 고전적인 사회철학적 탐구의 대상이던 시절보다 더 복잡하고 미묘하게, 게다가 재빠르게 변화하고 있다는 점이다. 천만이 넘는 인간들이 매순간 접촉을 이어가는 서울과 같은 메가폴리스의 등장은 사회관계의 급속한 재편이 어떻게 이루어지는지를 보여준다. 게다가 이보다 낯선 공간들도 속속 등장하고 있다. 우리가 인터넷에 접속하는 순간 이루어지는 연결의 어마어마한 규모를 상상해보라. 그 사이를 오가는 정보의 덩어리들이 담고 있는 메시지의 다양성과 상호작용을 떠올려보라. 하나의 뉴스에, SNS의 메시지에, 사진에, 영상에, 댓글에 반응하는 우리 신체와 마음의 상호작용과 이에 따른 반응으로서 정서와 감정, 뒤이은 반성적 사유, 그리고 행동 혹은 비행동의 실천과, 이들이 야기하는 연쇄 사슬들의 계열을 떠올려보라. 인간에 가까워지는 AI와 안드로이드에 가까워지는 인간의 신체 변형과 변화된 삶에 대한 신화적 이미지들로 가득한 대중문화의 신화적 존재론을 떠올려보라.

　'서 이후'의 세계란 과연 어떠한 곳인가? 어떤 방식으로든 자신이 지금 여기에서 무엇을 하고 있는지를 이해해야만 인간은 자신의 삶을 지속해나갈 수 있다. 우리는 이 낯선 세계에서 자신의 서사적 자아를 어떻게 구성해나갈 것인가? 무한의 서는 이러한 세계에서도 여전히 인간 사이를 이리저리 가로지르는 중요한 역할을 해낼 수 있을까? 또는 이러한 세계상의 변화를 목격한 서는 자신의 의미 체계를 어떻게 변화시켜 나아가야 하는가? 미처 제기된 적이 없기에 아직 대답되지 않은 질문들이 이 책을 뒤따르고 있다.

내용을 둘러싼 논란과 함께 이어지는 질문들의 등장이야말로 한 권의 책이 생명력을 유지할 수 있는 유일한 길이다. 이 가운데 몇 가지를 주제화하고 대답을 할 수 있다면, 미래의 어느 시점에서도 나는 여전히 철학자로 불릴 수 있을 것이다. 나는 이런 사유의 길이 개척되기를 바란다. 나아가 서와 유사한 어떤 것이 미래에도 여전히 인간의 소중한 징검다리이기를 바란다. 그 징검다리를 거쳐서 흐르는 강물이 상류에 있을 때보다 조금은 더 '따듯하게' 변해 있기를 바란다.

참고문헌

가자니가, 마이클 S., 《윤리적 뇌》, 김효은 옮김 (바다출판사, 2010)

강지연, 〈순자의 인간본성론에 관한 소고― 욕구와 승인, 자아 수양의 문제를 중심으로―〉, 《철학연구》 115집 (대한철학회, 2010)

강진석, 〈주자 충서론의 다층적 해석에 관한 논의〉, 《인문학연구》 53권 (조선대학교 인문학연구원, 2017)

고익진 편역, 《한글 아함경》 (동국대출판부, 1991)

구스모토 마사쓰구, 《송명유학사상사》, 김병화 · 이혜경 옮김 (예문서원, 2005)

그레이엄, 앵거스 찰스, 《도의 논쟁자들》, 나성 옮김 (새물결, 2001)

금희경, 〈유가 윤리적 실천 원칙으로서 서恕에 대한 변명〉, 《철학연구》 28집 (서울대학교 철학과, 2000)

기든스, 앤소니, 《현대 사회의 성 · 사랑 · 에로티시즘》, 배은경 · 황정미 옮김 (새물결, 2003)

김기현, 〈맹자의 성선설과 순자의 성악설에 대한 현대적 조명〉, 《철학연구》 79집 (대한철학회, 2001)

김선희, 〈라이프니츠의 신, 정약용의 상제〉, 《철학사상》 46호 (서울대학교 철학사상연구소, 2012)

김선희, 《마테오 리치와 주희, 그리고 정약용》(심산, 2012)

김승혜, 《원시유교》(민음사, 1990)

김승혜, 〈《칠극七克》에 대한 연구研究─그리스도교와 신유학新儒學의 초기 접촉에서 형성된 수양론修養論─〉, 《교회사연구》 9집(한국교회사연구소, 1994)

김영건, 《동양철학에 관한 분석적 비판》(라티오, 2009)

김은희, 〈《설문해자說文解字》 심부心部 수록자의 의미 분류와 감정 표현 한자 연구〉, 《중국어문논총》 88집(중국어문연구회, 2018)

김재경, 〈서恕와 죄수의 딜레마〉, 《동양철학연구》 83집(한국동양철학회, 2015)

김형철·문병도, 〈유가儒家와 칸트의 도덕판단 방법론 비교연구─서恕와 정언명법을 중심으로─〉, 《철학》 77집(한국철학회, 2003)

김형효, 〈'맹자적孟子的인 것'과 '순자적荀子的인 것'─맹자孟子와 순자荀子의 인仁·의義·예禮에 대한 해석─〉, 《정신문화연구》 16권 2호(한국학중앙연구원, 1993)

김형효, 《물학, 심학, 실학》(청계출판사, 2003)

노상균, 〈맹자 성선설 비판〉, 《중어중문학》 29집(한국중어중문학회, 2001)

노양진, 〈규범성의 자연주의적 탐구〉, 《범한철학》 32집(범한철학회, 2004)

노양진, 〈상상력의 윤리적 함의〉, 《범한철학》 41집(범한철학회, 2006)

노양진, 〈도덕의 영역들〉, 《범한철학》 47집(범한철학회, 2007)

노왁, 마틴·하이필드, 로저, 《초협력자》, 허준석 옮김(사이언스북스, 2012)

니비슨, 데이비드 S., 《유학의 갈림길》, 김민철 옮김(철학과현실사, 2006)

니체, 프리드리히, 《도덕의 계보》, 김정현 옮김(책세상, 2009)

니체, 프리드리히, 《아침놀》, 박찬국 옮김(책세상, 2009)

니체, 프리드리히, 《인간적인 너무나 인간적인 II》, 김미기 옮김(책세상, 2008)

니체, 프리드리히, 《즐거운 학문》, 안성찬·홍사현 옮김(책세상, 2009)

데리다, 자크, 《아듀 레비나스》, 문성원 옮김(문학과지성사, 2016)

듀이, 존, 《경험과 자연》, 신득렬 옮김(계명대출판부, 1982)

들뢰즈, 질·가타리, 펠릭스, 《천 개의 고원》, 김재인 옮김(새물결, 2003)

딕, 필립 K., 《흘러라 내 눈물, 경관은 말했다》, 박중서 옮김(폴라북스, 2012)

라일, 길버트, 《마음의 개념》, 이한우 옮김(문예출판사, 1994)

레비나스, 에마뉘엘, 《전체성과 무한》, 김도형 외 옮김(그린비, 2018)

레이코프, 조지·존슨, 마크, 《몸의 철학: 신체화된 마음의 서구 사상에 대한 도전》, 임지룡 외 옮김(박이정, 2002)

레이코프, 조지·존슨, 마크, 《삶으로서의 은유》(수정판), 노양진·나익주 옮김(박이정, 2008)

로티, 리처드, 《우연성 아이러니 연대성》, 김동식·이유선 옮김(민음사, 1996)

로티, 리처드, 《철학 그리고 자연의 거울》, 박지수 옮김(까치, 1998)

뤄양, 〈공자의 충서사상 논고〉, 《동서사상》 제6집(경북대학교 동서사상연구소, 2009)

류근성, 〈맹자 도덕철학에서 이성과 감성의 문제〉, 《동양철학연구》 52집(동양철학연구회, 2007)

르두, 조지프, 《시냅스와 자아》, 강봉균 옮김(동녘사이언스, 2005)

리그니, 대니얼, 《은유로 사회 읽기》, 박형신 옮김(한울아카데미, 2018)

리쩌허우, 《중국고대사상사론》, 정병석 옮김(한길사, 2005)

리치, 마테오, 《천주실의》, 송영배 외 옮김(서울대출판부, 2001)

매킨타이어, 알래스데어, 《덕의 상실》, 이진우 옮김(문예출판사, 1997)

문병도, 〈동양에서 서양 바라보기〉, 《동서철학연구》 36집(한국동서철학회, 2005)

문병도, 〈공맹孔孟의 서恕의 도덕판단 방법론에 관한 소고小考〉, 《동양철학》 8집(한국동양철학회, 1997)

박승현, 〈맹자의 성선론과 도덕적 악의 문제〉, 《철학탐구》 26집(중앙철학연구소, 2009)

박종준, 〈현대 황금률의 도덕철학적 문제〉, 《철학사상》 60호(서울대학교 철학사상연구소, 2016)

반신환, 〈거울뉴런Mirroring Neurons에 근거한 공감 훈련의 원리〉, 《신학과 실천》 24호 2권(한국실천신학회, 2010)

배런코언, 사이먼, 《공감제로》, 홍승효 옮김(사이언스북스, 2013)

백민정, 《정약용의 철학 — 주희와 마테오리치를 넘어 새로운 세계로》(이학사, 2007)

브라우닝, 크리스토퍼 R., 《아주 평범한 사람들》, 이진모 옮김(책과함께, 2010)

비트겐슈타인, 루트비히, 《문화와 가치》, 이영철 옮김(책세상, 2006)

비트겐슈타인, 루트비히, 《쪽지》, 이영철 옮김(책세상, 2006)

비트겐슈타인, 루트비히, 《철학적 탐구》, 이영철 옮김(책세상, 2006)

비트겐슈타인, 루트비히, 《청색책·갈색책》, 이영철 옮김(책세상, 2006)

빤또하, 《칠극》, 박유리 옮김(일조각, 2013)

서대원, 〈단독자單獨者에게도 도덕이 있는가?〉, 《철학》 77집(한국철학회, 2003)

서동욱, 〈그리스인의 환대-손님으로서 오뒷세우스〉, 《철학논집》 32집(서강대학교 철학연구소, 2013)

송영배, 〈마테오 리치의 서학과 한국 실학의 현대적 의미〉, 《대동문화연구》 45집(성균관대학교 대동문화연구원, 2004)

순자, 《순자》 1·2, 이운구 옮김(한길사, 2006)

스미스, 애덤, 《도덕감정론》, 박세일·민경국 옮김(비봉출판사, 2009)

슬링거랜드, 에드워드, 《과학과 인문학》, 김동환·최영호 옮김(지호, 2015)

슬링거랜드, 에드워드, 《애쓰지 않기 위해 노력하기》, 김동환 옮김(고반, 2018)

신정근, 〈도덕원칙으로서 서恕 요청의 필연성〉, 《동양철학》 21집(한국동양철학회, 2004)

실버스타인, 쉘, 《아낌없이 주는 나무》, 김제하 옮김(소담출판사, 2003)

안대옥, 〈18세기 정조기 조선 서학 수용의 계보〉, 《동양철학연구》 71권(동양철학연구회, 2012)

안영상, 〈아가페(카리타스)와의 비교를 통하여 본 정약용의 인仁—개인과 공동체의 문제를 중심으로—〉, 《교회사연구》 24집(한국교회사연구소, 2005)

안옥선, 〈불교와 기독교 윤리에 있어서 자기애와 이웃사랑〉, 《범한철학》 23권(범한철학회, 2001)

안외순, 〈다산茶山 정약용丁若鏞의 관용·tolerance 관념: 서恕 개념을 중심으로〉, 《동방학》 19집(한서대학교 동양고전연구소, 2010)

안외순, 〈다문화시대 동아시아 전통에 기초한 공존 가치〉, 《동방학》 38집(한서대학교 동양고전연구소, 2018)

안재호, 〈정주리학과 육왕심학에 대한 왕부지의 비판: 심성과 격물치지를 중심으로〉, 《공자학》 6집(한국공자학회, 2000)

안재호, 〈왕부지의 인성론 연구〉, 《유교문화연구》 2집(성균관대학교 동아시아학술원, 2001)

안재호, 〈왕부지 이욕관理欲觀 연구〉, 《중국학보》 45집(한국중국학회, 2002)

앨퍼드, 찰스 프레드, 《인간은 왜 악에 굴복하는가》, 이만우 옮김(황금가지, 2004)

야코보니, 마르코, 《미러링 피플》, 김미선 옮김(갤리온, 2009)

양승훈, 〈관광 행동의 거울신경적 접근을 위한 시론: 드라마 〈거울연가〉에 대한 일
　　　본 팬의 모방과 공감을 중심으로〉, 《ceri 엔터테인먼트 연구》 8권(한국엔터
　　　테인먼트산업연구원, 2007)

엄연석, 〈《순자荀子》에서 자연과 규범의 분리와 통합〉, 《동방학지》 139집(연세대국학
　　　연구원, 2007)

왕필, 《왕필의 노자주》, 임채우 옮김(한길사, 2005)

위고, 빅토르, 《레 미제라블 1》, 정기수 옮김(민음사, 2014)

유일환, 〈칸트의 황금률 비판과 유가의 충서忠恕 개념〉, 《철학사상》 53호(서울대학교
　　　철학사상연구소, 2014)

이상순, 〈황금률 소고〉, 《논문집》(제주교육대학교, 1983)

이선열, 〈타자 대우의 두 원칙: 관용과 서恕〉, 《율곡사상연구》 24집(율곡학회, 2012)

이승환·이동철 엮음, 《중국철학》(책세상, 2007)

이윤기, 《이윤기의 그리스 로마 신화 2》(웅진지식하우스, 2002)

이찬, 〈감성, 본성 그리고 도덕적 태도〉, 《철학》 104집(한국철학회, 2010)

이철승, 〈유가철학에 나타난 충서忠恕관의 논리 구조와 현실적 의미〉, 《중국학보》
　　　58집(한국중국학회, 2008)

이철승, 〈주희와 왕부지의 욕망관 분석—《논어집주》와 《독논어대전설》의 내용을
　　　중심으로〉, 《동양철학연구》 38집(동양철학연구회, 2010)

이향준, 〈《서명西銘》의 은유적 구조〉, 《철학》 84집(한국철학회, 2005)

이향준, 〈서恕: 도덕적 상상력〉, 《범한철학》 57집(범한철학회, 2010)

이향준, 〈맹자: 슬픔의 서恕〉, 《율곡사상연구》 24집(율곡학회, 2012)

이향준, 〈서恕: 잔인함에 맞서서〉, 《범한철학》 65집(범한철학회, 2012)

이향준, 〈순자: 날카로운 서恕의 차가움〉, 《범한철학》 68집(범한철학회, 2013)

이향준, 〈서恕, 반서反恕, 그리고 거울뉴런mirror neuron〉, 《동양철학》 40집(한국동양
　　　철학회, 2014)

이향준, 〈역학적 사유의 살아 있는 기원〉, 《동양철학》 41집(한국동양철학회, 2014)

이향준, 〈죄수의 밥그릇—서恕의 신체적 기원에 관한 한 유추—〉, 《유교사상문화연
　　　구》 62집(한국유교학회, 2015)

이향준, 〈서恕: 성리학적 변형―주희朱熹를 중심으로―〉, 《동양철학》46집(한국동양
철학회, 2016)

이향준, 〈인지유학認知儒學: 오늘도 가능한 유학의 미래〉, 《유교사상문화연구》64집
(한국유교학회, 2016)

이향준, 〈서恕, 황금률을 만나다 ― 정약용의 경우―〉, 《유교사상문화연구》72집(한국
유교학회, 2018)

이향준, 〈왕부지王夫之: 욕망의 서恕〉, 《공자학》35집(한국공자학회, 2018)

이향준, 〈서恕의 용례들: 강서强恕에서 형서邢恕까지〉, 《동양철학》51집(한국동양철학
회, 2019)

이향준, 〈서恕, 환대歡待, 인정투쟁認定鬪爭―상호주관성의 은유적 형식들―〉, 《유
학연구》48집(충남대학교 유학연구소, 2019)

임부연, 〈정약용의 수양론 체계: 성리학, 서학, 고학과의 비교를 중심으로〉, 《유교문
화연구》13집(성균관대학교 유교문화연구소, 2009)

임옥균, 〈왕부지의 《중용》 해석(2): 주자의 해석과의 비교를 중심으로〉, 《동양철학
연구》 vol. 48(동양철학연구회, 2006)

임옥균, 《환대에 대하여》, 남수인 옮김(동문선, 2004)

임옥균, 〈왕부지의 《논어》 해석〉, 《동양철학연구》29집(동양철학연구회, 2009)

임헌규, 〈유가의 도덕 원리와 칸트〉, 《한국철학논집》29집(한국철학사연구회, 2010)

장대익, 〈거울뉴런에 대한 최근 연구들: 모방과 공감을 중심으로〉, 《정보과학회지》
30권 12호(한국정보과학회, 2012)

장대익, 〈호모 리플리쿠스〉, 《인지과학》23권 4호(한국인지과학회, 2012)

장수, 〈맹자 도덕 이론의 체험주의적 해석〉, 《범한철학》57집(범한철학회, 2010)

장자, 《장자》, 안동림 역주(현암사, 1993)

정영수, 〈순자의 후천적 도덕성과 심의 작용〉, 《범한철학》65집(범한철학회, 2012)

정용환, 〈성리학에서 본질 환원론적 구도의 형성과 그에 따른 현실 제약에 대하여〉,
《철학연구》97집(대한철학회, 2006)

정우엽, 〈주자학의 서―도덕적 자아의 출현과 객관성을 중심으로―〉, 《철학논집》
50집(서강대학교 철학연구소, 2017)

정재상, 〈자연적 정情과 당위적 정情―순자荀子의 성정론性情論에 대한 소고小考―〉,

《동양철학》 35집(한국동양철학회, 2011)

정태식, 〈성리학에 대한 베버적 일고찰—새로운 의미 체계로서의 성리학의 역사적
    형성에 대하여〉, 《사회와 역사》 62권(한국사회사학회, 2002)

조광, 〈조선 후기 서학서의 수용과 보급〉, 《민족문화연구》 44권(고려대학교 민족문화연
    구원, 2006)

존슨, 마크, 《마음 속의 몸》, 노양진 옮김(철학과현실사, 2000)

존슨, 마크, 《도덕적 상상력: 체험주의 윤리학의 새로운 도전》, 노양진 옮김(서광사,
    2008)

존슨, 마크, 《몸의 의미》, 김동환·최영호 옮김(동문선, 2012)

주선희, 〈감성의 윤리학에서 지성의 윤리학으로〉, 《범한철학》 62집(범한철학회, 2011)

진성수, 〈왕부지王夫之 기철학氣哲學의 특징特徵에 관한 연구—성리학性理學에서 기
    철학氣哲學으로의 선회旋回를 중심으로—〉, 《한문고전연구》 17집(한국한문
    고전학회, 2008)

진순, 《성리자의》, 박완식 옮김(여강, 2005)

칸트, 임마누엘, 《윤리형이상학 정초》, 백종현 옮김(아카넷, 2005)

칸트, 임마누엘, 《실천이성비판》, 백종현 옮김(아카넷, 2009)

커니, 리처드, 《이방인, 신, 괴물》, 이지영 옮김(개마고원, 2004)

탈레스 외, 《소크라테스 이전 철학자들의 단편 선집》, 김인곤 외 옮김(아카넷, 2005)

퍼트남, 힐러리, 《존재론 없는 윤리학》, 홍경남 옮김(철학과현실사, 2006)

페냐, 산드라 M., 《은유와 영상도식》, 임지룡·김동환 옮김(한국문화사, 2006)

포코니에, 질·터너, 마크, 《우리는 어떻게 생각하는가》, 김동환·최영호 옮김(지호,
    2009)

한일조, 〈거울뉴런Mirror Neuron과 공감과 도덕교육〉, 《교육철학》 41집(한국교육철학
    회, 2010)

호네트, 악셀, 《인정투쟁》 문성훈·이현재 옮김(사월의책, 2015)

호메로스, 《오뒷세이아》, 천병희 옮김(숲, 2012)

홍성민, 〈서恕의 의무론적 특징과 양상—주자朱子와 다산茶山의 윤리학에서 서恕의
    함의—〉, 《동양문화연구》 13집(영산대학교 동양문화연구원, 2013)

홍성민, 〈주자철학朱子哲學에서 서恕의 보편화 가능성 문제〉, 《철학연구》 125집(대한

철학회, 2013)

홍성민, 〈서恕의 두 형태와 그 윤리학적 의미: 주자朱子와 대진戴震의 윤리학에서 서
　　의 위상〉, 《철학연구》 129집 (대한철학회, 2014)

황갑연, 〈선진先秦 유가儒家 철학에서 '서恕'의 의미〉, 《공자학》 4집 (한국공자학회,
　　1998)

황필호, 〈맹자의 성선설과 서양철학〉, 《철학》 52집 (한국철학회, 1997)

황필호, 〈맹자와 칸트의 비교〉, 《철학논총》 20집 (새한철학회, 2000)

황호식, 〈욕망 조절을 위한 순자의 사회규범론〉, 《중국학논총》 29집 (고려대학교 중국
　　학연구소, 2010)

흄, 데이비드, 《도덕에 관하여》(수정판), 이준호 옮김 (서광사, 2009)

《孔子家語》·《論語》·《大學》·《孟子》·《墨子》·《三國志》·《宋史》·《荀子》·《詩經》

《新書》·《新唐書》·《雜阿含經》·《莊子》·《中庸》·《晉書》·《春秋左傳》·《漢書》

紀昀 外, 《御定韻府拾遺》, 景印 文淵閣 四庫全書, vol. 1029~1030 (臺北: 臺灣商務印書館, 1988)

盧守愼, 《穌齋先生文集》, 影印標點 韓國文集 叢刊 vol. 35

董衛國, 〈王船山對程朱忠恕論的反思與發展〉, 《衡陽師範學院學報》 37卷 4期 (2016)

喇沙里 外, 《日講四書解義》, 景印 文淵閣 四庫全書 vol. 208

呂柟, 《二程子抄釋》, 景印 文淵閣 四庫全書 vol. 715

呂祖謙 編, 《宋文鑑》, 景印 文淵閣 四庫全書 vol. 1350

謝良佐 撰, 《上蔡語錄》, 景印 文淵閣 四庫全書 vol. 698

司馬遷, 《史記》, 二十五史 影印標點

史伯璇, 《四書管窺》, 景印 文淵閣 四庫全書 vol. 204

宋時烈, 《宋子大全》, 影印標點 韓國文集叢刊 vol. 116

十三經注疏編委會, 《十三經注疏 整理本》 vol. 1~24 (北京: 北京大出版部, 2000)

樂韶鳳 外, 《洪武正韻》, 景印 文淵閣 四庫全書 vol. 239

余蕭客, 《古經解鉤》, 景印 文淵閣 四庫全書 vol. 194

汪克寬, 《春秋胡傳附錄纂疏》, 景印 文淵閣 四庫全書 vol. 165

王夫之, 船山全書 vol. 1~6 (長沙: 嶽麓書社, 1996)

王守仁, 《王陽明全集 上》(上海: 上海古籍出版社, 1992)

王汉苗,〈儒家恕道思想研究〉(曲阜师范大学, 博士, 2010)

張君房,《雲笈七籤》, 景印 文淵閣 四庫全書 vol.1060

張栻,《癸巳論語解》, 景印 文淵閣 四庫全書 vol.199

張栻, 張栻全集 上 (長春: 長春出版社, 1999)

張玉書 外,《御定康熙字典》, 景印 文淵閣 四庫全書 vol.229

張玉書 外,《御定佩文韻府》, 景印 文淵閣 四庫全書 vol.1011

張揖,《廣雅》, 景印 文淵閣 四庫全書 vol.221

錢穆,《論語新解》(北京: 九州出版社, 2011)

丁若鏞,《與猶堂全書》I~II, 影印標點 韓國文集叢刊 vol.281~282

鄭玄 注, 孔穎達 疏,《禮記注疏》, 景印 文淵閣 四庫全書 vol.116

程顥·程頤, 二程集 vol.1~2 (臺北: 漢京文化事業有限公司, 1984)

趙善璙,《自警編》, 景印 文淵閣 四庫全書 vol.875

趙順孫,《論語纂疏》, 景印 文淵閣 四庫全書 vol.201

趙蕤,《長短經》, 景印 文淵閣 四庫全書 vol.849

朱熹,《朱子全書》vol.1~26 (上海: 上海古籍出版社; 合肥: 安徽教育出版社, 2002)

陳淳,《北溪字義》, 景印 文淵閣 四庫全書 vol.709

陳埴,《木鍾集》, 景印 文淵閣 四庫全書 vol.703

蔡清,《四書蒙引》, 景印 文淵閣 四庫全書 vol.206

湯一介·李中華 主編, 汪學群 著,《中國儒學史(清代卷)》(北京: 北京大出版部, 2011)

何晏 集解, 皇侃 義疏,《論語集解義疏》, 景印 文淵閣 四庫全書 vol.195

許愼 撰, 段玉裁 注, 孫永淸 編著,《說文解字: 最新整理全注全譯本》vol.1~4 (北京: 中國書店, 2010)

黃孫懋,《御覽經史講義》, 景印 文淵閣四庫全書 vol.722~723.

Aleni, Julius,《職方外紀》, 影印《天學初函》(아세아문화사, 1976)

Baron-Cohen, Simon, *The Science of Evil: on Empathy and the Origins of Cruelty* (New York: Basic Books, 2011)

Gallese, Vittorio·Goldman, Albin, "Mirror neurons and the simulation theory of mind-reading", *Trends in Cognitive Sciences* vol.2, no.12 (ELSEVIER SCIENCE, 1998)

Ruggieri, Michele,《天主聖教實錄》(위키백과 中國哲學電子化計劃 자료)

찾아보기

인명

ㄱ-ㄴ

서恕, 인간의 징검다리

1판 1쇄 발행 2020년 2월 28일
1판 2쇄 발행 2020년 8월 10일

지은이 이향준
펴낸이 김미정
편집 김미정, 박기효
디자인 표지 민진기, 본문 김명선

펴낸곳 마농지
등록 2019년 3월 5일 제2019-000024호
주소 (02724) 서울시 성북구 길음로 74, 510동 1301호
전화 070-8223-0109
팩스 0504-036-4309
이메일 shbird2@empas.com

ISBN 979-11-968301-3-7 93150